現代の認知心理学

6

社会と感情

日本認知心理学会 監修
村田光二 編

Theories and Applications of
Cognitive Psychology 6
**Social Cognition
and Affect**

北大路書房

『現代の認知心理学』編集委員

市川伸一　東京大学大学院教育学研究科
厳島行雄　日本大学大学院文学研究科
太田信夫　学習院大学大学院人文科学研究科
楠見　孝　京都大学大学院教育学研究科
高野陽太郎　東京大学大学院人文社会系研究科
箱田裕司　九州大学大学院人間環境学研究院
原田悦子　筑波大学大学院人間総合科学研究科
三浦佳世　九州大学大学院人間環境学研究院
三浦利章　大阪大学大学院人間科学研究科
村田光二　一橋大学大学院社会学研究科

『現代の認知心理学』刊行にあたって

　『現代の認知心理学』全7巻は，日本認知心理学会の企画・編集により上梓の運びとなった。日本認知心理学会は，2002年の秋，当時の認知心理学の研究の進展と社会的関心の高まりを背景に発足した。その後，毎年開催の大会や機関誌『認知心理学研究』は，回を重ねるごとに認知心理学の質的・量的発展の様相を確実に示してきた。このことは，認知心理学それ自体と認知心理学を取り巻く学問的状況の急速な発展を意味するものでもある。認知研究は，認知心理学の領域だけにとどまらず，心理学の他の領域や心理学の隣接科学にまで浸透している。逆にまた，伝統的認知研究は，そのような他の領域や他の学問の影響を受け，研究方法や内容が変容しつつあることも事実である。

　20世紀の半ばから始められた認知研究の近年におけるこのような広がりと変容の現状に鑑み，さらなる発展を期するためにも，このたび，日本認知心理学会は，総力をあげて本シリーズを刊行することにした。認知研究に関心のある学徒にとって，認知研究の現況を理解することは必須である。本シリーズは，次に示す7巻より成る。

　第1巻『知覚と感性』
　第2巻『記憶と日常』
　第3巻『思考と言語』
　第4巻『注意と安全』
　第5巻『発達と学習』
　第6巻『社会と感情』
　第7巻『認知の個人差』

　各巻は2部より構成され，第1部は「基礎と理論」，第2部は「展開と実践」である。第1部では，現代の認知心理学を理解するのに必要なミニマムエッセンスをまとめた。第2部では，基礎からの発展として，現代社会と密接

に関連する応用的研究を中心にまとめた。このような2部構成の理念は，日本認知心理学会の目的である「基礎的・応用的研究の発展を促進し，同時にその学術的成果を社会に還元することによって，広く社会に貢献する」（会則第3条）というところにある。これから勉強を始めようという読者には，第1部を教科書的に利用していただいてもよい。既に研究を始めている読者には，第2部を今後の研究の発展のヒントになるものとして利用していただいてもよい。いずれにしても，読者の目的に応じた利用をお願いしたいし，本シリーズは，それぞれの目的に対処できるような内容であることを意図したつもりである。しかし，認知心理学の全体像を伝えるには決して十分なものとはいえないかもしれない。この点，読者諸氏のご批判，ご鞭撻をいただければ幸いである。

最後に，本シリーズの刊行を快諾していただいた北大路書房，そして編集部の柏原隆宏氏には，私たちのわがままを聞いていただき，心から感謝の意を表したい。

編集委員代表　太田信夫

まえがき

　『社会と感情』と題されたこの第6巻では，対人場面など社会的文脈における認知の問題を取り扱う。あわせて，認知と一見対立するように思われる感情の問題を，社会的認知アプローチから検討する。

　対人場面での認知や人についての認知の問題は「社会的認知」と呼ばれ，主として社会心理学の基礎的領域で研究が積み重ねられてきた。印象形成や対人認知の研究に端を発してから，原因帰属，自己に関するさまざまな認知や評価，他者や自己に関する社会的推論，そしてステレオタイプに基づく推論や判断などに研究領域を拡張してきた。社会的認知研究の全体像については他書（たとえば，Fiske & Taylor, 2008）をご覧いただきたいが，本書ではその基本にあたる事柄と発展的で応用的な新しい動向について，日本の第一線で活躍する方々にそれぞれ紹介していただいた。

　感情の古典的研究として，ダーウィン（Darwin, C. R.）に始まる表情の研究や，ジェームズ（James, W.）やランゲ（Lange, C.）が唱えた身体反応が先行するという末梢説などがよく知られている。しかし，感情は比較的最近になって研究が活発になってきた心理学の領域である（鈴木，2007を参照）。近年になって，進化心理学的立場，生理学や脳神経科学の立場，臨床心理学的な立場，あるいは認知的評価を重視する立場など，多くのアプローチに基づいて活発に研究が行われている。残念ながら，感情の定義に関しても理論に関しても，まだ統一的な見解には達していない状態である。本書では，社会的認知研究の発展に伴って現れたアプローチに基づく感情研究を中心に紹介したいと考えている。

　本書では以上のように，社会的場面での認知の問題と，認知と相互に影響しあう感情の問題を，現代の社会的認知研究の立場を基礎として，現実の幅広い現象を多面的な視点からできるだけわかりやすく紹介したい。ここでは，本書の各章が基礎としている社会的認知アプローチを，3つの点に要約して紹介しよう（より詳しくは，第1章，第2章を参照）。

社会的文脈での適応的行動を生み出す認知

　社会心理学は長らく社会的行動の研究であった。現代でも，集団間の現象や集合現象の研究，特にマイクロ-マクロ過程を探求する分野では，心理的変数を想定しながらも，注目は行動にあるだろう。研究成果の社会的応用を求める研究分野でも，行動に焦点を当てることが重要だろう。社会的認知研究は，むしろその背後に想定される認知過程に焦点を当てた研究が中心である。しかし，「考えることは行動することのためにある」（Fiske, 1992）というメタ理論的視点を持っている。社会的認知過程は，人の社会的行動を適応的にするために私たちが獲得してきたメカニズムだという視点である。

　これは，進化心理学の影響が心理学全体に強まることに呼応して，社会心理学や社会的認知研究にも取り入れられてきた（亀田・村田，2000を参照）。社会的認知の自動性が大きな注目を集めたことも，その影響が行動に及ぶことを明確にした研究成果に基づくだろう。近年では，行動を生み出す構成概念としての「態度」が再評価される動きがある。しかしこれも，潜在的な態度測定が可能となり，社会的認知研究の成果に由来する「潜在的態度」という構成概念の有効性が認められたからであろう。

　本書では，第2部の第8章でコミュニケーション行動，第9章で援助行動，第10章で対人関係における行動，第11章で言語的コミュニケーション行動などについて，社会的認知との関係が明示的に言及されている。第12章でも，差別行動につながる偏見の基礎として，ステレオタイプの問題が論じられている。必ずしも明示的ではないが，他の章でも，自己や他者の認知が自己の行動にさまざまな形で関係することについての含意が述べられている。

自動的過程と意識的過程

　さまざまな社会的認知を自動的-統制的（あるいは非意識的-意識的）の2つの過程からモデル化する試みが行われている。この二過程モデルは，社会的認知のモデルとして，最も幅広く適用されているものである（第1章を参照）。特に自動的，非意識的過程は，それこそ意識されにくいものであるが，その重要性がさまざまな形で繰り返し議論されている（第2章を参照）。自動的過程が日常の情報処理の99％を越えるといった主張や，複雑な意思決定でも場合に

よっては無意識的に思考したほうがよい結末となるといった研究さえ示されている（Bargh, 2007を参照）。

しかしながら，編者がここで論じたいことは，社会的認知研究のなかで意識的過程の探究がなくなることはないだろうという点である。むしろ，自動的過程が重要だからこそ，進化的にはその後獲得してきたであろう意識的過程の役割と特長（そして欠点）について，これから多くの研究が必要ではないだろうか。特に，自己についての推論，他者の心的状態についての推論，その特別の場合である他者が自己について抱く考えや感情についての推論（いずれも第7章を参照），そして自己制御に関わる認知（第5章を参照）などは，意識的過程の役割がとても重要だと考えられる。

統合的な情報処理過程としての認知と感情

かつてZajonc (1980) は「好みは推論を必要としない」と題した論文で，認知過程に先行して感情過程がはたらくことを論じた。この議論は必ずしも決着がつくものではなかったが，感情的情報に私たちが注意を向けやすいこと，その手がかりをもとに自動的に処理過程が生起すること，それが行動を動機づけやすいことなど，情報処理に関する原初的過程への注目をうながした。他方で，戸田の提唱したアージ理論も，人間の行動理解のためには，適応プログラムとしての感情を検討することの重要性を訴えている（戸田，1992）。

こういった先駆的業績の含意は，人の情報処理システムを理解するためには，原初的システムとしての感情的情報処理と，それを基礎に発展したであろう認知的情報処理を統合的に取り扱うことが必要である，ということである。もちろん，その統合的モデルが簡単に提示できるわけではないが，本書でも第8章では，両者の関連について詳しく検討するように試みている。社会的自己の問題についても，認知的側面からの議論（第3章）と，感情的側面からの議論（第4章）をそれぞれ含めることにした。

本書は，社会的認知研究の全貌を示すものではないし，ましてや感情研究についてはごく一部を紹介するにとどまっている。選択と意思決定に関わる研究についてはほとんどふれていないし，消費者行動や消費者心理への応用研究に

ついても割愛している。またの機会に検討できたらうれしいと思う。

　しかしながら，社会的認知研究が1冊の本を費やして，認知心理学のシリーズで紹介されたことは本書が初めてではないかと思われる。その道を開いていただいた東京大学の高野陽太郎先生をはじめとして，この企画を立てていただいた先生方には心より感謝したい。本書が幅広い読者に対して，この研究領域のおもしろさを伝えることができ，他の領域の研究との連携の契機となり，社会的認知研究のますますの発展をうながすことができれば望外の幸せである。

村田光二

文献

Bargh, J. A. 2007 *Social psychology and the unconscious: The automaticity of higher mental process.* Philadelphia, PA: Psychology Press. 及川昌典・木村　晴・北村英哉（編訳）2009 無意識と社会心理学—高次心理過程の自動性— ナカニシヤ出版

Fiske, S. T. 1992 Thinking is for doing: Portraits of social cognition from daguerreotype to laserphoto. *Journal of Personality and Social Psychology*, **63**, 877-889.

Fiske, S. T., & Taylor, S. E. 2008 *Social cognition: From brain to cultures.* New York: McGraw-Hill.

亀田達也・村田光二　2000　複雑さに挑む社会心理学—適応エージェントとしての人間—　有斐閣

鈴木直人　2007　現代感情研究の潮流　鈴木直人（編）感情心理学　朝倉心理学講座10　朝倉書店　Pp.1-15.

戸田正直　1992　感情—人を動かしている適応プログラム—　東京大学出版会

Zajonc, R. B. 1980 Feeling and thinking: Preferences need no inferences. *American Psychologist*, **35**, 151-175.

現代の認知心理学 6
社会と感情

『現代の認知心理学』刊行にあたって　i
まえがき　iii

第1部　基礎と理論

第1章　社会的認知過程のモデル（森　津太子）……………2
  1節　はじめに　2
  2節　社会的認知とは　2
  3節　社会的認知過程モデルにおける人間観の変遷　5
  4節　古典的モデルと社会的認知過程モデル
  　　　——印象形成の二過程モデル　11
  5節　現代の社会的認知過程モデル　16
  文献　21

第2章　社会的判断と行動の自動性（尾崎由佳）……………23
  1節　はじめに　23
  2節　自動性現象とそのメカニズム　24
  3節　自動的過程の機能　33
  4節　自動性と意識　39
  文献　46

第3章　自己知識とそのはたらき（榊　美知子）……………49
  1節　はじめに　49
  2節　自己知識の構造と機能——抽象度による分類　50
  3節　自己知識の構造と機能——知識の内容による分類　58
  4節　自己知識の限界　67
  5節　おわりに　70

文献　71

第4章　**自尊感情と自己関連動機に基づく推論の歪み**（藤島喜嗣）……74
　　1節　はじめに　74
　　2節　自尊感情　75
　　3節　自己関連動機に基づく推論の歪み　84
　　4節　おわりに——今後の展望　92
　　文献　93

第5章　**感情とその制御**（田中知恵）……98
　　1節　はじめに　98
　　2節　感情の役割　100
　　3節　感情制御　105
　　4節　感情価と感情制御　114
　　5節　おわりに　117
　　文献　118

第6章　**感情予測**（村田光二）……121
　　1節　はじめに　121
　　2節　感情予測の正確さと誤り　122
　　3節　感情予測のインパクトバイアス　131
　　4節　感情予測が果たす役割　140
　　文献　144

第2部　展開と実践

第7章　**他者の心的状態の推論のメカニズム**（工藤恵理子）……148
　　1節　はじめに　148
　　2節　自分の心的状態の利用　150
　　3節　他者の心的状態の推論の特別なケース
　　　　　——行為者によるメタ推論　155
　　4節　他者の心的状態の推論に用いられる（自分の心的状態以外の）道具　160
　　5節　他者の心的状態の推論における自己の主観的経験の特別視・
　　　　　例外視　164
　　6節　正確さをめざした場合の帰結　169
　　文献　172

第8章 認知と感情のダイナミズム（北村英哉） …… 175

1節 はじめに　175
2節 認知・感情システムと適応　176
3節 感情と認知──感情の認知への影響　177
4節 認知的感情理論　185
5節 感情とコミュニケーション　188
6節 おわりに　191
文献　192

第9章 援助場面での社会的認知過程（唐沢かおり） …… 195

1節 はじめに　195
2節 傍観者効果と援助行動研究　196
3節 援助を動機づける認知──原因帰属　202
4節 援助を受ける側の心的過程と援助をめぐる相互作用　210
5節 おわりに　215
文献　218

第10章 関係性と適応（遠藤由美） …… 221

1節 はじめに　221
2節 社会的動物としての人間　221
3節 関係性認知──こころのなかの他者像・関係像　224
4節 関係性の脅威・阻害──関係の糸が結べない時　227
5節 実在人物以外との関係　233
6節 親密二者関係のダイナミズム　234
7節 まとめと将来の課題　238
文献　242

第11章 認知の社会的共有とコミュニケーション（唐沢 穣） …… 248

1節 はじめに　248
2節 社会的認知の共有過程　249
3節 集団表象の共有　254
4節 社会的認知と言語表現　258
5節 認知と言語の文化的基盤　262
6節 おわりに　266
文献　268

第12章　ステレオタイプと社会システムの維持（沼崎　誠）……………272
　　　　1節　はじめに　272
　　　　2節　ステレオタイプの機能　273
　　　　3節　社会システムとステレオタイプの内容　276
　　　　4節　システム正当化　283
　　　　5節　展望——ステレオタイプと社会　294
　　　　文献　295

人名索引　299
事項索引　303

第 **1** 部

基礎と理論

第1章 社会的認知過程のモデル

森 津太子

1節 はじめに

認知革命（Gardner, 1985）という大きな科学的潮流は，心理学において認知心理学という分野を確立させ，人の心の仕組みの理解について大きな進展をもたらした。そしてそこで考案された概念，理論，方法は認知心理学という1つの分野にとどまらず，心理学の他の諸分野にも大きな影響をもたらすこととなった。なかでも本書で取り上げられる社会心理学は，その影響を特に大きく受けた分野であり，「社会的認知」という1つの領域を確立するにいたっている。本章では，社会的認知過程モデルとはどのようなものか，また認知心理学的なアイデア（情報処理アプローチ）の導入により，社会心理学の研究がどのように変わったのかを概観する。

2節 社会的認知とは

1．人は他者や自己をどのように理解するか

社会的認知とは，1970年代から始まった新たな社会心理的研究の試みに対して名づけられた名前である。当初，その試みは一部の研究者によって自発的に始まり，一時的な流行に終わると思われていた。しかし予想を裏切って徐々に社会心理学のメインストリームにのし上がり，1980年には社会心理学分野での最も有力な学術誌である『Journal of Personality and Social Psychology』に「態

度と社会的認知（Attitude and Social Cognition）」という独立したセクションが設けられた他，1982年にはその名前を冠した学術誌『Social Cognition』が発刊されるにいたっている。

認知とは「認識すること，理解すること，思考することなど，高度な知的活動を包括的に表す言葉」（道又，2003）であるため，社会的認知を広義に定義するなら，「人が，他者や自己，あるいはそれらを含む社会をどのように認識，理解，思考するかについて検討する分野」ということができるだろう（Fiske & Taylor, 1991を参照）。たとえば，社会的認知研究では次のような疑問が研究テーマとして取り上げられる。私たちが他者の行動を見て，その人の印象を形成する過程はどのようなものか。私たちは自分自身のことをどのように理解しているか。あるいは，ある出来事が生じた時，私たちはどのようにその原因を推論するか。このように社会的認知研究を特徴づけるのは，人間の社会的判断や行動の基礎にある認知過程に対する強い関心である。

2．認知的基盤の重視

上述のように，社会的認知研究に共通するのは認知過程への関心であり，さらにいえば，認知過程を明らかにすることが，人の社会的行動の理解へとつながるという強い信念である。ただし社会心理学は，その成立当初より，人間の行動を理解するにはその人物が周囲の社会的環境をどう見ているかを知ることが重要だと考えてきた。この意味で，社会心理学は常に「認知的」であったといえる（Fiske & Taylor, 1991；Zajonc, 1980）。実際，社会心理学の根幹をなしているのは，態度，信念，ステレオタイプといった認知構造をさし示す概念や，態度変容，印象形成，原因帰属などの認知過程を含意する概念である。

しかしながら，社会的認知研究が始まるまで，上記のような認知要素が直接的に研究の俎上に載せられることはなかった。その手段を持たなかったためである。すなわち社会心理学者がめざしているものと，その実証方法との間に乖離があったといえる。このような理論と方法の乖離は，社会的認知研究の始まりによって解消されていく。認知心理学的なアイデア，具体的には「情報処理アプローチ」の導入により，認知的基盤を直接的に検討し得る手段が提供されたためである。

3．情報処理アプローチ

　情報処理アプローチとは，人間を「情報処理に従事する1つの情報処理システム」（ある種のコンピュータ）としてとらえ，情報処理システムに含まれる一連の処理段階（情報の入力，符号化，保持，体制化，検索，出力など）を仮定することで，人間の内的過程を理解しようとする研究方略である。社会的認知研究は，いずれもこのアプローチに基づいて社会心理学的事象を検討しており，このアプローチこそが社会的認知という学問領域を定義づけるものだという主張もある（Hamilton et al., 1994；山本，1998）。

　情報処理アプローチの導入は，社会心理学に2つの変化をもたらした（Smith, 2000を参照）。1つ目は理論的側面における変化である。情報処理アプローチが導入される以前，社会心理学の研究は印象形成，態度，援助行動など，領域ごとに分かれてなされており，領域間の接点はほとんどなかった。互いに共通する理論的基盤がなく，おのおのの領域内で発展した理論や概念は他の領域に拡張できるような融通性を持ち合わせていなかったためである。しかし情報処理アプローチが導入され，人間行動は情報処理システムの所産とみなされるようになると，個別の領域で扱われていた問題が同じ枠組みのなかで理解されるようになった。そこでは共通の概念，理論，術語が用いられ，社会的認知研究はこの共通言語を介在させることにより，領域横断的な研究を発展させていった。そして他領域の知見，さらには認知心理学の知見を援用することで，研究の蓄積を進めていった。

　情報処理アプローチがもたらした2つ目の変化は，方法論的側面における変化である。認知構造や認知過程を詳しく調べる道具（たとえば，反応時間や，再生・再認の測度など）が利用できるようになり，研究は結果志向から，過程志向へと方向転換した。情報処理アプローチ導入以前の研究では，ある要因が特定の認知過程をへて判断や行動に影響を与えると考えられた場合，要因を操作し，その結果として現れる変化を測定するというのが一般的な方法だった。そして結果のパターンが，理論から導き出される予測と矛盾しなければ，理論を支持する証拠だと考えられた。しかしこの場合，想定された媒介過程そのものを検証する証拠は収集されていないので，認知過程はブラックボックスのままであった。これに対し情報処理アプローチでは，反応時間の測定，記憶の想

起(再生・再認),プライミングなど,媒介過程をより直接的に査定できる研究手法が開発されている。そのため,これらの手法を利用することで,社会的認知研究は認知処理の結果ではなく,処理過程そのものに焦点を当てた研究を発展させることとなった。

4. 認知主体である自己への関心

上記2つの変化に加え,情報処理アプローチの導入は,社会心理学において「自己」の研究を後押しすることにも貢献した。Taylor (1998) によれば,理論的立場はそれぞれに異なるものの,社会心理学者は常に次の2点では合意をし,関心を向けてきたという。1つは,個人の行動は環境,特に社会的環境に強く影響を受けるということであり,もう1つは,個人は社会的状況を能動的に解釈するということである。情報処理アプローチは,認知過程を直接的に検討する手段を提供したことにより,後者の問題への関心を改めて刺激した。これは,自己という複雑で検討の難しい問題に関する研究が著しく発展したことに象徴される。

他者や社会の認知は,必ずしもそれら自身の性質によって物理的,客観的に規定されるのではない。むしろ他者や社会を認知する主体である自己が,どのような知識,経験を有しているか,あるいは,どのような欲求,目標,信念を持って対象に接しているか,またその際,どのような感情状態にあるかなどによって異なるものである。すなわち自己を理解しなければ,社会心理学者にとって興味ある現象の多くは理解できないと言っていい(Taylor, 1998)。社会的認知研究の発展は,自己研究の重要性が再認識される分岐点としてはたらき,今日,自己の問題は,社会心理学において非常に重要なトピックの1つとして位置づけられるにいたっている。

3節　社会的認知過程モデルにおける人間観の変遷

以上のように,情報処理アプローチの導入は社会心理学の各方面に重要な影響を与えた。それは個別の研究における変化というよりは,より本質的な変化,

すなわち人間観の変化と見ることもできる。人をどのような存在ととらえるかは，心理学的研究を推し進めるうえでの重要な試金石であり，その意味においても情報処理アプローチの導入は，社会心理学に大きな方向転換を強いる契機だったといえる。

ただしすでに述べたように，社会心理学は当初から常に「認知的」であり，それは行動主義が跋扈する時代にあっても健在だった。すなわち社会心理学においては，認知心理学が成立する以前から，人間は刺激を知覚し，理解したうえで，それに応じた反応を返す存在ととらえられていたのである。Fiske & Taylor（1991）は，それを「思考する有機体（thinking organism）」，あるいは「社会的思考者（social thinker）」と表現している。本節ではFiske & Taylor（1991）にならい，情報処理アプローチ導入以前，以後の各時代を代表する社会心理学のモデルを概観しながら，そこに見られる人間観の変遷を見ていくことにする（唐沢，2001；岡，2004を参照）。

1．一貫性を求める人間

人間を「思考する有機体」としてとらえる見方は，1950年代後半頃から盛んに行われた態度変化の研究にすでに見て取ることができる。認知的斉合性理論と呼ばれる一連の理論においては，人間は認知要素の間に知覚されたズレに動機づけられて「一貫性を求める存在（consistency seeker）」として描かれた。たとえば，最も代表的な認知的不協和理論（Festinger, 1957）によれば，人は自己や，自己を取り巻く環境についての認知要素（思考，態度，信念，意見など）に矛盾や食い違い（認知的不協和）があると，不快な緊張状態が生じる。そのため，これを低減するよう動機づけられ，認知要素の一方を変化させたり，新たな認知要素を加えたりして一貫性を維持しようとすると考えられる。たとえば，喫煙は健康を害すると知っていながらやめられない人は，喫煙の健康被害への影響はまだ十分に実証されていないと思い込んだり，喫煙にはストレス解消の効果があるので，実は健康に良いのだと考えたりすることで不協和を解消する。

ここには2つの重要な仮定がある。1つ目は認知の役割に関するものである。これらの理論では，知覚された不斉合，すなわち生体内部の認知要素（思考，

態度，信念，意見など）にある主観的な不斉合こそが不快状態を招く原因であり，外部から観察可能な客観的な不斉合には重きをおいていない。この意味で，認知的斉合性理論は，まさに認知的な理論だったということができる。2つ目は感情や動機づけに関する仮定である。認知的斉合性理論では，不斉合が知覚されると不快な緊張状態（不快感情）が生まれるが，その状態を低減しようと動機づけられることによって，不斉合は解消されると仮定している。すなわち，認知的斉合性理論においては，不快感情や不快感情を低減しようとする動機づけは，中心的な役割を与えられているのである。

しかしながら，これらの仮定は研究が進展するにつれほころびを見せるようになる。それは1つには，認知的不斉合という概念が曖昧で，人が何をもって不斉合と知覚するのかが明確でなかったことによる。この時期，まだ情報処理アプローチは確立しておらず，社会心理学のなかにも持ち込まれていなかった。そのため，認知的斉合性理論においては，"認知"の役割が重要だと考えられていたものの，それを直接的に検証する手段がなかった。

他方，感情や動機づけに関する仮定にも疑問が呈された。人は時に矛盾した信念や行動を簡単に受け入れてしまう場合があることが，多くの研究によって明らかにされたためである。さらに認知的斉合性理論で予測する結果が，不斉合によって生じる不快な緊張状態や，一貫性への動機づけを仮定しなくても再現できることを実証する理論（自己知覚理論，Bem, 1967）も登場した。こうして，感情や動機づけが人の判断や行動に果たす役割は二次的なものと考えられるようになってくる。

2．素朴な科学者

感情や動機づけの役割を二次的なものとし，認知こそが社会的判断の主要な決定因とする考えは，徐々に始まりつつあった社会的認知研究の動向とも一致した。1970年代になると，衰退する認知的斉合性理論に変わって帰属理論が台頭するようになる。

初期の帰属理論において，人間は，自分や他者の行動の原因を究明し，説明する存在，すなわち「素朴な科学者（naive scientist）」として描かれた。正しい原因推論をするために，まるで科学者のように関連情報を幅広く集め，それ

を注意深く重みづけすることによって、合理的な判断を下すと考えられたのである。たとえば原因帰属のモデルとして代表的な分散分析（ANOVA）モデル（Kelley, 1967）では、「ある結果の原因はそれと共変する要因に帰属される」という共変原理に基づいて、人は原因を推測していると仮定している。共変とは、ある出来事が起こる時にはそれが存在し、起こらない時には存在しないということである。このモデルによれば、行為の主体（行為者）、行為の対象、状況に対応する情報を得て、おのおのが結果と共変するかを検討すれば、結果をもたらした原因を特定することができるとされる。具体的には、合意性（ある人のある対象に対する反応は他の人々と一致しているか）、弁別性（ある人のその反応は当該の対象に限って起こるのか）、一貫性（ある人のある対象に対する反応はどのような状況でも変わらないか）に関する情報である。そして合意性、弁別性、一貫性ともに高い場合には対象の属性が原因であり、合意性が低く、弁別性が低く、一貫性が高い場合には行為者の属性が原因であるといった帰属がなされると考えられる。

　しかし、人は常にこのような論理的な原因帰属を行うわけではないことが徐々に明らかになる。たとえば、合意性情報はしばしば軽視され、原因帰属の際にあまり利用されないことが知られている。つまりこのように素朴な科学者というメタファのもとでつくり出されたモデルは、人間は"かくあるべき（かくあるはず）"という姿を描いた規範モデルであり、人間の現実の姿をありのままに描いたものではなかったといえる。しかしこれらのモデルは、それが評価基準として機能するがために、モデルの予測に合致しないエラーやバイアスの発見をうながし、結果的には人の社会的判断の傾向性をこれまで以上に鮮明に浮かび上がらせることになった。以降、人の判断能力を規範モデルと照らし合わせて評価するというのは、社会的認知研究の主要な流れの1つとなり、そこで発見されたエラーやバイアスが生じる原因を探る研究が進められていく。

3．認知的倹約家

　規範モデルとの対比によって見いだされた種々のエラーやバイアスは、当初、感情や動機づけによってもたらされるものと考えられた。すなわち、この頃、感情や動機づけは、合理的な判断を攪乱するものとして、かろうじて役割を与

えられていたといえる。しかし1980年代に入ると状況は大きく変わる。情報処理アプローチが本格的に社会心理学に導入されたためである。また，ひとあし先に情報処理アプローチによって人間の認知過程を検討していた認知心理学では，新たな知見が次つぎと提出され，それが社会心理学のなかに持ち込まれるようになった。こうして本格的な社会的認知研究が成立する。

「素朴な科学者」というメタファにおいては，人間の認知資源や情報を処理する時間に制限はないと仮定されていた。しかし認知心理学の研究によって明らかにされたのは，人間の短期記憶はわずかな情報しか保持できないことや，情報の処理にはそもそも時間と労力がかかるため，大量の情報に囲まれ，認知的に忙しい生活を送っている人間が，オンラインでそれをすべて処理することなど不可能だということであった。人間は有限の情報処理システムであり，コンピュータであったとしても「欠陥のあるコンピュータ（faulty computer）」だということがわかってきたのである。

こうして人間は「認知的倹約家（cognitive miser）」であるというメタファが一般化するようになる。このメタファによれば，私たちの認知資源は有限であるため，ふだんはできるだけ時間や労力を無駄遣いしないよう努めていると考えられる。一般に，確実に正答にたどり着ける解決方略は時間や労力がかかるものである。そのため，人はこうした効率の悪い方略を避け，正確性では劣るが時間や労力が少なくてすむ簡便な方略を優先する。つまり，少なくとも日常生活においては，人間は科学者のような合理的な推論を行うことはまれで，人間の情報処理能力の限界を考えれば，しばしばエラーやバイアスをおかすのも当然のことだと考えられるようになった。このように，認知的倹約家というメタファのもとでは，それ以前は，感情や動機づけによってもたらされたと考えられたエラーやバイアスが，認知過程によって説明可能であることが強調されるようになり，感情や動機づけの役割は表舞台から消えることになった。

ところで，人間の短期記憶の容量はわずかで，オンラインの情報処理に限界があるという認識は，他方で長期記憶への関心をもたらすことになった。長期記憶は事実上，容量に制限がなく，したがって人間が限られた認知資源のなかで効率よく情報処理をこなすことができるのは，長期記憶がトップダウン的にオンラインの情報処理にはたらきかけるためと考えられたからである。このよ

うな認識のもと,たとえば対人認知研究においては,情報処理アプローチの導入が,対人記憶や人物表象に関する研究を数多く発展させた(Hastie et al., 1980を参照)。

4．動機を持つ戦術家

人間を「認知的倹約家」あるいは「欠陥のあるコンピュータ」とするメタファは,それまでのどのメタファにも増して社会心理学の研究を推進した。しかし研究が成熟するにつれ,果たして人は常に効率性を求めて認知資源を倹約しているばかりなのかという疑問が持たれるようになる。たとえば,目の前にいる他者が自分の将来を左右するような人物だとわかった場合,私たちは単に時間や労力を倹約したいという理由だけで,その人物の言動を軽々しく判断するだろうか。むしろ細かな言動にも注意を払って,時間をかけてその人物の意図を読み取ったり,どのような人物かを推測したりするのではないだろうか。

こうして現れたのが「動機を持つ戦術家（motivated tactician）」というメタファである。ここでは人間は,複数の情報処理方略を持ち,目標,動機,必要性などに応じて利用する情報処理方略を選択する存在として描かれる。常に効率の良い情報処理を選択する認知的倹約家とは異なり,動機を持つ戦術家は,状況や目的に応じて,効率の良い情報処理を選択する場合もあれば,より手間のかかる情報処理を選択する場合もあると考えられる。

動機を持つ戦術家というメタファは,「二過程モデル」と称されるモデルの発達をうながした。次節で紹介する印象形成のモデルの他,説得,態度,社会的判断,ステレオタイプなど,幅広い領域で適用されている。2つの情報処理過程を示す用語や概念化の仕方,両者の関係性など,細かな点での相違はあるが,労力の少ない,ヒューリスティックに基礎をおいた素早い情報処理と,労力の多い,システマティックな推論に基礎をおいた入念な情報処理とを仮定し,状況に応じてそれらが使い分けられるとしている点では共通している(Chaiken & Trope, 1999；Smith & DeCoster, 2000を参照)。このことは現代の社会的認知過程モデルのなかで最も代表的なものといえるだろう。次節では,この二過程モデルの典型ともいえる印象形成のモデルを取り上げ,情報処理アプローチが導入される以前の古典的モデルとどのような点で異なるかを見てい

くことにする（池上，2001を参照）。

4節　古典的モデルと社会的認知過程モデル
　　　——印象形成の二過程モデル

　ある人物について得られたさまざまな情報を統合して，全体的な印象を形成する過程を印象形成という。印象形成研究の歴史は古く，1940年代にはすでに主要な研究が始まっている。つまり社会的認知としての印象形成の研究は，過去に行われてきた印象形成の研究を新たに記述し直す試みであったといえる。両者の違いを明確にするため，まずは印象形成の古典的理論を見ていくことにする。

1．印象形成の古典的理論

　印象形成の古典的理論として代表的なものの1つは，Asch（1946）の理論である。Aschは，「聡明な」「器用な」「勤勉な」「あたたかい」「決断力のある」「実際的な」「用心深い」といった形容詞のリストを示すだけで，実験参加者が生き生きとした人物像をつくり上げ，実際には語られていない特徴までを推測することが可能なことを見いだした。また上記のリストのうち，「あたたかい」を「つめたい」という言葉に入れ替えると，人物全体の印象がまるで変わってしまうのに対し，他の言葉を対義語に取り替えても全体的印象にはあまり影響しないことを見いだし，前者のような特性を「中心特性」，後者のような特性を「周辺特性」と概念化した。そしてこれらの事実から，人物の印象は個別の特性を単に合算するだけでは説明できず，個別情報には還元できない統合された全体性（ゲシュタルト）を考えることが重要だと指摘した。すなわち個々の特性の意味は，全体を統合する印象が成立した後にトップダウン的に規定されると考えたのである。

　これに対しAnderson（1965）は，印象形成を説明するのにゲシュタルトのような特別な概念は必要なく，人物の印象は，特性情報の単純な数学的合算によってボトムアップ的に生成されると主張した。彼は人物の印象を「好ましさ」の程度の差と仮定したうえで，人物を形容する際によく利用される特性語

の好ましさの程度を個別に測定し，その組み合わせがいかにして全体的な好ましさを構成するのかを数式によって表現したのである。

このように2つのモデルは，トップダウン的処理に焦点を当てるか，ボトムアップ的な処理に焦点を当てるかという点で異なっており，いずれが妥当であるかというのが議論のおもな争点でもあった。しかしながら，情報処理アプローチが導入された以降においては，トップダウン的処理と，ボトムアップ的処理のいずれかが常に利用されるという相互排他的な関係を仮定したモデルではなく，両者を統合的に扱う社会的認知過程モデルが考えられるようになる。次にその代表的なものとして，Brewer（1988）の二過程モデルと，Fiske & Neuberg（1990）の連続体モデルを紹介する。

2．印象形成の社会的認知過程モデル

Brewerの二過程モデル（図1－1）では，人物の印象が形成されるまでの過程として，自動的処理の段階（図上部）と統制された処理の段階（図下部）が想定されている。Brewerによれば，私たちがある対象人物に出会った時にまず行われるのは，人種，性別，年齢などのカテゴリー属性によるその人物の同定である。そしてここで，この人物が，認知者のその時点の要求や目標に関連がなさそうだと判断されれば，情報処理はここで停止し，それ以上，その人物に対して特別な印象形成は行われない。ここまでが特別な意識なしに行われる自動的な過程である。他方，当該の人物が認知者の要求や目標に関連があると判断された場合，その人物の特徴について，より意識的な情報処理が行われることになる。ただし，ここで認知者の個人的な関与の有無によって，2通りの判断過程のいずれかが選択される。認知者が対象人物に対して個人的な関与を持っている場合，すなわち認知者自身がその人物から重大な影響を受ける可能性がある場合には，その個人に特有の特徴に着目したボトムアップ的な印象形成が行われる（個人化：personalization）。反対に個人的関与がない場合には，社会的カテゴリーなどを用いたトップダウン的な印象形成が行われる。そしてもしここで，社会的カテゴリーにあてはまらないと判断されれば，そのカテゴリーにおける特殊事例と位置づけられる（個別化：individuation）。

Fiske & Neubergの連続体モデル（図1－2）でも，二過程モデルと同じ

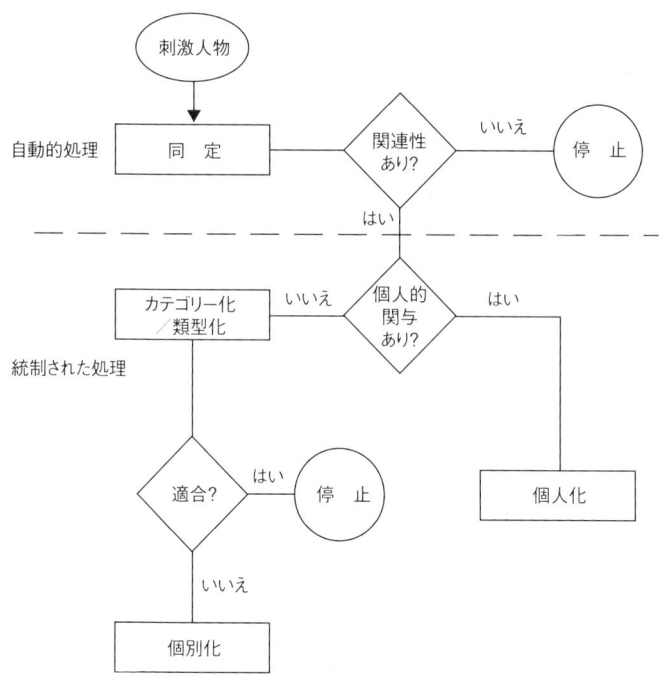

▶ 図1-1　印象形成の二過程モデル（Brewer, 1988より）

ように，最初に当該人物に注意を向ける必要があるかどうかを判断する初期カテゴリー化の段階を想定している。そして興味もしくは関わりがあると判断された人物に対しては注意が向けられ，確証的カテゴリー化の段階に進む。ここでは，対象人物に関する情報とカテゴリーとが矛盾なく一致するかどうかの判断がなされ，それが成功すればカテゴリーに基づいた印象形成が行われ，成功しなければ，別のカテゴリーとの照合（「再カテゴリー化」）が試みられる。そして，それでもうまくいかない場合には，対象人物に固有の特徴に基づいたボトムアップ的な情報処理が行われる。連続体モデルでは，これをピースミール（断片）統合と呼んでいる。このように連続体モデルは，カテゴリーに基づいた処理から始まり，さらなる情報処理が必要かを判断しながら継時的にプロセスが進む点に特徴がある。また連続体モデルでは，必要があれば，これらの段階が何度でも繰り返されることが想定されている。こうして形成された印象は，

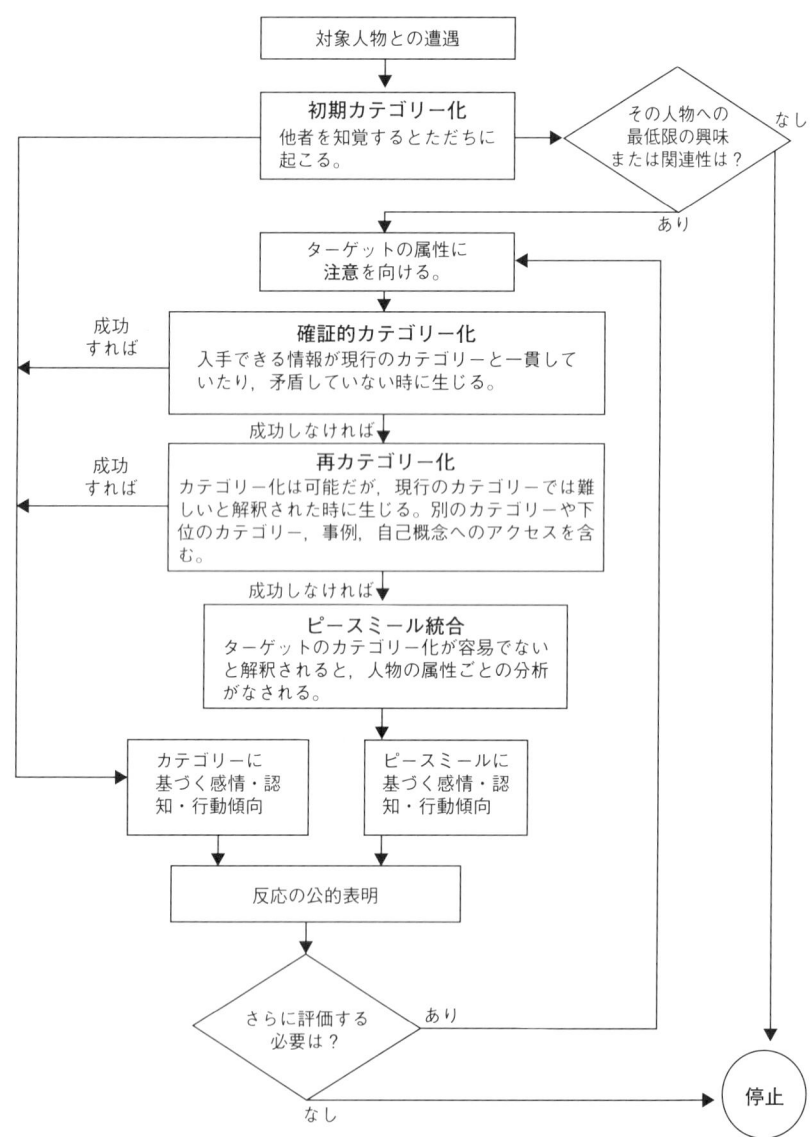

▶ 図1−2　印象形成の連続体モデル（Fiske & Neuberg, 1990より）

カテゴリーのみに基づいた処理と，ピースミールのみに基づいた処理に基づく印象を両端とする連続体のどこかに付置できるものと考えられる。

3．古典的モデルと社会的認知過程モデルとの相違点

印象形成の社会的認知過程モデルは，先に紹介した古典的モデルと比して，以下の3点で相違している（池上，2001；山本，1998を参照）。

第1に，認知過程を詳述していることである。古典的モデルも，入力情報（特性形容詞）から出力情報（印象）が簡単には予測できないことに注目して，両者の間にある認知過程に着目した点においては，社会的認知過程モデルと共通している。しかし古典的モデルにおいては，媒介する認知過程は，あくまでも入力情報と出力情報の離齬を説明するだけのものであり，中心特性のような概念を導入したり，数式で表したりするのがやっとであった。対して2つの社会的認知過程モデルは，印象形成過程を複数の段階からなる過程と考え，入力情報が出力情報にいたる段階を詳述している。これは情報処理アプローチの導入により，認知過程が直接的に検証できるようになったためである。また古典的モデルでは，入力情報として特性形容詞という単一の情報しか扱っていなかったが，社会的認知過程モデルでは，外見的手がかり（視覚情報）を含めた，人物に関わるあらゆる情報が入力情報として仮定され，より複雑な認知過程が描写されている。

第2に，社会的認知過程モデルは，認知者の既有知識が及ぼす影響を強調している点で古典的モデルと大きく異なっている。古典的モデルにおいて想定される印象は，基本的に，その場で提示される情報だけをもとに形成されている。Aschのモデルでは，印象はトップダウン的に決定すると考えられているが，それは中心特性のような特別な特性のはたらきにより，特性間の関係性がダイナミックに変容すると考えられているため，認知者の既有知識が想定されているわけではない。これに対し社会的認知過程モデルでは，入力情報の意味づけは外的に規定されているのではなく，認知者の既有知識，特にカテゴリー知識を活用して処理されることが強調されている。

ただし，既有知識に関する研究が，社会的認知研究以前になかったわけではない。たとえば，私たちが他者の性格について，みずからの経験などから信念

体系を形成していることは古くから知られており，暗黙の性格理論として研究されてきた（Bruner & Tagiuri, 1954）。しかしほとんどの場合，それらの研究は印象形成過程の研究とは独立に行われ，両者が同じモデルのなかで扱われることはなかった。つまり印象形成の社会的認知過程モデルは，認知構造と認知過程という互いに関連しながらも，独立に検討されてきたテーマを結びつける役割を担っているともいえる。

最後に，2つの社会的認知過程モデルでは，情報処理の方略は1つではなく，認知者と認知する対象との関係性や目標などの要因によって，異なる情報処理方略のいずれかが選択されることを想定している。認知する対象が認知者にとってあまり重要でない場合，情報処理はほとんど行われないか，おもにカテゴリー情報に基づくトップダウン的な印象形成が行われる。カテゴリーは構造化された知識であり，認知的な節約に役立つためである。一方で，認知する対象が認知者にとって意味のある存在であるほど，個別情報に基づくボトムアップ的な情報処理，すなわち，より認知資源を要する認知過程が選択されるようになる。人は，「動機を持つ戦術家」であり，状況や目的に合わせて，さまざまな印象形成方略を採用すると考えられるからである。対照的に古典的モデルでは，どのような状況でも常に同じ情報処理が行われることが想定されており，与えられる情報が同じであればいつも同じ印象が形成されると考えられている。

5節　現代の社会的認知過程モデル

ここまで見てきたように，社会心理学は情報処理アプローチを導入し，社会的認知という分野を確立することで大きな発展を遂げた。しかし，特定のパラダイムに依拠した研究には犠牲も伴う。人間をコンピュータとみなす情報処理アプローチは，認知資源の有限性という重要な側面に社会心理学者の目を向けさせ，「認知的倹約家」という優れたメタファをもたらした。また洗練された方法論により，人が他者や自己を理解する過程を次つぎとモデル化することを可能にした。しかしこれは同時に，社会心理学としての独自性を失うことにもつながった。少なくとも初期の社会的認知研究は，認知心理学で確立した理論

や方法を，非社会的な対象から社会的対象へと適用することに熱心になるあまり，かつて社会心理学において重視されていたものを脇へと置き去りにしてしまったからである。

近年現れた「動機を持つ戦術家」というメタファは，それ以前の「認知的倹約家」というメタファの説明力を高める努力のなかで生まれてきたものである。そこには初期の社会的認知研究でないがしろにされた社会心理学的要素を復権させようとする意図も垣間見える。現代の社会的認知研究はその傾向をよりいっそう強めているといえるだろう。Schwarz（1998）は，この傾向を「より温かく，そしてより社会的に（warmer and more social）」と簡潔に表現している。

1．より温かく

「より温かく」とは，社会的認知過程のモデルに，より感情や動機づけの要素が組み込まれるようになってきたということである。認知的斉合性理論に特徴的なように，元来，社会心理学の理論では，感情や動機づけは，中心的な役割を担うものとして位置づけられていた。しかし，人間を「科学者」とみなすメタファが主流になると，その役割は二次的もしくは部分的とみなされるようになり，「コンピュータ」とみなすメタファになるにいたっては徹底的に排除されてしまった。これは，社会的認知の過程を調べる際，「認知」という言葉が，感情や動機づけと対比的に使用されたため，あるいは，コンピュータというメタファと，感情や動機づけとの相性があまりよくないために起きたことと考えられる。しかし，認知とは，本来，刺激と反応を媒介するあらゆる認知構造ないしは認知過程をさすのであり，感情や動機づけもその要素として扱い得るものである。こうした考えに基づき，最近は，感情の機能的側面に注目した理論や，動機づけが認知過程において中心的な役割を果たすことを仮定した理論が提出されるなど，感情や動機づけが人の情報処理過程に不可欠な要素として見直されつつある（第5章，第8章を参照）。

2．より社会的に

現代の社会的認知過程モデルはまた，「より社会的に」もなってきている。

社会的認知研究は，認知心理学の分野で「非社会的」事象を対象として確立してきた理論や方法を，「社会的」事象へと適用してきた。しかし，その適用の仕方はかなり偏っていたといえる。すでに述べたように，Taylor（1998）は，社会心理学者が歴史的に合意してきた事項として，「個人の行動は環境，特に社会的環境に強く影響を受けること」，そして「個人は社会的状況を能動的に解釈すること」の2つをあげた。このうち社会的認知研究では，後者の研究を積極的に推し進める一方，前者の研究をあまり積極的には行ってこなかった。すなわち，認知過程が社会的な推論や行動に及ぼす影響については多くの研究を行ってきたものの，その反対，すなわち社会的な文脈が認知過程に及ぼす影響にはあまり関心を向けてこなかったのである。

通常，コンピュータは1つの閉じた情報処理系であり，それが置かれた社会的文脈からは切り離された存在である。そのため，人をコンピュータとみなすメタファにおいては，もっぱら内部の情報処理過程に関心が向けられ，外部環境からの影響が軽視される傾向にあったといえる。しかし実験室で行われる実験とは異なり，現実世界において人は他者との社会的交流のなかに生きており，その関係性のなかで情報処理の方向性が定まってくる。Brewerの二過程モデルやFiske & Neubergの連続体モデルは，まさにそれをモデル化したものである。またこれらのモデルのなかでトップダウン的処理の際に使用されたカテゴリー知識は，認知者個人の情報処理過程のなかで生成された表象というよりは，集団や文化のなかで生成され共有された表象が認知者の内部に取り込まれたものと考えられる。現代の社会的認知過程モデルはこうした点をふまえ，現下の相互作用文脈や，より広い文化的文脈をも考慮したものになりつつある。

このように現代の社会的認知過程モデルは，感情と社会を重視する傾向にある。ここで注意したいのは，初期の社会的認知研究に見られた感情や社会的文脈の軽視ないし無視という問題が，それをもたらした情報処理アプローチを放棄することによって解決されているわけではないということである。むしろ現在の社会的認知研究では，かつて情報処理アプローチのなかで見落とされていた要素をも積極的に取り込み，情報処理アプローチを洗練させることによって，その解決をはかろうとしている。それはたとえば，感情や動機づけを扱った研究が「温かい認知（warm cognition）」の研究と呼ばれることに象徴的である。

これは，従来の認知研究，すなわち人間をコンピュータそのものとみなし，感情や動機づけをいっさい排除して知的側面のみに焦点を当ててきた認知研究を「冷たい認知（cold cognition）」と呼ぶことに伴って現れた言葉である。また，感情や動機づけのはたらきこそが人間の思考や行動を規定するものとして最重要視する「熱い認知（hot cognition）」と「冷たい認知」をブレンドしたものを「温かい認知」と呼ぶ場合もある（海保，1997；Sorrentino & Higgins, 1986）。「温かい認知」研究においては感情や動機づけは認知の1要素であり，情報処理過程のなかに組み込まれるべきものとして扱われている。同様に社会的文脈や他者との相互作用を重視する立場も，「状況に埋め込まれた認知（situated cognition）」や「共有された認知（shared cognition）」という概念のもとで研究が進められ，認知の重要性は維持されている。

3．そして，より非意識的に

「動機を持つ戦術家」（Fiske & Taylor, 1991）というメタファが提案されてすでに20年近く経つが，このメタファは現代の社会的認知過程モデルを象徴するものとして今も色褪せていない。社会的文脈の影響や感情・動機づけが果たす役割が再認識されることにより，現下の状況や目的に応じて，そこに投じる時間や労力を柔軟に変化させるというプラグマティックなメタファは，むしろますます説得力を増しているようにも見える。

しかしTaylor（1998）は，みずからが提案したこのメタファの持つ欠点として，人が時間や労力の配分を意識的に決定しているかのような印象を与えることをあげている。実際，最近の研究によると，ほとんどの社会的推論が意識的な気づきを伴わない自動的過程によって達成できることが指摘されており，それを実証する研究も激増している（Bargh, 2007；本書第2章を参照）。すなわち，最近の社会的認知過程モデルは，「より温かく，より社会的に」なっていることに加え，「より非意識的に（less conscious）」なってきているといえるだろう（Schwarz, 2000）。こうした傾向を受け，最近，Fiske & Taylor（2008）は，いまだ論争中と留保をしながらも，動機を持つ戦術家に続く新しいメタファを提案している（表1-1）。それは，人間が，環境から発信されている刺激にまったく気がつかないままに導かれ，判断や行動をしていること

▶ 表1-1　社会的認知過程モデルに関するメタファの変遷（Fiske & Taylor, 2008より）

メタファ	年代	代表的な理論・モデル
一貫性を求める人間	1950年代から1960年代	認知的不協和理論（態度）
素朴な科学者	1970年代	共変モデル（帰属）
認知的倹約家	1980年代	ヒューリスティック（意思決定）
動機を持つ戦術家	1990年代	二過程モデル（特にステレオタイプ）
駆動される行為者	2000年代	潜在的連合

を暗示したもので，「駆動される行為者（activated actor）」と名づけられている。このメタファによれば，人は現下の状況や目的に即した情報処理の方略を選択するものの，それは必ずしも意識的，意図的に選択されるものではなく，環境によって直接駆動される非意識的，非意図的な過程だと考えられる。今後，この分野の研究がどのような発展を見るかは現段階では定かではない。しかし1つだけ確かなのは，情報処理アプローチが，意識的な認知過程のみならず，非意識的な認知過程の検討にも有用な汎用性の高いアプローチとして利用されているということである。

4．おわりに

かつて社会的認知に関する初めてのハンドブックが刊行された際，その冒頭章でOstrom（1984）は，社会的認知研究が持つ潜在的可能性を「社会的認知による統治（sovereignty of social cognition）」という言葉で表現した。この言葉はしばしば誤解され，社会的認知研究が他の社会心理学領域を圧倒し，排除したり，価値のないものとみなそうとしていると解された。しかし，彼の真意は排除ではなく包摂にあり，幅広い領域にまたがった伝統的な社会心理学研究が，社会的認知という枠組みによって統合的に理解される可能性を期待するものであった（Ostrom, 1994）。実際のところ，現在の社会的認知研究は，社会と感情という社会心理学がかねてより重視してきた要素を復権させるとともに，現代的なトピックである意識の問題をも取り込み，ますます幅広いトピックをその研究対象としている。

「社会」「感情」「意識」への関心の高まりは，なにも社会的認知研究だけに

限ったものではない。同様の機運は，情報処理アプローチの大本である認知心理学においても高まっており，日常文脈での認知や感情の適応価値を検討する研究，潜在記憶や潜在学習の研究など，「社会」「感情」「意識」の問題を扱う研究が近年，急増している。しかし，こと社会と感情に関しては，歴史的に社会心理学の分野で扱われてきた経緯があり，その意味で社会的認知研究には一日の長がある。これまで社会的認知研究は，認知心理学で確立した理論や方法を一方的に利用し，それを社会心理学的トピックに適用することで発展を遂げてきた。今後は，社会的認知研究，あるいは社会心理学が長年蓄積してきた知識を認知心理学に提供することで，社会と感情という要素を取り込んだ，より包括的なモデルの作成に貢献することを期待したい。

文　献

Anderson, N. H.　1965　Averaging vs. adding as a stimulus-combination rule in impression formation. *Journal of Experimental Psychology*, **70**, 394-400.

Asch, S. E.　1946　Forming impression of personality. *Journal of Abnormal and Social Psychology*, **41**, 258-290.

Bargh, J. A.　2007　*Social psychology and the unconscious: The automaticity of higher mental process.* Philadelphia, PA: Psychology Press.　及川昌典・木村　晴・北村英哉（訳）　2009　無意識と社会心理学―高次心理過程の自動性―　ナカニシヤ出版

Bem, D. J.　1967　Self-perception: An alternative interpretation of cognitive dissonance phenomena. *Psychological Review*, **74**, 183-200.

Brewer, M. B.　1988　A dual process model of impression formation. In T. K. Srull & R. S. Wyer, Jr. （Eds.）, *Advances in social cognition*. Vol.1. Hillsdale, NJ.: Erlbaum. Pp.1-36.

Bruner, J. S., & Tagiuri, R.　1954　The perception of people. In G. Lindzey （Ed.）, *Handbook of social psychology*. Vol.2. Cambridge, MA: Addison-Wesley. Pp.634-654.

Chaiken, S., & Trope, Y.　1999　*Dual-process theories in social psychology*. New York: Guilford Press.

Festinger, L.　1957　*A theory of cognitive dissonance*. Palo Alto, CA: Stanford University Press.　末永俊郎（監訳）　1965　認知的不協和の理論―社会心理学序説―　誠信書房

Fiske, S. T., & Neuberg, S. L.　1990　A continuum model of impression formation from category-based individuating processes: Influences of information and motivation on attention and interpretation. In M. P. Zanna （Ed.）, *Advances in experimental social psychology*. Vol.23. New York: Academic Press. Pp.1-74.

Fiske, S. T., & Taylor, S. E.　1991　*Social cognition*. 2 nd ed. New York: McGraw-Hill.

Fiske, S. T., & Taylor, S. E.　2008　*Social cognition: From brains to culture*. New York: McGraw-Hill.

Gardner, H.　1985　*The mind's new science: A history of the cognitive revolution*. New York: Basic Books.　佐伯　胖・海保博之（監訳）　1987　認知革命　産業図書

Hamilton, D. L.　1994　Social cognition and classic issues in social psychology. In P. G. Devine, D. L. Hamilton & T. M. Ostrom （Eds.）, *Social cognition: Impact on social psychology*. San Diego, CA: Academic Press. Pp.1-13.

Hastie, R., Ostrom, T. M., Ebbesen, E. B., Wyer, Jr., R. S., Hamilton, D. L., & Carlston, D. E. 1980 *Person memory: The cognitive basis of social perception*. Hillsdale, NJ: Erlbaum.

池上知子 2001 対人認知の心理機構―情報処理アプローチは何を明らかにしたのか― 唐沢 穣・池上知子・唐沢かおり・大平英樹（著） 社会的認知の心理学―社会を描く心のはたらき― ナカニシヤ出版 Pp.14-45.

海保博之 1997 今なぜ「温かい認知」か 海保博之（編）「温かい認知」の心理学―認知と感情の融接現象の不思議― 金子書房 Pp.1-6.

唐沢 穣 2001 社会的認知とは何か 唐沢 穣・池上知子・唐沢かおり・大平英樹（著） 社会的認知の心理学―社会を描く心のはたらき― ナカニシヤ出版 Pp.3-12.

Kelley, H. H. 1967 Attribution theory in social psychology. In D. Levine（Ed.）, *Nebraska symposium on motivation*. Vol.15. University of Nebraska Press. Pp.192-238.

道又 爾 2003 認知心理学 誕生と変貌 道又 爾・北﨑充晃・大久保街亜・今井久登・山川恵子・黒沢 学（著） 認知心理学―知のアーキテクチャを探る― 有斐閣 Pp.2-26.

岡 隆 2004 社会的認知研究の伝統とメタファ 岡 隆（編） 社会的認知研究のパースペクティブ―心と社会のインターフェイス― 培風館 Pp.1-12.

Ostrom, T. M. 1984 The sovereignty of social cognition. In R. S. Wyer, Jr. & T. K. Srull（Eds.）, *Handbook of social cognition*. Vol.1. Hillsdale, NJ.: Erlbaum. Pp.1-38.

Ostrom, T. M. 1994 Foreword. In R. S. Wyer & T. K. Srull（Eds.）, *Handbook of social cognition*. 2nd ed. Vol.1. Hillsdale, NJ.: Erlbaum. Pp. vii-xii.

Schwarz, N. 1998 Warmer and more social: Recent developments in cognitive social psychology. *Annual Review of Sociology*, **24**, 239-264.

Schwarz, N. 2000 Social judgment and attitude: Warmer, more social, and less conscious. *European Journal of Social Psychology*, **30**, 149-176.

Smith, E. R. 2000 Social cognition. In A. E. Kazdin（Ed.）, *Encyclopedia of psychology*. Vol.7. New York: Oxford University Press. Pp.324-329.

Smith, E. R., & DeCoster, J. 2000 Dual-process models in social and cognitive psychology: Conceptual integration and links to underlying memory system. *Personality and Social Psychology Review*, **4**, 108-131.

Sorrentino, R. M., & Higgins, E. T. 1986 *Handbook of motivation and cognition: Foundations of social behavior*. New York: Guilford Press.

Taylor, S. E. 1998 The social being in social psychology. In D. T. Gilbert, S. T. Fiske & G. Lindzey（Eds.）, *Handbook of social psychology*. 4th ed. Vol.1. New York: Random House. Pp.58-95.

山本眞理子 1998 対人情報処理過程―印象形成過程における社会的認知― 山本眞理子・外山みどり（編） 社会的認知 対人行動学研究シリーズ8 誠信書房 Pp.103-128.

Zajonc, R. B. 1980 Cognition and social cognition: A historical perspective. In L. Festinger（Ed.）, *Retrospection on social psychology*. New York: Oxford University Press. Pp.180-204.

第2章

社会的判断と行動の自動性

尾崎由佳

1節 はじめに

　人間はみずからの心的活動について，素朴な信念を持っている。「私の"意識"は，私の思考や行動をすべて把握し，コントロールしている」という信念である。心理学においても，従来，同様の人間観が主流を占めてきた。すなわち，人間の心的活動は意識によってつかさどられているという考え方である。低次の単純な反応（たとえば条件反射など）は非意識的に実行されているかもしれないが，高次の複雑な心的活動（たとえば社会的行動など）は，人間が意識的にコントロールしているものだという前提のもとで研究が進められてきた。

　しかしその後，この前提は覆されることになる。人間が社会生活のなかで他者と関わりあいながら暮らしていくために必要な高次の判断や行動制御は，必ずしも意識的にコントロールされているとは限らず，そのかなりの部分が非意識的な心のはたらきによってつかさどられていることが明らかになったのである。このような非意識的な情報処理や行動制御のプロセスを自動的過程（automatic process）と呼ぶ。また，自動的過程によって影響を受けているさまざまな心理現象のことを総称して自動性（automaticity）と呼んでいる。そしてこれ以降，態度・印象形成・感情・推論・目標達成・意思決定・対人行動など社会生活に関わるさまざまな心的活動について，自動的過程の関与を示唆する研究成果が次つぎと報告されるようになった。人間の社会行動を説明するためには自動的過程の関与を想定することが不可欠という認識は，すでに広く普及しているといえよう。

研究の進展に伴い，自動的過程の特徴や位置づけに関する認識も急速な変化を遂げつつある。初期の研究では，自動的過程は単純で固定的な反応のみをつかさどるものとして位置づけられ，複雑で柔軟な反応を生成するためには意識的な処理が必要だと考えられていた。しかし近年，自動的過程も複雑な社会的文脈や動機づけなどに応じて柔軟に反応を変化させる能力を持っていることが明らかにされた。そして，多彩な社会環境に応じた適応的な判断や行動を生み出すために，自動的過程が決定的な役割を果たしていることがわかってきたのである。今や自動性研究は社会心理学における主要なトピックの1つとなり，その注目度は上昇の一途をたどっているように見受けられる。

このようにめざましい発展を遂げつつある自動性研究にスポットを当て，主要な研究例を紹介しつつ近年の研究動向を概観するのが本章の目的である。はじめに，社会的判断や行動の自動性現象について代表的な研究例をあげつつ整理し，その基本的なメカニズムについて説明する。次に，自動的過程がどのような機能を果たしているのかに関する，いくつかの見解を紹介する。そして最後に，"意識"という存在にふたたび焦点を当て，自動性との関係について論じようと思う。

2節　自動性現象とそのメカニズム

1．社会的認知の自動性とは

あなたが急に転居することになり，なじみのない土地に暮らし始めたという状況を想像してほしい。はじめの頃はとまどうことばかりであろう。目的地に行く方法がわからない。だれにたずねるべきかもわからない。何をするにしても細心の注意を払わねばならず，判断や行動には時間がかかり，ぎこちないものになるに違いない。しかし月日が過ぎて経験を積むにつれて，目的地までの経路や，公共施設の利用法や，どこで日用品を買えばよいかなど，さまざまな知識を身につけていく。このような知識が豊富に蓄えられると，特に注意を払わなくてもスムーズに日常生活を送ることができるようになる。

この例が端的に表しているように，人間は身のまわりの社会環境に関する知

識や解釈の枠組みや行動の指針などを身につけており，解釈や行動の際に必要に応じてそれらを参照することによって，迅速かつ適切にふるまうことができる。この仕組みは生得的に備わっているものもあれば，経験的に学習されるものもある。たとえば，目尻が下がり口角の上がった表情を見て「笑顔」と判断する認知的な仕組みは，生得的なものである。これに対して，「女性は共感的で涙もろい」とか「図書館では静かにしなければならない」などといった社会的通念や規範のようなものは，個人的経験や社会化を通じて学習される。このような生得的あるいは経験的な知識構造は，自分を取り巻く社会的環境についてさまざまな情報を提供してくれる。たとえば，初対面の相手が特定の集団に所属していることを知覚すると，その集団に関する知識を参照し，相手に関する印象形成や行動予測にその情報を適用する。あるいは，特定の社会的環境におかれると，その場における適切なふるまい方についての既有知識が参照され，それに従って行動をスムーズに実行することができる。

　このような認知的処理や行動は意識的に行われる場合もあるが，必ずしも意識の介在を必要としない。むしろ日常生活の多くの場面で，自動的に処理されていることが多い。たとえば，制服を着ている人を見て「駅員だな」と瞬時に判断できたり，他のことを考えながらでもまちがえずにいつも通りのホームから電車に乗ることができたりするのは，自動的な処理がはたらいているおかげである。また，意識の介在を必要としないこと以外にも，自動的過程にはいくつかの特徴が見られる。たとえばBargh (1989) は，意識されないこと (unconscious)，意図されないこと (unintentional)，統制できないこと (uncontrollable)，認知的努力を必要としないこと (effortless) を自動的過程の特徴としてあげている。ちなみに，これらの特徴は必要条件ではなく十分条件であり，1つ以上満たすものが自動的過程であるとみなされる。

　このように，自動性現象は日常生活のさまざまな場面において観察することができる。以下では，社会的判断，社会的行動，目標達成の3つの領域において見られる自動性について，代表的な研究例をあげつつ知見を整理する。

（1）社会的判断の自動性

　自動性に関する初期の研究は，社会的判断の領域から始まった。人間が外的環境や他者・自己などについて判断を下す際に，本人が意図しないうちに非意

識的かつ効率性の高い処理が行われていることが示されたのである。その代表例としてあげられるのが，Higgins et al. (1977) の研究である。彼らは，実験参加者に特定の概念を事前に呈示しておくと，後続の無関連な課題において（本人がそう意図していないにもかかわらず）事前に呈示された概念が判断に影響を及ぼすことを示した。この知見は以下のような実験から得られている。

　参加者は，まず知覚判断課題に取り組み，このなかでポジティブあるいはネガティブな特性語をプライミングされる操作を受けた。具体的には，視覚的に呈示された色を口頭で答えた後，続いて聴覚的に呈示された単語を復唱するという作業を繰り返したのである。この聴覚呈示される単語のなかに，ポジティブな特性語（「勇敢」など）が含まれる条件と，ネガティブな特性語（「無謀」など）が含まれる条件が設けられていた。次に，印象形成課題が行われ，参加者はドナルドという人物に関する短い文章を読み，この人物の印象について答えるように求められた。この文章のなかには，ポジティブな特性ともネガティブな特性とも受け取ることのできる，曖昧な行動記述文がいくつか含まれていた（たとえば「スカイダイビングや，ヨットで大西洋横断をしてみたいと考えている」という文章は，"勇敢"とも"無謀"とも受け取れる）。すると，ポジティブな特性語をプライミングされた条件の参加者のほうが，ネガティブな特性語をプライミングされた条件の参加者よりも，ドナルドに対して比較的ポジティブな印象を回答した。

　この実験について注目すべき点は，事前に復唱させられた特性語が，後続の印象形成課題の回答に影響を与えていることについて，参加者自身が無自覚であったことである。つまり，非意識的な影響が及ぼされていたことがわかる。また，この実験では特性語を復唱するという意識的な処理を行わせているが，特性語を閾下呈示でプライミングして非意識的な処理をさせた場合にも同様の結果が得られており（Bargh & Pietromonaco, 1982），この現象が自動的な処理過程に起因していることが確認された。

　また，特定の集団カテゴリーに属する個人や，集団そのものを示唆する情報を知覚すると，後続する対人認知においてステレオタイプのあてはめが促進されることもわかっている。たとえばDevine（1989）の実験では，まず白人の参加者に対して黒人カテゴリーに関連する単語（Blacks, niggers, poor, athletic

など)を20%，あるいは80%含む単語セットを閾下呈示した。続いて，架空の人物に関する曖昧な行動記述文を読ませ，その人物の印象をたずねた。すると，閾下呈示された単語のうち黒人関連語の割合が80%だった条件のほうが，20%だった条件よりも対象人物の攻撃性を高く評定した。つまり，黒人カテゴリーのプライミングによって関連する特性概念が活性化され，その特性概念をあてはめた判断を下しやすくなったと考えられる。

　上記のような対人認知研究以外にも，社会的判断のさまざまな領域において自動的過程が影響を及ぼしていることが多数報告されている。たとえば，強い感情価を持つ刺激を短時間呈示すると感情が自動的に生じ，直後の判断に干渉効果をもたらすという感情プライミング (affective priming, Fazio et al., 1986) の現象は，対象の知覚に伴う態度の喚起が非意識的に，かつきわめて短時間のうちに行われることを表している。また，他者が行動する様子を知るとその行為者の特性を瞬時に推論するプロセスも，知覚者が意図せぬうちに即時的に実行される。この現象を自発的特性推論と呼んでいる (Winter & Uleman, 1984)。これらの研究が示している通り，人間が社会生活においてさまざまな評価や判断をする際には，本人の自覚や意図を必要としない効率的な処理が迅速に行われているのである。

(2) 社会的行動の自動性

　研究の進展に伴い，社会的判断ばかりではなく，社会的行動においても自動性が見られるという研究成果が報告されるようになった。つまり，社会的環境に関する情報を受動的に処理するばかりではなく，人間が外的状況に対して能動的にはたらきかける場面においても，本人が意識や意図をしないままに行動が生じる場合があることが示されたのである。

　当初，注目を集めた代表的な研究は Bargh et al. (1996) のものである。この研究の実験1では，参加者はまず与えられた5つの単語のうち4つを並べ替えて文法的に正しい文を完成させる乱文構成課題を行った。この時，不作法さプライミング条件の参加者が与えられた単語リストのなかには"不作法さ"を意味するものが含まれていた（たとえば，they, bother, her, usually, see）。また礼儀正しさプライミング条件の参加者に与えられた単語リストには"礼儀正しさ"を意味するものが含まれていた（たとえば，they, respect, her, usually, see）。統制条件の参加者には，不作法さや礼儀正しさには関連しない中性的な単語リストを与えた。この単語並べ替え課題を30問解いた後，参加者は違う部屋に移動して次の実験の指示を受けるようにと言われ，指定された部屋へと向かった。するとそこでは実験者が他の参加者と会話をしている最中であった。実はこの"他の参加者"はサクラであり，課題の進め方がわからないので実験者にたずねているという様子で演技をしている。この2人が会話を続けているために，参加者は次の実験の指示を受けることができない。さて，参加者はどのくらいの間，だまって2人の会話が終わるのを待っているだろうか。参加者が会話に割り込んでくるまでの時間を計測したところ，平均して不作法さプライミング条件の参加者は5分26秒，統制条件の参加者は8分38秒，礼儀正しさプライミング条件の参加者は9分18秒であった。また，実験者とサクラが10分間会話を続けている間に，不作法さプライミング条件では6割以上の参加者が会話に割り込んだが，統制条件では4割弱，礼儀正しさプライミング条件では2割弱であった。つまり，"不作法"という特性概念が活性化されることによって，他者どうしの会話に割り込むという一般的に不作法とされる行動を取りやすくなったのである。もちろん参加者は事前に呈示された単語が自分のふるまい方に影響しているなどとは自覚していないことから，自動的に行動が実行された結果としてこのような現象が生じたと解釈できる。

　自動的な行動模倣もよく知られた現象である。すなわち，人間は他者の身ぶりや姿勢・表情などの行為を観察すると，それと類似した行為を実行する。たとえば，目の前にいる相手が鼻にさわったり足先を揺らしたりすると，それを見ていた者も無意識のうちにそれと同じ行動を取りやすくなる（Chartrand & Bargh, 1999）。自動的な行動模倣を生じさせるには，対象人物が目の前に存在していなくてもかまわない。特定の集団カテゴリーを示す手がかり情報を与えられるだけで，その集団成員の行動を模倣するという現象も生じる。その一例として Bargh et al. (1996) の実験を紹介しよう。

　この実験の参加者は，単語を並べ替えて文法的に正しい文を作る課題を与えられた。この時，単語リストのなかに，Florida, old, grey など高齢者に関連のある語が含まれる条件（高齢者プライミング条件）と，含まれない条件（統制条件）が設定されていた。この課題を解き終わると，参加者には実験終了が

告げられる。しかし，実はまだ実験は続いており，帰ろうとしている参加者が実験室を出てエレベーターに向かうまでの約10メートルの廊下をどのくらいの時間をかけて歩くかをこっそりと計測していたのである。すると，高齢者プライミングされた条件では8.28秒，統制条件では7.30秒であり，前者のほうが有意に長い時間をかけてゆっくりと廊下を歩いたことがわかった。"高齢者"というカテゴリーが活性化すると，そのカテゴリー成員に特徴的な"ゆっくりと歩く"という行動の模倣が生じたと考えられる。

このように，行為者には自覚がないにもかかわらず，外部からの入力情報（特性語のプライミングや相手の動作の知覚など）が行動に影響を及ぼし得ることが数々の研究によって示された。しかし，それだけにはとどまらず，自動性研究はさらなる進展を遂げる。すなわち，"待つ""歩く"といった低次の身体的動作の遂行ばかりではなく，"目標を設定し追求する"といった高次の行動制御においても，自動性が大きく関与していることを示唆する新たな知見が現れた。つまり，目標達成の自動性である。

（3）目標達成の自動性

目標を設定し，手段を選択し，達成するまで努力を継続する。こういった一連の目標達成のプロセスは，最も"人間らしい"心的活動の1つと考えられており，このような高次の自己制御は意識的に行われるものだと一般的に信じられてきた。しかし，こういった一連の目標達成の過程までもが，非意識的に実行され得ることが明らかになったのである。文脈によって目標が活性化されると達成行動が自動的に遂行されることを主張した自動動機理論（auto-motive model, Bargh, 1990）が提唱されて以来，それを立証するさまざまな研究成果が示されてきた。

たとえば Bargh et al.（2001）は，実験参加者に気づかれないように特定の目標をプライミングし，その後のパフォーマンスにどのような影響を与えるかを調べた。具体的には，参加者はまず10字×10字に並べられたアルファベット群のなかから，指定された13の単語を探し出すパズル課題を行った。この単語のなかに，高成果を意味する7つの単語（win, compete, succeed, strive, attain, achieve, master）が含まれる実験条件と，高成果とは無関連な単語ばかりが含まれる統制条件を設けた。このプライミング課題の後，ほぼ同じ手

続きのパズル課題を3題解かせた。すると，高成果に関する語をプライミングした条件では平均正答数は26.0語であったのに対して，統制条件では21.5語であった。つまり，プライミングによって（本人はそう意識していないにもかかわらず）"高成果を達成する"という目標が活性化されたことにより，パズル課題に対する取り組み方にも影響が及ぼされ，優れた成績をもたらしたのだと解釈できる。このように目標を活性化させることによって自動的に達成行動を生起させるという一連のパラダイムを，目標プライミング（goal priming）と呼んでいる。

　上記のように目標そのものが直接的にプライミングされる場合ばかりではなく，より間接的に目標が活性化される場合もある。たとえば，他者の行動を観察すると，その人が何の目標を追求しているのかを自動的に推測し，その目標をみずからも追求するようになるという目標感染（goal contagion）という現象が生じる（Aarts et al., 2004）。また，身のまわりの環境によって関連目標の設定がうながされることもある。たとえばHolland et al. (2005) は，実験室内に掃除用洗剤の匂いを漂わせる条件と，匂いのない統制条件を設けて，各参加者に「今日この後にしようと思っていることを5つあげてください」と回答を求めた。その結果，「掃除をする」という目標をあげた人の割合は，統制条件では11％であったが，洗剤の匂いを漂わせた条件では36％であった。つまり，匂いという物理的環境を知覚することが，本人に自覚されないままに目標設定に影響を及ぼしたと考えられる。

　目標を設定するばかりではなく，その目標を達成するためにどんな方法を用いるかといった手段選択も自動的に行われ得る。Aarts & Dijksterhuis (2000) は，特定の目標設定に対して習慣化された達成手段が自動的に選択されることを以下のような実験で示した。彼らはまず，一般的に多くの大学生が自転車を使って移動するような目的地を選び，そこに何らかの目標を持って移動することを表現した文を5つ作成した（たとえば「買い物をするために市内のショッピングモールに行く」）。そして実験参加者の半数にこの文を読ませ（目標プライミング条件），残り半数には読ませなかった（統制条件）。続いて，特定の目的地（市内のショッピングモール，80キロメートル離れた街の名前など）と移動手段（徒歩，自転車，バスなど）の組み合わせを呈示し，目的地に対して現

実的な移動手段であるか否かをできるかぎり素早く回答させた。その結果，目標プライミング条件のほうが統制条件よりも，自転車という移動手段に対する反応時間が有意に短いというパターンが見られた。ただしこのパターンは，日頃から自転車に乗って移動する習慣のある参加者のみが示し，習慣のない者には有意差が見られなかった。このような結果は，特定の目標がプライミングされたことにより，習慣化された達成手段が自動的に活性化したためと解釈できる。

また，目標の活性化はその目標が達成されるまで維持されること（Aarts et al., 2004），そして達成された後には活性化が抑制されること（Förster et al., 2005），ある目標が活性化すると競合目標の活性化を抑制すること（Shah et al., 2002）や，誘惑の存在に対して優先されるべき上位目標の活性化が促進されること（Fishbach et al., 2003）など，高度で複雑な自己制御プロセスが自動的に実行されることがわかった。

このように，自動性についての研究成果は豊富に蓄積されつつあり，単純な評価や判断から複雑な目標達成行動にいたるまで幅広い現象について自動的過程が大きく関与していることが示された。では，いかにして自動的過程は社会的判断や行動に影響を及ぼし，これらの現象を生み出しているのだろうか。次に自動性のメカニズムについて論じる。

2．自動性のメカニズム

自動性の基盤となるメカニズムとして現在のところ主流の考え方となっているのは，表象の活性化を説明原理に用いたモデルである。すなわち，既有知識は心的表象とその連合として記憶システムに貯蔵されており，その表象が活性化することによって判断や行動に影響を及ぼすと考えられている。

表象とは，符号化されて記憶システムに貯蔵されている情報である。これらの表象は常時参照されているわけではなく，必要に応じてアクセスされ，利用される。このように表象がアクセスされている状態を「表象の活性化」と呼ぶ。表象の活性化は意識的処理によって生じる場合もあるが，自動的にも処理され得る。たとえば，知覚者が対象 A に注意を向けていなくても，非意識的に知覚されていれば対象 A やそれが属するカテゴリーの表象が活性化される。瞬

間的に呈示されたり，周辺視野に呈示されたりした視覚刺激が，後続する判断や行動に影響を及ぼし得るのはそのためである。また，人間は活性化された表象を必ずしも意識的に経験するわけではないので，本人に自覚されずに自動的な処理が進行していくことがしばしばある。

　表象と表象の間には，連合（リンク）が存在する。意味的に類似するもの，因果関係にあるもの，上位－下位関係にあるもの，頻繁に同時生起するものなど，何らかの関連性がある表象間に連合が形成される。人間の知識構造には表象が豊富に含まれており，それらの間にリンクがはりめぐらされることによって，連合のネットワークが形成されている。そして，ある表象が活性化すると，それとリンクしている表象にも活性化が拡散する。すなわち，意識的あるいは非意識的にある対象を知覚したり，ある対象について思考したりすることによって特定の表象が活性化されると，それと連合している数々の表象にも活性化が拡散し，認知や行動に影響を及ぼす。ただし，この拡散のプロセスは自動的に進行するため，本人には自覚がなく，意識されない。このような基本原理が，さまざまな自動性現象に共通する基盤であると考えられている。

　たとえば，ステレオタイプの自動的な活性化は，集団カテゴリーと特性概念の連合を想定することで説明される。もしある人が「黒人は攻撃的である」というステレオタイプを持っているのであれば，その人の連合ネットワークのなかでは"黒人"と"攻撃的"という表象の間に連合が形成されていると考えられる。そして，人物知覚や関連する思考によって人種カテゴリーの表象が活性化されると，連合している特性にも活性化が拡散するために，結果としてステレオタイプ的判断を下しやすくなる（Devine, 1989）。また，ある特性を持つ人がどのような行動をするかという知識も連合を形成していると考えられる。たとえば"不作法"という特性は"他者の会話に割り込む"といった具体的な行動表象と連合しており，特性をプライミングすることによって活性化された行動表象がその行為の実行をうながすと考えられる（Bargh et al., 1996）。さらに，ある目標に対してどのような具体的手段をもって達成するかという知識も，目標と手段の連合として記憶されている。たとえば日頃から"移動する"という目標に対して"自転車"という手段を用いている人は，その目標が活性化されると手段にも活性化が拡散する（Aarts & Dijksterhuis, 2000）。

第2章 社会的判断と行動の自動性

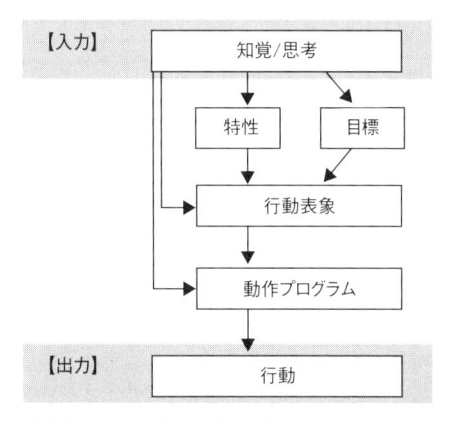

```
【入力】 ┌─────────────┐
        │  知覚/思考   │
        └──────┬──────┘
          ┌────┴────┐
        ┌─┴─┐    ┌──┴──┐
        │特性│    │ 目標 │
        └─┬─┘    └──┬──┘
          └────┬────┘
          ┌───┴────┐
          │ 行動表象 │
          └───┬────┘
          ┌───┴──────┐
          │動作プログラム│
          └───┬──────┘
【出力】 ┌───┴───┐
        │  行動  │
        └───────┘
```

▶ 図2-1　自動的な社会的行動の生起プロセス（Dijksterhuis et al., 2007）

　このような活性化の拡散は，連鎖的に数段階にわたって生じることもある。たとえば社会的行動の自動性という現象について，Dijksterhuis et al.（2007）は表象の活性化拡散のステップを図2-1のように整理している。この図の上部は，まず他者の行動あるいは属性を表すような情報が知覚されたり，関連する思考が生じたりすると，それに対応する「特性」や「目標」の表象が活性化することを表している。そして図の下部にいたると，特性や目標と連合している「行動表象」や，より具体的な動作の表象である「動作プログラム」にも活性化が拡散することによって，特定の行動が出力されるというプロセスが示されている。また，特性や目標の表象の活性化を介さずに，知覚や思考が直接的に行動表象や動作プログラムを活性化することもある。豊富かつ緻密に構築された連合ネットワークにおいて，このような連鎖的な活性化の拡散が生じることが，複雑な自動性現象を可能にしていると考えられる。

3節　自動的過程の機能

　前節では，さまざまな社会的情報が自動的に処理されて社会的判断や行動に影響を及ぼしていることを概観し，そのメカニズムについて説明した。では，

このような自動的過程は人間の社会生活においてどのような役割を果たしているのだろう。本節では，自動的過程の機能面に目を向ける。

初期の研究では，自動的過程は低次機能のみを果たしていると考えられていた。すなわち，迅速ではあるが柔軟性に欠けており，単純で固定的な情報処理しかできないと考えられていた。しかしその後の研究により，自動的過程がさらに高い機能性を備えていることが指摘され，複雑で柔軟な処理をする能力があることがわかってきた。以下では，このような研究発展の時代的変遷をたどりながら，自動的過程の機能について整理していく。

1．単純で効率的な処理機能

自動性が研究され始めた当初，自動的過程は単純な反応生成をつかさどっており，限定的な機能のみを果たしていると一般的に考えられていた。つまり，特定の知覚的入力に対して固定的な反応を生成するものとして位置づけられていたのである。このような観点からは，自動的過程がおもに2つの機能を果たすと考えられていた。既有知識の効率的な適用と，迅速な反応生成である。

（1）既有知識の効率的な適用

自動的過程がトップダウン的な情報処理を行うことは，多くの研究者が早期から指摘してきた点である。すなわち，自動的過程が高次レベルの抽象的表象を活性化させることによって，低次レベルの個別情報の解釈が行われたり，関連情報を推測したりするという考え方である。たとえば，特性語をプライミングされた後に曖昧な行動記述文を読むと，その特性をあてはめた解釈が行われるという現象（Higgins et al., 1977）は，抽象的表象（特性）を具体的情報（行動記述文）の処理に適用するというトップダウン処理によって説明される。また，特定の人種カテゴリーに属する人物を知覚するとステレオタイプ的特性を活性化させるという現象（Devine, 1989）も，高次のカテゴリー情報（人種）からそれと連合しているさまざまな低次情報（特性）を自動的に推測するというトップダウンの処理過程として解釈されている。

このようなトップダウン処理の利点は，わずかな入力情報を手がかりにして既有知識のなかから多様な関連情報を引き出すことができること，そして効率的に判断を下せることである。たとえば，初対面の人物と相互作用する場面に

おいて，相手の所属カテゴリー（年齢，性別，人種など）さえ判別できれば，そのカテゴリーに付随するステレオタイプや態度が自動的に活性化することによって，相手がどのような特性を持っているか，どのようにふるまうか，自分にとって好ましい相手か否かなど，相手に関するさまざまな具体的情報をおおまかに推測できる。また，ごく断片的な手がかり情報だけでも処理を進行することができるため，情報収集に時間をかけなくてすみ，効率よく判断や評価を下すことが可能になる。

　これらの利点がある一方，トップダウン処理はエラーを生む可能性が高いという欠点もある。その好例が自動的なステレオタイプ化であり，ステレオタイプ的情報をあてはめることによって相手について誤った印象を形成してしまうこともしばしばある。つまり，知覚対象に関するさまざまな具体的情報を十分に取り入れず，抽象的カテゴリーに関する既有知識にたよった処理をするため，その出力はいま目の前にある対象やその周囲環境とは必ずしもマッチしないものになる可能性がある。

（２）迅速な反応生成

　自動的過程のもう１つの機能として古くから指摘されていたのは，迅速な反応生成である。知覚的入力に対して素早く反応できるという機能は，生命維持のために欠かすことのできないものである。たとえば，自分にとって好ましくない対象に関する断片的情報を知覚するとネガティブな情動反応を自動的に生じさせるシステムは，危険を回避するという生命体として最も基本的な反応をできる限り迅速に確実に行うために役立っている。

　しかし，特定の知覚的入力に対して，お決まりの定型パターンの反応を出力してしまうため，周囲環境や知覚者の内的状況といった文脈を無視した反応を起こしてしまう可能性もある。たとえば，足もとに落ちている小枝を「ヘビだ！」と見まちがえて瞬間的に飛びのいたりすることもあれば，不作法という概念について考えるだけで気づかぬうちに不作法な行為をしてしまうことがある。つまり，必ずしもその場に応じた適切な反応をするとは限らず，特定の対象知覚に対して固定的な判断や行動を生み出すことがしばしばある。迅速だが融通のきかないその様子は，まるで機械的システムのようなイメージを抱かせる。しかし研究が進むにつれて，このような見方を大幅に変更せざるを得ない

ような,新しい知見が報告されるようになった。自動的過程は,実はかなり"融通がきく"ことがわかってきたのである。

2．複雑で柔軟な処理機能

　1990年代後半以降の自動性研究は,従来の研究が示してきたような単純で固定的な処理機能ばかりではなく,複雑で柔軟な処理機能を指摘するようになった（Hassin et al., 2009）。すなわち,多数の情報を統合して結論を導くボトムアップ処理ができることや,外的環境や知覚者の内的状況にあわせて反応を柔軟に調節できることが示されたのである。

（1）新規情報の統合

　先に述べたように,従来の研究ではトップダウン処理をすることが自動的過程の特徴であると考えられていた。すなわち,カテゴリー概念などの抽象的な概念をあてはめて情報を処理することが想定されていた。それに対して,数多くの具体的情報を系統的に統合して意思決定するといったボトムアップ的な処理は,意識のはたらきによってこそ可能になるのだと考えられていた。

　ところが,このような暗黙の前提を覆すような研究結果を報告したのがDijksterhuis（2004）である。彼は,多量な情報を統合する必要のある意思決定課題に取り組む際には,意識的プロセスは処理容量が少ないために適切な判断をすることが困難であり,むしろ非意識的なプロセスのほうがより優れた判断を下すことができると主張した。この主張を検証するために,参加者に複数の選択肢を呈示し,それぞれがどのくらい好ましいかを判断させる実験が行われた。参加者は「もしアパートの部屋を借りるとしたら各候補をどのくらい好ましく思うか」を判断するようにと指示され,4つの候補について家賃や面積・陽当たりなど12種類の情報が与えられた。この情報にはポジティブなものとネガティブなものが含まれており,その割合が異なっていた。最も良い選択肢には,8つのポジティブ情報と4つのネガティブ情報が含まれていた。一方,最も悪い選択肢はその逆の割合であった。残り2つの選択肢には,ポジティブな情報とネガティブな情報が半数ずつ含まれていた。

　これらの情報に目を通した後,参加者は次の3つの実験条件に割りあてられた。①即時思考条件では,読み終わってすぐに各アパートの好ましさを評定し

た。②意識的思考条件では，各アパートについて3分間じっくりと考えてから，好ましさを評定するようにと指示された。③非意識的思考条件では，(アパートについて意識的に考えないように) 3分間の計算課題に取り組んだ後に，好ましさを評定した。その結果，即時思考条件と意識的思考条件では，最も良い選択肢と最も悪い選択肢に対する好ましさ評定に有意差がなかった。前者のほうが後者よりも好ましいと評定できたのは，非意識的思考条件だけであった。つまり，意識的にじっくりと考えた参加者や，情報呈示の直後に判断を求められた参加者よりも，一定時間の間他の課題を行っていた参加者のほうが的確な判断を下したという，一見すると不可思議な結果が得られたのである。

この結果をDijksterhuis (2004) は，意識が計算課題に取り組んでいる間にも，並行して非意識的な処理が進行しており，そこでさまざまな情報の統合が行われるからだと解釈した。そして，多量の情報に基づいて意思決定する時は，意識による限られた処理容量では十分に処理しきれないが，大きな処理容量を持つ自動的過程であればすべての情報をバランスよく重みづけすることができるため，最終的に優れた判断を下すことができたのだと主張している。このような現象は非意識的思考 (unconscious thought) と名づけられている。この現象は，自動的過程は多量の情報をボトムアップ的に処理して優れた判断を導く能力を持っており，その能力は時に意識のはたらきを上回ることがあるという事例を示しているといえよう。

(2) 柔軟な反応調整機能

初期の自動性研究では，1.で述べたように，自動的過程は知覚的入力に対して常に固定的な反応を示すものだと考えられていた。しかし近年の研究は，自動的過程もさまざまな背景状況に応じて文脈依存的な柔軟性を示すことを指摘している。

その先駆けとなったのは，ステレオタイプに関する一連の研究である。当初，集団カテゴリーの知覚に伴うステレオタイプの活性化はほぼ不可避であると考えられていた (Bargh et al., 1999)。しかし研究の進展によって，社会的環境や動機づけなどに応じて，活性化が促進されたり抑制されたりする場合があることがわかってきた (Blair, 2002)。社会的文脈がステレオタイプの活性化に影響を及ぼすことを示したのは，Wittenbrink et al. (2001) の実験である。こ

の実験では，ターゲット人物と背景を組み合わせた写真を参加者に呈示した直後に，ステレオタイプの活性化測定が行われた。すると，黒人の顔写真を呈示する時に，教会内部の背景と組み合わせた場合のほうが，荒廃した街角の背景と組み合わせた場合よりも，ネガティブなステレオタイプの活性化が抑えられ，逆にポジティブなステレオタイプが強く活性化されたのである。つまり，対象人物の知覚だけではなく，その周囲環境という文脈情報が活性化に影響を及ぼしたといえよう。また，動機づけの影響も指摘されている。たとえば，自分を好意的に評価してくれる黒人に対しては否定的ステレオタイプを活性化しないという実験結果（Sinclair & Kunda, 1999）は，自己高揚動機の影響として解釈できる。また，平等主義目標を活性化すると，社会的カテゴリーを知覚してもステレオタイプの活性化が抑えられることも示されている（Moskowitz et al., 1999）。

　社会的行動の自動性に関する研究においても，知覚的入力が常に同じ行動を生じさせるばかりではなく，知覚者の動機づけや目標状態に応じて行動が柔軟に変化することが明らかになった。たとえば，前述のChartrand & Bargh（1999）の実験では"高齢者"カテゴリーを知覚すると"ゆっくりと歩く"というステレオタイプ的な行動傾向が自動的に模倣されることが示された。これに対してCesario et al. (2006) は，常に模倣が起きるわけではなく，知覚者の持つ目標に応じて行動が調整されると主張した。もし高齢者という概念を活性化した知覚者が「高齢者と近づきたい，会話をしたい」といった目標を持つならば，相手にあわせて自分も"ゆっくりと歩く"という行動が模倣されるはずである。しかし，「高齢者から離れたい，関係を持ちたくない」という目標を持ったとすれば，むしろ逆に足早にその場を立ち去ろうとする行動が見られるであろう。Cesario et al. (2006) はこのような予測に基づいて，参加者の高齢者に対する非意識的な態度をあらかじめ測定しておき，高齢者概念をプライミングすることにより歩く速さにどのような影響が生じるかを調べた。すると，高齢者に対するポジティブな態度が強いほどプライミング後の歩行速度が遅く，逆にネガティブな態度が強いほど歩行速度が速かったのである。このような結果パターンには，プライミングされたカテゴリー成員と関係を持ちたいという動機づけが影響していると解釈できる。すなわち，高齢者の相手をしたいので

あればゆっくりと歩き，逆に関わりあいを持ちたくないならば素早く立ち去るというように，目標に応じた行動が自動的に実行されたのだと考えられる。つまり，対象人物の知覚は単純な行動模倣を生じさせるとは限らず，知覚する者の動機づけによって異なった行動が生じる場合がある。この研究以外でも，親和動機を持っている時や，社会的排斥を受けた後などに自動的な模倣が生じやすくなることが確認されており（Lakin & Chartrand, 2003；Lakin et al., 2008），行動模倣という現象が動機づけや社会的文脈に対して敏感であることを示唆している。また，自分が好意を抱いている親密他者をプライミングされると，その他者からの期待を自動的に遂行するという（Shah, 2003）。人間は他者との関係性や，その他者から寄せられている期待など，複数の社会的文脈要因の影響を受けながら，自動的な行動制御を実行していることが推察される。

4節　自動性と意識

　前節までは，自動性の仕組みや特徴について論じてきた。ここからは視点を変えて「意識」というものと対比しながら，自動性についてさらに理解を深めていこうと思う。

　人間が意識的に処理できる情報量はほんのわずかに限られている。それと比較すると自動的に処理される情報量は圧倒的に大きい。自動的過程がそれほど膨大な情報処理をこなしているのだとすれば，人間の日常生活においてどれだけ重要な機能を担っているかは想像に難くない。大半の認知活動や行動制御は自動的に行われているといっても過言ではないだろう。また，先にも述べたように，従来は意識のはたらきに任されていると考えられていたさまざまな心理的機能（意思決定や目標達成行動など）も非意識的に処理され得ることがわかってきた。このように自動的過程がいかに高機能であるかが明らかになるにつれて，それならば意識の果たす機能とはいったい何なのかという問題が改めて問い直されることになった。

　この問題については脳神経学者から哲学者まで数多くの研究者がさまざまな持論を展開している。なかには，人間の意思決定や自己制御はすべて非意識的

にコントロールされており，意識的意志というものは実効性を持たないという主張もある（Wegner & Wheatley, 1999）。この主張はおおいに物議をかもし，学界に賛否両論が巻き起こった。このように「意識の機能」というテーマはいまだに議論が続行中であり，研究者間の合意というものはほぼ皆無に等しい。社会的認知の領域においても意識と非意識をめぐるさまざまな議論が進行中であり，共通する見解はまだ存在していない。そこで以下では，これらの主張をいくつかの視点から体系的に整理しつつ，それぞれの示唆や課題について論じる。

1．自動的過程と統制的過程の区分

　社会的認知の領域では一般的に，意識の介在を必要とする統制的過程と，必ずしも意識されない自動的過程という，質的に異なる2種類の過程の存在が想定されている。2つの過程の特徴や位置づけについてさまざまな理論化がなされてきたが，それらは総称して二過程モデル，または二過程理論（dual process theory）と呼ばれている（Chaiken & Trope, 1999）。二過程モデルのなかには，自動的過程と統制的過程の区分についてさまざまな観点が混在している。それらを大別すると，機能的な差異を想定しているモデルと，処理アルゴリズムの差異を想定しているモデルに分けることができる（Gawronski & Bodenhausen, 2006）。以下ではそれぞれの見解を紹介する。

（1）機能的な差異

　二過程モデルのなかには，自動的過程と統制的過程がそれぞれ別種類の情報を処理し，機能的に異なる役割を果たしていることを想定したモデルが多数ある。たとえば，ステレオタイプの適用に関する理論である印象形成の二過程モデル（Brewer, 1988）や連続体モデル（Fiske & Neuberg, 1990）は，まず自動的過程がカテゴリー情報に基づいて迅速な判断を下し，その次の段階として統制的過程が個別情報に基づく修正を加えるというように，各過程が異なる機能を担っていることを主張した（第1章を参照）。

　しかし，その後の研究発展に伴い，このような機能的分担を前提とすることに対して疑問が呈されることになった。なぜなら，従来は統制的過程のみが行使できると考えられていた機能が，自動的過程によっても実行可能であること

が報告されるようになったからである。たとえば，ステレオタイプの活性化と適用に関する研究は，自動的過程はカテゴリー情報ばかりではなく，個人属性や文脈に関する情報なども処理できることを明らかにした。黒人の顔写真を呈示する時に背景画像を変えるだけでステレオタイプの活性化が異なるという前述の研究（Wittenbrink et al., 2001）もその一例である。この研究結果は，自動的過程は対象のカテゴリーに基づく処理のみを担当しているのではなく，（従来は統制的処理の機能であると考えられていた）文脈情報を取り入れて反応を調整する機能も備えていることを示唆している。

また，統制的な判断や行動は，それを何度も繰り返すことによって学習効果が生じ，しだいに自動的に処理されるようになる。たとえば，特定の目標に対して特定の手段を用いて達成するという目標達成行動が習慣化することにより，はじめは統制的に行われていたはずの手段選択が，いつしか自動的に実行されるようになる（Aarts & Dijksterhuis, 2000）。つまり，統制的過程で処理されていた機能がしだいに自動的過程に移行することを意味している。

さらに，統制的処理が自動化されるばかりではなく，その逆に，自動的に処理されていたことが統制的に行われるようになる場合もある。すなわち，通常は自動的に処理されている判断や行動が，特殊な状況下では統制的に処理される。特に，自動的処理に何らかの障害が発生した場合に，統制的処理に切り替わることが多い。たとえば，自転車に乗る行為はほぼ自動化されているが，突然バランスを崩した時など何らかの異常を知覚すると，急にハンドルを握る手やペダルをこぐ足に注意が向けられ，意識的にバランスの回復が図られる。

上にあげたように，同一の機能であっても，ある条件では統制的に処理されるが，別の条件下では自動的過程によって処理されることがある。したがって，各過程がそれぞれ異なる機能を分担していることを前提にしたモデルは，特定の条件下では説明力があるかもしれないが，汎用性にとぼしいといわざるを得ない。むしろ，1つの機能について両過程が連携しつつ関与していること，そして場合に応じてそれぞれの関与の度合いが異なってくることを想定するほうが妥当であろう。

（2）処理アルゴリズムの差異

上述のように機能的差異によって2つの過程を分別しようとするモデルもあ

るが，それとは異なるもう1つの立場として，アルゴリズム的な差異を指摘するモデルもある。つまり，自動的過程と統制的過程がそれぞれ質的に異なる処理手順を用いて情報処理を行っているという考え方である。

このような処理アルゴリズムの差異を主張する立場のなかにも，複数のモデルが存在している。たとえばKahneman（2003；Kahneman & Frederick, 2002）は，アクセス可能性の高い情報に基づいて直感的ルールに従った判断を下すシステム1と，与えられた情報以上に広範囲な処理を行い理性的ルールに従って判断するシステム2という区分を主張した。またSmith & DeCoster（2000）は，質的に異なる2つの記憶システムがあると提唱している。1つは低速学習システムである。このシステムは，一般的法則について事例の蓄積を通じてゆっくりと学習し，表象間の連合を形成する。もう1つが高速学習システムであり，ルール依存的な学習を行う。このシステムは，新規の出来事から素早くルールを学習し表象を形成する。このルールは論理的推論によって導かれ，言語的に構成されるという。Strack & Deutsch（2004）は，衝動システムと熟慮システムという区分を主張する。衝動システムでは，時間的連続性や類似性に基づいて連合が形成され，経験の繰り返しによって学習が生じる。そして非命題的な表象として保存される。一方，熟慮システムでは，関連性に基づいて連合が形成され，真偽と結びついた命題的表象が形成される。

これらのモデルに共通することは，認知資源を必要としない自動的過程は表象間の連合に基づく処理をしており，認知資源を要する統制的過程はルール依存的な処理をすることを想定している点である。しかし，両者を厳密に区別しきれない部分を指摘し，異を唱える声もある。たとえばKruglanski & Thompson（1999）は質的に異なるシステムの存在を否定して単一のシステムを想定したユニモデル（unimodel）を提唱し，連続変数どうしの関係性によって情報処理のバリエーションを説明することを試みている。

2．自動的過程と統制的過程の関係性

では，自動的過程と統制的過程は相互にどのような影響を与えあう関係性にあるのか。両者は複雑に相互作用しており，多様な関係性のパターンが生じ得ると考えられる。以下では，そのなかでも代表的と思われる3つのパターンを

取り上げて説明する。

 1つ目のパターンは複数課題の並行処理，すなわち自動的処理と統制的処理が同時並行して情報処理をこなしている状態である。たとえば，採用試験の候補者面接を行っている時に，意識上では相手の性別とは無関連に職務上の適性を正確に判断しようと試みているにもかかわらず，本人も気づかぬうちに性別に関わるステレオタイプを自動的に活性化させている場合がある。こうして自動的過程と統制的過程が並行的に処理した情報は，それぞれが異なる反応として表出される場合がある。言語的反応など意識的にコントロールできる行動は統制的過程の影響を受けやすく，身体的反応などの非意識的な行動は自動的過程によって強く規定される（Asendorpf et al., 2002；Fazio et al., 1986；Fazio & Towles-Schwen, 1999）。また，並行的に処理された情報が最終的に統合されて，1つの反応に影響を及ぼすこともある。この統合段階で統制的過程が強い影響を及ぼすと，自動的なステレオタイプの適用を阻止したり，場合によっては過剰な修正が起きたりすることもある。

 2つ目は，統制的過程のはたらきによって自動的処理が始発するというパターンである。意識的な目標設定をすることが，その後の自動的な情報処理に影響をもたらすような場合がこれにあたる。たとえばKunda et al.（1999）は，参加者に「会話する相手の専攻と希望職種を当ててください」と教示をすることによって相手について推測するという目標を設定させた条件と，別の教示（「後で興味深かった話題を報告してください」）を与えることによって相手について推測すること以外の目標を設定させる条件をつくった。すると，前者の条件のほうが相手の人種に応じたステレオタイプを強く活性化させたのである。すなわち，推測目標を意識的に設定したことが，手がかりとなるステレオタイプ情報の自動的活性化をもたらしたと解釈できる。

 3つ目は，上記とは逆に，自動的過程のはたらきが統制的処理を始発させるというパターンである。目標プライミングによって達成行動が生じる現象（Dijksterhuis et al., 2007）もその一例であろう。目標関連語のプライミングは本人に気づかれないように行われるため，目標の活性化は自動的に生じる。しかしその後の課題取り組みは意識的に行われ，意図や努力を伴う統制的過程のはたらきによって最終的に目標を達成することができる。

上にあげた3例は，統制的過程と自動的過程の相互関係のうち，ほんの一部を描写したにすぎない．実際には，以上の3つのパターンが組み合わされて，もっと複雑で高度な相互作用が両者の間に成り立っていると考えられる．

3．意識とは何なのか

ここまで述べてきたように，自動的過程と統制的過程はたがいに密接に影響を与えあう複雑な関係性にあることがわかってきた．しかし，両者の特徴を明らかにし，それらの関係性を分析するだけでは，まだ根源的な問いに答えたことにはならない．その問いとは，「なぜ人間が意識というシステムを備えるようになったのか」というものである．

進化的な観点から考えると，まず非意識的な自動的システムが先行して発達し，その後になって意識を伴う統制的システムが発達したのであろうと推測される．ただし，意識が進化のアルゴリズムによって生み出されたという考え方にすべての研究者が合意しているわけではない．たとえば，物理的な情報処理が行われる場には何かしらの意識が存在すると主張し，サーモスタットのような無生物でさえもきわめて単純なものではあるが意識を備え得ると考える研究者もいる（Chalmers, 1996）．もし進化の過程で淘汰圧がはたらいた結果として人間が意識を備えるようになったという前提をおくのならば，意識を持つことが何らかの機能的効用をもたらしているはずである．つまり，自動的なシステムだけでは実現し得なかった，"意識"というシステムだけがもたらし得る何か特別な機能があるはずだと考えられる．この問題に対して説得力ある見解を提供できない限りは，なぜ人間は意識を持つのか，そもそも意識とは何なのかという疑問にきちんと回答したことにはならないだろう．

しかし，この問題については現在のところ百花繚乱のごとく諸説が入り乱れている状態にあり，共通見解というものはほとんどないに等しい．たとえば，意識の機能とはプランニングや意思決定のために身のまわりで生じているものごとの情報を要約することであるという主張（Koch & Tsuchiya, 2007）や，自分の身体が今どのような状況にあるのかをモニターすることであるという主張（Damasio, 1994），現在起きていることと過去に起きたことを区別することであるという主張（Gregory, 1997）などが主要な説としてあげられる．この

ように数々存在する主張のなかで筆者が特に有望であると考えているのは，人間の社会性に注目して意識の機能を論じた主張（Humphrey & Calman, 2002；Tomasello & Whiten, 2000）である。巨大かつ複雑な社会的関係のなかで生活を営むことは，人間という種の特徴の1つである。集団のなかで他者と関わりあいながら生きていくためには，相手の内面的状況について推測することや，さらに相手が自分の内面的状況について推測している内容を推測すること，また自分自身を客観視することなどが求められる。このような視点取得やメタ認知などのきわめて高度な情報処理を行うために，人間は意識というものを備えるようになったのではないかという考え方である。本章で紹介した通り社会的関係に関わるさまざまな情報処理が非意識的に実行され得ることを示す研究は多々報告されているが，視点取得やメタ認知については，非意識的に処理されることを示した研究はいまだに存在しない。その点において，社会的関係に関わる高度な情報処理を行うことが意識の機能であるという説は有望であり，かつ社会的動物としての人間の特徴をよくとらえているという点においても高く評価できると筆者は考えている。

　意識はなぜ，どのようにして生み出されたのか。この大きな謎が解かれるまでには，この先かなり長い年月を必要とするであろう。今後，脳神経科学やコンピュータ・サイエンスといったさまざまな領域を巻き込んだ学際的な取り組みによって，精力的な解明の試みが進められていくことが予想される。そのなかに含まれる一領域として，社会的判断や行動の自動性研究がこれからも重要な貢献を果たしてくれることを期待したい。非意識的な処理プロセスについて解明が進むことにより，意識という存在が相対的に位置づけられ，その特徴が浮き彫りになる。本章においてこれまで見てきたように，自動的過程がさまざまな高次機能を取り揃えていることが次つぎと明らかにされてきたが，それと同時に意識というものが担うべき機能的役割がしだいに縮小されていくようにも見受けられる。将来的に，自動的過程がさらに広範囲かつ高度な処理機能を発揮することが明らかにされていった時，意識のみが可能にする何らかの機能が"聖域"として残存し得るのか，それとも消滅するのか。これからの自動性研究が意識の謎に対していかなる手がかりを提供してくれるのか，今後の展開が楽しみでならない。

文 献

Aarts, H., & Dijksterhuis, A. 2000 Habits as knowledge structures: Automaticity in goal-directed behavior. *Journal of Personality and Social Psychology*, **78**, 53-63.

Aarts, H., Gollwitzer, P. M., & Hassin, R. R. 2004 Goal contagion: Perceiving is for pursuing. *Journal of Personality and Social Psychology*, **87**, 23-37.

Asendorpf, J. B., Banse, R., & Mucke, D. 2002 Double dissociation between implicit and explicit personality self-concept: The case of shy behavior. *Journal of Personality and Social Psychology*, **83**, 380-393.

Bargh, J. A. 1989 Conditional automaticity varieties of automatic influence in social perception and cognition. In J. S. Uleman & J. A. Bargh (Eds.), *Unintended thought*. New York: Guilford Press. Pp.3-51.

Bargh, J. A. 1990 Auto-motives: Preconscious determinants of social interaction. In E. T. Higgins & R. M. Sorrentino (Eds.), *Handbook of motivation and cognition: Foundations of social behavior.* Vol.2. New York: Guilford Press. Pp.93-130.

Bargh, J. A., Chaiken, S., & Trope, Y. 1999 The cognitive monster: The case against the controllability of automatic stereotype effects. In S. Chaiken & Y. Trope (Eds.), *Dual-process theories in social psychology*. New York: Guilford Press. Pp.361-382.

Bargh, J. A., Chen, M., & Burrows, L. 1996 Automaticity of social behavior: Direct effects of trait construct and stereotype activation on action. *Journal of Personality and Social Psychology*, **71**, 230-244.

Bargh, J. A., Gollwitzer, P. M., Lee-Chai, A., Barndollar, K., & Trotschel, R. 2001 The automated will: Nonconscious activation and pursuit of behavioral goals. *Journal of Personality and Social Psychology*, **81**, 1014-1027.

Bargh, J. A., & Pietromonaco, P. 1982 Automatic information-processing and social-perception: The influence of trait information presented outside of conscious awareness on impression-formation. *Journal of Personality and Social Psychology*, **43**, 437-449.

Blair, I. V. 2002 The malleability of automatic stereotypes and prejudice. *Personality and Social Psychology Review*, **6**, 242-261.

Brewer, M. B. 1988 A dual process model of impression formation. In T. Srull & R. Wyer (Eds.), *Advances in social cognition*. Vol.1. Hillsdale: Lawrence Erlbaum. Pp.1-36.

Cesario, J., Higgins, E. T., & Plaks, J. E. 2006 Automatic social behavior as motivated preparation to interact. *Journal of Personality and Social Psychology*, **90**, 893-910.

Chaiken, S., & Trope, Y. 1999 *Dual-process theories in social psychology*. New York: Guilford Press.

Chalmers, D. 1996 *The conscious mind: In search of a fundamental theory*. London: Oxford University Press.

Chartrand, T. L., & Bargh, J. A. 1999 The chameleon effect: The perception-behavior link and social interaction. *Journal of Personality and Social Psychology*, **76**, 893-910.

Damasio, A., R. 1994 *Descartes' error: Emotion, reason, and the human brain*. New York: Putnam Publishing.

Devine, P. G. 1989 Stereotypes and prejudice: Their automatic and controlled components. *Journal of Personality and Social Psychology*, **56**, 5-18.

Dijksterhuis, A. 2004 Think different: The merits of unconscious thought in preference development and decision making. *Journal of Personality and Social Psychology*, **87**, 586-598.

Dijksterhuis, A., Chartrand, T. L., & Aarts, H. 2007 Effects of priming and perception on social behavior and goal pursuit. In J. A. Bargh (Ed.), *Social psychology and the unconscious: The automaticity of higher mental processes*. New York: Psychology Press. Pp.51-132.

Fazio, R. H., Sanbonmatsu, D. M., Powell, M. C., & Kardes, F. R. 1986 On the automatic activation of attitudes. *Journal of Personality and Social Psychology*, **50**, 229-238.

Fazio, R. H., & Towles-Schwen, T. 1999 The MODE model of attitude-behavior processes. In S. Chaiken & T. Trope (Eds.), *Dual process theories in social psychology*. New York: Guilford Press. Pp.97-116.

Fishbach, A., Friedman, R. S., & Kruglanski, A. W. 2003 Leading us not unto temptation: Momentary allurements elicit overriding goal activation. *Journal of Personality and Social Psychology*, **84**, 296-309.

Fiske, S. T., & Neuberg, S. L. 1990 A continuum of impression-formation, from category-based to individuating processes: Influences of information and motivation on attention and interpretation. *Advances in Experimental Social Psychology*. Vol.23. New York: Academic Press. Pp.1-74.

Förster, J., Liberman, N., & Higgins, E. T. 2005 Accessibility from active and fulfilled goals. *Journal of Experimental Social Psychology*, **41**, 220-239.

Gawronski, B., & Bodenhausen, G. V. 2006 Associative and propositional processes in evaluation: An integrative review of implicit and explicit attitude change. *Psychological Bulletin*, **132**, 692-731.

Gregory, R. L. 1997 Knowledge in perception and illusion. *Philosophical Transactions of the Royal Society of London Series B: Biological Sciences*, **352**, 1121-1127.

Hassin, R. R., Bargh, J. A., & Zimerman, S. 2009 Automatic and flexible: The case of nonconscious goal pursuit. *Social Cognition*, **27**, 20-36.

Higgins, E. T., Rholes, W. S., & Jones, C. R. 1977 Category accessibility and impression-formation. *Journal of Experimental Social Psychology*, **13**, 141-154.

Holland, R. W., Hendriks, M., & Aarts, H. 2005 Smells like clean spirit. *Psychological Science*, **16**, 689-693.

Humphrey, N., & Calman, M. 2002 *The inner eye*. London: Oxford University Press.

Kahneman, D. 2003 A perspective on judgment and choice: Mapping bounded rationality. *American Psychologist*, **58**, 697-720.

Kahneman, D., & Frederick, S. 2002 Representativeness revisited: Attribute substitution in intuitive judgment. In T. Gilovich, D. Griffin & D. Kahneman (Eds.), *Heuristics and biases: The psychology of intuitive judgment*. New York: Cambridge University Press. Pp.49-81.

Koch, C., & Tsuchiya, N. 2007 Attention and consciousness: Two distinct brain processes. *Trends in Cognitive Sciences*, **11**, 16-22.

Kruglanski, A. W., & Thompson, E. P. 1999 Persuasion by a single route: A view from the unimodel. *Psychological Inquiry*, **10**, 83-109.

Kunda, Z., Davis, P. G., Hoshino-Browne, E., & Jordan, C. H. 1999 The impact of comprehension goals on the ebb and flow of stereotype activation during interaction. In S. J. Spencer, S. Fein, M. P. Zanna & J. M. Olson (Eds.), *Motivated social perception: The Ontario symposium*. Vol.9. Hillsdale: Lawrence Erlbaum. Pp.1-20.

Lakin, J. L., & Chartrand, T. L. 2003 Using nonconscious behavioral mimicry to create affiliation and rapport. *Psychological Science*, **14**, 334-339.

Lakin, J. L., Chartrand, T. L., & Arkin, R. M. 2008 I am too just like you: Nonconscious mimicry as an automatic behavioral response to social exclusion. *Psychological Science*, **19**, 816-822.

Moskowitz, G. B., Gollwitzer, P. M., Wasel, W., & Schaal, B. 1999 Preconscious control of stereotype activation through chronic egalitarian goals. *Journal of Personality and Social Psychology*, **77**, 167-184.

Shah, J. Y. 2003 The motivational looking glass: How significant others implicitly affect goal appraisals. *Journal of Personality and Social Psychology*, **85**, 424-439.

Shah, J. Y., Friedman, R., & Kruglanski, A. W. 2002 Forgetting all else: On the antecedents and consequences of goal shielding. *Journal of Personality and Social Psychology*, **83**, 1261-1280.

Sinclair, L., & Kunda, Z. 1999 Reactions to a black professional: Motivated inhibition and activation of

conflicting stereotypes. *Journal of Personality and Social Psychology*, **77**, 885-904.
Smith, E. R., & DeCoster, J. 2000 Dual-process models in social and cognitive psychology: Conceptual integration and links to underlying memory systems. *Personality and Social Psychology Review*, **4**, 108-131.
Strack, F., & Deutsch, R. 2004 Reflective and impulsive determinants of social behavior. *Personality and Social Psychology Review*, **8**, 220-247.
Tomasello, M., & Whiten, A. 2000 *The cultural origins of human cognition.* Cambridge: Harvard University Press.
Wegner, D. M., & Wheatley, T. 1999 Apparent mental causation: Sources of the experience of will. *American Psychologist*, **54**, 480-492.
Winter, L., & Uleman, J. S. 1984 When are social judgments made: Evidence for the spontaneousness of trait inferences. *Journal of Personality and Social Psychology*, **47**, 237-252.
Wittenbrink, B., Judd, C. M., & Park, B. 2001 Spontaneous prejudice in context: Variability in automatically activated attitudes. *Journal of Personality and Social Psychology*, **81**, 815-827.

第3章 自己知識とそのはたらき

榊　美知子

1節　はじめに

　私たちは自分自身に関して，性格特性（例：私はまじめだ）や職業（例：私は公務員だ），家族構成（例：3人姉妹の末っ子だ）から，これまでの具体的なエピソード（例：大学入試の朝に寝坊した）にいたるまで，さまざまな知識を持っている。そしてこうした知識を利用すれば，「私は北海道出身の22歳で，○○県庁に勤務する公務員である」という具合に，自分自身に関してある程度説明することができる。逆に，こうした知識が欠如している場合には，「自分とは何者か」がまったくわからなくなってしまうだろう。このように，自分自身に関する知識は，自己の重要な基盤になっていると考えられる。

　ただし，ひとくちに「自己に関する知識」と言っても，単一のものではない。自己に限らず，人の知識は一般的に，手続き的知識と命題的知識に区別できることが指摘されている（Squire, 1992）。命題的知識とは，物の名前のように，内容を言語的に表現したり，意識的に検索したりすることができる知識をさす。一方，手続き的知識とは，言語的に表現できず，スキルや運動技術として表現される知識をさす（例：逆上がりのやり方）。こうした知識の区別に基づくと，自己知識にも同様の区分を想定できると考えられる。すなわち，自分の話し方や自分の歩き方のように，言語的に説明するのが困難な手続き的知識もあれば，職業や年齢のように言語化しやすい命題的知識もあるだろう。

　しかし，これら2種類の知識のうち，手続き的知識に関しては，「自己」という観点から取り上げても，ほとんど意味はないだろう。先に述べたように，

手続き的知識は，自分のスキルや行動として表現されるもので，言語的に表現できないものである。こうした手続き的知識の定義に基づくと，他者のスキルに関する手続き的知識というものは存在し得ず，あらゆる手続き的知識は自己に関するものといえる。そこで本章では，特に断りのない限り，自己知識とは自己に関する命題的情報をさすものとする。そして，命題的自己知識の内容や機能を見ていくこととしたい。

2節 自己知識の構造と機能
——抽象度による分類

　自己知識の具体例としては，自分の職業や性別に関する知識，性格に関する知識，過去に経験した具体的なエピソードに関する知識といったものがあげられる。これらの具体例を見ると，その内容にはずいぶんばらつきがあることがわかるだろう。事実，「自己知識がどのように区別できるのか」に関しては，さまざまな研究が行われてきた。こうした先行研究のアプローチは，①抽象度の違いに基づいて自己知識を区別しようとするアプローチ，②意味内容やテーマの違いに注目して区別しようとするアプローチ，の２種類に大別できる（図３−１）。本節ではまず，１つ目のアプローチに関して概観する。

　抽象度に注目して自己知識を分類すると，自己知識はエピソード的自己知識（episodic self-knowledge）と意味的自己知識（semantic self-knowledge）という２種類に区別することができる。エピソード的自己知識とは，自分が経験した具体的なエピソードに関する詳細な知識をさす。それに対して，意味的自己知識とは，個々の具体的なエピソードから抽象化された，自己に関する知識をさしている。

1．エピソード的自己知識と意味的自己知識の関連

　それでは，エピソード的自己知識と意味的自己知識は，どのように心的に保持されているのだろうか。この点に関しては，いくつかの研究で，両者が互いに独立に保持されていることが示されてきた。

　第１に，脳損傷患者を対象とした神経心理学的研究があげられる。これらの

第3章　自己知識とそのはたらき

抽象度による違い

内容やテーマによる違い

意味的自己知識
- 友だち思い — 友だちが多い
- ○○さんと親友
- 仕事ができるようになりたい — 注意力が足りない
- □□社勤務3年目

エピソード的自己知識
- 友人の悩みの相談にのった
- 同窓会でみんなと騒いだ
- 一緒にランチを食べた
- 昨年、2人で海外旅行
- 休暇中も出社し仕事をした
- 先週、ミスをしてしまった

▲ 図3−1　自己知識の内容と構造

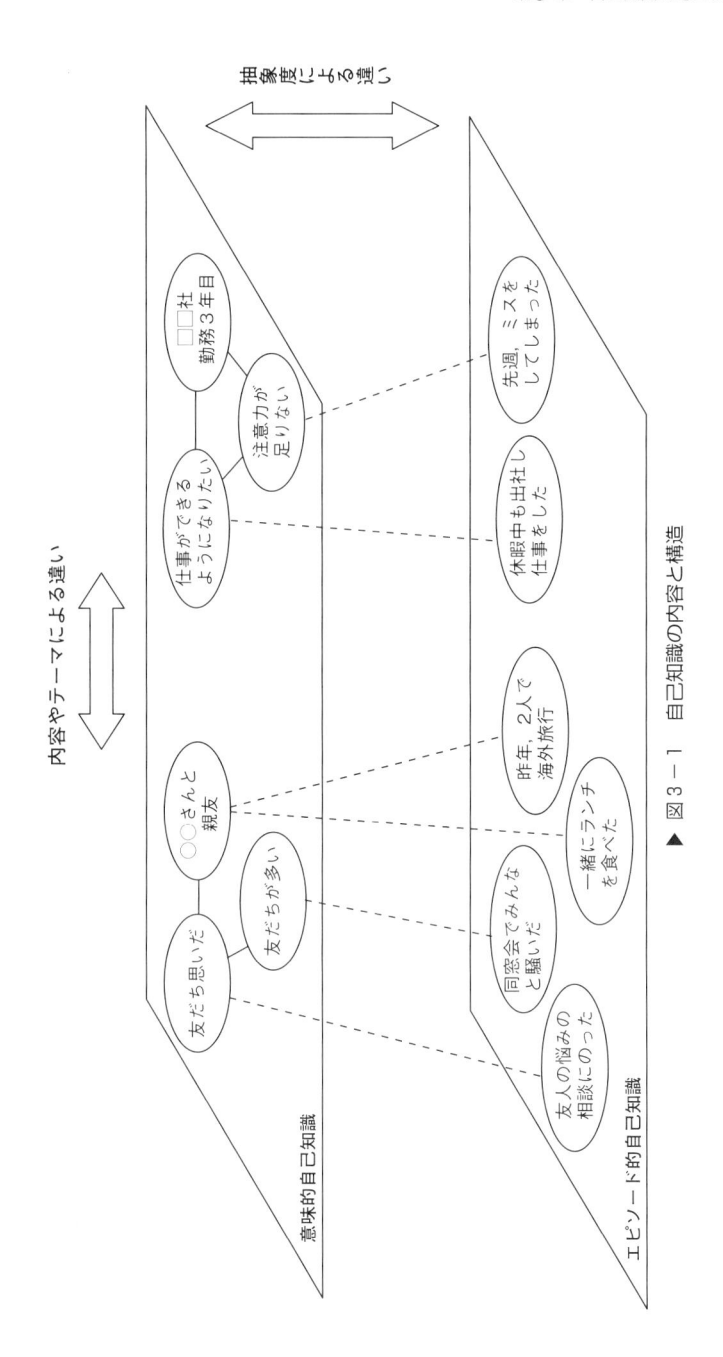

51

研究では,「エピソード的自己知識を想起できないのに,意味的自己知識にはアクセスできる」という,エピソード的自己知識の選択的損傷例が報告されている（たとえば,Klein et al., 1996）。たとえば,K.C.という患者の症例は,みずからの具体的な過去経験を想起するのは非常に困難であった。それにもかかわらず,彼は自分の性格に関しては,かなり正確に把握していることが明らかになった（Tulving, 1993）。こうした脳損傷患者の症例に基づき,エピソード的自己知識と意味的自己知識は互いに独立に表象されていると考えられてきた。

しかし,エピソード的自己知識の選択的損傷患者の存在は,「エピソード的自己知識と意味的自己知識が関連づけられて保持されている」という可能性を排除できるものではない。エピソード的自己知識は,単一の経験に関する表象であり,1回の経験で獲得されるものである。それに対して,意味的自己知識は自己に関する抽象的知識であり,関連するさまざまな経験から抽象化された知識である。このことから,意味的自己知識はエピソード的自己知識に比べて,強い記憶痕跡を持っており,損傷されにくいと考えられる。すなわち,2種類の自己知識が同じシステム内で関連づけられて表象されていたとしても,意味的自己知識のほうが,エピソード的自己知識よりも損傷されにくいといえる。「両者が独立に表象されている」と主張するためには,「エピソード的自己知識は想起できるが,意味的自己知識にはアクセスできない」という意味的自己知識の選択的損傷患者の存在を示す必要がある（Squire & Knowlton, 1995）。

さらに,意味的自己知識の選択的損傷患者が存在したとしても,「意味的自己知識とエピソード的自己知識が関連づけられている」という可能性を完全に排除することはできない。たとえば,脳部位 A が損傷した患者は意味的自己知識の選択的損傷を示し,脳部位 B が損傷した患者はエピソード的自己知識の選択的損傷を示したとしよう。仮に,「脳部位 A と B は完全に独立に機能している」という認知機能の局在性の強い仮定に基づくのであれば,上記の症例から「エピソード的自己知識と意味的自己知識は独立に保持されている」と結論づけることができるだろう。しかし,人の脳はネットワークとして情報処理を行っており,脳の機能は局在論だけでとらえられるものではない。健常な人においては,脳部位 A と B の間に密接な相互作用があるかもしれない。その場合には,エピソード的自己知識の選択的損傷例や意味的自己知識の選択的損

傷例が見られたとしても，両者が完全に独立に保持されているとは言い切れない。

エピソード的自己知識と意味的自己知識の独立性を示す第2の研究として，KleinとLoftusらの研究があげられる（たとえば，Klein & Loftus, 1993）。プライミングの原理に基づくと，エピソード的自己知識と意味的自己知識が関連づけて保持されているのであれば，事前に意味的自己知識を活性化させると，その活性化がエピソード的自己知識にも拡散し，エピソード的自己知識の想起が促進されると考えられる。逆に，エピソード的自己知識と意味的自己知識が独立に保持されているのであれば，事前に意味的自己知識にアクセスしても，その活性化がエピソード的自己知識に拡散することはなく，エピソード的自己知識の想起は促進されないと予想される（図3－2）。

Klein & Loftus（1993）は，こうした予測に関する検証を行った。具体的には，意味的自己知識にアクセスしてからエピソード的自己知識を想起する条件と，性格特性語の意味を定義してからエピソード的自己知識を想起するベース

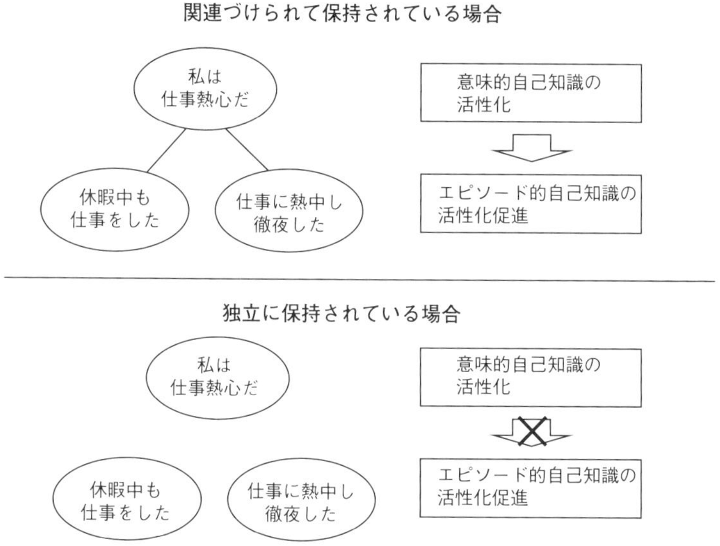

▶ 図3－2　意味的自己知識とエピソード的自己知識の関連に関するモデルと活性化拡散による予測（Kihlstrom & Klein, 1994より改変）

ラインとを設けた。そして、エピソード的自己知識を想起する反応時間に、これらの条件間で差が見られるかどうかを検討した。その結果、事前に意味的自己知識にアクセスした場合でも、性格特性語の定義をした場合でも、その後のエピソード的自己知識を想起する反応時間には差が見られなかった。このことから、Klein & Loftus は、「意味的自己知識へのアクセスはエピソード的自己知識の想起を促進しない」と結論づけ、「2つの自己知識は互いに独立に保持されている」と主張している。

しかし、彼らの結論は、性格特性語を定義してもエピソード的自己知識の想起は促進されないという前提に依存している（Keenan, 1993）。もしこの前提が崩れた場合には、彼らの結果は、意味的自己知識へのアクセスは、性格特性語の定義と同じように、エピソード的自己知識の想起を促進することを意味することになり、意味的自己知識とエピソード的自己知識の独立性を示すものではなくなってしまう。

以上のように、エピソード的自己知識と意味的自己知識の独立性を示す研究にはいずれも疑問が残る。そもそも、意味的自己知識は、エピソード的自己知識に基づいて変容したり、維持されたり、形成されたりするものである（Robinson, 1986）。こうした意味的自己知識の成り立ちに基づいても、両者が完全に独立に保持されているとするのは無理があるだろう。実際、エピソード的自己知識と意味的自己知識が相互作用していることを示す研究も多い。たとえば、Woike et al. (1999) は、エピソード的自己知識を想起する際に、人は意味的自己知識と一致する記憶を選択的に想起することを明らかにしている。また、エピソード的自己知識は、意味的自己知識に合致するよう歪められて想起されており（Ross, 1989）、こうして歪められたエピソードが意味的自己知識を強化していることも示されている（Kunda & Sanitioso, 1989）。さらに、エピソード的自己知識と意味的自己知識の独立性を示した Klein & Loftus (1993) の研究に関しても、彼らとは異なるベースラインを利用した場合には、意味的自己知識へのアクセスがエピソード的自己知識へのアクセスを促進することが示されている（Sakaki, 2007b）。以上より、エピソード的自己知識と意味的自己知識は、互いに関連づけられて保持されていると考えられる。

2．エピソード的自己知識と意味的自己知識の機能

　エピソード的自己知識と意味的自己知識が関連づけられて保持されていたとしても，両者が同じ機能を担っているとは限らない。そこで次に，それぞれの自己知識の機能的な違いを見ていくこととしたい。

　意味的自己知識はあくまでも抽象的な知識であり，詳細な情報は含んでいない。それに対して，エピソード的自己知識は，自分が経験した具体的なエピソードに関する知識であり，個々のエピソードが自己に関する詳細な知識を有している。このことから，意味的自己知識がなくても，エピソード的自己知識を想起すれば，「自分はどんな人間なのか」ということを説明することができると思われる。そして，エピソード的自己知識さえあれば，意味的自己知識はそれほど必要ではないと思う人もいるかもしれない。

　それでは，意味的自己知識には，本当に有用性はないのだろうか。この問いに答えるため，「自分の現在の職業を答える」という状況を考えてみよう。自分の職業に関連する知識として，意味的自己知識には"自分の職業は医師である"といった抽象化された知識が，エピソード的自己知識には職場での自分の仕事に関する具体的な知識が保持されていると考えられる。意味的自己知識が利用できる場合には，自分の職業に関する意味的自己知識にアクセスし，それを利用することで職業を答えることができる。それに対して，意味的自己知識を利用できず，エピソード的自己知識のみで職業を答える場合には，こうした方略を使うことができない。現在の職業を答えるためには，まず，「今日自分が職場でどのような仕事をしたのか」というエピソードを思い出す必要があるだろう。しかし，それだけでは十分ではない。「今日はたまたま臨時でその仕事を行っただけかもしれない」という可能性も残る。こうした可能性を考慮するためには，今日だけでなく，昨日，一昨日，1週間前，2週間前，1か月前という具合に，さまざまな時点における自分の仕事内容を思い出す必要がある。そしてそのいずれもが一貫している場合に，はじめて自分の職業を答えることができるだろう。一方，1か月前の仕事とそれ以降の仕事の内容が異なっていた場合には，「転職したのか」「一時的に異なる業務に携わったのか」といった原因を探るために，さらにいくつものエピソードを思い出し，それらのエピソードをふまえて現在の職業を判断する必要がある。

このように，エピソード的自己知識は個々のエピソードに関する詳細な情報を含んでいる一方で，まったく抽象化されていない。したがって，「自分の職業」のように，ある程度抽象的な判断が求められた際には，多くのエピソードにアクセスし，それらの個別の事象を総合したうえで結論を下さなければならない。すなわち，自分自身に関して大まかに把握したり，判断を下したりしたい時には，エピソード的自己知識だけでは非常に時間と負荷のかかる認知的処理を強いられることになる。それに対して，意味的自己知識は，いくつものエピソードの共通点を抽出し，それを抽象化した知識である。したがって，自分自身の概要を知りたい時には，意味的自己知識を利用することで，素早い判断や認知的処理が可能になると考えられる（Klein et al., 2002）。

　さらに，意味的自己知識は，情報保持の倹約性という観点からも意味がある。たとえば，1か月前から今日まで，毎日ほとんど同じような仕事をしていたとしよう。その場合に，30日分の仕事の内容をそれぞれ別のエピソードとして詳細に保存しておいても，保持に大きな容量を必要とするだけで，個々のエピソードが持つ情報的な価値はほとんどない。むしろ，自分の仕事内容に関する抽象的な知識を1つ保持しておけば，それで30日分のエピソードを網羅することができる。このように，意味的自己知識には，自分自身に関する素早い処理を可能にするとともに，情報を保存する際の倹約性を高めるという機能があるといえよう。

　それでは，エピソード的自己知識にはどのような機能があるのだろうか。この点に関しては，意味的自己知識の欠点を考えれば，おのずと答えが見えてくる。第1に，個々のエピソード固有の情報を保持するという機能があげられる。意味的自己知識は，自己に関する複数のエピソードの共通項に関する知識である。そのため，例外的な事項や個々のエピソード固有の要素は，意味的自己知識から抜け落ちてしまう（Davis & Schacter, 1989）。エピソード的自己知識は，こうした情報を保持することで，自己に関するより精緻で，正確な判断や処理を可能にしていると考えられる。実際，Klein et al. (2001) は，エピソード的自己知識に含まれる例外的な情報が，意味的自己知識による判断を補足している可能性を示している。彼らは，実験参加者に意味的自己知識に基づいて，自分の性格に関する判断を行うように求めた（例：自分は優しい人間だ）。その

結果，意味的自己知識に基づいた特性判断を行うと，その直後に，実験参加者は例外的なエピソード（例：自分が他者に冷淡にふるまった時のエピソード）を想起しやすくなることが明らかになった。このことから，エピソード的自己知識には例外的な事例が保持されており，そうした情報が意味的自己知識に基づく大まかな判断を補足している可能性が示唆される。

　第2に，経験の乏しい領域に関する知識を保持するという機能があげられる。意味的自己知識は複数のエピソードから抽象化されたものである。したがって，抽象化するほどのエピソードが蓄積されていない場合には，意味的自己知識は存在せず，エピソード的自己知識に依存せざるを得ないだろう。Lieberman et al.（2004）は，機能的磁気共鳴画像法（fMRI）を利用して，この点に関する検討を行った。彼らはサッカー選手と俳優を集め，サッカー関連語（例：スポーツマン，活動的）や俳優関連語（例：コメディアン，クリエイティブ）が自分にどのくらいあてはまるかを判断させた。そして，こうした判断を行う際の脳活動を計測した。一般に，エピソード的自己知識のように詳細な記憶を想起する際には，抽象的な知識にアクセスする時よりも，海馬（図3-3）が活動しやすいことが指摘されている。このことから，海馬の活動レベルが高いほど，実験参加者がエピソード的自己知識にアクセスしていると考えられる。こうし

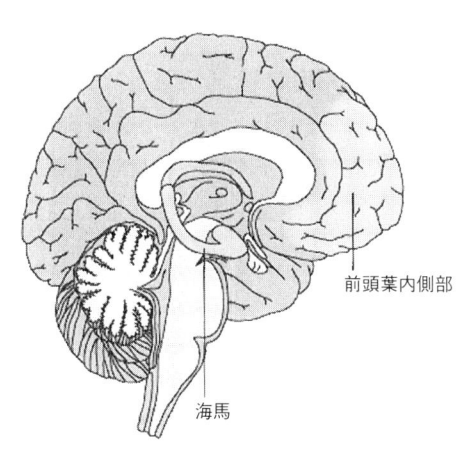

▶ 図3-3　人間の脳における海馬と前頭葉内側部（Simons & Spiers, 2003より）

た海馬の活動レベルに注目すると，サッカー選手はサッカー関連語が自分にあてはまるかどうかを判断する時よりも，俳優関連語に関して判断する時のほうが，海馬が高く活動していることがわかった。逆に，俳優は俳優関連語について判断する時よりも，サッカー関連語に関して判断する時のほうが，海馬が活動していることが明らかになった。このことから，自己に関する知識が乏しく意味的自己知識が形成されていない段階においては，エピソード的自己知識が自己に関する情報を保持していると考えられる。

3節 自己知識の構造と機能
——知識の内容による分類

　自己知識は抽象度だけでなく，知識の内容によっても区別することができる（図3−1を参照）。本節では，知識の内容に注目した場合には，自己知識がどのように区別されるのかを見ていくこととしたい。

1．テーマや文脈による分類

　"パーソナリティ"や"性格特性"は，状況や文脈にかかわらず一貫した個人のあり方や行動様式を説明するための概念である。しかし，人の行動様式や性格は状況に応じて変化するもので，固定されているものではない。実際，これまでの研究でも，自己のあり方は，状況（たとえば，Mitchel & Shoda, 1995 ; Sheldon et al., 1997）や他者（たとえば，La Guardia & Ryan, 2007），感情状態（たとえば，Sedikides, 1992）など，さまざまな文脈によって変化することがわかっている。ただし，人の性格や行動様式は完全にランダムに変化しているわけではない。たとえば，前の日に会社でまじめだった人が，次の日には極端に不まじめになることは考えにくい。すなわち，会社という1つの文脈のなかでは，人の行動様式はある程度一貫しているといえる。このように，自己のあり方は，異なる状況間で柔軟に変化するという柔軟性と，特定の状況や場面での行動様式は変化しないという一貫性を備えている。

　こうした自己の2つの性質をふまえて，従来の研究では，自己知識に多面性を想定してきた（たとえば，Markus & Wurf, 1987 ; Swann et al., 1989）。こ

れらの研究では，自己知識がテーマや文脈によって，複数の自己側面（self-aspect）に区別された構造を持つと仮定している。側面とは，「学生としての自分」「夫としての自分」「兄としての自分」など，自己の直面する状況に対応しており，各側面には該当する自己知識が保持されている。さらに，これらの自己側面は常に活性化しているわけではなく，自分の直面している状況や文脈に応じて，当該状況に関連の強い側面のみが活性化され，こうして活性化した側面が行動や思考，認知的処理を規定していると考えられている。このような多面性を想定することで，①異なる状況や文脈間での行動のバラつき，②特定の状況における行動の一貫性，という両面を説明することができるだろう。

2．多面的な自己知識の機能

多面的な自己知識は，自己の一貫性や柔軟性を可能にするだけではない。その他にも，いくつかの機能的な意味を持っていると考えられる。まず第1に，認知資源の倹約性があげられる。自己知識には，個々人が生活するなかで獲得されたさまざまな知識が含まれており，その内容やテーマは多岐にわたっている。人の認知資源の容量には限界があることを考えても，こうした多様な自己知識のすべてを活性化させ，同時に作動記憶内に保持しておくことは不可能といえる。「自己知識には多面性があり，関連する側面のみが状況に応じて活性化する」と考えることは，認知資源の容量の限界から考えても効率的なことといえよう。

第2に，自己知識の多面性は感情制御の観点からも意味を持つ。感情制御とは，ネガティブな出来事によって不快な感情が喚起された際に，気晴らしをしたり，出来事の意味をとらえ直したりして，自分の感情をコントロールすることをさす（第5章を参照）。こうした感情制御の方略の1つとして，ポジティブ記憶の想起があげられる（Forgas, 1995）。日常生活においても，ネガティブな気分の時に，ポジティブな過去経験を思い出し，それによってネガティブ気分が緩和されたこともあるのではないだろうか。自己知識の多面性は，こうしたポジティブ記憶による感情制御を促進することが明らかにされている（Sakaki, 2007a）。この研究では，実験参加者に非常に困難なテストに取り組んでもらい，テスト終了後，「他の人に比べて成績が悪かった」というネガティ

ブなフィードバックを返した。そのうえで，半数の実験参加者にはテストと関連の強い「勉強」という自己側面から，残りの半数の実験参加者にはテストとの関連が低い「友人」という自己側面から過去経験を想起するよう求めた。その結果，テストでの失敗の後に勉強側面から経験を思い出した場合には，ネガティブな記憶ばかりを思い出すことが明らかになった。それに対して，友人側面から経験を思い出した場合には，テストの失敗後でも，ポジティブな記憶が数多く想起された。この結果から，文脈と無関係な自己側面を利用することで，ポジティブな記憶の想起が促進され，ネガティブ感情を制御することが可能になると考えられる。

　第3に，自己知識の多面性は，認知的不協和の低減にも寄与している。自分の意見と一致しない行動や態度を取ると，それによって不快感が生起すると考えられる。自己知識の多面性は，こうした認知的不協和による不快感の低減にも寄与することが知られている（Steele, 1988；Stone & Cooper, 2001）。たとえば，Aronson et al.（1995）は，認知的不協和を高めるため，実験参加者にエッセイを書かせ，そのエッセイのなかで自分の意見とは異なる見解（「身体障害者に対する大学の設備はこれ以上充実させるべきではない」）を強く主張させた。その結果，実験参加者は，不協和と関連する自己側面（例：親切な自分）について考えるのを避けるようになった。さらに，不協和と関連する自己側面の重要度を下げ，当該側面を自分にとって中心的な側面ではないとみなすようになった。それに対して，不協和と無関連な自己側面に関しては，その重要度を高め，自分にとって意味のある側面とみなすようになった。これらのことから，認知的不協和が生じた際には，不協和による不快感を低減するために，関連する自己側面を回避し，無関連な自己側面を利用していると考えられる。

　以上のように，感情制御においても，認知的不協和の低減においても，文脈と無関連な自己側面が効果を持つと考えられる。それでは，なぜ文脈と無関連な自己側面が効果的なのだろうか。先に述べたように，自己知識はいくつかの側面から構造化されており，状況や文脈と関連する自己側面（自己側面A）のみが活性化する（Markus & Wurf, 1987）。こうして活性化された自己側面Aは，作動記憶内に保持され，必要に応じて行動や認知的処理に影響を与えると考えられる。ただし，作動記憶内に保持されているのは，自己側面Aの

情報だけではない。文脈に関する情報や進行中の出来事に関する情報もまた，作動記憶に保持されている。すなわち，作動記憶内には，自己側面Aに関する情報と，文脈や出来事に関する情報が，同時に保持されることになる。その結果，両者が連合されやすくなり，自己側面Aの意味内容や処理過程も，文脈によって強く影響を受けてしまうと考えられる。それに対して，活性化していない他の自己側面は，活性化されていないがゆえに，文脈や出来事と関連づけられにくい。その結果，これらの側面は文脈による影響を受けにくいと考えられる（図3-4）。

こうした自己側面の特性をふまえると，なぜ文脈と無関連な側面が感情制御や認知的不協和の低減に効果を持つのかを理解することができる。先に述べたように，感情制御とは，ネガティブな出来事によって生じた自分の感情をコントロールすることをさす。言い換えれば，感情制御とは，ネガティブな出来事

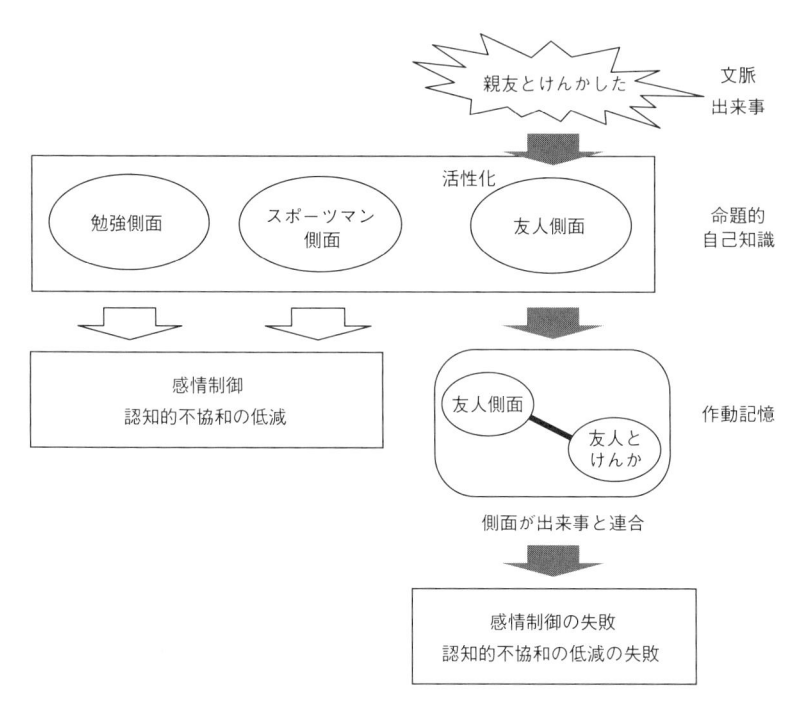

▶ 図3-4　自己知識の多面性が感情制御や認知的不協和低減に寄与する仮説的プロセス
（Sakaki, 2007a より改変）

による影響を弱め，感情状態をリセットすることといえる。同様に，認知的不協和の低減に際しても，直前の出来事（認知的不協和の原因）の影響を弱めることが必要となる。それに対して，自己側面 A は現在の文脈（例：ネガティブ感情や認知的不協和の原因）と強く関連づけられている。そのため，自己側面 A にアクセスしても，ネガティブ感情や認知的不協和の原因が連想されてしまい，感情を制御したり，認知的不協和を低減したりするのは難しいと考えられる。

一方，当該文脈と無関連な自己側面は，ネガティブ感情や認知的不協和の原因とは関連づけられていない。その結果，これらの自己側面にアクセスすることで，効果的に感情制御や不協和の低減を行うことができるのではないだろうか。すなわち，文脈に無関連な自己側面は，感情制御や認知的不協和低減の際の対処資源となっており，効果的な自己制御を可能にしていると考えられる。

3．自己知識の構造の個人差

前項で述べたように，文脈とは無関連な自己側面を利用すれば，感情制御や認知的不協和の低減が効果的に行われると考えられる。しかし，自己知識の構造には個人差も存在する。自己知識のなかに多くの分化した自己側面を持っている人もいれば，少数の未分化な側面しか持っていない人もいるだろう。多くの分化した自己側面を持っている人の場合，文脈と関連づけられる自己側面は，たくさんの自己側面のなかの 1 つにすぎない。したがって，他の多くの自己側面を利用して，感情制御や認知的不協和の低減を行うことができると考えられる。それに対して，自己知識が少数の未分化な自己側面で構成されている場合，特定の自己側面が文脈と関連づけられると，それが自己知識のなかで大きな割合を占めてしまう。さらに，当該側面と他の側面が明確に区別されていないため，他の側面も活性化し，文脈と関連づけられてしまう。その結果，感情制御や認知的不協和の低減にも困難が伴うと予想される。

こうした自己知識の構造の個人差は，自己複雑性（self-complexity）という概念でとらえられている（Linville, 1985, 1987）。自己複雑性は，自己知識を構成する側面の数と側面間の分化度という 2 つの構成要素によって定義される。具体的には，自己知識が少数の側面で構成され，それらの側面が互いに明確に

分化されていない場合には，自己複雑性が低いとみなされる（図3－5のa）。逆に，自己知識が多くの側面で構成され，個々の側面が互いに明確に区別されている場合には，自己複雑性が高いとみなされる（図3－5のb）。自己知識に多くの分化した側面を持つことで文脈と無関連な自己側面の利用が可能になるとすれば，自己複雑性が高い人ほど感情制御が促進されると考えられる。

　先行研究では，こうした予測を裏づける知見が数多く報告されている。たとえば，Linville（1985）は，自己複雑性が低い人は，自己複雑性が高い人に比べて，気分や自己認知の変動が大きく，ポジティブな出来事に直面すると気分が大きくポジティブに変化し，ネガティブな出来事に直面すると気分が極端にネガティブに変化することを示している。また，自己複雑性が低い人は，自己複雑性が高い人に比べて，抑うつに対する脆弱性が高いことも示されている（Linville, 1987）。さらに，自己複雑性の高い人はネガティブ気分時にポジティブ記憶を想起し，それによってネガティブ気分を緩和できるのに対して，自己複雑性の低い人はネガティブ気分時にネガティブ記憶ばかりを思い出しやすく，ネガティブ気分を緩和できないことも明らかになっている（Sakaki, 2004；榊, 2006）。以上より，多面的な自己知識が機能するためには，数多くの分化した自己側面を持つことが必要といえるだろう。

　自己知識の構造の個人差は，自己複雑性だけではない。側面の数や分化度が等しくても，ポジティブな自己知識とネガティブな自己知識を同じ自己側面に

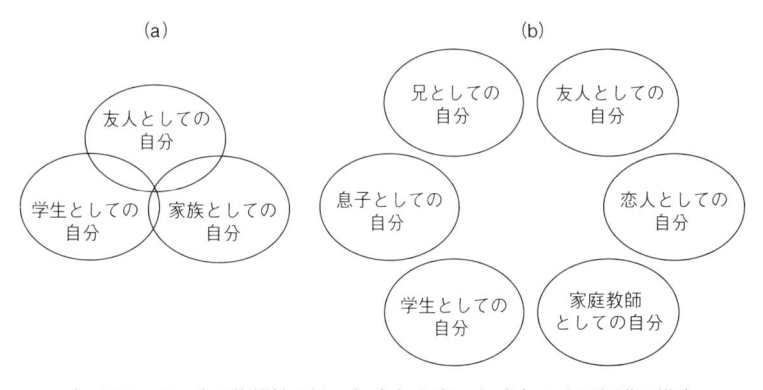

▶ 図3－5　自己複雑性の低い人（a）と高い人（b）の自己知識の構造

まとめている人もいれば，別の側面に区別している人もいるだろう。こうした感情価に基づく個人差は，自己区分化傾向（self compartmentalization）として概念化されている（Showers, 1992）。自己区分化傾向に基づくと，ポジティブな自己知識とネガティブな自己知識が異なる自己側面に区別されている人は自己区分化傾向が高いとみなされる（図3－6のa）。それに対して，ポジティブな知識とネガティブな知識が同じ自己側面にまとめられている場合には，自己区分化傾向が低いとみなされる（図3－6のb）。

　ただし，ひとくちに「自己区分化傾向が高い」と言っても，ポジティブな自己知識の重要度が高い場合と，ネガティブな自己知識の重要度が高い場合とでは，自己区分化の影響は異なると考えられる。その具体的な様相について考えてみよう。図3－6のaには，「勉強している時の自分」「友人といる時の自分」「落ち込んでいる時の自分」という3つの自己側面があり，最初の2つの側面にはポジティブな自己知識が，最後の1つの側面には，ネガティブな自己知識が保持されており，ポジティブ知識とネガティブ知識は明確に区分されて

(a)

勉強している時の自分
まじめだ(+)　　知識が多い(+)
積極的だ(+)　　好奇心旺盛だ(+)
勉強が楽しい(+)

友人といる時の自分
明るい(+)　　面倒見がよい(+)
陽気だ(+)　　優しい(+)
つきあいがよい(+)

落ち込んでいる時の自分
心配性だ(−)　　いらいらする(−)
眠れない(−)　　神経質だ(−)
他のことが手につかない(−)

(b)

勉強している時の自分
まじめだ(+)　　知識が多い(+)
積極的だ(+)　　集中力がない(−)
他の人のできが気になる(−)

友人といる時の自分
心配性だ(−)　　面倒見がよい(+)
内気だ(−)　　親切だ(+)
ユーモアのセンスがない(−)

家族といる時の自分
穏やかだ(+)　　いらいらする(−)
陽気だ(+)　　神経質だ(−)
反抗しがちだ(−)

＋：ポジティブな自己知識　　−：ネガティブな自己知識

▶ 図3－6　自己区分化傾向が高い人（a）と低い人（b）の自己知識の構造
（Showers, 1992より改変）

いる。こうした自己知識のなかで,「まじめだ」というポジティブな特性が重要な意味を持っている場合には,このポジティブ知識について考える機会が多く,その活性化が高まりやすいと考えられる。さらに,「まじめだ」という自己知識について考えるたびに,同じ自己側面に保持されている他のポジティブな自己知識（例：好奇心旺盛だ）の活性化も高まる。その結果,ポジティブな自己知識の顕現性がいっそう高められると考えられる。

　一方,同じように自己区分化されていても,「神経質だ」というネガティブな特性の重要度が高く,自分が改善すべき特性として常に思い悩んだり,意識したりしているとしよう。その場合には,「神経質だ」というネガティブ知識の活性化が常に高まっていることになる。さらに,「神経質だ」というネガティブ知識は,「心配性だ」「いらいらする」といった他のネガティブな知識と同じ自己側面に保持されている。そのため,「神経質だ」という自己知識について考えるたびに,同じ側面に含まれる他の自己知識（例：心配性だ,いらいらする）の活性化も高まることになる。その結果,ネガティブな自己知識の顕現性がいっそう高められてしまうだろう。以上のように,ポジティブな自己知識の重要度が高い場合には,自己区分化の高さは適応的となるが,ネガティブな自己知識の重要度が高い場合には,自己区分化の高さは不適応的となる。

　自己区分化傾向が低い場合についても同じことがいえる。すなわち,ポジティブな自己知識とネガティブな自己知識の重要度によって,自己区分化傾向の影響が異なると考えられる。図3－6のbのような自己知識の構造を考えてみよう。この時,ポジティブな自己知識（例：まじめだ）の重要度が高い場合には,「まじめだ」という自己知識について考える機会が増える。しかし,この自己知識は他のネガティブな自己知識（例：集中力がない）と同じ自己側面に保持されている。その結果,「まじめだ」というポジティブ知識について考えるたびに,他のネガティブ知識の活性化が高まることになってしまう。それに対して,ネガティブな自己知識（例：心配性だ）の重要度が高い場合には,このネガティブ知識について考えるたびに,同じ側面に含まれるポジティブな自己知識にアクセスすることになる（例：親切だ）。こうしたポジティブな自己知識によって,ネガティブな自己知識の顕現性を緩和することができるだろう。すなわち,ポジティブな自己知識の重要度が高い場合には,自己区分化傾

向の低さは不適応的な結果をもたらすのに対して,ネガティブな自己知識の重要度が高い場合には,自己区分化傾向が低いことが適応的であると考えられる。

　以上をまとめると,ポジティブな自己知識の重要度が高い場合には,自己区分化傾向が高い人のほうが,自己区分化傾向が低い人よりも,ポジティブな自己知識の顕現性が高く,適応的であると考えられる。それに対して,ネガティブな自己知識の重要度が高い場合には,自己区分化傾向が高い人のほうが,自己区分化傾向が低い人よりも,ネガティブな自己知識の顕現性が高い。したがって,ネガティブな自己知識が重要な場合には,自己区分化傾向の低い人のほうが,自己区分化傾向の高い人よりも適応的であると予測される。

　先行研究ではこうした予測を裏づける結果が提出されている(たとえば,Showers, Abramson & Hogan, 1998；Showers, Limke & Zeigler, 2004)。たとえば,Showers (1992) は,ポジティブな自己側面が重要な意味を持っている場合には,自己区分化傾向が高い人ほど,自尊心が高く,抑うつ傾向が低いことを示している。一方,ネガティブな自己側面が重要な意味を持っている場合には,自己区分化傾向が低い人ほど,自尊心が高く,抑うつ傾向が低いことがわかっている。

4. 現実自己・理想自己・義務自己

　前項までに取り上げた自己知識は,現実の自分のあり方や,過去の自分の現実のあり方に関するものであった。しかし,自己知識に含まれるのは,現実の自分のあり方に関する知識だけではない。「もっと仕事ができるようになりたい」「もっと親孝行するべきだ」のように,目標や理想に関する知識も含まれると考えられる。こうした自己知識は,セルフ・ディスクレパンシー理論(self-discrepancy theory) で理論化されている (Higgins, 1987)。

　セルフ・ディスクレパンシー理論では,自己知識を現実自己,理想自己,義務自己という3つに分類している。現実自己とは,文字どおり,現実の自己のあり方に関する知識をさす。それに対して,理想自己とは,「もっと仕事ができるようになりたい」「もっと運動ができるようになりたい」のように,自己の理想的なあり方に関する知識をさす。一方,義務自己とは,「もっと親孝行するべきだ」「もっと痩せるべきだ」のように,自分が当然持つべき特性に関

する知識をさしている。現実自己が現在の自己に関する知識を表しているのに対して、理想自己は自己のあり方に関する理想や願望を表しており、義務自己は自分が当然果たさなければならない特性を表しているといえるだろう。

理想的には、理想自己や義務自己がすべて達成され、現実自己と理想自己の間にも、現実自己と義務自己との間にもまったくズレがないことが望ましいと考えられる。しかし、現実には、理想自己や義務自己に表象されている目標をすべて完全に達成することは想定しにくい。多かれ少なかれ、現実自己と理想自己の間にも、現実自己と義務自己の間にも乖離が存在するだろう。こうした乖離の程度によって、悲しみや不安といったネガティブ感情が生起することが指摘されている。具体的には、現実自己と理想自己の間に大きな乖離がある場合には、落胆関連（dejection-related）感情が強まるのに対して、現実自己と義務自己の間に大きな乖離がある場合には、動揺関連（agitation-related）感情が高まることが示されている（Strauman & Higgins, 1987）。また、理想自己を達成した場合には喜びが生起するのに対して、義務自己を達成した場合には喜びではなく安心といった穏やかな気分になることがわかっている（Higgins, 1997）。このように、理想自己と義務自己は、異なるポジティブ感情やネガティブ感情を生起させるといえる。

4 節　自己知識の限界

自己知識は、他者に関する知識に比べれば、はるかに詳細で、情報量も多いと考えられる。しかし、どんなに自己知識の量が多くても、自己知識が自己のすべてを反映している保証はない。また、自己知識に保持されている情報が正確なものとも言い切れない。事実、これまでの研究では、自己知識は正確な情報を保持しているとは限らないことが指摘されている（Wilson & Dunn, 2004）。それでは、なぜ人は正確な自己知識を持つことができないのだろうか。この点に関しては、いくつかのメカニズムを指摘することができる。

第1に、記憶の抑制があげられる。人は自分にとってポジティブな情報を好み、ネガティブな情報を回避しようとする（Taylor, 1991）。日常生活におい

ても，ネガティブな自己知識に関しては，深く考えずに，忘れようとすることも多いだろう。このように，意図的に特定の情報を忘却しようとすることを意図忘却という。意図忘却に関するこれまでの研究では，人は特定の情報を忘れようと努力すると，その情報を想起できなくなることが示されている（Anderson & Green, 2001；Wenzlaff & Wegner, 2000）。

　fMRIを利用した神経科学的研究でも，意図忘却の効果を示す結果が提出されている。何かを覚えたり，何かを思い出したりする記憶のプロセスには，海馬（図3-3）という脳部位が関与している（Squire, 1992）。しかし，特定の情報を忘れようと努めると，それに伴って，海馬の活動レベルが低下することが示されている（Anderson et al., 2004）。これらのことから，自分にとって望ましくない情報は意図的に忘れられてしまうと考えられる。そして，自己知識にはこうした意図忘却の結果が反映されているといえるだろう。

　第2に，手続き的知識の処理プロセスを把握できないことがあげられる。手続き的知識とは，「自分がどのように行動しているか」「自分がどのように認知的処理を行っているのか」に関する言語化できない知識をさす。こうした定義からもわかるように，手続き的知識のほとんどは意識されず，無自覚なままに使われている。したがって，自分の行動（例：自分がどうやって歩いているか）や知覚（例：どのように自分が物を見ているか）のプロセスやメカニズムはほとんど把握されておらず，自己知識にも反映されていない。自己知識に反映されるのは，手続き的知識の処理結果（例：大学に歩いて行った，赤い車を見た）のみにすぎない。

　ただし，こうした手続き的知識の特性が常に問題になるとは限らない。手続き的知識の処理結果が正しいのであれば，処理プロセスを把握しておく必要はない。処理結果さえ把握しておけば，十分に自己の状態を理解できるだろう。それでは，手続き的知識の処理結果は常に正しいのだろうか。この点について考えるため，以下の3つの状況を考えてみよう。

①目を閉じている時に，友人が自分の右腕に軽くトンとふれた。（条件1）
②目を閉じている時に，友人が自分の左腕にふれ，その200ミリ秒後に右腕にふれた。（条件2）

③目を閉じて，右腕と左腕を前で交差している時に，友人が自分の左腕にふれ，その200ミリ秒後に右腕にふれた。（条件3）

　条件1の場合には，人は正確に「友人が右腕と左腕のどちらにふれたのか」を答えることができる。それでは，条件2ではどうであろうか。一見難しそうに見えるが，条件2においても，人は「友人が右腕と左腕のどちらに先にふれたのか」を正確に答えることができる。すなわち，200ミリ秒ほどの短い時間間隔であっても，人は時間的順序を正確に処理できるのである。しかし，条件3では異なる結果が得られる。不思議なことに，手を交差したとたん，「友人が右腕と左腕のどちらに先にふれたのか」がわからなくなるのである。そして，「友人は左腕，右腕の順にふれた」と誤った報告をするようになってしまう（Yamamoto & Kitazawa, 2001）。このように，「どちらの腕にふれられたのか」といった簡単な課題においても，人間の情報処理はエラーを犯すことがある。そして，自己知識にはこうした手続き的知識のエラーがそのまま反映されてしまうことになる。

　第3に，自己の処理過程に関する内省の限界があげられる。上述したように，手続き的知識の処理結果は正確とは限らず，誤った処理結果を出力することがある。こうしたエラーを修正するためには，自分の処理プロセスや手続き的知識を振り返ったり，モニタリングしたりすることが必要であろう。しかし，処理過程を内省することは，非常に困難であることが指摘されている。たとえば，Hixon & Swann（1993）は，実験参加者に自分自身について内省するよう求めた。その結果，「自分がどんな性格なのか」についてはかなり正確に内省できるのに対して，「自分がなぜそうした行動をとっているのか」といったプロセスに関しては内省できなかった。さらに，自分の処理過程について内省すると，かえって処理がうまくいかなくなることも指摘されている。たとえば，複数の選択肢のなかから1つを選ぶ際に，選択の処理過程を意識せずに選ぶと，自分の選択に対する満足度が高いのに対して，みずからの選択のプロセスを内省して深く考えながら選ぶと，自分の選択に対する満足度が低くなってしまうことが示されている（Dijksterhuis & van Olden, 2006）。

　以上のように，自己知識に含まれる情報は必ずしも正確なものではない。し

たがって，自己知識が自己の真の姿を反映するものとはいえない。自己に関する正確な判断や正確な処理が求められる状況においては，こうした自己知識の限界を意識することが必要といえよう。ただし，正確な自己知識が常に望ましいとは限らない。意図忘却の研究で示されているように，人は自分に都合の悪いことは意図的に忘却することができる。自己知識の正確さという観点に立つと，こうした意図忘却は不正確な自己知識をもたらすもので，望ましくないものと考えられる。しかし，感情制御の観点に立つと，ネガティブな自己知識を忘却することで，抑うつを回避したり，ポジティブな感情状態を維持したりすることが可能になると考えられる。不正確な自己知識は，精神的健康を維持するための適応的手段であるといえるかもしれない。

5節 おわりに

心理学では，James（1884）や Mead（1934）以来，自己は高い関心を集めてきた。とりわけ，情報処理アプローチが導入され，自己を知識の集合ととらえるようになったことで，自己に関する研究が飛躍的に進展してきた（Rafaeli-Mor et al., 1999）。本章ではそれらをまとめ，①自己知識にはエピソード的自己知識と意味的自己知識があり，両者が関連づけられて保持されていること，②自己知識がテーマや内容に応じた多面的な構造を持つこと，③自己知識の情報は常に正確なものとは限らないこと，を明らかにした。しかし，こうした従来の研究には，いくつかの疑問点も残る。

第1に，他の知識との関連性に関する疑問があげられる。本章では命題的知識のなかから自己知識のみを取り出して議論してきた。しかし，人間の脳の中に，自己知識と自己以外の知識という別々の知識のネットワークが存在するとは考えにくい。自己知識は，自己以外の知識（例：物の名前，概念の意味，他者に関する知識など）と関連づけられたうえで，保持されたり，処理されたりしていると考えられる。こうした自己知識の特性を明らかにするためには，自己知識を他知識と区別して検討するだけでなく，自己知識がどのように他の知識と関連づけられているのかを検討することが不可欠であろう。

第2に,「自己知識の特殊性は何か」という疑問があげられる。第1の点で述べたように,自己知識が他の知識と関連づけられて処理されているとすれば,自己知識をあえて他の知識と区別する必要はないとも考えられる。こうした批判にこたえるためには,自己知識と他の知識を比較し,自己知識の特殊性を明らかにすることが必要であろう。その際,fMRIや脳波といった神経科学的手法も取り入れることで,伝統的な心理学的手法では見えなかった自己知識の特殊性を見いだすことができるかもしれない。事実,近年のfMRI研究では,自己知識には,前頭葉内側部（図3－3）が関与していることが示されている（たとえば,Ochsner et al., 2005）。そして,前頭葉内側部は,自己知識だけでなく,感情的な情報処理にも関与していることが指摘されている（たとえば,Phan et al., 2003）。このことから,自己知識は他の知識に比べて,感情的な成分を多く含んでおり,それが自己知識の特殊性の1つであるという可能性が示唆される。今後はこうした検討をさらに進め,自己知識の特殊性と,自己知識と他の知識の共通点を明らかにすることが必要であろう。それによって,自己知識に限らず,人間の知識全体の理解を進められると考えられる。

文　献

Anderson, M. C., & Green, C.　2001　Suppressing unwanted memories by executive control. *Nature*, **410**, 366-369.

Anderson, M. C., Ochsner, K. N., Kuhl, B., Cooper, J., Robertson, E., Gabrieli, S. W., et al. 2004　Neural systems underlying the suppression of unwanted memories. *Science*, **303**, 232-235.

Aronson, J., Blanton, H., & Cooper, J.　1995　From dissonance to disidentification: Selectivity in the self-affirmation process. *Journal of Personality and Social Psychology*, **68**, 986-996.

Davis, S., & Schacter, D. L.　1989　The evolution of multiple memory systems. *Psychological Review*, **94**, 439-454.

Dijksterhuis, A., & van Olden, Z.　2006　On the benefits of thinking unconsciously: Unconscious thought can increase post-choice satisfaction. *Journal of Experimental Social Psychology*, **42**, 627-631.

Forgas, J. P.　1995　Mood and judgment: The affect infusion model（AIM）. *Psychological Bulletin*, **117**, 39-66.

Higgins, E. T.　1987　Self-discrepancy: A theory relating self and affect. *Psychological Review*, **94**, 319-340.

Higgins, E. T.　1997　Beyond pleasure and pain. *American Psychologist*, **52**, 1280-1300.

Hixon, J. G., & Swann, W. B., Jr.　1993　When does introspection bear fruit? Self-reflection, self-insight, and interpersonal choices. *Journal of Personality and Social Psychology*, **65**, 35-43.

James, W.　1884　What is an emotion? *Mind*, **9**, 188-205.

Keenan, J. M.　1993　An exemplar model can explain Klein and Loftus' results. In T. K. Srull & R. S. Wyer (Eds.), *Advances in social cognition*. Vol.5. Hillsdale, NJ: Erlbaum. Pp.69-98.

Kihlstrom, J. F., & Klein, S. B. 1994 The self as a knowledge structure. In R. S. Wyer & T. K. Srull (Eds.), *Handbook of social cognition.* Vol.1. *Basic processes.* Hillsdale, NJ: Lawrence Erlbaum. Pp.153-208.

Klein, S. B., Cosmides, L., Tooby, J., & Chance, S. 2001 Priming exceptions: A test of the scope hypothesis in naturalistic trait judgment. *Social Cognition*, **19**, 443-468.

Klein, S. B., Cosmides, L., Tooby, J., & Chance, S. 2002 Decisions and the evolution of memory: Multiple systems, multiple functions. *Psychological Review*, **109**, 306-329.

Klein, S. B., Loftus, J., & Kihlstrom, J. F. 1996 Self-knowledge of an amnesic patient: Toward a neuropsychology of personality and social psychology. *Journal of Experimental Psychology: General*, **125**, 250-260.

Klein, S. B., & Loftus, J. 1993 The mental representation of trait and autobiographical knowledge about the self. In T. K. Srull & R. S. Wyer (Eds.), *Advances in social cognition.* Vol.5. Hillsdale, NJ: Erlbaum. Pp.1-49.

Kunda, Z., & Sanitioso, R. 1989 Motivated changes in the self-concept. *Journal of Experimental Social Psychology*, **25**, 272-285.

La Guardia, J. G., & Ryan, R. M. 2007 Why identities fluctuate: Variability in traits as a function of situational variations in autonomy support. *Journal of Personality*, **75**, 1205-1228.

Lieberman, M. D., Jarcho, J. M., & Satpute, A. B. 2004 Evidence-based and intuition-based self-knowledge: An fMRI study. *Journal of Personality and Social Psychology*, **87**, 421-435.

Linville, P. W. 1985 Self-complexity and affective extremity: Don't put all of your eggs in one cognitive basket. *Social Cognition*, **3**, 94-120.

Linville, P. W. 1987 Self-complexity as cognitive buffer against stress-related illness and depression. *Journal of Personality and Social Psychology*, **52**, 663-676.

Markus, H., & Wurf, E. 1987 The dynamic self-concept: A social psychological perspective. *Annual Review of Psychology*, **38**, 299-337.

Mead, G. H. 1934 *Mind, self, and society, from the standpoint of a social behaviorist.* Chicago: The University of Chicago Press. 河村 望（訳） 精神・自我・社会 人間の科学社

Mitchel, W., & Shoda, Y. 1995 A cognitive-affective system theory of personality: Reconceptualizing situations, dispositions, dynamics, and invariance in personality structure. *Psychological Review*, **102**, 246-268.

Ochsner, K. N., Beer, J. S., Robertson, E. R., Cooper, J. C., Gabrieli, J. D., Kihsltrom, J. F., et al. 2005 The neural correlates of direct and reflected self-knowledge. *Neuroimage*, **28**, 797-814.

Phan, K. L., Taylor, S. F., Welsh, R. C., Decker. L. R., Noll, D. C., Nicholes, T. E., Britton, J. C., & Liberzon, I. 2003 Activation of medical prefrontal cortex and extended amygdale by individual ratings of emotional arousal: An fMRI study. *Biological Psychiatry*, **53**, 211-215.

Rafaeli-Mor, E., Gotlib, I. H., & Revelle, W. 1999 The meaning and measurement of self-complexity. *Personality and Individual Differences*, **27**, 341-356.

Robinson, J. A. 1986 Autobiographical memory: A historical prologue. In D. C. Rubin (Ed.), *Autobiographical memory.* Cambridge, England: Cambridge University Press. Pp.19-24.

Ross, M. 1989 Relation of implicit theories to the construction of personal histories. *Psychological Review*, **96**, 341-347.

Sakaki, M. 2004 Effects of self-complexity on mood-incongruent recall. *Japanese Psychological Research*, **46**, 127-134.

榊 美知子 2006 自己知識の構造が気分不一致効果に及ぼす影響 心理学研究, 77, 217-226.

Sakaki, M. 2007a Mood and recall of autobiographical memory: The effect of focus of self-knowledge.

Journal of Personality, 75, 421-449.
Sakaki, M. 2007b Semantic self-knowledge and episodic self-knowledge: independent or interrelated representations? *Memory*, 15, 1-16.
Sedikides, C. 1992 Changes in the valence of the self as a function of mood. *Review of personality and social psychology*, 14, 271-311.
Sheldon, K. M., Ryan, R. M., Rawsthorne, L. J., & Iiardi, B. 1997 Trait self and true self: Cross-role variation in the Big-Five personality traits and its relations with psychological authenticity and subjective well-being. *Journal of Personality and Social Psychology*, 73, 1380-1393.
Showers, C. 1992 Compartmentalization of positive and negative self-knowledge: Keeping bad apples out of the bunch. *Journal of Personality and Social Psychology*, 62, 1036-1049.
Showers, C., Abramson, L. Y., & Hogan, M. E. 1998 The dynamic self: How the content and structure of the self-concept change with mood. *Journal of Personality and Social Psychology*, 75, 478-493.
Showers, C., Limke, A., & Zeigler-Hill, V. 2004 Self-structure and self-change: Applications to psychological treatment. *Behavior Therapy*, 35, 167-184.
Simons, J. S., & Spiers, H. L. 2003 Prefrontal and medial temporal lobe interactions in long-term memory. *Nature Neuroscience*, 4, 637-648.
Squire, L. R. 1992 Memory and the hippocampus: A synthesis from findings with rats, monkeys, and humans. *Psychological Review*, 99, 195-231.
Squire, L. R., & Knowlton, B. J. 1995 Memory, hippocampus, and brain systems. In M. S. Gazzaniga (Ed.), *The cognitive neurosciences*. Cambridge, MA: MIT Press. Pp.825-837.
Steele, C. M. 1988 The psychology of self-affirmation: Sustaining the integrity of the self. In L. Berkowitz (Ed.), *Advances in experimental social psychology*. Vol.21. San Diego: Academic Press. Pp.261-302.
Stone, J., & Cooper, J. 2001 A self-standards model of cognitive dissonance. *Journal of Experimental Social Psychology*, 37, 228-243.
Strauman, T. J., & Higgins, E. T. 1987 Automatic activation of self-discrepancies and emotional syndromes: When cognitive structures influence affect. *Journal of Personality and Social Psychology*, 53, 1004-1014.
Swann, W. B., Jr., Pelham, B. W., & Krull, D. S. 1989 Agreeable fancy or disagreeable truth? Reconciling self-enhancement and self-verification. *Journal of Personality and Social Psychology*, 57, 782-791.
Taylor, S. E. 1991 Asymmetrical effects of positive and negative events: The mobilization-minimization hypothesis. *Psychological Bulletin*, 110, 67-85.
Tulving, E. 1993 Self-knowledge of an amnesic individual is represented abstractly. In T. K. Srull & R. S. Wyer (Eds.), *Advances in social cognition*. Vol.5. Hillsdale, NJ: Erlbaum. Pp.147-156.
Wenzlaff, R. M., & Wegner, D. M. 2000 Thought suppression. *Annual Review of Psychology*, 51, 59-91.
Wilson, T. D., & Dunn, E. W. 2004 Self-knowledge: Its limits, value, and potential for improvement. *Annual Review of Psychology*, 55, 493-518.
Woike, B., Gershkovich, I., Piorkowski, R., & Polo, M. 1999 The role of motives in the content and structure of autobiographical memory. *Journal of Personality and Social Psychology*, 76, 600-612.
Yamamoto, S., & Kitazawa, S. 2001 Reversal of subjective temporal order due to arm crossing. *Nature Neuroscience*, 4, 759-765.

第1部 基礎と理論

第4章
自尊感情と自己関連動機に基づく推論の歪み

藤島喜嗣

1節 はじめに

　自分自身に対する評価的感情である自尊感情（self-esteem）は，私たちの日常生活を彩っている。高い自尊感情は，低い場合と比較して，自分が他者よりも優れた存在であると思わせ，統制感を高めると同時に，自分の将来を楽観視させる（Taylor & Brown, 1988）。このように，自尊感情は社会的行動や認識，精神的健康に影響すると考えられ，古くから心理学の主要なテーマとなってきた。本章の前半では，この自尊感情について，その構造と機能を概観する。

　また，社会心理学は，自己評価が必ずしも正確には行われない事実を発見し，自己に関わる推論の歪みについて検討してきた。たとえば，私たちはみずからの課題遂行について原因帰属する時，成功を能力などの内的要因に帰属し，失敗を運などの外的要因に帰属して，自分にとって都合のよい原因帰属の歪みを示す（Bradley, 1978）。このような自己奉仕的帰属バイアス（self-serving bias）は，自分のことをよく思いたいという動機による影響だと考えられている（Zuckerman, 1979）。これをはじめとするさまざまな研究知見は，自己に関わる動機がいくつか存在すること，それらの動機によって推論が歪み得ることを示してきた。このような動機づけられた推論（motivated reasoning）を本章の後半では概観する。

2節　自尊感情

　自尊感情とは，一般的に，自分自身に対する全体的評価もしくは評価的感情と定義される。自尊感情に関する言及は James（1890/1950）にさかのぼることができる。彼によれば，自尊感情とは要求に対する成功経験の割合である。そして，自尊感情の基盤は，実際の成功や失敗であり，社会的地位の高低であるとしている（James, 1890/1950）。その一方で彼は，自尊感情を，自分自身に抱く感情の，ある一定の平均的トーンであり，満足や不満に対する理由とは独立したものであるとも主張した。

　この矛盾する主張は，自尊感情の構造に関する研究を刺激することとなった。この研究の流れは3つに分けられる。1つ目は，状況により変動しない「特性」側面と状況によって変動する「状態」側面との区分に関する研究である。2つ目は，特定領域における自己評価と自尊感情との関連に関する研究である。そして3つ目は，自己概念の認知的特徴と自尊感情との関わりである。

1．自尊感情の構造

（1）特性自尊感情と状態自尊感情

　James（1890/1950）の言説は，自尊感情が状況により変動する部分としない部分が存在する可能性を示しており，多くの研究者がこの両者を区分している。特性自尊感情（trait self-esteem）とは，性格特性のように比較的安定したものとして存在する自尊感情である。特性自尊感情の源泉の1つとして，自分に対する他者評価の推測である反映的評価（reflected appraisal）がある（Cooley, 1902；Mead, 1934）。たとえば，過去の養育者の評価的ふるまいが後の自尊感情に影響する（Harter, 1999）。このような過去の評価経験が，状況の即時的影響を受けない特性自尊感情を形成すると考えられている。

　その一方，状態自尊感情（state self-esteem）は，状況によって変動する自尊感情をさす。たとえば，学業成績のフィードバック（Heatherton & Polivy, 1991），社会的受容や排斥（Leary et al., 1995）によって自尊感情は変動する。この時変動しているのが状態自尊感情であり，状態自尊感情は特性自尊感情を

中心として変動する部分と考えられる。

(2) 特定領域の自己評価との関わり

特定領域の自己評価は自尊感情を予測し得るが，各領域の自己評価の総和と自尊感情とは同義ではない（Kernis & Goldman, 2003）。回帰分析において自尊感情の予測に諸領域の自己評価の総和を用いたとしても，説明されない分散がかなり存在するのである（Pelham, 1995）。これに対し，Pelham（1995）は，個人的に価値をおいた領域の自己評価が他の領域よりも自尊感情に影響を及ぼすことを示した。彼は，実験参加者に，自尊感情の他，知的能力や社会的スキルなどさまざまな領域の自己評価とその個人的重要度を回答させた。そして，この自己評価と個人的重要度の個人内相関を測定し，個人的価値の高い領域における自己評価の高さを示す指標を作成した。その結果，この指標は，自己評価の総和の影響を統計学的に統制した時にも自尊感情に独自の影響を及ぼしていた（表4－1；Pelham & Swann, 1989も参照）。これと同様に，社会的価値が高い領域の自己評価も独自に自尊感情に影響し得る（Pelham, 1995；Marsh, 1993）。つまり，部分的にではあるが，個人的，社会的に重要な領域の自己評価が自尊感情を規定するのである。

このようなアイデアを発展させて，Crocker & Wolfe（2001）は，自己価値の随伴性（contingencies of self-worth）モデルを提唱している。自己価値の随伴性とは，個人が自尊感情を特定領域の自己価値に依拠させることであり，さらに，その個人の自己価値が当該領域における成功や失敗の知覚，もしくは規

▶ 表4－1　自尊感情と特定領域の自己評価との関連（Pelham, 1995より）

説明変数	研究1		研究2	
	r	β	r	β
自己評価の総和	.501*	.49***	.333***	.39***
個人的価値領域の自己評価	.204*	.14***	.344***	.25*
社会的価値領域の自己評価	.086	.05	.298***	.20*

*: $p<.05$，**: $p<.01$，***: $p<.001$．
個人的価値領域の自己評価の指標の詳細は本文を参照。社会的価値領域の自己評価は重要度評定の全体平均を用いて算出している。

範や基準を満たしているか否かの知覚によっていることをさす。自己価値の随伴性が存在する領域には個人差がある。たとえば，ある人物の自尊感情は，身体的魅力に依拠しているかもしれないが，他の人物の自尊感情は，自立的であることに依拠しているかもしれない。

　Crocker & Wolfe（2001）によれば，ある出来事や環境が自尊感情に影響を及ぼすかどうかは，その領域で自己価値が随伴しているかどうかによる。大学院進学を志す大学4年生を対象にしたフィールド研究はこの主張を支持している（Crocker et al., 2002）。この研究で学生は，質問紙によりさまざまな領域における自己価値の随伴性を測定したうえで，2か月間にわたって，週2回の定期報告の他に，大学院の入試結果が届くたびに自尊感情を報告してもらった。その結果，学業領域で自己価値が随伴していた学生は，そうでない学生と比較して，大学院に合格した時には自尊感情の上昇を報告し，不合格であった時には自尊感情の低下を報告したのである。

　この自己価値の随伴性モデルは，特定領域の自己価値と状態自尊感情とがどのような場合に関連を示すかを示したものである（Crocker et al., 2002）。これに対し，Crocker & Park（2003）は，特性自尊感情も部分的には自己価値の随伴性の影響を受けると主張し，その影響力の強さを強調している。

（3）自己概念の認知的特徴との関わり

　特定領域の自己評価の高低だけが自尊感情と関連するわけではない。自己概念の認知的特徴，特に確信度と自尊感情とが関連することが示唆されている。Baumgardner（1990）は，実験参加者の自尊感情を測定した後，語彙判断課題を2つ実施し，課題における反応時間を測定した。一方の語彙判断課題は，10の形容詞が自分にあてはまるか否かを判断するものであった。ここでの反応時間が短いほど，その領域における自己確信度が高いことになる。もう一方の課題は，10の形容詞が友人にあてはまるか否かを判断するものであった。ここでの反応時間が短いほど，知識一般に確信度が高いことになる。

　結果は，図4－1に示す通りである。自分に関する語彙判断課題では，肯定語，否定語にかかわらず，低自尊感情の人よりも高自尊感情の人のほうが，反応時間が短かった。このことは，自己確信度が高いほど自尊感情が高いことを示している。その一方で，友人に関する語彙判断課題では自尊感情の高低によ

第1部 基礎と理論

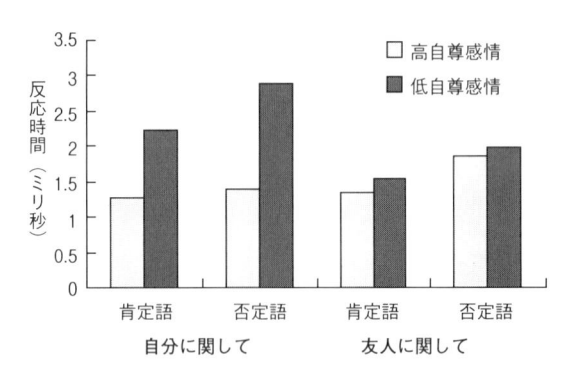

▶ 図4−1　語彙判断課題における反応時間の平均（Baumgardner, 1990より）

る反応時間の違いは見られなかった。このことは，確信度と自尊感情との関連が自己に特定的であることを示している。

さらに，Campbell（1990）は，自己記述の極端さ，主観的確信度の高さ，時間的安定性，内的一貫性という点で自己概念の明確さ（clarity）を測定した。その結果，自尊感情の高い人は，低い人と比べて自己概念が明確であることを見いだしている。このように，自己概念における認知的特徴と自尊感情との間には密接な関わりがある。

2．顕在的自尊感情と潜在的自尊感情

近年，高次心理過程における自動的で非意識的な過程とその影響の大きさが指摘されている（Bargh, 2007）。この流れに沿って自尊感情研究も，顕在レベルの意識的過程に基づく顕在的自尊感情（explicit self-esteem）と潜在レベルの自動的過程に基づく潜在的自尊感情（implicit self-esteem）との違いに注目するようになった。

（1）潜在的自尊感情の測定

前項まで紹介してきた自尊感情は，その多くが尺度（たとえば，Rosenberg, 1965）への回答に基づいて測定されていた。つまり，これまでの研究は，意識的にアクセス可能な自尊感情を測定し，顕在的自尊感情を扱ってきたと考えられる。これに対し，潜在的自尊感情は，自己に無関連な対象よりも自己に関連

した対象を好む程度として測定される（Greenwald & Banaji, 1995）。この効果の存在や源泉は，内観では同定できない，もしくは誤って同定される。そのため，この効果は，顕在的ではなく潜在的であると考えられる。このような潜在的自尊感情について，さまざまな測定方法が考案されている。

しかし，Bosson et al.（2000）は，これらの測定間で相関関係が見られないこと，潜在指標と顕在指標との相関も見られないこと，さらに，多くの指標で再検査信頼性が保証されないことを批判した。このような批判のうえで，Bosson et al.（2000）は，信頼性が保証された2つの測定のいずれかを研究に用いるよう勧めている。具体的には，ネームレター効果（Nuttin, 1985；Koole & Pelham, 2003を参照）と潜在連合テスト（Implicit Association Test: IAT, Greenwald et al., 1998）の1つである自尊感情IAT（Greenwald & Farnham, 2000）である。

ネームレター効果とは，自分の名前に含まれている文字を含まれていない文字よりも好む効果である（Nuttin, 1985）。この効果は，さまざまな国で確認されると同時に，自覚なく生じることがわかっている（Nuttin, 1987；Kitayama & Karasawa, 1997；Koole & DeHart, 2007を参照）。また，この効果の強さには個人差がある。この個人差を潜在的自尊感情の指標とするのである（Koole et al., 2001）。

これに対して，自尊感情IATでは，実験参加者に自己関連語や他者関連語，肯定語や否定語をカテゴリー分けする課題を行わせる（Greenwald & Farnham, 2000；潮村ら，2003）。この時，自己関連語と肯定語との組み合わせと他者関連語と否定語との組み合わせにカテゴリー分けする時の反応時間と，自己関連語と否定語との組み合わせと他者関連語と肯定語との組み合わせにカテゴリー分けする時の反応時間とを比較することで，潜在的自尊感情の指標を得るのである。潜在的自尊感情が高いほど自己関連語と肯定語の連合が強く，相対的に早く反応できると考えるのである。

（2）潜在的自尊感情の特徴

自尊感情IATから暗示されるように，潜在的自尊感情は，自己概念と感情価（valence）を持つ属性との連合であると考えられている（Greenwald et al., 2002）。感情価は社会的知識の連合構造のなかで属性概念として表象されてい

る。そのため，自尊感情は，自己ノードと感情価ノードとの連合として表象されるのである。この時，相対的に肯定的属性，否定的属性のどちらと連合が強いのかには個人差がある。この個人差が潜在的自尊感情を構成するのである。

　Dijksterhuis（2004）は，自己についての評価的条件づけが潜在的自尊感情に及ぼす影響を検討している。評価的条件づけは，態度対象と肯定的刺激もしくは否定的刺激を繰り返し対呈示することで行われる（De Houwer et al., 2001）。Dijksterhuis（2004）は，オランダ語で自分を示す語「ik」と肯定的特性語を用いて実験参加者に閾下で評価的条件づけを行った。その後，ネームレター効果の測定（実験1）もしくは自尊感情IATを実施した（実験3）。その結果，評価条件づけが行われた条件では，統制条件と比較してネームレター効果がより顕著に見られ（実験1），自尊感情IATの効果もより顕著となった（実験3）。

　Dijksterhuis（2004）の結果は3つの点で重要である。第1に，評価的条件づけがネームレター効果と自尊感情IATの双方に類似した効果を及ぼしていた。このことは，ネームレター効果と自尊感情IATが同一概念を測定している傍証となる。第2に，評価的条件づけの影響が見られたことは，潜在的自尊感情が自己表象と肯定的属性，否定的属性の連合であるという考えを支持するものである。そして，第3に，この結果は，潜在的自尊感情が状況に応じて変動し得ることを示している。潜在的自尊感情にも特性としての側面と状態としての側面が存在するのである。

（3）顕在的自尊感情と潜在的自尊感情との関連

　それでは顕在的自尊感情と潜在的自尊感情はどのような関係にあるのだろうか。Bosson et al.（2000）によれば，顕在的自尊感情と潜在的自尊感情との間には無相関か弱い正の相関しか認められない。これらの結果は，顕在的自尊感情と潜在的自尊感情とが互いに独立した存在である可能性を示唆している（Koole & DeHart, 2007；Wilson, 2002）。

　他方で，顕在的自尊感情と潜在的自尊感情とが関連する可能性を示唆する研究もある（Koole et al., 2001）。顕在的自尊感情は意識的で熟慮的な過程に基づく一方で，潜在的自尊感情は非意識的で自動的な過程に基づくと考えられる。一般的に，熟慮的情報処理を行うための認知容量が失われた時には，非意識的

で自動的な過程への依存が高まる。このような状況では，顕在的自尊感情は潜在的自尊感情に依拠することとなり，両者の間の相関が高まると考えられる。

Koole et al. (2001) は，実験参加者にネームレター効果の測定を行った後，8桁もしくは1桁の数字を保持させながら自己評定課題を行わせた。8桁の数字を保持する場合は，1桁の場合と比べて認知負荷がかかっていると考えられる。自己評定課題は，肯定語，否定語，中性語が自分自身にあてはまるかを判断するものであり，顕在的自尊感情の測定に相当すると考えられた。

その結果，中性語，否定語では明確な影響は見られなかったものの，肯定語においては，認知負荷が高い場合に顕在的自尊感情に潜在的自尊感情の影響が見られていた。つまり，潜在的自尊感情が高い人は低い人よりも自己評定課題で測定した顕在的自尊感情が高い傾向にあったのである。その一方で認知負荷が低い場合には，顕在的自尊感情に潜在的自尊感情の影響は見られなかった。この結果は，認知的負荷がかかる状況では，顕在的自尊感情は潜在的自尊感情に依拠する可能性があることを示している。

以上をまとめると，顕在的自尊感情と潜在的自尊感情とはその基底的過程が異なることから，基本的には互いに独立したものであると考えられる。しかし，意識的で熟慮的な情報処理過程は，非意識的で自動的な情報処理過程を基盤として成立している (Bargh, 2007)。そのため，認知的負荷がかかり，非意識的で自動的な過程に依拠せざるを得ない場合には，顕在的自尊感情と潜在的自尊感情との間に対応関係が見られることになる (Koole et al., 2001)。

近年，意識的で熟慮的な情報処理過程と非意識的で自動的な情報処理過程との相互作用が注目されつつある (Wilson, 2002)。これと同様に，今後は顕在的自尊感情と潜在的自尊感情との相互作用の検討が期待される (たとえば，Jones et al., 2002 ; DeHart & Pelham, 2007 ; Jordan et al., 2003)。

3．自尊感情の機能

1.では，自尊感情の構造について検討したが，ここでは，自尊感情がどのような機能を果たすと考えられているのか，言葉を換えれば，なぜ自尊感情が存在するのか，その理由について概観する。この問題に関して，2つの理論が主張されている。存在脅威管理理論 (terror management theory, Greenberg et

al., 1997）とソシオメータ理論（sociometer theory, Leary & Baumeister, 2000）
である。

（1）存在脅威管理理論

　存在脅威管理理論は，実存的問題とそれへの対処に着目する（Greenberg et al., 1997；Pyszczynski et al., 2004）。人はリアリティ構築能力，将来推測能力，自己内省能力といった高い認知的能力を有している。これらの能力は，人の生存能力を高めていると同時に，死は不可避であるという実存的な恐怖をつきつける。この実存的恐怖を解消するため，人は2つの方法で対処している。1つは文化的世界観の構築である。文化は，その価値体系のなかで生きる人々に意味や秩序，安定性，永続性を感じさせ得る。そのため，人は，個人に取って代わる共同体，文化を創造しようと動機づけられる。さらには，この共同体，文化を維持する価値体系に固執するのである（Greenberg et al., 1990；Greenberg, Simon, et al., 1992）。

　もう1つの対処方法は，高い自尊感情の維持である。存在脅威管理理論によれば，自尊感情は，文化的規範に即して生きているという感覚であり，死の自覚から生じる不安や恐怖から個人を防衛する役割を果たす（Pyszczynski et al., 2004）。自尊感情は死の恐怖に対する緩衝材としての機能を果たすのである。Greenberg, Solomon et al.（1992）は，最初に偽の人格テストのフィードバックを実験参加者に与えることで，自尊感情を高めるよう操作した。その後，死に関連するビデオか，中性的内容のビデオを見せ，不安喚起状態を測定した。その結果は図4-2の通りである。自尊感情を高めなかった統制群では，中性的なビデオを見た場合と比較して，死に関連するビデオを見た場合に不安が高まっていた。その一方で，自尊感情を高めた実験群では，死に関連するビデオを見ても不安は高まらなかったのである。これは，自尊感情を高めることが，死の恐怖を緩衝する機能を担ったことを示している。

（2）ソシオメータ理論

　ソシオメータ理論（Leary & Baumeister, 2000）によると，自尊感情は，他者が抱く自己価値をモニターするために進化的に獲得したシステムである。人としての進化が生じた太古の環境において，他者との関係性維持は生存に直結する重要なことであった。そのため，人は，重要他者と最低限の結合は維持し

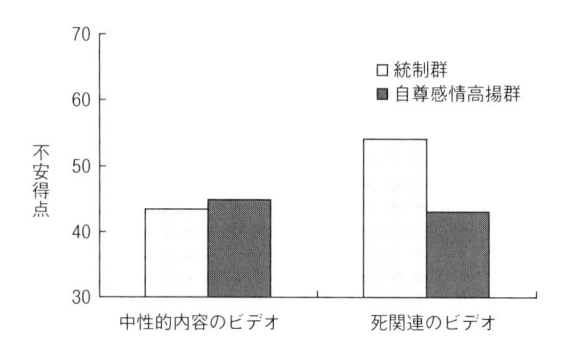

▶ 図4-2　自尊感情と死の恐怖の条件ごとに見た不安の平均値
（Greenberg, Solomon et al., 1992より）

たいと考える所属欲求（the need to belong）を備えるようになった（Baumeister & Leary, 1995）。同時に，人は，周囲の他者から自分がどのくらい価値ある存在として評価されているかを推測する心的装置，ソシオメータ（sociometer）を備えるにいたった。このソシオメータは，自尊感情という形をとって自己の社会的現状を知らしめるのである（Leary & Baumeister, 2000）。

　ソシオメータ理論によると，状態自尊感情は，その状況におけるその人物の対人的価値を表している（Leary & Downs, 1995）。そのため，状態自尊感情は，周囲からの受容と排斥の程度に応じて変動する。Leary et al.（1995）は，大学生を5人1組にして実験に参加させ，簡単な相互作用の後，互いに好意度評定を行わせた。その後，実験操作として受容と排斥の操作を行った。受容条件では，5人中の3人で作業を行うと告げた。排斥条件では1人で作業をすると告げた。さらに，受容と排斥の理由も操作した。半数には互いの好意度評定に基づき受容もしくは排斥されたと告げた。残り半数にはランダムに決定したと告げた。その後の状態自尊感情を比較した結果が図4-3である。相互評定が理由で排斥された場合には，他の条件と比較して状態自尊感情が低下していた。このように，状態自尊感情は他者からの排斥に敏感に反応するのである。

　その一方，特性自尊感情は，時間を経ても一貫している。ソシオメータ理論によると，社会的排斥の個人的経験や，将来の受容期待といった要因が特性自尊感情を形成している。ゆえに，特性自尊感情は，現在の関係性における価値

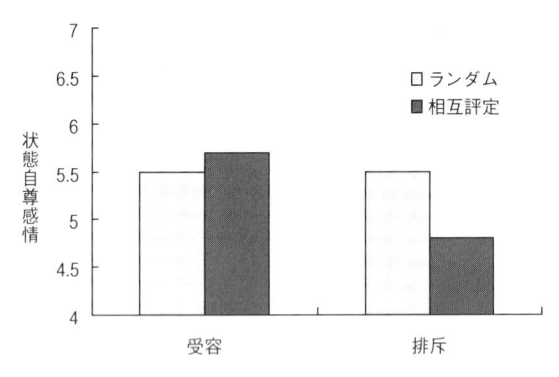

▶ 図4−3　受容−排斥とその理由が状態自尊感情に及ぼす影響（Leary et al., 1995より）

の変動しない基準レベルであるだけでなく，将来の相互作用における価値期待となり得ると考えられている（Nezlek et al., 1997；Sommer & Baumeister, 2002；Leary & MacDonald, 2003を参照）。

3節　自己関連動機に基づく推論の歪み

1．動機づけられた推論とは

　動機（motive）が推論過程に影響するという考えは目新しいものではない。古典的研究は，動機が知覚（Erdelyi, 1974），態度（Festinger, 1957），帰属（Heider, 1958）に影響を及ぼすことを指摘している。1980年代以降，この考えは洗練され，動機の影響は認知過程を通じて見られると考えられるようになった（Pyszczynski & Greenberg, 1987；Kunda, 1987, 1990）。

　Kunda（1990）によれば，人は，ある特定の結論を導きたいと動機づけられている場合でも，理性的であろうと努力し，自分が期待する結論を冷静な観察者にも説得し得るように妥当化，正当化することを試みる。この時，人は，期待する結論を支持する信念や規則を求めて記憶を探索する。そして，アクセスした記憶をうまく組み合わせ，望ましい結論を論理的に支持する新しい信念を生成する（たとえば，Kunda, 1987；Dunning et al., 1995；Dunning et al., 1989）。

つまり，動機は，その動機を確証するような信念や規則に選択的にアクセスするように方向づけることによって，推論過程を歪め，動機に合致した結論を導くのである。

この時，動機はどのようにして確証的な信念や規則に，選択的アクセスを導くのだろうか。Kunda（1990）によれば，動機は，単に望ましい結論が真かどうかの仮説を導くだけであるとしている。一般的に，人は仮説検証する時に確証方略を用いる傾向にある（Wason & Johnson-Laird, 1965）。この傾向が動機づけられた推論にもあてはまる。人は，望ましい結論が真であるという証拠を確証的に集めてしまうのである。その一方で，現実の制約によって確証情報を集めることに失敗した場合には，動機に合致した結論は導かれない（たとえば，Alicke et al., 1995）。あくまで仮説を支持する証拠を集められた時のみ，人は期待した結論を支持するのである（Darley & Gross, 1983を参照）。

2．自己関連動機とその影響

推論に影響を及ぼす動機はさまざまある。自己に都合よく考えたいならその動機が影響を及ぼすし，対照的に，正確でありたいという動機も推論に影響を及ぼす（Kunda, 1990）。正確さに動機づけられた場合，推論方略に偏りがない限りにおいて正確な結論が導かれる（たとえば，Tetlock & Kim, 1987）。

自尊感情や特定領域の自己評価を考えた場合，自己に関連する動機が推論過程に影響を及ぼし得る。この自己関連動機として，自己高揚動機，自己確証動機，自己査定動機，自己改善動機の4つがあると考えられている（Sedikides & Strube, 1997）。自己高揚動機（self-enhancement motive）とは，自己を肯定的にとらえたいという動機である（Pyszczynski & Greenberg, 1987；Taylor & Brown, 1988）。自己確証動機（self-verification motive）とは，既存の自己概念と新しい自己関連情報との一貫性を維持したいと考える動機である（Swann et al., 2003）。自己査定動機（self-assessment motive）とは，自己をできるだけ正確に認知，評価したいという動機である（Trope, 1975）。また，自己改善動機（self-improvement motive）とは，自己を改善したいという動機である（Taylor et al., 1995）。

Sedikides & Strube（1997）はSCENT（Self Concept Enhancing Tactician）

モデルを主張し，自己関連動機の階層性と自己高揚動機の基底的役割を強調している。彼らは，自己高揚過程を精神的健康に貢献する適応的過程としたうえで（Taylor & Brown, 1988を参照），この過程を直接的自己高揚（candid self-enhancement）と戦略的自己高揚（tactical self-enhancement）の2つに区分した。直接的自己高揚とは，直接的に自己評価を高めようとすることであり，自己高揚動機が関わる。直接的自己高揚は短期的には自己評価を高めるが，長期的なコストを負う可能性がある。他方で，戦略的自己高揚は，短期的には自己評価を高めないが，自己評価を高めるための手がかりを提供することで長期的に自己高揚を導く。自己確証動機，自己査定動機，自己改善動機はこの戦略的自己高揚に関わるとSedikides & Strube（1997）は主張する。SCENTモデルに従えば，自己高揚動機が最も基底的な自己関連動機となる（Baumeister, 1998を参照）。

　これに対し，Swann et al.（2003）は，自己高揚動機の存在を認める一方で，自己確証動機の独自性を強調している。彼らによれば，人が自己確証に動機づけられるのは，外界を安定して知覚，認知するためである（Festinger, 1957；Heider, 1958を参照）。外界に関する信念や素朴理論（naive theory）の構築は，事象の首尾一貫性（coherence）に基づいている。事象の生起は自己の体験として知覚されるので，自己が確証されて安定していることは事象の首尾一貫性を見いだす大事な前提となるのである。

　さらに，自己高揚動機と自己確証動機は，自尊感情が高い人に関しては類似した予測をする一方で，自尊感情が低い人に関しては異なる予測をする（Swann et al., 1987）。自尊感情が高い人では，自己高揚，自己確証のいずれに動機づけられていたとしても，自分を肯定的に見ようとすると予測される。他方で，自尊感情が低い人は，自己高揚に動機づけられた時には自分を肯定的に見ようとするが，自己確証に動機づけられた時には否定的に見ようとすると予測されるのである。

　現状では，自己関連動機が自己高揚動機に集約されるのか，自己確証動機が独立して存在するのか，結論は得られていない。その一方で，自己高揚動機と自己確証動機が自己に関する推論にとって重要な動機であることは確かである。そこで以下では，自己関連動機の中でも自己高揚動機と自己確証動機とに焦点

化し，それぞれが推論過程に及ぼす影響について概観する。

(1) 自己高揚動機の影響

　人は，自己高揚動機に基づき，自己奉仕的な因果推論を生成しやすい。Kunda (1987) は，大学生に，さまざまなターゲット人物が専門教育でさまざまな成績を修めた事例を見せた。その後，ターゲット人物の各特性が，専門教育での成績にどれくらい寄与したかを推論させた。さらに，各特性に対する自己評定と，同じ専門教育を受ける気があるかどうかをたずねた。その結果，専門教育を受講する意志が一定以上ある人は，ターゲット人物と自己の特性が一致しない場合よりも一致する場合に，ターゲット人物の特性が成績に肯定的にはたらいていると推論した。その一方で，専門教育を受講する意志がない人ではこのような傾向は見られなかった。この結果は，自己高揚動機が，他の特性よりも自分の有する特性が将来に寄与するという都合のよい信念を生成させたことを示唆している。

　さらに，Dunning et al. (1995) は，偽の成績フィードバックを与えることで自己高揚動機を直接的に操作した検討を行っている。失敗フィードバックを受けた場合には自尊感情が脅威にさらされ，自己高揚動機が高まると考えられる。結果は Kunda (1987) を補強するものであった。失敗フィードバックにより自己高揚動機が高まった人は，自分とターゲット人物の特性が一致しない時よりも一致する時に，ターゲット人物の特性が将来の成功につながると推論していた。その一方で，成功フィードバックを受け取った人ではこのような推論の違いは見られなかったのである。

　人は，平均的な人より自分は優れていると考える傾向にある。このような自己高揚的傾向を平均以上効果 (above-average effect) という (Taylor & Brown, 1988)。人は，自己高揚動機に基づき，自分に都合がいいように性格特性を定義する。このような自己奉仕的定義が平均以上の効果をもたらすのである。Dunning et al. (1989) は，大学生の実験参加者に，能力に関する自己評定を大学におけるパーセンタイルで回答してもらった。全員が回答した後，統制条件の実験参加者には，特に何の制約もなくもう 1 度，能力に関する自己評定をさせた。自己基準条件では，自分なりの証拠を記述してからもう 1 度，自己評定を行わせた。他者基準条件では，他の実験参加者が生成した能力判断基準に

基づいて2度目の自己評定を行わせた。その結果，統制条件，自己基準条件では操作の前後で自己評定の変化は見られなかった。その一方で，他者基準条件では，操作前と比較して操作後の自己評定が低下し，能力を平均以下だと評定した。判断基準をみずから設定できないことで，平均以上効果が消失したのである。

さらに Dunning et al. (1989) は，大学生の実験参加者に，意味の曖昧さが異なる肯定的特性，否定的特性に対し，同じ大学の他の学生と比較しての自己評定を行わせた。結果は図4-4の通りである。意味が明確な肯定的特性よりも曖昧な肯定的特性において，他の学生よりも自分はその特性が備わっていると回答した。逆に，意味が明確な否定的特性よりも曖昧な否定的特性において，他の学生よりも自分はその特性が備わっていないと回答した。つまり，曖昧な特性において人は平均以上効果を示していた。意味が明確な特性に対しては自分に都合のよい定義は困難であるが，曖昧な特性においては自分に都合のよい定義が容易になり，自己高揚傾向を示しやすくなるのである。

人は将来に対して楽観的な予測をする。たとえば，他の人よりも自分には幸せな出来事が起こり，不幸な出来事は生じないと考える傾向にある。このような予測は，多くの場合，非現実的であることから（全員が他の人より幸福であることはあり得ない），非現実的楽観主義（unrealistic optimism）と呼ばれる

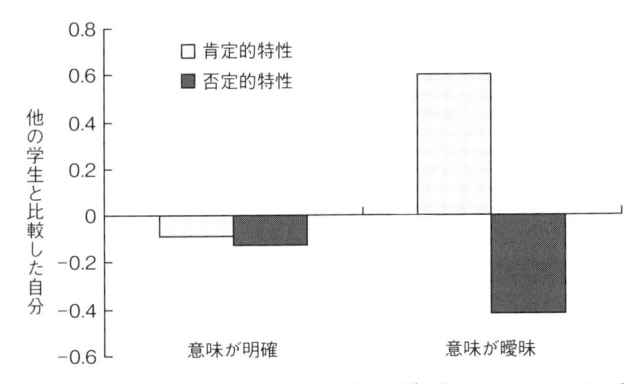

▶ 図4-4　曖昧さの異なる特性における自己評定（Dunning et al., 1989より）
正値は他学生より優れていることを，負値は他学生より劣っていることを示す。

(Taylor & Brown, 1988)。非現実的楽観主義も，部分的に自己高揚動機の影響で生じる。特に，比較対象となる他者が抽象的で，自分に都合よく解釈できる時に顕著に生じる。逆に具体的な人であったり，さらには個人的接触がある人が比較対象であったりした場合には楽観主義が弱まる。

　Alicke et al. (1995) は，面接場面を設定したうえで，実験参加者に他者と比較して自分に不幸な出来事が生じる可能性を評定させた。この時比較対象となる他者との関わりを操作し，①具体的な他者と個人的接触が存在する場合，②個人的接触はないが相手が具体的である場合，③他者が平均的な大学生とだけ告げられた場合を用意した。その結果，楽観主義の程度は比較相手が平均的な大学生の場合に最も強かった。具体的な相手と比較した場合には楽観主義が弱まり，相手との個人的接触がある場合にはさらに弱まる結果となった。この結果は，比較相手が抽象的で曖昧である時に楽観主義が強まることを示している。相手を想定する時に，自己高揚動機に基づいて自分に都合のよい相手を生成することが可能になるのである。

　このように自己高揚動機の影響によって私たちの推論は自分に都合のよい方向に歪み得る。ただし，それは，曖昧さが強い場合など現実の制約が小さい場合に限定されるのである（Kunda, 1990）。

（2）自尊感情を高めようとすることのコスト

　自己高揚動機が存在するため，人は，自己価値が随伴している領域で積極的に自分の能力や特徴を妥当なものだと示そうとすると考えられる（Crocker & Wolfe, 2001；Wolfe & Crocker, 2003）。そのような妥当化において，自己価値が随伴する領域での成功知覚は肯定的感情をもたらす。しかし，推論過程における自己高揚動機の影響を考えると，成功を知覚することは実際に成功していることと同義ではない（Baumeister et al., 2003）。その意味で，自尊感情の追求によってもたらされる肯定的感情は短命に終わる可能性がある。

　Crocker & Park（2004）は，自己高揚動機に基づく自尊感情の追求は，肯定的感情の短命さの他にも長期的なコストをもたらすと主張している。たとえば，自尊感情を追求している時，自己価値に随伴する領域の失敗は自尊感情の低下をもたらす。そのため，人は，ストレスやプレッシャー，不安を感じやすくなり，主体性や心身の健康をそこなう危険に直面する（Deci et al., 1994）。

また，失敗を自尊感情に対する脅威としてとらえるので，学習機会としての失敗（Dweck, 2000）を経験できなくなると同時に，課題目標に対する自己制御（self-regulation）も困難になる。これらは，自尊感情の追求によって，真の意味での成長が困難になることを示唆している。さらには，対人関係上のコストをもたらす可能性もある。自尊感情が脅威にさらされることによって，他者や他集団への蔑視が生じやすくなるのである（Fein & Spencer, 1997）。

Crocker & Park（2004）の指摘は，Sedikides & Strube（1997）のSCENTモデルと整合する部分と整合しない部分がある。SCENTモデルも直接的自己高揚には長期的コストが存在するとしており，自己高揚にコストが存在するという認識では一致している。他方で，SCENTモデルは直接的自己高揚による長期的コストが高まるにつれて戦略的自己高揚へと柔軟に移行すると考えるが，Crocker & Park（2004）はそれが常に生じるわけではなく，実際にダメージをもたらし得ることを指摘している。今後，柔軟な自己高揚を可能にする要因を同定する必要があるだろう。

(3) 自己確証動機の影響

人は自己確証動機を備えており（Swann et al., 2003），この動機は推論過程にさまざまな影響を与える。まず，自己確証動機によって自己確証情報への選択的注意が導かれることがあげられる。Swann & Read（1981）は，自己評価の高い人，低い人に，他者が彼らに対して行った紹介記事を見る機会を与えた。この時の他者は，実験参加者を好ましい，もしくは好ましくないと思っている人物であると実験操作された。その結果，自己評価が高い人は，彼らのことを好ましくないと思っている他者の紹介記事よりも，好ましいと思っている他者の紹介記事を見ることに時間を費やした。逆に，自己評価が低い人は，彼らのことを好ましいと思っている他者の紹介記事よりも，好ましくないと思っている他者の紹介記事を見ることに時間を費やした。つまり，既存の自己評価を確証するような相手の紹介記事に注目する傾向が見られたのである。

次に，自己確証動機によって自己確証情報が優先的に想起されやすいことがあげられる。Swann & Read（1981）は，さらに，自己評価の高い人，低い人に，彼らのことを好ましい，もしくは好ましくないと思っている人物の紹介文を聞く機会を与えた。この紹介文は，実験参加者に関するものであり，肯定的

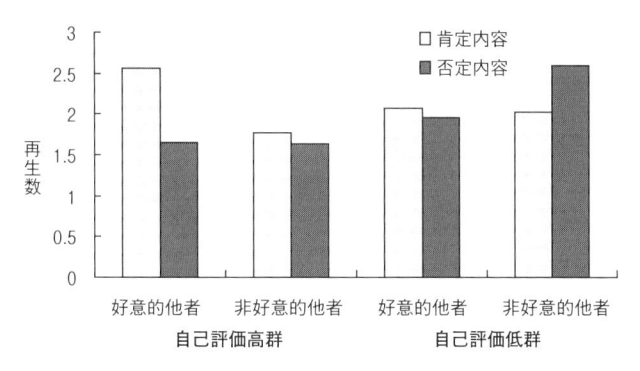

▶ 図4-5　自己評価，他者評価，紹介内容別に見た再生数（Swann & Read, 1981より）

内容のものと否定的内容のものとが含まれていた。紹介文を聞いた後，その内容を偶発再生させた。結果は，図4-5に示す通りである。自己評価が高い人は，自分に対して非好意的な他者の肯定的紹介文よりも，自分に対して好意的な他者の肯定的紹介文を多く再生した。これとは逆に，自己評価が低い人は，自分に対して好意的な他者の否定的紹介文よりも，自分に対して非好意的な他者の否定的紹介文を多く再生する傾向にあったのである。

さらに，自己確証動機は，自己関連情報を自己確証的な方向に解釈させ，時には記憶を自己確証的な方向に歪めてしまうことがあげられる（Swann et al., 1987；Story, 1998）。Story（1998）は，自尊感情の高い人，低い人に人格テストを実施し，実際の結果よりも好ましい，もしくは好ましくない結果をフィードバックした。その後，フィードバックの内容を偶発再生させ，フィードバック内容と記憶内容とのズレを検討した。その結果が図4-6である。実際よりも望ましいフィードバックに対しては，高自尊感情の人よりも低自尊感情の人のほうが望ましくない方向に記憶を歪ませていた。それとは逆に，実際よりも望ましくないフィードバックに対しては，低自尊感情の人よりも高自尊感情の人のほうが望ましい方向に記憶を歪ませていた。つまり，自尊感情と一致する方向に人格テストの結果を歪めたのである。

このように自己確証動機は自己に関する推論に影響を及ぼし得るが，この影響は常に見られるわけではなく，ある一定の状況に限定される。第1に，自己

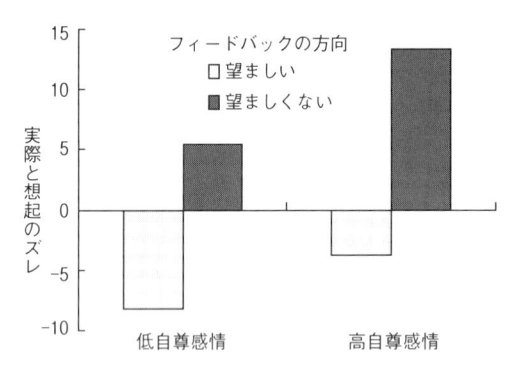

▶ 図4-6　自尊感情とフィードバックの方向が想起の正確さに及ぼす影響（Story, 1998より）
正の値は望ましい方向への記憶の歪み，負の値は望ましくない方向への記憶の歪みを意味する。

確証は認知的反応に限定される。Swann et al.（1987）は，自己概念が肯定的な人，否定的な人に，肯定フィードバックもしくは否定フィードバックを行った。その結果，フィードバックの正確さのような認知的反応を測定した場合には，自己概念が肯定的な人は肯定フィードバックを，自己概念が否定的な人は否定フィードバックを正確であると評価し，自己確証的な反応を示した。その一方で，ムードのような感情反応を測定した場合には，自己概念が肯定的か否定的かにかかわらず，否定フィードバックよりも肯定フィードバックの時に肯定ムードとなり，自己高揚的な反応を示したのである。

第2に，自己確証は認知資源が十全にある場合に限定される。Swann et al.（1990）の研究で，相互作用の相手を選択する時に時間が切迫していた場合には，自己概念が否定的な人であっても，自分を肯定的に評価してくれる人を選択した。これは，自己高揚的な反応をしたことを意味する。対照的に，時間的に切迫していない時には，自己概念が否定的な人は，自分を否定的に評価する人を選択し，自己確証的な反応をしたのである。

4節　おわりに——今後の展望

自尊感情は特性か状態か，顕在か潜在かで区分できることを示したが，今後

は特性と状態間,顕在と潜在間の相互作用の検討が必要だろう。具体的には,特性自尊感情が状態自尊感情の変動を抑制し得るのか,潜在レベルの自尊感情が顕在レベルへの脅威を緩衝するのか,またその逆はあるのかなどの検討が有益だと思われる。これらは,自尊感情の安定性やそのはたらきを理解する一助となるだろう。

自尊感情と特定領域の自己評価との関連には,自己評価の重要度,随伴性,確信度が影響した。自尊感情と特定領域の自己評価との関連は,自己がどう表象されるかという議論と対応する。今後,自己知識の組織化に関する議論を取り込むことでより精緻な理論構築が可能になるだろう。

自尊感情が果たす機能は,存在脅威管理理論とソシオメータ理論の2つから説明した。前者は脅威緩衝機能を強調し,後者は脅威監視,警報機能を強調していた。太古において社会的排斥は死を意味したことを考えると,2つの理論は統合可能かもしれないが,現状では理論的に対立している。今後は,両理論の概念的整理,統合が期待される。

自己関連動機に基づく推論の歪みは,自尊感情や特定領域の自己評価の様相を複雑にする。自己関連動機は複数存在し,その影響力はさまざまな状況要因で調整される。このため,個人個人がおかれる環境によって自己に関する推論はさまざまな方向に歪み,その結果の蓄積である自尊感情は必ずしも正確でない可能性をはらみつつ,個人差を生んでいく。その意味で,自己関連動機に基づく推論の歪みは自尊感情の理解には欠かせない。今後は,自己関連動機とその調整変数に関してさらなる検討が必要だろう。

=================== 文　献 ===================

Alicke, M. D., Klotz, M. L., Breitenbecher, D. L., Yurak, T. J., & Vredenburg, D. S.　1995　Personal contact, individuation, and the better-than-average effect. *Journal of Personality and Social Psychology*, **68**, 804-825.

Bargh, J. A.　2007　*Social psychology and the unconscious: The automaticity of higher mental processes.* New York: Psychology Press.　及川昌典・木村　晴・北村英哉（編訳）2009　無意識と社会心理学―高次心理過程の自動性―　ナカニシヤ出版

Baumeister, R. F.　1998　The self. In D. Gilbert & S. Fiske (Eds.), *Handbook of social psychology.* 4 th ed. Boston: McGraw-Hill. Pp.680-740.

Baumeister, R. F., Campbell, J. D., Krueger, J., & Vohs, K. D.　2003　Does high self-esteem cause better performance, interpersonal success, happiness, or healthier lifestyles? *Psychological Science in the Public Interest*, **4**, 1-44.

Baumeister, R. F., & Leary, M. R. 1995 The need to belong: Desire for interpersonal attachments as a fundamental human motivation. *Psychological Bulletin*, **117**, 497-529.

Baumgardner, A. H. 1990 To know oneself is to like oneself: Self-certainty and self-affect. *Journal of Personality and Social Psychology*, **58**, 1062-1072.

Bosson, J. K., Swann, W. B., Jr., & Pennebaker, J. W. 2000 Stalking the perfect measure of implicit self-esteem: The blind men and the elephant revisited. *Journal of Personality and Social Psychology*, **79**, 631-643.

Bradley, G. W. 1978 Self-serving biases in the attribution process: A reexamination of the fact or fiction question. *Journal of Personality and Social Psychology*, **36**, 56-71.

Campbell, J. D. 1990 Self-esteem and clarity of the self-concept. *Journal of Personality and Social Psychology*, **59**, 538-549.

Cooley, C. H. 1902 *Human nature and the social order.* New York: Scribner's Sons.

Crocker, J., & Park, L. E. 2003 Seeking self-esteem: Construction, maintainance, and protection of self-worth. In M. R. Leary & J. P. Tangney (Eds.), *Handbook of self and identity.* New York: Guilford Press. Pp.291-313.

Crocker, J., & Park, L. E. 2004 The costly pursuit of self-esteem. *Psychological Bulletin*, **130**, 392-414.

Crocker, J., Sommers, S., & Luhtanen, R. 2002 Hopes dashed and dreams fulfilled: Contingencies of self-worth in the graduate school admissions process. *Personality and Social Psychology Bulletin*, **28**, 1275-1286.

Crocker, J., & Wolfe, C. T. 2001 Contingencies of self-worth. *Psychological Review*, **108**, 593-623.

Darley, J. M., & Gross, P. H. 1983 A hypothesis-confirming bias in labeling effects. *Journal of Personality and Social Psychology*, **44**, 20-33.

Deci, E. L., Eghrari, H., Patrick, B. C., & Leone, D. R. 1994 Facilitating internalization: The self-determination theory perspective. *Journal of Personality*, **62**, 119-141.

DeHart, T., & Pelham, B. W. 2007 Fluctuations in state implicit self-esteem in response to daily negative events. *Journal of Experimental Social Psychology*, **43**, 157-165.

De Houwer, J., Thomas, S., & Baeyens, F. 2001 Associative learning of likes and dislikes: A review of 25 years of research on human evaluative conditioning. *Psychological Bulletin*, **127**, 853-869.

Dijksterhuis, A. 2004 I like myself but I don't know why: Enhancing implicit self-esteem by subliminal evaluative conditioning. *Journal of Personality and Social Psychology*, **86**, 345-355.

Dunning, D., Leuenberger, A., & Sherman, D. A. 1995 A new look at motivated inference: Are self-serving theories of success a product of motivational forces? *Journal of Personality and Social Psychology*, **69**, 58-68.

Dunning, D., Meyerowitz, J. A., & Holzberg, A. D. 1989 Ambiguity and self-evaluation: The role of idiosyncratic trait definitions in self-serving assessments of ability. *Journal of Personality and Social Psychology*, **57**, 1082-1090.

Dweck, C. S. 2000 *Self-theories: Their role in motivation, personality and development.* Philadelphia: Psychology Press.

Erdelyi, M. H. 1974 A new look at the new look: Perceptual defence and vigilance. *Psychological Review*, **81**, 1-25.

Fein, S., & Spencer, S. 1997 Prejudice as self-esteem maintenance: Affirming the self through derogating others. *Journal of Personality and Social Psychology*, **73**, 31-44.

Festinger, L. 1957 *A theory of cognitive dissonance.* Stanford, CA: Stanford University Press.　末永俊郎

(訳) 1965 認知的不協和の理論—社会心理学序説— 誠信書房

Greenberg, J., Pyszczynski, T., Solomon, S., Rosenblatt, A., Veeder, M., Kirkland, S., & Lyon, D. 1990 Evidence for terror management theoryII: The effects of mortality salience reactions to those who threaten or bolster the cultural worldview. *Journal of Personality and Social Psychology*, **58**, 308-318.

Greenberg, J., Simon, L., Pyszczynski, T., Solomon, S., & Chatel, D. 1992 Terror management and tolerance: Does mortality salience always intensify negative reactions to others who threaten one's worldview? *Journal of Personality and Social Psychology*, **63**, 212-220.

Greenberg, J., Solomon, S., & Pyszczynski, T. 1997 Terror management theory of self-esteem and cultural worldviews: Empirical assessments and conceptual refinements. In M. Zanna (Ed.), *Adavances in Experimental Social Psychology*, Vol.29.San Diego, CA: Academic Press. Pp.61-139.

Greenberg, J., Solomon, S., Pyszczynski, T., Rosenblatt, A., Burling, J., Lyon, D., Simon, L., & Pinel, E. 1992 Why do people need self-esteem? Converging evidence that self-esteem serves an anxiety-buffering function. *Journal of personality and social psychology*, **63**, 913-922.

Greenwald, A. G., & Banaji, M. R. 1995 Implicit social cognition: Attitudes, self-esteem, and stereotypes. *Psychological Review*, **102**, 4 -27.

Greenwald, A. G., Banaji, M. R., Rudman, L. A., Farnham, S. D., Nosek, B. A., & Mellott, D. S. 2002 A unified theory of implicit attitudes, stereotypes, self-esteem, and self-concept. *Psychological Review*, **109**, 3 -25.

Greenwald, A. G., & Farnham, S. D. 2000 Using the implicit association test to measure self-esteem and self-concept. *Journal of Personality and Social Psychology*, **79**, 1022-1038.

Greenwald, A. G., McGhee, D. E., & Schwartz, J. L. K. 1998 Measuring individual differences in implicit cognition: The Implicit Association Test. *Journal of Personality and Social Psychology*, **74**, 1464-1480.

Harter, S. 1999 *The construction of the self: A developmental perspective.* New York: Guilford Press.

Heatherton, T. F., & Polivy, J. 1991 Development and validation of a scale for measuring state self-esteem. *Journal of Personality and Social Psychology*, **60**, 895-910.

Heider, F. 1958 *The psychology of interpersonal relations.* New York: Wiley. 大橋正夫(訳) 1978 対人関係の心理学 誠信書房

James, W. 1950 *The principles of psychology.* Vol.1 & 2. New York: Dover. (Original work published 1890).

Jones, J. T., Pelham, B. W., Mirenberg, M. C., & Hetts, J. J. 2002 Name letter preferences are not merely mere exposure: Implicit egotism as self-regulation. *Journal of Experimental Social Psychology*, **38**, 170-177.

Jordan, C. H., Spencer, S. J., Zanna, M. P., Hoshino-Browne, E., & Correll, J. 2003 Secure and defensive high self-esteem. *Journal of Personality and Social Psychology*, **85**, 969-978.

Kernis, M. H., & Goldman, B. M. 2003 Stability and variability in self-concept and self-esteem. In M. R. Leary & J. P. Tangney (Eds.), *Handbook of self and identity.* New York: Guilford Press. Pp.106-127.

Kitayama, S., & Karasawa, M. 1997 Implicit self-esteem in Japan: Name letters and birthday numbers. *Personality and Social Psychology Bulletin*, **23**, 736-742.

Koole, S. L., & DeHart, T. 2007 Self-affection without self-reflection: Origins, models, and consequences of implicit self-esteem. In C. Sedikides & S. J. Spencer (Eds.), *The self*. New York: Psychology Press. Pp.21-49.

Koole, S. L., Dijksterhuis, A., & van Knippenberg, A. 2001 What's in a name: Implicit self-esteem and the automatic self. *Journal of Personality and Social Psychology*, **80**, 669-685.

Koole, S. L., & Pelham, B. W. 2003 On the nature of implicit self-esteem: The case of the name letter effect. In S. Spencer, S. Fein & M. P. Zanna (Eds.), *Motivated social perception: The ontario symposium.*

Vol. 9. Hillsdale, NJ: Lawrence Erlbaum. Pp.93-116.

Kunda, Z.　1987　Motivated inference: Self-serving generaation and evaluation of causal theories. *Journal of Personality and Social Psychology*, **53**, 636-647.

Kunda, Z.　1990　The case for motivated reasoning. *Psychological Bulletin*, **108**, 480-498.

Leary, M. R., & Baumeister, R. F.　2000　The nature and function of self-esteem: Sociometer theory. In M. Zanna (Ed.), *Advances in Experimental Social Psychology*. Vol. 32. San Diego, CA: Academic Press. Pp. 1 -62.

Leary, M. R., & Downs, D. L.　1995　Interpersonal functions of the self-esteem motive: The self-esteem system as a sociometer. In M. Kernis (Ed.), *Efficacy, agency, and self-esteem*. New York: Plenum Press. Pp. 123-144.

Leary, M. R., & MacDonald, G.　2003　Individual differences in trait self-esteem: A theoretical integration. In M. R. Leary & J. P. Tangney (Eds.), *Handbook of self and identity*. New York: Guilford Press. Pp.401 -418.

Leary, M. R., Tambor, E. S., Terdal, S. K., & Downs, D. L.　1995　Self-esteem as an interpersonal monitor: The sociometer hypothesis. *Journal of Personality and Social Psychology*, **68**, 518-530.

Marsh, H. W.　1993　Relations between global and specific domains of self: The importance of individual importance, certainty, and ideals. *Journal of Personality and Social Psychology*, **65**, 975-992.

Mead, G. H.　1934　*Mind, self, and society*. Chicago: University of Chicago Press.

Nezlek, J. B., Kowalski, R. M., Leary, M. R., Blevins, T., & Holgate, S.　1997　Personality moderators of reactions to interpersonal rejection: Depression and trait self-esteem. *Personality and Social Psychology Bulletin*, **23**, 1235-1244.

Nuttin, J. M., Jr.　1985　Narcissism beyond Gestalt and awareness: The name letter effect. *European Journal of Social Psychology*, **15**, 353-361.

Nuttin, J. M., Jr.　1987　Affective consequences of mere ownership: The name letter effect in twelve European languages. *European Journal of Social Psychology*, **17**, 381-402.

Pelham, B. W.　1995　Self-investment and self-esteem: Evidence for a Jamesian model of self-worth. *Journal of Personality and Social Psychology*, **69**, 1141-1150.

Pelham, B. W., & Swann, W. B., Jr.　1989　From self-conceptions to self-worth: On the sources and structure of global self-esteem. *Journal of Personality and Social Psychology*, **57**, 672-680.

Pyszczynski, T., & Greenberg, J.　1987　Toward an integration of cognitive and motivational perspectives on social inference: A biased hypothesis-testing model. In L. Berkowitz (Ed.), *Advances in experimental social psychology*. Vol.20. New York: Academic Press. Pp.297-340.

Pyszczynski, T., Greenberg, J., Solomon, S., Arndt, J., & Schimel, J.　2004　Why do people need self-esteem? A theoretical and empirical review. *Psychological Bulletin*, **130**, 435-468.

Rosenberg, M.　1965　*Society and the adolescent self-image*. Princeton, NJ: Prinston University Press.

Sedikides, C., & Strube, M. J.　1997　Self-evaluaiton: To thine own self be good, to thine owen self be sure, to thine own self be true, and to thine own self be better. In M. P. Zanna (Ed.), *Adance in experimenal social psychology*. Vol.29. San Diego, CA: Academic Press. Pp.209-269.

潮村公弘・村上史朗・小林知博　2003　潜在的社会的認知研究の進展　IAT (Implicit Association Test) への招待　信州大学人文学部人文科学論集　人間情報学科 (編)、**37**, 65-84.

Sommer, K. L., & Baumeister, R. F.　2002　Self-evaluation, persistence, and performance following implicit rejection: The role of trait self-esteem. *Personality and Social Psychology Bulletin*, **28**, 926-938.

Story, A. L.　1998　Self-esteem and memory for favorable and unfavorable personality feedback. *Personality and Social Psychology Bulletin*, **24**, 51-64.

Swann, W. B., Jr., Griffin, J. J., Predmore, S., & Gaines, B.　1987　The cognitive-affective crossfire: When self-consistency confronts self-enhancement. *Journal of Personality and Social Psychology*, **52**, 881-889.

Swann, W. B., Jr., Hixon, J. G., Stein-Seroussi, A., & Gilbert, D. T. 1990 The fleeting gleam of praise: Behavioral reactions to self-relevant feedback. *Journal of Personality and Social Psychology*, **59**, 17-26.

Swann, W. B., Jr., & Read, S. J. 1981 Self-verification processes: How we sustain our self-conceptions. *Journal of Experimental Social Psychology*, **17**, 351-372.

Swann, W. B., Jr., Rentfrow, P. J., & Guinn, J. S. 2003 Self-verification: The search for coherence. In M. R. Leary & J. P. Tangney (Eds.), *Handbook of self and identity*. New York: Guilford Press. Pp.367-383.

Taylor, S. E., & Brown, J. D. 1988 Illusion and well-being: A social psychological perspective on mental health. *Psychological Bulletin*, **103**, 193-210.

Taylor, S. E., Neter, E., & Wayment, H. A. 1995 Self-evaluation processes. *Personality and Social Psychology Bulletin*, **21**, 1278-1287.

Tetlock, P. E., & Kim, J. I. 1987 Accountability and judgment processes in a personality prediction task. *Journal of Personality and Social Psychology*, **52**, 700-709.

Trope, Y. 1975 Seeking information about one's own ability as a determinant of choice among task. *Journal of Personality and Social Psychology*, **32**, 1004-1013.

Wason, P. C., & Johnson-Laird, P. N. 1965 *Psychology of reasoning: Structure and content.* London: Batsford.

Wilson, T. D. 2002 *Strangers to ourselves: Discovering the adaptive unconscious.* Cambridge, MA: The Belknap Press of Harvard University Press. 村田光二（監訳） 2005 自分を知り，自分を変える——適応的無意識の心理学—— 新曜社

Wolfe, C. T., & Crocker, J. 2003 What does the self want? Contingencies of self-worth and goals. In S. J. Spencer, S. Fein, M. P. Zanna & J. M. Olson (Eds.), *Motivated social perception: The Ontario symposium.* Vol. 9. Hillsdale, NJ: Erlbaum. Pp.147-170.

Zuckerman, M. 1979 Attribution of success and failure revisited, or: The motivational bias is alive and well in attribution theory. *Journal of Personality*, **47**, 245-287.

第5章 感情とその制御

田中知恵

1節　はじめに

　たとえば友人との会話中に相手から気に障るようなことを言われ、気分を害したとしよう。あなたはそうした場面で、相手につい乱暴な言葉を吐いてしまったとか、関係のない別の友人に対しても失礼な態度を取ったという経験はないだろうか。そのような場合、怒りという感情によって理性的なふるまいができなくなったとみなされるかもしれない。現代の社会では生じた感情をありのままに表出することが不適応を招く状況も多い。不快だからといって、感情にまかせた行動ばかり取っていては、社会生活を送るうえで有益なことはないだろう。実際、他者を「感情的な人」と表現する場合には、一般に否定的な意味合いが含まれている。このように理性的な判断を阻害するものとして、感情をとらえる見方がある。

　その一方で、感情には適応的な側面もある。先の例では、友人に対して怒り感情を表出したことで、友人は自分の言動を反省し態度を変容させるかもしれない。また不愉快な態度をされた別の友人は、あなたが今何かに傷ついていることを察知し、そっとしておいてあげようとかなぐさめようとか、親切な態度を取ってくれるかもしれない。

　それでは、感情は適応的機能と非適応的機能を併せ持つのだろうか。この問いに答えるためには、さまざまな状況において感情が果たす役割を整理して見ていく必要がある。本章では、まず社会環境における感情の役割について述べ、続いて感情を制御する必要性に関して論じる。またこれらの領域における近年

の研究について紹介し，感情とその制御に関する研究の方向性について考察する。

なお，本論に入る前に，本章で扱う感情の概念に関して説明しておきたい。Ekman（1992）は表情認識研究を通じて，喜び，怒り，悲しみ，恐怖，嫌悪，驚きを，人間に共通で普遍的な感情（基本感情）としてとらえた（遠藤，2001）。こうした基本感情が自己意識を必ずしも必要としないのに対し，当惑，誇り，罪悪感，恥などはその生起に自己意識の関与が必要な感情（自己意識感情：self-conscious emotions）とされ（Lewis, 1993），感情は非自己意識感情と自己意識感情の2つに大別できるとする見方もある（板倉，2007）。

Russell（2003）は基本感情の考え方に対する反論として，たとえば恐怖という感情を取り上げると，その言葉の意味は文化間で異なると主張した。そして感情をとらえる新たな枠組みとして，感情価（valence）と喚起（arousal）の2次元の組み合わせを持つコア感情（core affect）の概念を提出した。コア感情とは，ムード（mood）や情動（emotion）のように，シンプルで直接的な感覚として意識的にアクセス可能な神経生理学的状態と定義されている。

この考え方は，感情（affect）を，情動とムードを包括する概念ととらえるForgas（1995, 2002）の見地とも一貫している。その説明によると，情動とは比較的強く，対象や原因が明らかで一時的な感情状態であり，ムードは比較的弱く，対象や原因がはっきりとしない持続的な感情状態である。厳密には，感情を研究対象とする場合，これらを区別して論じる必要性があるだろう。しかしながら感情の適応的役割や感情制御について概観する場合，情動とムードにはしばしば同様のはたらきが見いだされている（たとえば，後述する情報機能など）。また実証研究においてもその区別が曖昧なことも多い（たとえば，悲しみ感情（sad）を導出して検討する研究は多いが，生じた感情はムードと呼ばれる場合も情動と呼ばれる場合もある）。よって本章では，実験等において明確に区別されている場合を除き，情動とムードを包括した概念として感情を取り上げ，その基本的なはたらきと制御の基本的原理について論じることとする。また近年の研究では思考の非意識的な活性化と同様に，情報処理の過程において意識されずに感情が生じることについても知見が提出されている。こうした非意識的感情のはたらきについても言及することとしたい。

2節　感情の役割

1．感情の適応的意義

　近年，感情と認知の相互作用に関して多くの研究がなされ，かつては理性的な認知を妨害する要素としてとらえられていた感情の適応的意義が明らかになってきた。以下では目標遂行と他者との相互作用という2つの場面を取り上げ，感情の役割について述べる。

（1）目標遂行における感情の役割

　感情は特定の目標達成のため行動を動機づける役割を持つ。たとえば，恐怖にかられるとその場から逃走することや，身をすくめて防御姿勢を取ることがうながされる。こうした感情は，人間においては文化や環境の影響を受けにくい普遍的なものといえよう。また種を超えて共通の本能的な感情といえよう。

　このことを，戸田（1992）はアージ理論のなかで説明した。アージ（urge）とは，野生環境を背景としての，遺伝的に基本枠が設定された行動選択・実行用の心的ソフトウェアと定義される。その理論によると，感情システムは次に取るべき行動を知らせる機能を持つ。たとえば恐怖感情は逃走という適応的行動を取らせる。このことを戸田は「恐れ」アージが「恐れ」活動プランに従った活動を起動させると説明した。

　このように，恐怖感情は生存という基本的な欲求を満たすために適応的であるが，感情はより社会的な目標遂行においても重要な役割を果たしている。たとえば，期日までに重要なレポートを仕上げるという目標がある場合，執筆作業がうまく進捗している場合には満足感などのポジティブ感情が生じる。少し安心して，レポートの内容に対しても別の新たな視点を加えられないかと考えたり，しばしレポート執筆は中断して他の活動に時間を使ったりするかもしれない。逆にうまく考えがまとまらず，なかなか作業が進捗しない場合には不安を感じるかもしれない。また急に他にするべき課題が与えられ，執筆の時間が取れないような事態が起こればいらいらするかもしれない。このように目標遂行の進捗が妨げられている場合にはネガティブ感情が生じる。すなわち，感情は目標達成への進捗のシグナルとして機能するのである（Carver & Scheier,

1998)。このような，感情のシグナルとしてのはたらきは，怒りのような強い感情（情動）だけでなく，弱く持続する感情状態（ムード）においても認められている（Schwarz, 1990）。

さらに，近年の研究により，単なるシグナルとしての感情の機能ばかりでなく，思考や判断，戦略的行動を導く動機に対する感情の直接的な影響についても明らかになってきた（Forgas & Laham, 2005）。たとえば，ポジティブな感情状態にある実験参加者は，ネガティブな感情状態にある実験参加者よりも，交渉課題において高い目標を設定し，結果への期待が高く，また楽観的で協調的な戦略を用いた。そしてその結果，取り引きにおいてもより成功した。ポジティブ感情によって楽観的な期待が形成され，協調的戦略が導かれたと考えられる（Forgas, 1998）。

(2) 他者との相互作用における感情の役割

感情は個人のなかで目標に対して適応的機能を果たすばかりでなく，その表出を通じて他者との社会的相互作用に影響を及ぼす。たとえば，ある対象に恐怖を感じて逃げるという感情反応は，その状況において取るべき行動を他者に知らせる。そのメカニズムとして，恐怖感情が他個体に伝染する可能性が示されている。田村・亀田（2007）の研究では，恐怖表情刺激を閾下呈示された実験参加者は，次に呈示された別の恐怖表情に選択的注意を向けた。この結果を，田村らは他者の恐怖表情を知覚することで実験参加者にも恐怖感情が伝染し，警戒レベルが高まったためと解釈している。こうした意味において，感情の表出は適応的意義を持つのである。

このような感情の情報付与機能に加えて，Keltner & Haidt（1999）は感情誘発機能，行為喚起機能についても論じている。1節で述べた例で説明すると，友人の言葉に対して怒り感情を表出することで，その状況に対する否定的な評価をしていることを相手に知らせる（情報付与機能）。そうした怒り感情は相手に同じ怒り感情を生じさせることもあれば，罪悪感のような相補的な感情を生じさせるかもしれない（感情誘発機能）。それにより，相手の行動に変化が生じることもあるだろう（行為喚起機能）。また相手だけでなく，周囲の他者に対しても感情は同様の3機能を果たすことで，二者間の相互作用を超えたコミュニケーションを促進している。怒り感情の表現は，第三者にもあなたが不

快な事態にあることを知らせるし，憐憫の情を引き起こしてなぐさめるという行動を導くかもしれない。もしくは第三者に不安を感じさせてその人をあなたから遠ざけるかもしれない。この場合でもその人が離れてくれたことで，あなたが無用な被害を与えなくてすんだという意味では，怒り感情が適応的役割を果たしたと考えられるだろう。もちろん，こうした感情のコミュニケーション機能はポジティブ感情にもあてはまる。楽しそうに笑っていれば，周囲の人は何かおもしろいことがあったのかと思う。笑顔がまわりを明るい雰囲気にして，友好的なコミュニケーションを可能にさせる。これらの例に見るように，感情は社会的相互作用においてさまざまな適応的機能を果たしているのである（感情のコミュニケーション機能に関するレビューとして，遠藤，2007を参照）。

2．非意識的感情

これまで感情が個人内の目標達成や個人間の相互作用において適応的な役割を果たすことについて例をあげて述べた。それではこれらの例において，人は感情を意識的に感じているのだろうか。Wilson（2002）によれば，感情は適応的な行動に先行するものの，人は必ずしも感情を意識しないという。

（1）非意識的感情の生起と行動への影響

こうした非意識的感情という考え方は，近年の実証研究によっても裏づけられている。たとえば Winkielman et al.（2005）の研究では，実験参加者にニュートラルな表情の人物写真を呈示してその性別を区別するよう告げた。その際，実はその写真の前に喜びの表情もしくは怒りの表情，あるいはニュートラルな表情いずれかの人物写真が感情的刺激として閾下呈示されていた。その後，参加者は容器からある飲料を自分のコップに注いで飲んだ後，それを評価するよう求められた。飲料を注いだ量や消費した量を比較したところ，もともと喉の渇きを強く報告していた参加者では，閾下刺激が喜びの表情であった条件のほうが怒りの表情であった条件よりも飲料を多くコップに注ぎ，多く飲んでいた。続く実験では，実験参加者が飲む量は一定にしたうえでその飲料にどの程度の金額を払うかということや，あとどの位飲みたいと思うかをたずねた。その結果，先の実験と同様に，もともと喉の渇きが強かった参加者では，閾下刺激が喜びの表情であった条件のほうが怒りの表情であった条件よりも飲料の評価が

高かった。しかしながら，いずれの実験においても，感情状態や生理的喚起についてたずねた質問への回答に，条件による差は見られなかったのである。

これらの結果は，非意識的な感情の存在を示唆するものであった。すなわち，実験参加者は喜びあるいは怒りの表情を見たことを自覚していないが，実際には感情的刺激によって非意識的に感情が生起していたのである。そして本人にモニターされることなく生じた感情が，評価対象への態度や行動に影響を与えた。ただし，こうした効果は喉の渇いていた参加者においてのみ認められたことから，非意識的感情の影響は顕在的な動機によって調整されると考えられる。

神経画像法（neuroimaging）を用いた研究においても，こうした非意識的感情の生起が検出されている。Morris et al.（1998）の研究では，実験参加者に怒り表情の写真刺激を閾下呈示し，陽電子断層撮影法（Positron Emission Tomography: PET）を用いて観測したところ，右の扁桃体において活動の高まりが認められた。扁桃体は感情的刺激に反応して活動水準が高まる部位である。すなわち，実験参加者が対象を見たと自覚していない場合でも，感情がはたらくことに相当するプロセスが生じていたのである。

（2）非意識的感情の機能

それでは，非意識的感情はどのような機能を持つのだろうか。

LeDoux（1996）は情動処理の2つの経路によって，非意識的感情のはたらきを説明している。哺乳類には情動刺激を処理する経路が2つある。感覚視床から直接扁桃体へと向かう低位の経路と，感覚皮質を経由して扁桃体へ向かう高位の経路である。感覚皮質は情報処理と思考をつかさどる脳の領域であるため，そこを経由しない低位の経路は，情動刺激のおおまかな像の情報を素早く伝達する。その一方，高位の経路では刺激に対して詳細な分析が可能となり，正確な情報を伝達する。LeDouxのあげた例では，森の道に小さく曲がった形のものがあった場合，そのおおまかな像が低位の経路を通じて素早く扁桃体に送られる。もしかするとヘビかもしれないので，扁桃体はヘビに対する防御を始める。しかし高位の経路を通じて感覚皮質はその像を詳細に分析し，曲がった枝であることを知らせるのである。

ヘビだと思って立ち止まる反応を取ることは，もし本当にそれがヘビだった場合に有益である。実際には枝であったことでその反応はむだになったかもし

れない。しかしながら逆にヘビを枝と見誤るとしたら，そちらのほうが問題であろう。こうした意味において，非意識的な感情は危険な刺激に対する適応的な反応を取らせている。

　なお，Damasio（1994）は，感情の変化が非意識的に起こり，意思決定に影響を与えることをソマティック・マーカー仮説のなかで論じた。意思決定の際，ある選択肢に伴う悪い結果が頭に浮かぶと，不快な身体的（ソマティック）感覚が生じるという。その理由として，Damasio は以下のように考えた。

　かつて良いもしくは悪い感情をもたらした出来事や対象が感情とともに記憶されており，その感情は1つのイメージをマークする。そして同様の出来事や対象に対して快もしくは不快を経験させるという。このソマティック・マーカーのはたらきにより，多くの選択肢のなかから有利な選択肢を絞ることが可能となる。このことを Bechara et al.（1997）は独自の課題を通じて検証した。アイオワ・ギャンブル課題と呼ばれるこの課題では，実験参加者に4つのカードの山を示し，いずれかの山からカードを選択するように告げた。実験参加者はカードに書いてある金額を獲得することができる。ただし，そのなかには罰金カードも混ざっていて，それを引いた場合にはその金額を支払わなくてはならない。実は4つのうち2つの山には，儲かる金額も大きいが罰金の額も大きいカードが集められており，残りの2つの山には儲かる金額も罰金の額も小さいカードが集められていた。そして後者の山からカードを引くほうが有利となる利得構造になっていたのである。実験参加者は皮膚電位反応を測定する装置を付けてこの課題に取り組んだ。この装置によって感情の変化や生起をとらえることが目的であった。

　その結果，健常な参加者の場合，いろいろとカードの山を試した後，最初は利得も損失も大きいリスクの高い山からカードを選ぶが，そのうちに利得も損失も小さいリスクの低い山から選ぶようになった。ただしなぜそのカードを選択したのか自己報告させても，それが優れた戦略であるという理由はあがらず，どうやら意識的にリスクの高い山を避けているわけではないようだった。そのかわり，皮膚の電位反応はリスクの高い山からカードを引こうとすると高まっていたのである。これはソマティック・マーカーのはたらきを示唆するものと考えられた。すなわち，実験参加者は直感的に優れた選択をしていたのである。

しかしながら，前頭葉眼窩部が損傷した患者が実験に参加した場合には，リスクの高い山からカードを引き続けたため，掛け金をなくしてしまった。また皮膚電位反応の高まりも認められなかった。このことは，前頭葉眼窩部を損傷することでソマティック・マーカーが機能しなくなり，適応的な行動が取れなくなったことを示唆している。

これらの研究はそれぞれアプローチが異なるものの，いずれも感情が非意識的に生じ，私たちの行動を適応的な方向へ導くことを明らかにしている。

3 節　感情制御

1．感情制御の定義と役割

前節では，感情生起や感情表出の適応的意義について述べた。自然環境のなかでみずからの生命を守るために，また社会的課題に従事する際にも，感情はたとえその生起や変化，そしてそのはたらきが意識されなくても重要なはたらきを果たしている。しかしながら，社会生活においては必ずしも感情の命じるままに行動することが適応的ではなく，生じた感情をコントロールすることが必要となる状況もある。たとえば怒り感情にまかせてその原因を攻撃することや，喜び感情にまかせて浮かれ続けることは，必ずしもじょうずな生き方ではないだろう。その場合には，生じた感情を制御する営みが必要となる。そして実際，私たちは日々，「感情を抑え」たり，「感情を引きずらない」ようにしている。つまり人は生じた感情を受動的に経験するだけでなく，その感情に対して能動的な対処を講じ得るのである。こうした対処のことを本章では「感情制御（affect regulation）」と呼ぶ。

感情制御とは，感情状態をモニターし評価する過程において，感情の強度を維持もしくは変化（高揚もしくは抑制）させるため，あるいは感情の持続を延長もしくは短縮させるために，人が措置を講じることと定義される（Gross, 1999）。感情制御は自己制御（self regulation）の1つととらえることができる。2節の1.に見た，レポートの締め切りが1週間後に迫っている例では，レポート完成という目標状態と現時点の状態（まだ半分も書けていない）を比較する

とネガティブな感情が生じる。この感情から目標遂行がうまくいっていないことを知り，人はそのネガティブ感情を低減もしくはポジティブ感情に変えるため，今日は遊びに行くのをやめてレポートに取り組もうと思うかもしれない。この場合，感情は進捗状況のフィードバックとしてはたらくだけでなく，その感情の制御を通じて人の行動を制御するはたらきを持つ。たとえば，感情と援助行動の関係について検討した研究では，悲しみ (Isen & Simmonds, 1978) や罪悪感 (Estrada-Hollenbeck & Heatherton, 1998) によって，援助行動が促進されることが示されている。

このように，私たちはネガティブ感情を解消するために目標遂行行動を取ったり，援助行動に従事したりする。それでは，感情制御とは生じた感情に対立する感情を志向した行動を取ることなのだろうか。実際には，感情制御には多様な形態があり，必ずしもそうした方略ばかりではない。以下では，感情制御の方法について取り上げる。

2．意識的な感情制御

人が意識的・努力的に感情を制御することを，Erber et al. (1996) は実験を行って明らかにしている。その研究では，実験開始を待つ間，実験参加者に音楽を聴かせ，喜び感情もしくは悲しみ感情を導出した。次に，実験者は参加者に2つの実験に参加してもらうと告げ，それぞれについて説明をした。1つ目の実験は新聞の12本の見出しを見て，読みたい記事の順番をつけるというものであった。2つ目の実験は，他者と共同で行う課題もしくは1人で行う課題であると説明された。その後，参加者は新聞の見出しに順番をつける課題に従事した。なお，新聞の見出しには感情状態を良くするような内容のもの，悪くするような内容のもの，中立的な内容のものが含まれていた。

見出しに対する選好について分析すると，次の課題で他者との相互作用が予定されていない場合には，参加者は自分の感情状態と一致するような見出しを好んでいた。対照的に，次の課題で他者との相互作用が予定されている場合には，感情と不一致な見出しを好んでいた。この結果は，社会的制約がある時，人は自分の感情状態をニュートラルな状態に戻そうとすることを示唆しており，ネガティブな感情状態にある場合の感情改善だけでなく，ポジティブな感情状

態にある場合の感情低減についても明らかにしている。

　この研究では，感情を制御するために，他の感情を生じさせるような刺激を選好するという方略が取られた。他にも，意識的・努力的に感情を制御する方略にはさまざまなものがあり，これまでそれらを区別することやカテゴリー化することを目的とした研究が行われている。たとえば Parkinson & Totterdell（1999）は162の異なる方略をあげ，それらを概念的に区別しておもに2つの次元があることを見いだした。1つは認知的方略と行動的方略の次元であり，もう1つは従事方略と注目回避方略の次元である。また Larsen & Prizmic（2004）は32の方略をあげ，それに対する質問によって個人の感情制御スタイルを測定することができると論じている。そのなかには，ものごとがうまくいくよう考えるといった認知的方略や，自分の感情を日記や手紙，e-mail に書くといった行動的方略，また感情を生じさせた問題を解決するといった従事的方略や，気晴らし（distraction）のためにテレビを視聴するなどといった注意回避方略が含まれている。なお，これらの方略のなかでもその効果について実証的な検討がよくなされているのが，「認知的再評価方略」であろう。

　認知的再評価とは，問題のある状況に意味を見いだすこと，またはその状況に対してポジティブな解釈をすることである。たとえば就職活動の面接で，面接官から非常に難しい質問をされたとしよう。その状況を「意地悪な面接で嫌だなあ」ととらえるか，「こうした難題に対する対応を確かめているのだろう」ととらえるか，それによって私たちの反応は変わってくる。おそらく前者では脅威を感じ，自信をなくしてその後の質問にもうまく答えられないだろう。チャレンジととらえた後者では，質問に何とか対応しようと冷静さが保てるかもしれない。

　Gross（1998）は感情制御を感情経験の前後，すなわち先行焦点型と反応焦点型に区分したモデルを呈示し，認知的再評価方略と抑制方略について検討している（図5-1）。このモデルは，状況や特徴，意味に対する認知的再評価をすることで感情反応を調節する段階と，表出を抑制することで感情反応自体を調節する段階があることを示す。この考えを前提に Gross の研究グループは実験を実施し，2つの方略の効果を比較している。

　たとえば，Richards & Gross（2000）の実験では，研究目的をけが人に対す

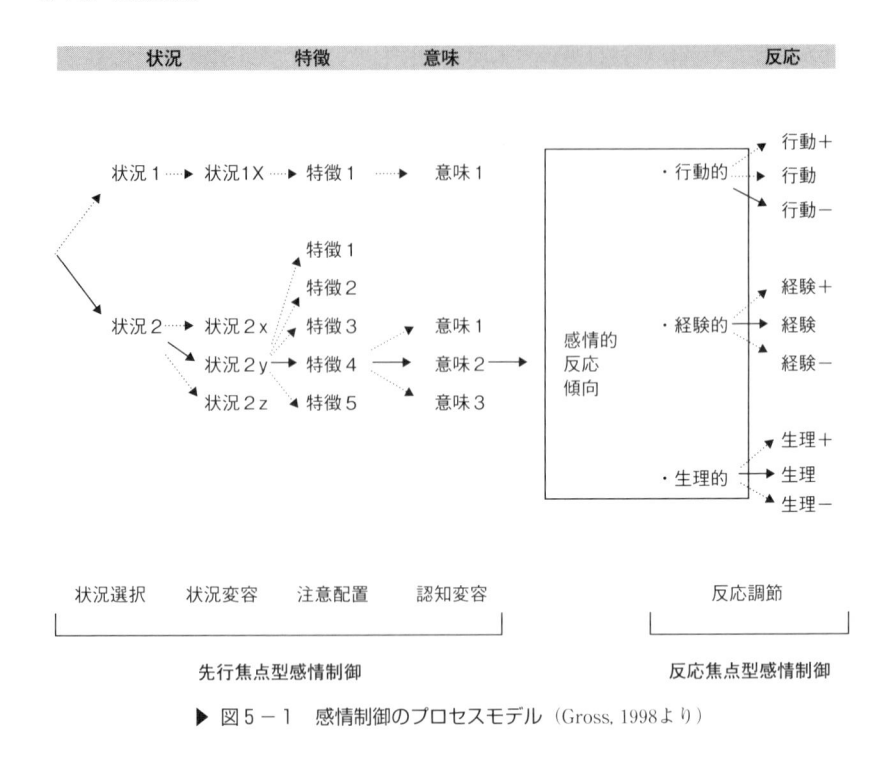

▶ 図5−1　感情制御のプロセスモデル（Gross, 1998より）

る印象形成と告げ，実験参加者にけが人の写真を18枚呈示しながらその説明を音声で流した。そのうち，9枚のセットは強いネガティブ感情を喚起するものであり（強感情刺激セット），残りの9枚は弱いネガティブ感情を喚起するものであった（弱感情刺激セット）。また，実験参加者のスライドの見方に対して，3つの条件が設けられた。認知的再評価条件では，医学の専門家のように，できるだけ客観的・分析的に見るよう告げられた。感情表出抑制条件では，見ている間にできるだけ感情を顔に出さないようにするよう告げられた。またこうした教示を与えられずに写真を注視する統制条件も設けられていた。参加者はそれぞれの刺激セットを見た後で感情状態を自己報告した。また10分間のディストラクター課題を間にはさみ，写真の再認課題と音声の再生課題にも従事した。

　その結果，弱感情刺激セットに対するネガティブ感情の程度には条件間の差

が認められなかったものの,強感情刺激セットに対し,認知的再評価条件は感情表出抑制条件や統制条件よりもネガティブ感情の程度を低く報告した。音声の再生課題においては,感情刺激セットの内容にかかわらず,表出抑制条件は統制条件よりも記憶の程度が低かった。一方,認知的再評価条件には記憶程度の低下は認められず,むしろ写真の再認課題において記憶の程度が高かった。これらの結果は,感情の表出を意識的に抑制するよりも,感情が生じる状況に対して認知的な再評価をするほうが感情制御に成功することを示している。また同時に,そうした認知的再評価方略のほうが感情抑制方略よりも必要とされる認知資源が少ない可能性を示唆している。

近年では,認知的再評価の神経基盤に関する研究もなされており,この方略が感情状態の変化を検出するプロセスと複雑な認知的プロセスの両方を含むことが明らかになった。そうした研究では,認知的再評価の際には扁桃体に加え,作動記憶や選択的注意に関連する脳部位や,言語や反応制御に関連する脳部位,モニタリングのコントロール過程に関連する脳部位,自分や他者の感情状態の省察に関連する脳部位の活動水準が高まることが示されている(Ochsner & Gross, 2008)。また実験参加者に感情的刺激を呈示し,認知的再評価課題と注視課題に従事させ,fMRIを用いて検討した場合には,認知的再評価をしている際には注視している際よりも,外側ならびに内側前頭前野の活動が大きく,扁桃体と内側眼窩前頭皮質の活動が小さかった(Ochsner et al., 2002)。この結果は,Richards & Gross(2000)の研究において,認知的再評価条件のほうが写真を注視した統制条件よりも主観的なネガティブ感情を低く報告したことと一貫し,また認知的再評価による感情制御過程が複雑な認知機能を必要とすることの証左となっている。

3. 非意識的な感情制御

これまで紹介した研究では,実験参加者に感情的刺激に対して認知的再評価をするよう教示を与え,その後の主観的感情や脳部位の活動について検討していた。これらは意識的・努力的な感情制御の形態であるが,近年では非意識的な感情制御に関する研究も進んでいる(Bargh & Williams, 2007;Mauss, Bunge & Gross, 2007;Koole, 2009)。こうした考え方は,他の自己制御の形態

(1) 意識的感情に対する制御

　非意識的な感情制御の可能性を示唆する実証研究としては，Forgas & Ciarrochi（2002）が行った実験があげられるだろう。研究では，まず記憶課題として，実験参加者にポジティブもしくはネガティブな出来事やそれに対する反応について記述させることで感情を導出した。次に特性語を書かせる課題（研究1）や形容詞の単語完成課題に従事させた。それらの単語のポジティブな程度もしくはネガティブな程度をコーディングしたところ，はじめは導出された感情状態と一致する反応が見られたが，時間の経過とともに感情とは不一致な反応へと移行していた。これは感情状態の導出を課題成績の偽フィードバックに変更し，自己描写課題に従事させ，その反応をコーディングした場合も同様であった（研究3）。Forgasらはこの結果に基づいて，感情状態は非意識的に制御されるとする感情管理仮説を提出している。

　また生理的指標を用いた研究でも，非意識的な感情制御の可能性が示唆されている。Mauss et al.（2006）は感情制御に対する実験参加者の潜在的評価を潜在連合テスト（Implicit Association Test：IAT, Greenwald et al., 1998）の手法を用いて測定し，実験を行っている。IATでは概念と属性間の潜在的な連合について測定することが可能である（その原理や具体的な手続きについては，潮村・小林，2004を参照）。

　研究では，概念刺激に感情制御関連語（たとえば「冷静な（cool）」）と感情表出関連語（たとえば「感情的な（emotional）」）を用い，属性としてポジティブ語（たとえば「良い（good）」）とネガティブ語（たとえば「悪い（bad）」）を用いて，概念と属性の組み合わせを4通りつくった。そしてそれぞれの連合の強度を測定することにより，実験参加者の感情制御に対する潜在評価を調べた（感情制御IAT）。

　実験参加者は平均して26日の間隔をあけて2回の実験セッションに参加した。1回目のセッションでは退屈な課題への従事を求められ，さらに実験者によって課題を数回中断されることで怒り感情を導出された。その後，参加者は主観的感情や思考，意識的な感情制御の程度について報告した。なお，参加者が課題に従事している様子は録画され，後で表情や行動についてコーディングされ

た。また参加者に装着された装置により，心血管反応が測定されていた。2回目のセッションでは，参加者の感情制御に対する潜在評価を感情制御IATによって測定した。このテストの得点が高いほど，感情制御に対してポジティブな潜在評価をしていることが示される。

参加者の主観的感情ならびに思考の報告や行動指標と，感情制御IAT得点の関連について検討したところ，感情制御IAT得点が高い人ほど怒り感情や怒り思考の報告が少なく，また意識的な感情制御の程度が低かった。さらに適応的な心血管反応を示していた。この結果は，感情制御に対するポジティブな評価により，怒り感情の制御が自動的に行われている可能性を示している。

また乱文構成課題によって感情制御もしくは感情表出語を閾上プライムした研究においても，感情制御プライム条件のほうが，感情表出プライム条件よりも，適応的な心血管反応を示した（Mauss, Cook & Gross, 2007）。この結果により，非意識的な感情制御が，感情制御概念の一時的な活性化によってもなされることが示された。

(2) 非意識的感情に対する制御

こうした非意識的な制御は，感情が主観的に経験されていない場合，すなわち非意識的感情に対してもなされる可能性がある。Zemack-Rugar et al. (2007) は，悲しみと罪悪感を取り上げてこのことについて検討した。先に述べたように，いずれの感情状態にある場合でも援助行動を促進することが示されている。ただし，悲しみを導出した研究（Isen & Simmonds, 1978）では援助課題が不快なものの時には援助行動が減少したのに対し，罪悪感を導出した研究（Estrada-Hollenbeck & Heatherton, 1998）では課題が不快な場合にも行動の抑制は見られていない。つまり，罪悪感を低減するため援助行動が取られる可能性が示唆される。この可能性を検討するため，実験では，まず参加者に視覚課題の名目で罪悪感もしくは悲しみ関連語を閾下呈示し，感情測度に回答させた。次に，退屈な課題に無報酬で参加してくれるよう依頼した。参加者は参加してもよいと思う時間を0～20分の間で回答した。すなわち援助行動への従事可能時間が問われたのである。最後に参加者は罪悪感の感じやすさ（guilt-proneness）を測定する個人差尺度にも回答した。

その後に何も予定がなく，援助行動に従事することが可能であった参加者の

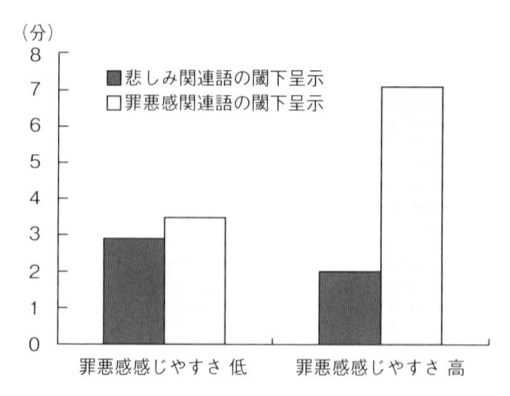

▶ 図5-2　援助行動に従事すると回答された時間（Zemack-Rugar et al., 2007より）
実験後の予定がなく，援助行動に従事することが可能であった条件のみ。

回答時間を比較したところ，罪悪感の感じやすさの個人差得点が低い参加者では感情の影響は認められなかった。しかしながら罪悪感の感じやすさが高い参加者では，悲しみ関連語を閾下呈示された時よりも罪悪感関連語を閾下呈示された時のほうが，より長い時間援助行動に従事すると回答していた。こうしたパターンは，関連語呈示から5分後に従事時間をたずねられた場合にも同様に認められた（図5-2）。この結果は，非意識的な感情により感情制御目標が非意識的に活性化したことを示すとともに，自己制御における感情制御の役割の重要性を示唆している。

(3) 非意識的感情制御のメカニズム

　感情制御が意識的・努力的に行われているばかりでなく，非意識的・自動的にも行われ得るということは，私たちの社会的生活にとって適応的な結果をもたらす。意識的感情制御の形態として取り上げた認知的再評価にしても，おそらく非意識的に遂行することが可能になっているだろう。たとえば出来事に対する認知的再解釈について検討したWilson et al.（2004）の研究では，課題の失敗というネガティブな出来事を経験した場合，実験参加者はその課題に対する評価を低め，失敗に対処した。この研究では，教示により参加者に認知的再解釈をするよう求めてはいない。しかし参加者は，非意図的な認知的過程に従事したのである。

　また，感情改善のため，ネガティブ感情を生じさせると予期される刺激への

注意を回避することも，非意識的に行われる可能性がある。たとえば，社会的メッセージの情報処理を検討した田中（2004）では，実験参加者にポジティブもしくはネガティブな感情を生じさせる広告表現に続けて共通のメッセージを呈示し，そのメッセージに対する記憶再生課題に回答させた。その結果，メッセージの再生はネガティブ感情状態にある場合のほうが低かった。参加者はネガティブな感情の予期がある対象の処理を非意識的に回避したと考えられる。

　なお，上記の研究は感情の予期が私たちの認知処理に影響を与える可能性を示唆しているが，近年の研究ではこのような感情予測からの感情制御，すなわち望ましくない感情を予期し，その状況を避ける感情制御の形態についても検討されている。たとえば，私たちは何か意思決定する際，ある選択肢を取ればどのような思いを後でするのか予測する。もしかしたらそれを選ぶことによって後悔するのでは，と考えるのである。こうした意思決定の前に予期される後悔を Zeelenberg は予期後悔（anticipated regret）と呼び（Zeelenberg, 1999），その予期感情の制御について論じている（Zeelenberg & Pieters, 2007）。2 節で紹介したギャンブル課題の実験結果（Bechara et al., 1997）も，選択肢（引くカード）の結果に対して非意識的な感情予期が生じ，さらにその感情が非意識的に制御されているととらえることが可能である。

　それでは，なぜ感情制御は非意識的にも行われるのだろうか。この問いに対しては，自動的な感情均衡のメカニズムが存在する（Bargh & Williams, 2007）と考えるべきであろう。こうしたメカニズムは，身体システムにおけるホメオスタシス（恒常性）のように，感情システムにも備わっている性質なのかもしれない。また，非意識的感情制御のなかには，不適切な影響を社会的行動に対して及ぼす感情反応に対して，意識的で努力的な制御を繰り返すことで可能になったものもあるかもしれない。

　なお本章では区別して論じたが，意識的感情制御と非意識的感情制御は，他の身体活動や態度，目標遂行における意識性と非意識性と同様，連続体上でとらえられるべきものであろう。また両者が並列して感情に対して影響を与えている可能性もあるだろう。この点に関しては今後さらに検討する必要性がある。

4節　感情価と感情制御

　これまで紹介した感情制御研究では，おもにネガティブ感情の改善やポジティブ感情の低減に関して検討してきた。しかしながら，こうした感情制御の方向は，感情と認知方略に対するWegener et al.（1995）の快楽随伴説とは一貫しない。Isen（1984）は，ネガティブな感情状態にあると，人はポジティブな情報に接する機会やポジティブな感情をもたらすような行動遂行を通じて感情を制御すると考えた。またポジティブな感情状態にあると，認知的な処理を回避することで感情状態の維持をはかろうとすると論じた。Wegenerらはさらにこの理論を進展させ，ポジティブな感情状態にある場合でも，認知的処理によって感情維持や感情の促進が約束されるならば，認知的処理が取られると主張している。

　Wegener & Petty（1994）の研究では，喜び感情もしくは悲しみ感情を導出した実験参加者とニュートラルな感情状態にある参加者にビデオテープのリストを呈示し，見たい順番をつけるよう求めた。その際，ビデオテープの説明として，すでにそれらを視聴した人々の感想を呈示した。その内容は，好みに合ったか，喜びを感じたか，おもしろかったか，という3つの次元に対する数値データであった。テープの順位づけの結果から各次元に対する実験参加者の重みづけについて検討したところ，喜び感情条件の参加者のほうが，悲しみ感情条件やニュートラル感情条件の参加者よりも，喜びを感じるという次元に基づいてテープを選択したことが示された。このことは，喜び感情が生じている場合，人は活動の感情的な質に基づいて活動選択を行うためと考察された。

　この研究知見は，ポジティブな感情状態にある場合，人がその感情状態を維持しようと動機づけられることを示している。Wegener et al.（1995）はこの結果をもとに，感情状態が説得メッセージ処理に及ぼす影響についても検討し，呈示される説得メッセージがポジティブ感情をもたらすような場合には，喜び感情状態にある実験参加者も，悲しみ感情状態にある参加者同様，メッセージに対して精緻な処理をすることを明らかにしている。

　しかしながら，実証研究においてこうしたポジティブ感情維持の効果が認め

られることは少ないようである。たとえば，感情状態と広告商品に対する評価について検討した北村ら（1994）の研究では，ネガティブ感情を導出された実験参加者は明るいイメージ広告の商品に対して高い購買意欲を報告したが，ポジティブ感情を導出された参加者は，暗いイメージ広告の商品に対しても購買意欲が高かった。感情状態と広告メッセージの処理について検討した田中（2004）においても，ネガティブ感情にある場合の感情改善のはたらきは示されたものの，ポジティブ感情維持については明確な証拠が認められていない。また非意識的な感情制御のはたらきについて検討した田中ら（2008）の研究では，ネガティブ感情を導出された実験参加者は，ポジティブ感情やニュートラル感情が非意識的に予期される刺激を高く評価したが，ポジティブ感情を導出された参加者ではそうした効果が見られなかった。ネガティブ感情改善のはたらきは頑健に認められるものの，ポジティブ感情維持のはたらきは限定的に見られるのかもしれない。

　それでは，なぜこのように，生じた感情の感情価（valence）によって，感情制御のはたらきが異なるのであろうか。その理由は，ポジティブ感情時における感情維持という目標遂行の強さが，ネガティブ感情時における感情改善の目標遂行の強さよりも小さいためかもしれない。ネガティブな感情が生じると，とにかくそうした感情を改善することが火急の課題となる。その結果，人は感情を生じさせた原因をつきとめようと状況を注意深く分析したり，感情状態を改善させるような刺激に注意を向けたり，活動に従事したりする。ポジティブな感情が生じている場合も，もちろんその感情を維持しておくことは望ましい。しかし，もし，より重要な目標があれば，それを遂行することも可能である。そしてその重要目標を遂行することによって，一時的にポジティブ感情が低減したとしても，ポジティブ感情時にはそれを許せるだけのバッファ（緩衝）があるのかもしれない。すなわち，ネガティブ感情が生じた場合には感情制御が目標とされるのに対し，ポジティブ感情が生じている場合には，その低減という短期コストを超えて，より高次な目標に対する自己制御が志向されるのだろう。このことを Trope らはポジティブ感情が目標遂行における資源としてはたらくと説明した（Trope & Neter, 1994；Trope et al., 2006）。

　この可能性を示唆する実証研究として，Gervey et al.（2005）の実験があげ

られる。まずポジティブな出来事を思い出す記憶課題もしくはニュートラルな課題に実験参加者を従事させた。次にパーソナリティテストの回答をフィードバックすると教示し,長所と短所に関する偽りの情報を同数ずつ呈示した。その際,「自分を向上させるために自己認識すること(学習動機)」もしくは「気分を良くすること(感情動機)」のいずれかの目標を教示によって操作した。長所と短所のフィードバック後,さらに続けてそれぞれの情報を見ることに対してどのくらい興味があるかをたずねた。その結果,いずれの感情条件においても学習動機が活性化している場合には,短所のフィードバックを長所のフィードバックよりも興味深いと回答し,感情動機が活性化している場合には,長所のフィードバックを短所のフィードバックよりも興味深いと回答していた。しかしながら,こうした効果はポジティブ感情条件においてより強かったのである(図5-3)。この結果は,ポジティブ感情がその時に重要な目標遂行を促進させる可能性を示唆している。ただしネガティブな感情状態にある場合については未検討であり,今後の課題であろう。

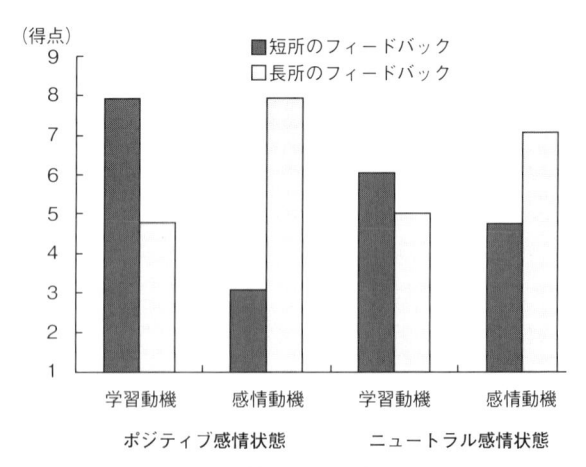

▶ 図5-3　フィードバックに対する興味得点(Gervey et al., 2005より)
得点が高いほど,フィードバックに対する興味が高いことを示す。

5節　おわりに

　本章ではおもに，感情ならびに感情制御が私たちの行動，とりわけ社会的行動に対してどのような適応的役割を果たしているのかを概観した。一見すると，私たちの行動や意思決定に不合理な影響を及ぼすと思われる感情であるが，実は感情によって，私たちは適切な方向へ導かれているのかもしれない。

　こうした考え方は，近年の意思決定に関する議論や行動経済学の発展のなかに見ることができる（たとえば，De Cremer et al., 2006；Vohs et al., 2007；友野，2006）。その一方で，感情の影響力を用いた巧妙なマーケティング活動によって，私たちの行動が操作されている危険性も指摘されている（下條，2008）。

　社会生活においては，感情の制御が必要となる状況もある。そのような時，私たちは生じた感情に対して，意識的また時として非意識的に，能動的な対処を講じている。感情制御の非意識性に関する研究は始まったばかりであり，今後さらなる発展が期待される。なお，感情制御が他者との関わりにおいて重要なことは確かであるが，感情を過度に，もしくは長期間にわたって制御することは，ストレスを高め，心身に良くない影響を及ぼす可能性もある。

　1990年代に感情知能（emotional intelligence）という概念が注目され，その後さまざまな研究がなされてきた。感情知能は，感情を知覚し，表現し，理解し，管理する能力と定義される（Mayer et al., 2000）。こうした能力は，私たちが日常の出来事を理解することや，その結果に適応すること，さらに出来事からどのような結果を導くかということに影響を与えているという（Ciarrochi et al., 2001）。感情知能は私たちにもともと備わっている能力であり，また社会生活において向上可能な知性であろう。もしかしたらその具体的な方法は，感情と感情制御の非意識的側面，ならびに意識的側面に対する研究によって今後明らかにされていくのかもしれない。

第1部 基礎と理論

文 献

Bargh, J. A., & Williams, L. E. 2007 The nonconscious regulation of emotion. In J. J. Gross (Ed.), Handbook of emotion regulation. New York: Guilford Press. Pp.429-445.

Bechara, A., Damasio, H., Tranel, D., & Damasio, A. R. 1997 Deciding advantageously before knowing the advantageous strategy. Science, **275**, 1293-1295.

Carver, C. S., & Scheier, M. F. 1998 On the self regulation of behavior. New York: Cambridge University Press.

Ciarrochi, J., Chan, A., Caputi, P., & Roberts, R. 2001 Measuring emotional intelligence. In J. Ciarrochi, J. P. Forgas & J. D. Mayer (Eds.), Emotional intelligence in everyday life: A scientific inquiry. NewYork: Psychology Press. Pp.25-45.

Damasio, A. R. 1994 Descartes' error: Emotion, reason, and the human brain. New York: Grosset/Putnam. 田中三彦（訳） 2000 生存する脳―心と脳と身体の神秘― 講談社

De Cremer, D., Zeelenberg, M., & Murnighan, J. K. 2006 Social psychology and economics. Mahwah: Lawrence Erlbaum Associates.

Ekman, P. 1992 An argument for basic emotions. Cognition and Emotion, **6**, 169-200.

遠藤利彦 2001 喜怒哀楽を感じる・喜怒哀楽を表わす―情動の心理学― 山口裕幸（編） 心理学リーディングス―素朴だけど不思議な日々の出来事と人間心理― ナカニシヤ出版 Pp.19-50.

遠藤利彦 2007 感情の機能を探る 藤田和生（編） 感情科学 京都大学学術出版会 Pp.3-34.

Erber, R., Wegner, D. M., & Therriault, N. 1996 On being cool and collected: Mood regulation in anticipation of social interaction. Journal of Personality and Social Psychology, **70**, 757-766.

Estrada-Hollenbeck, M., & Heatherton, T. F. 1998 Avoiding and alleviating guilt through prosocial behavior. In J. Bybee (Ed.), Guilt and children. San Diego: Academic Press. Pp.215-231.

Forgas, J. P. 1995 Mood and judgment: The affect infusion model (AIM). Psychological Bulletin, **117**, 39-66.

Forgas, J. P. 1998 On feeling good and getting your way: Mood effects on negotiator cognition and bargaining strategies. Journal of Personality and Social Psychology, **74**, 565-577.

Forgas, J. P. 2002 Feeling and doing: Affective influences on interpersonal behavior. Psychological Inquiry, **13**, 1-28.

Forgas, J. P., & Ciarrochi, J. V. 2002 On managing moods: Evidence for the role of homeostatic cognitive strategies in affect regulation. Personality and Social Psychology Bulletin, **28**, 336-345.

Forgas, J. P., & Laham, S. M. 2005 The interaction between affect and motivation in social judgments and behavior. In J. P. Forgas, K. D. Williams & S. M. Laham (Eds.), Social motivation: Conscious and unconscious processes. New York: Cambridge University Press. Pp.168-193.

Gervey, B., Igou, E. R., & Trope, Y. 2005 Positive mood and future-oriented self-evaluation. Motivation and Emotion, **29**, 269-296.

Greenwald, A. G., McGhee, D. E., & Schwartz, J. L. K. 1998 Measuring individual differences in implicit cognition: The implicit association test. Journal of Personality and Social Psychology, **74**, 1464-1480.

Gross, J. J. 1998 The emerging field of emotion regulation: An integrative view. Review of General Psychology, **2**, 271-299.

Gross, J. J. 1999 Emotion regulation: Past, present, future. Cognition and Emotion, **13**, 551-573.

Isen, A. M. 1984 Toward understanding the role of affect in cognition. In R. S. Wyer & T. K. Srull (Eds.), Handbook of social cognition. Vol. 3. Hillsdale: Lawrence Erlbaum Associates. Pp.179-236.

Isen, A. M., & Simmonds, S. F. 1978 The effect of feeling good on helping task that is incompatible with good mood. Social Psychology, **41**, 346-349.

板倉昭二　2007　乳幼児における感情の発達　藤田和生（編）　感情科学　京都大学学術出版会　Pp. 113-141.

Keltner, D., & Haidt, J.　1999　Social functions of emotion at four levels of analysis. *Cognition and Emotion*, **13**, 505-521.

北村英哉・沼崎　誠・工藤恵理子　1994　広告接触時の感情及び広告のスタイルと感情価が広告効果に及ぼす影響　日本社会心理学会第35回大会発表論文集, 440-441.

Koole, S. L.　2009　The psychology of emotion regulation: An integrative review. *Cognition and Emotion*, **23**, 4 -41.

Larsen, R. J., & Prizmic, Z.　2004　Affect regulation. In R. F. Baumeister & K. D. Vohs（Eds.）, *Handbook of self-regulation: Research, theory, and applications*. New York: Guilford Press. Pp.40-61.

LeDoux, J. E.　1996　*The emotional brain: The mysterious underpinnings of emotional life*. New York: Simon and Schuster. 松本　元・川村光毅・小幡邦彦・石塚典生・湯浅茂樹（訳）　2003　エモーショナル・ブレイン—情動の脳科学—　東京大学出版会

Lewis, M.　1993　The emergence of human emotions. In M. Lewis & J. M. Haviland（Eds.）, *Handbook of emotions*. New York: Guilford Press. Pp.223-235.

Mauss, I. B., Bunge, S. A., & Gross, J. J.　2007　Automatic emotion regulation. *Social and Personality Psychology Compass*, **1**, 146-167.

Mauss, I. B., Cook, C. L., & Gross, J. J.　2007　Automatic emotion regulation during anger provocation. *Journal of Experimental Social Psychology*, **43**, 698-711.

Mauss, I. B., Evers, C., Wilhelm, F. H., & Gross, J. J.　2006　How to bite your tongue without blowing your top: Implicit evaluation of emotion regulation predicts affective responding to anger provocation. *Personality and Social Psychology Bulletin*, **32**, 589-602.

Mayer, J. D., Caruso, D. R., & Salovey, P.　2000　Selecting a measure of emotional intelligence: The case for ability scales. In R. Bar-On & J. D. A. Parker(Eds.), *The handbook of emotional intelligence:Theory, development, assessment, and application at home, school, and in the workplace*. San Francisco: Jossey-Bass. Pp.320-342.

Morris, J. S., Öhman, A., & Dolan, R. J.　1998　Conscious and unconscious emotional learning in the human amygdala. *Nature*, **393**, 467-470.

Ochsner, K. N., Bunge, S. A., Gross, J. J., & Gabrieli, J, D. E.　2002　Rethinking feelings: An fMRI study of the cognitive regulation of emotion. *Journal of Cognitive Neuroscience*, **14**, 1215-1229.

Ochsner, K. N., & Gross, J. J.　2008　Cognitive emotion regulation: Insights from social cognitive and affective neuroscience. *Current Directions in Psychological Science*, **17**, 153-158.

Parkinson, B., & Totterdell, P.　1999　Classifying affect-regulation strategies. *Cognition and Emotion*, **13**, 277-303.

Richards, J. M., & Gross, J. J.　2000　Emotion regulation and memory: The cognitive costs of keeping one's cool. *Journal of Personality and Social Psychology*, **79**, 410-424.

Russell, J. A.　2003　Core affect and psychological construction of emotion. *Psychological Review*, **110**, 145 -172.

Schwarz, N.　1990　Feelings as information: Informational and motivational functions of affective states. In E. T. Higgins & R. M. Sorrentino（Eds.）, *Handbook of motivation and cognition: Foundations of social behavior*. Vol.2. New York: Guilford Press. Pp.527-561.

下條信輔　2008　サブリミナル・インパクト—情動と潜在認知の現代—　筑摩書房

潮村公弘・小林知博　2004　潜在的認知　大島　尚・北村英哉（編著）　認知の社会心理学　北樹出版　Pp.54-71.

田村　亮・亀田達也　2007　恐怖感情は伝染するか？—選択的注意配分による検討—　感情心理学研

究, **14**, 64-70.
田中知恵 2004 関連感情がメッセージの精緻化に及ぼす影響―印刷媒体広告を用いた情報処理方略の検討― 社会心理学研究, **20**, 1 -16.
田中知恵・村田光二・藤島喜嗣 2008 非意識的な感情の予期がメッセージ処理に及ぼす影響 日本心理学会第72回大会発表論文集, 97.
戸田正直 1992 感情―人を動かしている適応プログラム― 東京大学出版会
友野典男 2006 行動経済学―経済は「感情」で動いている― 光文社
Trope, Y., Igou, E. R., & Burke, C. T. 2006 Mood as a resource in structuring goal persuit. In J. P. Forgas (Ed.), *Affect in social thinking and behavior.* New York: Psychology Press. Pp.217-234.
Trope, Y., & Neter, E. 1994 Reconciling competing motives in self-evaluation: The role of self-control in feedback seeking. *Journal of Personality and Social Psychology*, **66**, 646-657.
Vohs, K. D., Baumeister, R. F., & Lowenstein, G. 2007 *Do emotions help or hurt decision making?: A hedgefoxian perspective.* New York: Russell Sage Foundation.
Wegener, D. T., & Petty, R. E. 1994 Mood management across affective states: The hedonic contingency hypothesis. *Journal of Personality and Social Psychology*, **66**, 1034-1048.
Wegener, D. T., Petty, R. E., & Smith, S. M. 1995 Positive mood can increase or decrease message scrutiny: The hedonic contingency view of mood and message processing. *Journal of Personality and Social Psychology*, **69**, 5 -15.
Wilson, T. D. 2002 *Strangers to ourselves: Discovering the adaptive unconscious.* Cambridge: Harvard University Press. 村田光二（監訳） 2005 自分を知り、自分を変える―適応的無意識の心理学― 新曜社
Wilson, T. D., Wheatley, Y., Kurz, J., Dunn, E., & Gilbert, D. T. 2004 When to fire: Anticipatory versus postevent reconstrual of uncontrollable events. *Personality and Social Psychology Bulletin*, **30**, 340-351.
Winkielman, P., Berridge, K. C., & Wilbarger, J. L. 2005 Unconscious affective reactions to masked happy versus angry faces influence consumption behavior and judgments of value. *Personality and Social Psychology Bulletin*, **31**, 121-135.
Zeelenberg, M. 1999 Anticipated regret, expected feedback and behavioral decision making. *Journal of Behavioral Decision Making*, **12**, 93-106.
Zeelenberg, M., & Pieters, R. 2007 A theory of regret regulation1.0. *Journal of Consumer Psychology*, **17**, 3 -18.
Zemack-Rugar, Y., Bettman, J. R., & Fitzsimons, G. J. 2007 The effects of nonconsciously primig emotion concepts on behavior. *Journal or Personality and Social Psychology*, **93**, 927-939.

第6章

感情予測

村田光二

1節 はじめに

　人は未来について想像する。社会的認知研究者のGilbert（2006）は「唯一，人間という動物だけが未来について考える」と宣言している。記憶研究者のSchacter et al.（2007）は，「人は未来を想像するために，過去を思い出す」と述べている。

　では，未来の何について想像するのだろうか。予定表を作成する場面で考えてみよう。来週の火曜の午後にゼミの発表がある。金曜の夜は彼女とデートで夜景の見えるレストランに出かける。こういった想像の中味はたいてい出来事（エピソード）である。まだ起こっていない出来事を，過去の出来事から類推して頭の中に築き上げる。そのなかには自分だけではなく，ゼミのメンバーだったり，つきあっている彼女だったり，他の人も登場することがある。そして，その出来事は，何らかの感情の色合いを帯びていないだろうか。「先輩から，批判やダメ出しがあったら，嫌だな」とか，「彼女と，とても楽しい時間を過ごせるだろう」など，不安やトキメキといった感情が伴っているのではないだろうか。

　本章では，自分に生じるであろう未来の感情の予測について，近年の心理学の研究成果を紹介する。あわせて，その予測につきものの誤りやバイアスについて論じたい。そのうえで，意思決定や動機づけ，社会的行動の生成に果たす感情予測の役割についても紹介したい。これらは比較的新しい研究領域で，ポジティブ心理学（たとえば，大石，2009；島井，2006）や行動経済学（たとえ

ば，Ariely, 2008；友野，2006）の研究が盛んになった一翼を担いながら，最近になって注目を集め始めている。

　未来に向けて，私たちは夢や希望を抱く。それらは，私たちが前向きに生きていくうえで欠かせない伴侶であろう。夢にはポジティブな感情が伴っていて，私たちを未来に向かって動機づけるのではないだろうか。そして，人生の新しい段階に入る時に，私たちは期待と不安を感じ，期待通りになるように心がけ，不安が暗示するネガティブ経験を避けるよう行動を調整するだろう。こういった場面に伴う認知－感情過程の近年の研究成果をここでは展望したい。

2節　感情予測の正確さと誤り

1．感情予測の4つの要素と正確さ

　感情予測には4つの要素が考えられる（Wilson & Gilbert, 2003）。まず第1は，感情そのものの重要な要素でもある，感情価（valence）の予測である。一般に，未来の出来事が好ましければポジティブ感情を，嫌なことであればネガティブ感情を予測するだろう。この正か負かの感情価の予測は，比較的たやすく正確である。好ましいことが起きるように心がけ，嫌なことを避けるためにもこの予測が必要だろう。

　どんな内容の感情なのか，感情の種類の予測が第2の要素である。特に，ネガティブ感情にはさまざまな種類が考えられ，怒り，恐れ，嫌悪，悲しみなどのうちどれが生じるのか，しばしば予測が必要なことがある。この予測は，たいていの場合かなり正確だと考えられる。たとえば，山で熊に出会ったらどう感じるかは明白だろう。親しい人が亡くなったとしたら，あるいはだれかに食べ物を横取りされたとしたら，どんな感情が生じるのか特定できるだろう。

　しかし，複雑な社会関係を背景とした出来事では，必ずしも明白でないことがある。たとえば, Woodzicka & LaFrance（2001）は，就職活動中に面接でセクハラに値する質問をされた時に，どんなふうに感じるかを学生にたずねた。シナリオ場面を想像させた時の回答は,「怒り」を感じる人のほうが「不安」を感じる人よりも多かった。しかし，実際と同様な場面で実験を受けた時には,

「怒り」を感じる人よりも「不安」を感じる人のほうがむしろ多かったのである。場面を想像しただけの人は，面接する側のほうが強い勢力を持つという就職面接における力関係の影響力を見落としたために，感情の種類の予測を誤ったと考えられる。このように，複雑な社会的状況における感情反応は，その種類の予測が正確でないことがある。うれしいと同時に悲しいといった感情が混合した場合や，「羞恥心」「罪悪感」あるいは「誇り」といった自己意識感情の予測は難しいだろう。

第3と第4の要素は，感情を生み出す出来事の影響力に関するもので，感情経験の強度(intensity)と持続性(durability)の予測である。強度は出来事が起きた直後の感情反応の強さを示し，持続性はそれが持続する期間の長さを示す。

Buheler & McFarland（2001）は，感情予測の強度バイアスを検討した。彼らは，カナダの大学生を対象にして，授業中に成績評価に関する質問紙調査を実施した。そのなかで，授業の成績を予想させ，その成績を取ったとわかった時の感情反応を予測させた。ポジティブな感情語（例：幸福な，誇らしい）とネガティブな感情語（例：悲しい，がっかりした）にそれぞれ9件法であてはまる程度を回答させたのである。次に，もし予想成績よりも1段階悪い成績だったことがわかった直後に，どう感じるのか同じ尺度で予測させた。さらに，もし予想成績よりも1段階良い成績だったとしたら，その直後にはどう感じるのか予測させた。そして，実際に成績評価を得た時に事後調査を実施して，その時の実際の感情反応も測定した。その結果，①成績が予想より1段階良かった学生，②予想通りだった学生，③予想より1段階悪かった学生に区分して，対応する事前調査のデータをあわせて分析すると，次のことがわかった。①の予想より良い成績だった学生では，予測のほうが実際よりもポジティブ方向に感情を予測したことが認められた。他方で，③の予想より悪い成績だった学生では，予測のほうが実際よりもネガティブ方向に感情を予測したことも認められた。すなわち，出来事のポジティブあるいはネガティブに応じて，その方向に極端な予測をしていたことが示されたのである。②の予想通りの成績だった学生では，予測と実際との間に有意差がなかった。このように，ポジティブ感情でもネガティブ感情でも，感情強度の予測が実際よりも極端になるというバイアスが認められた。

他方で,持続期間の予測を直接たずねることは難しい。たとえば,Wilson et al.（2000）では,幸福感の程度について出来事が起きた日から3日後までの4時点分を予測させて,日常の幸福感との差を指標としてその持続性を図示している（3節を参照）。Finkenauer et al.（2007）も,試験に合格した場合と不合格の場合の感情反応を直後から5日後まで日ごとに予測させた。また,実際に経験した感情反応についても同じ期間を調べた。その結果,時を追って感情反応が減少することは予測できたが,最初の1～2日の間に一気に減少が生じることを予測できなかったことが示された。このように,感情反応の持続（や減少）を検討することは可能であるが,ある出来事に伴った感情反応が消滅する時を直接予測させるのは困難であり,信頼できる測度とすることは難しい。強度と持続性は概念的に区別可能であるが,どちらも感情反応を生み出した出来事の影響力を示し,工夫して測定しても相関の程度が高いので,実際には両者をまとめて問題にすることが多い。

両者の一般的関係について,Wilson & Gilbert（2003）は図6-1のように表している。このように,強度バイアスと持続性バイアスは,あわせてインパクト（影響力）バイアス（3節を参照）として検討されることが多くなったのである。なお,感情予測の正確さとバイアスの検討は,ある経験の後に自己報告された感情と,その経験を予測して自己報告尺度に回答した感情との一致や

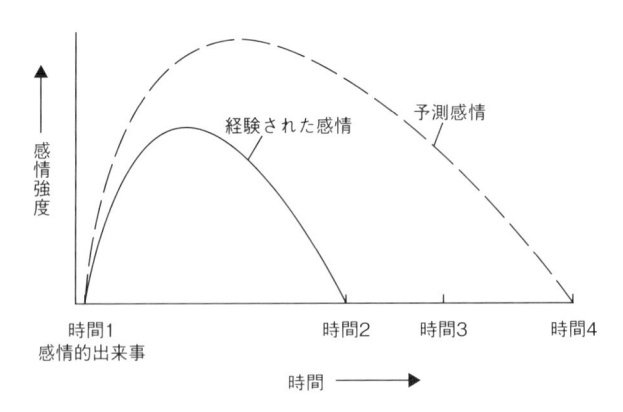

▶ 図6-1　時間経過に伴う予測された感情と経験された感情の模式図
（Wilson & Gilbert, 2003, p.350）

ズレの程度を問題にしている。感情の自己報告の妥当性と信頼性についてはしばしば疑問が示されるが，ポジティブ－ネガティブの感情価の程度を検討する場合には充分利用可能な水準にあると考えられる。

2．感情予測の誤りの源泉

人生には予想しなかった出来事がしばしば生じるし，天気予報が必ずしもあてにならないことはだれでも経験している。出来事の予測内容と実際が異なるのと同じように，その時の感情予測にもしばしば誤りが生じる。ここでは，感情予測の誤りを生み出す一般的源泉のタイプについて，最近の議論を紹介する。

私たちは，現在の出来事の心的表象を知覚という形で保持できる。過去の出来事の心的表象が記憶である。同様に，予測は未来の出来事の心的表象だと考えられる。出来事の心的表象は，焦点となる対象だけでなく，それがおかれた空間的，社会的文脈も含んでいるし，時間的文脈も含んでいるだろう。未来を予測することは，単なる特定の出来事の想像だけでなく，それを含む状況を経験することの想像であり，事前に経験をシミュレーションすることといってもよいかもしれない。あるいは，「メンタルタイムトラベル」をすることだという研究者もいる（Dunn & Laham, 2006）。私たちは，たとえば歯医者で治療を受けていることを想像する時，その想像のなかで前もって痛みや不快感を感じることができるだろう。この想像のなかで引き起こされた感情経験の知覚が，感情予測である。

現実の感情経験は，その時点の出来事の知覚と，経験時の文脈要因の影響を受ける。同様に，感情予測は未来の出来事の想像と，想像時の文脈要因の影響を受ける。想像した出来事と現実の出来事が違った時，あるいは想像時と経験時の文脈要因が重要な点で異なる時に，感情予測には誤りが生じるだろう。Gilbert & Wilson（2007, 2009）はこの誤りを，相互に関連のある以下の5つのタイプに類型化している。

（1）想像した出来事が代表的でないことに基づく誤り

未来の出来事を想像する場合に役立つのは，記憶されている過去の出来事の表象である（Schacter et al., 2007）。記憶には多数の過去の出来事が貯えられているが，未来を想像する時にどれを想起して利用するのだろうか。私たちは，

典型的でありふれた経験よりも，最悪あるいは最高の経験を例として使用しやすいことが知られている。

たとえば，Morewedge et al.（2005）は，駅で電車を待っている乗客に，電車に乗り遅れた経験を想起してもらう実験を行った。経験の想起には，①自由に1つの経験を想起してもらう条件，②最悪の経験を1つ想起してもらう条件，③電車を逃したさまざまな経験から3つを想起してもらう条件，という3種類の条件があった。そして，想起した経験の幸福度を数直線上で評定してもらった。また，「今日電車に乗り遅れたとしたらどう感じるか」を予測してもらった。その結果，①の自由想起条件（$M = 18$，M は100点換算の幸福度）では，②の最悪想起条件（$M = 16$）と同程度に不幸であると評定された。他方，③の複数想起条件ではおよそ中立的な幸福度が評定された（$M = 42$）。ところが，未来の出来事の感情予測では，①の自由想起条件だけが有意に幸福度を低く評定して（$M = 24$），②の最悪想起条件（$M = 36$）と③の複数想起条件（$M = 38$）ではそれよりも高い幸福度を評定した。同様の結果は，スポーツゲームの勝利を予想するポジティブ経験の場面でも再現された。このように，感情予測の基礎となる過去経験を想起する時，私たちは最も特別な例を思い出しやすい。最悪想起条件では，そのことに気づいた時には予測を穏やかな方向に修正できるが，そうでない日常の多くの場面では，自由想起条件のように，想起された典型的でない例を基に予測してしまいやすいのだろう。

（2）想像した出来事が核心部分に焦点化していることに基づく誤り

私たちは出来事の核心部分を想像することができるが，それに付随する本質的でない部分を想像することはあまりない。付随的な要素まで出来事の想像に組み入れることは，私たちの認知的な負担が大きくなりすぎるのかもしれない。しかし，現実の出来事では，核心部分の影響力が決定的でないことも多く，付随的な部分が感情反応にむしろ逆方向に影響することもしばしばある。

Schkade & Kahneman（1998）は，こういった核心部分への焦点化が生活満足感や幸福度の判断を歪めることがあると考えて，「カリフォルニアに住むと幸せになる」という俗説が流布する原因に関して次の研究を行った。彼らは，中西部の大学生とカリフォルニアの大学生それぞれ1000名程度を対象に，生活全体およびさまざまな側面についての満足度，各側面の重要度に関する質問紙

調査を実施した。この調査には条件が設定され，自分について答える場合と，カリフォルニアの（他の）学生あるいは中西部の（他の）学生を推測して答える場合があった。その結果，自分の生活満足度には両地域の学生間で差は認められなかった。しかし，他の学生を推測させた条件では，どちらの地域の学生でも，カリフォルニアの学生のほうが中西部の学生よりも生活満足度が高いと推定したのである。また，この推定はカリフォルニアの気候が良いという認知に媒介されていることも示された。つまり，カリフォルニアに住むと，気候がとても良い（ことに目がとらわれる）ので，幸せになると思いやすいのであった。しかし，実際はそれ以外のさまざまな要因が満足度に影響を与えていて，そういった事実はなかったのである。簡単に観察でき，他と明確に区別できる違いに焦点を当てて判断する誤りを，彼らは「焦点化の錯覚（focusing illusion）」と呼んでいる。この錯覚は「お金持ちは幸せである」といった俗説の原因でもあるだろう（Kahneman et al., 2006）。

（3）想像した出来事が簡略化されていることに基づく誤り

　焦点化の問題と重なっているが，出来事の時間的展開についても短い時点に簡略化されて想像されやすい。「終わりよければ，すべてよし」ということわざに示されているように，一連の出来事の最後の部分は特に重要である。もし，出来事を簡略化して特定の時点を想像した時には，典型的な場合や平均よりも極端な感情反応を予測しやすくなるだろう。

　Kahneman et al. (1993) は，冷水に手を浸した時の痛みの経験を対象にしてこの問題を検討した。彼らは，実験参加者の学生に，短時間試行では14度の水に60秒間片方の手を浸すことを求めた。長時間試行では，他方の手を14度の水に60秒間浸した後に，続けて30秒間少しずつ温くなって15度に達する水に浸すことを求めた。参加者は，手を浸している間の不快感を，専用の測定器具に連続的に回答した。また，終了後には，どちらの試行がより不快だったか等について質問紙に回答した。長時間試行は短時間試行に，30秒間のそれだけ見れば不快な経験を加えたものなので，不快感の総量は大きいと考えられる。ところがその結果，長時間試行のほうが全体として不快ではなかったと回答されたとともに，32人名22名が「もし繰り返すのなら長時間試行を選びたい」と答えたのである。このように，最後の30秒間で不快感が相対的に緩和されると，全

体経験の想像に影響を及ぼして，むしろ長時間試行のほうが好ましく評価されることが示された。

　過去の出来事は，映画のように動きや流れを伴ったものとしてではなく，スナップ写真のようにある時点が切り取られた形で表象されやすいのだろう。その結果，感情反応の一番強いところや，出来事の最後の時点が想起されやすくなり，感情反応の予測に利用されると考えられる。Kahneman（1999）は，出来事全体が絶頂期（最良または最悪の状態）や終末期に簡略化されて想起される傾向を，「ピークとエンド（peak-end）の規則」と呼んでいる。

（4）想像した出来事が比較されることに基づく誤り

　私たちは，感情を揺さぶられるような出来事を同時に2つ経験することはまずないだろう。ところが，出来事を想像する時には，他の同種の出来事も想像して，両者を比べながら考えることが多い。たとえば商品の選択場面では，いくつか並んでいる物を比較考慮する。その商品を使用した時の感情も，比較したうえで予測されやすいだろう。比較の結果，他の選択肢との差異が強調されて（対比効果が生じて），予測が現実と隔たる可能性がある。Hsee & Zhang（2004）は，このように考えて，合同評価の時に誤った予測をしやすい傾向を「識別（distinction）バイアス」と呼んだ。

　彼らの研究1では，自分が創作した詩の本が一定の冊数売れた場面を想像してもらった。合同評価（joint evaluation）の条件では，0冊，80冊，160冊，240冊が売れた場面を想像して，幸せの程度をそれぞれ回答させた（9件法）。また，単独評価（separate evaluation）の条件では，いずれか1種類の冊数だけ売れた場面を想像して幸せの程度を回答させた。その結果，単独評価条件では0冊の時は不幸せであったが（$M=2.18$），80冊以上の時はいずれも幸せであり（順に，$M=7.12$，7.57，7.86），条件間に有意差が認められなかった。他方，合同評価条件では，冊数の増加に伴って，幸福度は単調に増加したのである（$M=1.66$，3.34，6.26，8.54）。研究2では，合同・単独評価による予測を行わせる条件に，実際に経験させて評価させる条件も含めて実験を行った。ここでは，ネガティブあるいはポジティブな言葉を10語，または25語読む課題を用いた。実際の経験に基づく幸福度の評価は，語数の条件には左右されず10語でも25語でも同じであって，ポジティブ語かネガティブ語かの条件のみに影

響された。単独評価による予測の条件もほぼこれに対応する結果であった。他方で、合同評価による予測条件では、感情価による差だけでなく、語数による有意差も認められ、25語のほうが10語よりも幸福度のポジティブさ、あるいはネガティブさが強く予想された。予測に際していくつかの可能性や選択肢を私たちが想像しやすいとすれば、実際にはほとんど影響しない数量的差異を識別して、出来事が及ぼす感情的影響を過大に評価しやすいだろう。

（5）文脈要因が時によって変わることに基づく誤り

　感情予測は、未来の出来事についての予測であるが、現在の文脈の影響を受ける。しかし、実際に生じる感情は、未来の文脈要因から影響を受けている。

　たとえば、Gilbert et al.（2002）の研究1では、現在の空腹状態が、明日の食事の満足度の予測に影響するかどうかを検討した。彼らは、実験室に到着した女子大学生に、まず現在の空腹状態を評定させた。次に、ミートソース・スパゲティを明日の朝食あるいは夕食に食べたらどのくらいおいしいと思うかをたずねた。この感情予測をする際に同時に他の課題も行わせたが、一方の条件では簡単な課題を、他方の条件では認知的な負荷となる複雑な課題を実施させた。その結果、じっくり吟味できる簡単な課題条件では、夕食にミートソースを食べるのはおいしいが、朝食ではそれほどでないという予測であり、現在の空腹状態が影響することはなかった。他方、認知的に忙しい複雑な課題条件では、夕食か朝食かという将来の文脈要因は影響せず、現在の空腹度に基づいて予測が行われた。空腹な学生は朝食でも夕食でもミートソースをおいしいと答え、空腹でない学生はいずれもそれほどでもないと答えたのであった。

　予測や推論が現在の内的状態の影響を受ける点は、自己の将来の感情予測だけでなく、他者の現在の一時的状態の予測でも同様である。たとえば、Van Boven & Loewenstein（2003）の研究では、遭難した人が飢えや渇きで困っているかどうかを予測する際に、実験参加者の現在の水分補給の状態が影響を及ぼすことを示した。スポーツジムで運動した後に喉が渇いている状態で答えた人は、運動前に答えた人よりも、喉の渇きに困っていると回答しやすかったのである。このような自己の現在の状態の投影（projection）は、自己中心性の現れともいえるが、他方で最も基本的な私たちの推論過程を示しているとも考えられる。

(6) しろうと理論の影響

　アジア系の人とヨーロッパ系の人では，たいてい後者のほうが自尊感情や幸福感が高いと，北米の人たちは認識している。しかし，情報端末を持たせて，経験サンプリング法を用いて調査してみると，実際には日頃の幸福感に対する両者の差はほとんどなく，むしろアジア系の人のほうがわずかに高いことが示された（Ohishi, 2002）。この結果から，「アジア人は陽気でない」といった自己ステレオタイプを（誤って）持ち，それを自分にあてはめて判断していると推測することが可能である。つまり，調査の質問に回答する時には，日頃の自分を思い出すというよりも，自分たちに関する一般的なしろうと理論に基づいて回答している可能性がある。

　感情予測をする時も，同様にしろうと理論に基づいていることがある。たとえば，Igou（2004）は，感情の持続についての2つのしろうと理論（「時間に伴って沈静する」対「一定時間持続する」）の効果を検討した。沈静理論条件の実験参加者には2つの絵を示して，「時が傷を癒す」という内容の詩がどちらにあてはまるか選択させた。他方，持続理論条件では，同じ2つの絵を示して，「あなたのそばにいつもいる」という内容の詩と組み合わせて選択させた。このようなプライミング課題の後に，すばらしい休日を経験した後のウェルビーイング（well-being）の程度について，1週間後から7週間後まで11件法で回答を求めた。その結果，沈静理論条件のほうが持続理論条件よりも，ウェルビーイングの減少が早く進むことを予測した。このように，感情反応がもたらすインパクトの一般傾向についてのしろうと理論が，感情予測に影響する可能性がある。他方で，たとえば先述の，想像した出来事の核心部分への焦点化で取り上げた「カリフォルニアに住むと幸せになる」や「温暖な気候のところに住むと幸せになる」といった見方も，もっと特定的な感情についてのしろうと理論であろう。こう考えると，ここまで紹介した感情予測の誤りの5つの源泉のいずれにも，次節で紹介する感情予測のインパクトバイアスにも，しろうと理論が関わっている可能性がある。既有知識や信念が判断や行動に影響を及ぼすことは，社会的認知や推論研究の最も一般的原理であるといえるかもしれない。感情予測もその例外ではないが，今のところ特定のしろうと理論を類型化することは難しい。

3節　感情予測のインパクトバイアス

1．インパクトバイアスとは何か

　感情予測のインパクトバイアスとは「将来の出来事が感情反応に与える持続的影響力（インパクト）を過大推測する傾向」(Wilson & Gilbert, 2003, p.351)と定義されている。この傾向は，感情反応の強度と持続期間の両者において考えられる。

　たとえば，Dunn et al. (2003) の現場実験では，12ある学生寮のいずれかに住むつもりで抽選に参加した174名の大学新入生が参加者となった。学生寮は，立地条件，外観，部屋の大きさなど，物理的な特徴の点でそれぞれ異なっていて，立派な寮とおんぼろ寮とに大別された。どの寮に入るかが抽選で決まる1～2週間前に，それぞれの寮について，入寮して1年後の幸福感を7件法で予想させた。そして1年経過した後に，入寮していた学生に再度調査を行って，実際の幸福感についてたずねたのである（$n=118$）。そうすると，図6-2のように，おんぼろ寮に入った学生は，予想していたよりも実際はずっと幸福感

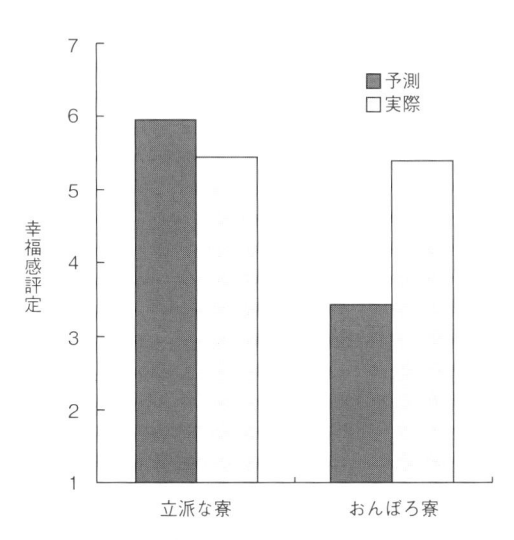

▶ 図6-2　寮居住の幸福感の予測と実際　(Wilson & Gilbert, 2005, p.132)

を感じていた。他方で，立派な寮に入った学生では，予想していたよりもわずかだが有意に幸福感が低かったのである。この結果は，事前の予想では立派な寮とおんぼろ寮とで大きな差があったが，実際に住んでみると，「住めば都」の言葉通りに，幸福感にはほとんど差が認められなかったことを示している。得られた調査データを分析すると，寮仲間との対人関係など，もっと社会的要因に幸福感が左右されていたことも認められた。予測の時には，それを考慮できなかったのである。

　また，Wilson et al.（2000）の研究1では，2つの大学の学生を対象に，1か月程度先に予定されているアメリカンフットボールの対抗戦について質問紙調査を行った。そのなかで，まずベースラインの幸福感について9件法で回答を求めた。次に，もし試合に負けたら，予想される幸福（不幸）感はどの程度なのかをたずねた。続いて，試合の翌日の日曜，月曜，火曜と1日ごとに同様に幸福感の程度を回答させた。あわせて，もし試合に勝ったなら，予想される幸福感はどの程度なのか，同様に火曜日まで順にたずねた。その結果，幸福（不幸）感予測の指標（ベースラインとの差得点）は試合当日が最も強かったが，日が経つにつれて，その程度は徐々に弱まることが認められた。しかし，試合から3日後でも，勝利を予想した場合には幸福感指標がプラスであり，敗戦を予想した場合はマイナスだったのである。他方，研究2で別の学生を対象に実際の幸福感を調べてみると，試合で勝った大学の学生も負けた大学の学生も指標の値は月曜，火曜とも0に近く，勝者敗者の間に有意差は認められなかった。この結果は，各大学のそのシーズンの他の試合で勝った翌週と負けた翌週の幸福感の指標を調べても，基本的には同じ傾向が示された。このように，スポーツファンは，実際の勝敗で感じる喜びや悲しみよりも，もっと強い程度の喜びや悲しみを事前に予想していると考えられる。

　さらに，楽しい出来事の喜びは，経験している最中よりも，事前に想像している時に，また事後に思い出している時に，よりポジティブに感じることが示されている。Mitchell et al.（1997）の研究では，ヨーロッパ旅行，感謝祭の5日間の休暇，カリフォルニアでの自転車旅行の参加者それぞれに，出来事の前，途中，後に調査を実施した。いずれの場合も，実際の出来事の最中には嫌なことや困ったことがあって，必ずしもポジティブに評価されたわけではなかった

が，予想する時と思い返す時にはそれよりもっとポジティブな評価（「バラ色の見方」）を示したのである。

また，Wirtz et al. (2003) の研究でも同様に，春休み中の学生の経験について，事前，事後およびその途中を情報端末を利用してオンラインで調査した。ここでも，ポジティブ感情は経験の最中よりも，事前と事後のほうが高く評価された。興味深いことは，ネガティブ感情についても，その程度はポジティブ感情よりもずっと低かったが，事前の予想と事後の想起のほうが，実際に経験したよりも程度が強いものだったことである。ネガティブ感情についてはバラ色の見方というよりも，むしろ「ブルーな見方」をしていたのである。これらの研究結果も，インパクトバイアスを裏づけていると考えられる。また，経験の最中に生じた不快な（時には愉快な）出来事を忘れたり，無視したりする想起の傾向が，将来の出来事の想像につながる可能性も示唆しているだろう。

以上の他にも，多くの研究がさまざまな領域においてインパクトバイアスの存在を明らかにしている。では，なぜインパクトバイアスが生じるのであろうか。いくつかの原因が指摘されているが，多くの領域に共通する主たる要因の1つが焦点化である。予測対象の特定の側面に焦点が当たり，他の側面や文脈要因に焦点が当たらないことに伴ってバイアスが生じると考えられる。また，ネガティブな出来事の場合には，「心理的免疫システムの無視」がもう1つの主たる要因だと指摘されている。ここではこの2つを中心に議論していくことにする。

2．予測における焦点化とその解除

焦点化は，すでに述べたように，感情予測の一般的な誤りの原因としても考えられるし（2節の2．の（2）を参照），他者推論におけるバイアスの重要な原因としても考えられる（第7章を参照）。以前より，私たちは社会的認知や推論の場面で，最も目立つ要素に着目しやすく，文脈要因を無視しやすいことが指摘されてきた（Taylor & Fiske, 1978）。また，自己中心的視点から離れることが困難で，他者や鳥瞰的な視点からの推論や判断とは食い違いを起こしやすい（Nickerson, 1999）。さらに予測の場合は，認知的制約の点からも，焦点となる出来事に加えて文脈要因まで詳細に想像することは難しく，現実の文脈

要因とは異なることもしばしば生じるだろう。感情予測には，こういった焦点化の問題がつきものなのである。

実際，先述の Wilson et al. (2000) のアメリカンフットボールの対抗戦についての研究1では，通常の感情予測条件だけでなく焦点化の解除をめざす未来日記条件をおくことによって，焦点化の役割について検討していた。この条件では，感情予測の前に，大学の勉強，人づきあい，レジャー活動，アルバイトなど10の日常活動をあげて，その時期に，それぞれどの程度の時間活動をするのか7件法で予想させた。この間，通常予測条件では別のパーソナリティ尺度に回答を求めた。そのうえで，感情を試合後から日ごとに予測させ，さらには試合についてどの程度考えるのか思考量も予想させた。その結果，幸福感予測の指標は図6－3のようになった。勝った場合も負けた場合も試合当日から日が経つにしたがって，勝敗のインパクトが弱まっていることが読み取れる。通常予測条件と未来日記条件を比べると，負けた場合の試合直後を除いて，未来日記条件のほうが予測された幸福感が中立的なものであることも読み取れる。媒介分析を実施すると，条件がインパクトバイアスに及ぼす影響を，試合につ

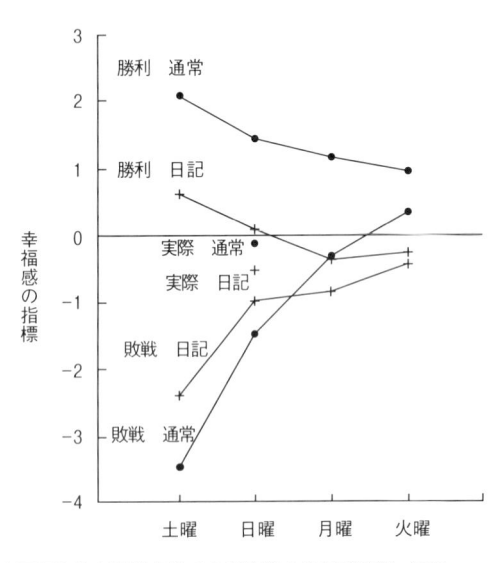

▶ 図6－3　未来日記条件と通常条件での試合後の幸福感予測（Wilson et al., 2000, p.827）

いての思考量が媒介していたことも示された。別の試合をターゲットにして行った研究3でも，この結果が再現された。ここでは試合翌日に，同じ実験参加者が実際に抱いた感情を測定して，通常予測条件で示された予測と実際の明白な差が，未来日記条件では有意でなくなる範囲まで減少したことも示された。以上のように，未来日記条件では，焦点化がいくぶんでも解除されることによって，感情予測のインパクトバイアスが弱まったことが示されたのである。

この焦点化の議論は，時間的解釈理論の議論と関連していると考えられる。Trope & Liberman（2003）は，時間的に遠いほど出来事の核心部分に焦点化され抽象化された記憶が表象されやすく，近いほど出来事が生じた文脈や細部の要素も付随した具体的な記憶が表象されやすいと考え，時間的解釈理論を提案した。たとえば，Liberman & Trope（1998）の研究では，不便な場所であるおもしろい講義と便利な場所である退屈な講義と，どちらを選択するのかが検討された。来年度に行われる講義の選択場面では，おもしろい講義のほうに参加すると回答し，明日開かれる講義だとしたら，便利な場所の講義に参加すると回答する傾向があった。これは，時間的距離が遠い場合には，枝葉末節にあたる特徴は捨象して，本質的な特徴だけから判断しやすいが，近い場合には些末な特徴も考慮に入れて判断するからだと考えられる。この議論からは，感情予測のインパクトバイアスは，ある程度遠い時期の出来事を抽象化した形で想像することに伴っているのかもしれないと考えられる。なお，時間的解釈理論は，物理的あるいは心理的距離など他の次元にまで拡張されて，解釈水準理論として提案されている（Liberman et al., 2007）。

3．ネガティブ感情の予測と心理的免疫システムの無視

焦点化は，たとえば宇宙飛行船の打ち上げ失敗の後の反応など，社会的にネガティブな出来事の感情予測のインパクトバイアスも生み出している可能性がある（Wilson et al., 2000，研究4）。しかし，自分に直接関わるネガティブな出来事の場合には，むしろそこからの回復力について考慮できないことのほうが重要である可能性がある。社会心理学では，悲惨な事態からの心理的回復力について，認知的不協和の低減，自己正当化，自己奉仕的帰属，ポジティブ幻想，あるいは動機づけられた推論などの用語のもとで，数多くの研究が行われ

てきた。Gilbert et al.（1998）はこれらの概念を，身体の免疫システムになぞらえて，「心理的免疫システム」という用語で呼んだ。心理的免疫システムは，私たちがネガティブな出来事に直面した後に，そのダメージから回復するようにはたらく内的な力のことである。この力は，身体的免疫システムと同様に私たちの適応を保証すると考えられる。しかしながら，ほとんど意識されることがないので，そのシステムがはたらくことに気づかず，ネガティブな出来事の影響を過大視し，心理的ダメージを引きずるだろうと予想してしまうのだろう。つまり，心理的免疫システムを無視することが，ネガティブな出来事のインパクトバイアスの原因の1つだと考えられる。

　Gilbert et al.（1998）は，まずネガティブな結果についてのインパクトバイアスを現実的な場面で示す研究を行った。研究1では，学生を対象に幸福感と親密な交際についての調査を行った。その結果，初めて失恋を経験した後の幸福感の予測は，実際に最近経験した人の幸福感よりも，明らかに低かった。また，研究2では，アメリカの大学の准教授（assistant professor）を対象に，終身在職権（tenure）を得られるかどうかと，それに対する反応について調査を行った。准教授は任期つきで雇われていて，その間に優れた業績を上げないと他の大学などでやり直す必要が生じるため，終身在職権取得は若い研究者にとって大問題である。実際，それが得られなかった場合には「幸せではない」方向に（9件法で $M=3.42$）予測しやすかったが，実際に在職権を得られなかった准教授はそれよりも幸せであり（$M=4.71$），在職権を得た准教授の幸福度（$M=5.24$）との間に有意差がなかったのである。人間は困難な出来事にも耐えることができ，落ち込んだ状態からいつのまにか回復することができるが，そのことを予測できなかったのである。

　これらのインパクトバイアスが確かに心理的免疫システムの無視によるのかどうか，Gilbert et al.（1998）は研究6でそのはたらきが生じにくい条件をつくって検討した。実験参加者はある企業の商品サンプルを評価するアルバイトの採用面接に参加した。もし採用されれば，実験参加の得点だけでなく，25ドルが支払われることになっていた。ビジネススクールに学ぶ大学院生がマイクロフォンを通じて面接を行った。この時，免疫システムの作動が容易な不公正条件では，1名の院生が面接官となり，本人の好みで決定すると告げた。他方，

免疫システムの作動が困難な公正条件では，3名の院生が面接を行い，全員の合議で採否が決まると伝えられた。そして，合格および不合格だった場合の，採用決定直後および10分後の感情予測を行った。そのうえで，実験参加者には不合格であったことをフィードバックし，直後および10分間待たせた後の感情状態を評定させた。そうすると，事前に調査したベースラインの値から，図6－4に示したような感情の落ち込みが認められた。まず，事前には，いずれの条件でも2ポイント程度の大きな落ち込みを予測した。この程度は公正条件，不公正条件とも，直後でも10分後でもほぼ同じであった。他方，実際に経験した感情反応では，直後には公正条件と不公正条件との間に有意差が認められなかったが，10分後には両者の間の差が広がり，不公正条件ではほぼベースラインまで感情の落ち込みは回復した。不公正条件では，面接官を悪く評価することなどによって自己の不合格を正当化することが容易であり，心理的免疫システムがはたらきやすかったと考えられる。したがって，10分後の両条件の間の

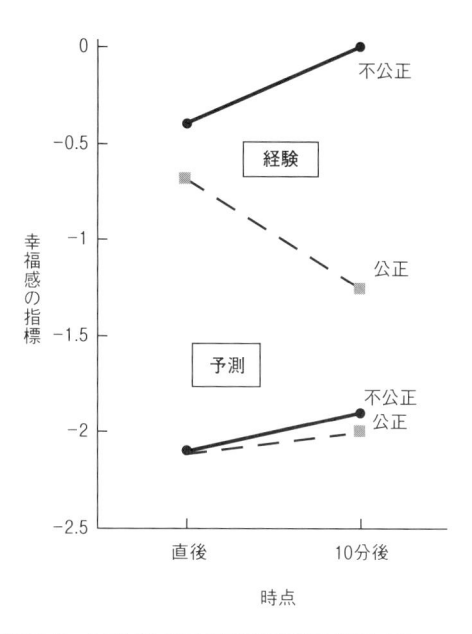

▶ 図6－4　公正条件・不公正条件での感情の予測と経験（Gilbert et al., 1998より）

感情反応の差は，このシステムのはたらきに帰されるだろう。

　心理的免疫システムを無視する過程を想定すると，たとえば，変更可能－不可能な選択の好みと満足感との関係は説明可能である。私たちは一般に，変更不可能な選択よりも，後から取り替えられる選択を好みやすい。しかし，実際には，変更不可能な選択によって得た商品のほうが，可能な場合に得た同じ物よりも，満足感が高いことが知られている。変更不可能な選択をした後に私たちは，その選択から生じる認知的不協和を低減するために，選択そのものや選択された商品を正当化する理由を考えやすくなり，その商品への態度がさらに良くなることが知られている（Festinger, 1957）。これも心理的免疫システムのはたらきの1つだと考えられる。しかし，Gilbert & Ebert（2002）の研究では，そのはたらきを看過し，変更不可能な決断への正当化や，結局満足しやすいことを予測できないことが示された。そうだとすれば，「使ってみてお気に召さなければ，別の物と取り替えられます」といった宣伝文句に踊らされて，不満を抱く選択を繰り返すことになるかもしれない。

　心理的免疫システムのはたらきは，ネガティブ感情からの回復力には個人差があることからも示唆される。Hoeger et al.（2008）の研究では，ストレス自体への対処能力の個人差を Carver et al.（1989）の尺度で測定して，インパクトバイアスとの関連を探る研究を実施した。アメリカンフットボールの試合に負けた場合のネガティブ感情からの回復は，確かにこの尺度が測定している情動処理能力と相関していて，心理的免疫システムがはたらくことが示唆された。しかし，このはたらきを参加者たちは理解していないようで，情動処理能力はインパクトバイアスの大きさと正に有意に相関することも示された。情動処理能力が高いほどネガティブ感情から早く回復できるが，事前にそのことが予測できないため，こういった結果が得られたと考えられる。

4．感情順応理論

　Wilson & Gilbert（2008）は，強い水準の感情反応から日常的な水準に弱まる過程を「感情順応（affective adaptation）」と呼んでモデル化している。このモデルでは，私たちが自己に関連した新奇な出来事に注意を向け（Attend），それに情動的に反応し（React），説明しようとする（Explain）。その結果，順

応が生じる（Adapt）と主張する（頭文字をとって「AREAモデル」と呼ぶ）。ネガティブ経験から私たちを回復させる心理的免疫システムがはたらくのも，その経験を自分なりに説明して理解することを通じてなされている。たとえば，Pennebaker（1997）の筆記療法が有効なのも，AREAモデルの観点では，忌まわしい経験を書くことによってその経験に意味を見いだす何らかの物語を作る，つまり理解する手助けとなるからである。AREAモデルが正しいとすると，ポジティブな経験も説明されることによって順応してしまう。つまり，ポジティブさが色あせてしまうのである。逆に，なぜうれしいのかわからない不確実状態のほうが，うれしさのインパクトは持続する。彼らはこれを「不確実性の喜び」仮説と呼んで検討している。

　Wilson et al.（2005）は6つの研究を通じてこの仮説を実証している。研究1では，大学の図書館で，1ドルコインが貼られているカードを実験参加者となる学生に突然手渡した。カードには2種類あり，確実性条件では質問に答えが組み合わされていて，なぜ1ドルがもらえるのかがわかりやすくなっていた。不確実性条件では答えのみがあって，突然1ドルもらえる意味が不可解だった。その後すぐに，現在のムードについて回答を求めた。5分後に別の実験者が実験参加者に近づき，ムード尺度，先ほどのカードについて考えたことなどについて回答を求めた（9件法）。その結果，不確実条件のポジティブ感情（$M = 6.67$）は確実条件（$M = 4.93$）や，カードを受け取らなかった統制条件（$M = 5.45$）よりも5分後には好ましいものになった。不確実は一般に避けるべき状態で，ネガティブな感情につながると考えられている。しかし，サプライズ（驚き）と喜びとの相性がよいように，ポジティブ感情の持続にとっては有利にはたらきやすいと考えられる。

　ものごとをポジティブに考えるという教訓は，いわゆる自己啓発の世界でも，ビジネスの業界でもよく知られた鉄則だろう。学問としての心理学も同様のメッセージを伝えている（Taylor & Brown, 1988）。しかし，感情順応理論に基づけば，過去のポジティブな出来事（の存在）について考え続けることは，その出来事に順応してしまうことによって，必ずしもそれほど幸福感には結びつかない。他方で，ポジティブな出来事の不在（なかったかもしれないこと）を考えると，幸せな気持ちを高めることができるだろう。Koo et al.（2008）

の研究では，教育，健康，休日といった7つの領域から1つを選ばせて，楽しかった出来事を記述させた。その際に，存在条件ではその出来事があたりまえに起こり，少しも驚かなかったように書いてほしいと教示した。他方で，不在条件では，出来事は起こらなかったかもしれず，驚くべきことだったように書いてほしいと教示した。その後現在の感情状態を評定させると，不在条件のほうが存在条件（や統制条件）よりも，出来事をよりポジティブに感じていたことが示された（研究1）。この結果は，ポジティブ経験がどれほど驚いたかという程度に媒介されている可能性も示唆された（研究2）。このように，過去のポジティブ経験がもし起きなかったとしたらと，より悪い事態を反実思考したことが感情改善につながったと考えられる。しかし，この感情改善効果について私たちは気づいていないようで，記述された内容を別の人に見せて実験参加者の感情状態を予測させても，不在条件と存在条件の記述からポジティブ感情の差異は予測できなかったのである（研究3）。

4節　感情予測が果たす役割

1．予期感情と意思決定

　私たちは，考え得る最良の選択をしようとする。経済学の用語を用いれば，期待効用を最大化する選択肢を選ぶということである。この期待効用は，ある選択肢を選んだ時に得る利益の予想値に相当するだろう。この利益は，ある選択肢を選んだ結果生じるポジティブ感情と置き換えられるかもしれない。そうすると，私たちは予測されるポジティブ感情をより多くしてくれるだろう選択肢を選ぶことになる。実際，意思決定研究では，主観的な期待効用すなわち喜びを最大化する選択をしやすいことが議論されてきた（Mellers et al., 1999）。他方で，そういった前向きの，促進焦点的な選択原理ではなく，後ろ向きの，予防焦点的な選択原理を提案する研究者もいた。その選択肢を採用した時に予期される後悔を最小にするような選択肢を私たちが選ぶだろう，という後悔理論の考え方である（Loomes & Sugden, 1982）。いずれにしろ，予期感情（anticipated emotion）が意思決定あるいは行動選択を導く場合があることは，従来

からさまざまな研究で認められてきた。予測された感情は，動機づけや行動遂行にとって重要だと考えられる。

　Baumeister et al.（2007）は，行動遂行に及ぼす感情の役割を見直して，統合的な視点から議論するなかで予期感情の役割も明確にしている。彼らは，感情が行動に直接的にはたらきかけるという通説を見直し，間接的にはたらきかけるフィードバックシステムとしてとらえるモデルを提示した。このモデルでは，行動の結果として感情が生じることからスタートする。私たちはその感情経験の原因を探したり，別の結末を反実思考するなどの認知的分析を行う。そこから教訓を引き出して，将来の行動につながる状況に即応する規則をつくり出すと想定する。この規則に経験した感情が結びつけられた，感情遺産（affective residue）として記憶に表象されるという。後の行動選択状況では，以前の感情経験の記憶が再生されて，状況即応規則と感情遺産からある行動を選択した後の感情予測が行われ，それに基づいて私たちは選択行動を行うのだという。このモデルでも，自動的な感情反応が行動を生み出すことを認めているが，多くの場合，行動は予期感情に導かれると考えている。

　予期感情のはたらきについては，Baumeister et al.（2007）のなかでも多くの研究がレビューされている。たとえば，アイオワ・ギャンブル課題を用いて，Damasioの研究グループが行った実験も，予期感情が選択行動を導くことを例証していると考えられる（第5章の2節を参照）。以下では，感情予測が社会的行動に及ぼす影響を示した研究をいくつか紹介する。動機づけや自己制御など相互作用が伴わない行動だけでなく，集団間の相互作用場面での行動にまで，その適用範囲は広がっている。

2．感情予測と社会的行動

　予測された感情を操作して動機づけや社会的行動に及ぼす影響を直接検討した研究はまだ少ないが，Greitemeyer（2009）は次のような研究を実施して，達成行動に影響を及ぼす可能性を明らかにした。この実験1では，実験参加者に知能テストを受けさせたが，知能は充実感や幸福感に結びつくという教示を与えた条件（自我関与群）と与えない条件（統制群）を設けた。そして，テスト前に，平均より好成績の時，および低成績の時にどう感じるかを回答させた。

そうすると，自我関与群の実験参加者は統制群の参加者よりも，成績の良い時にはポジティブ感情を，悪い時にはネガティブ感情をより強く感じると予測したことが示された。さらに，知能テストの結果を検討すると，課題に取り組んだ数（9.44個と6.43個）でも，正解数（5.33個と3.68個）でも，自我関与群のほうが多く，課題遂行の動機づけが高かったことが示された。

　以上の実験1では，テスト終了後に成績に関する正・負のフィードバックをランダムに与え，予測と実際との感情強度の違いも検討した。自我関与群では，成績が良い場合でも悪い場合でも，統制群よりも強い感情を予測していただけでなく，経験したよりも強い感情を予測していた。このように，感情予測のインパクトバイアスが達成行動を促進した証拠が得られたが，このバイアスが達成行動への不適切な固執を導く可能性も考えられる。実験3では，実験1とほぼ同じデザインと手続きで実験を行ったが，課題には言語的なもの（アナグラム）と数量的なものとがあり，言語的課題の20題のうち15題は解答不可能なものになっていた。最初の教示では，その言語的課題の成績が幸福と結びついて，数量的課題はそうでないことが自我関与群では伝えられた。また，言語的課題と数量的課題は同時に行い，制限時間が決められていた。実験の結果，言語的課題では実験1と同様の結果が示されたが，数量的課題では自我関与群のほうが課題に取り組んだ数も少なく（11.64個と13.65個），正解数も実験群よりも少ないことが示された（10.09個と13.75個）。この結果は，自我関与群では強い感情を予測して，解答不可能な課題に無理に取り組み続けたので，数量的課題の遂行成績が低下したことを示したと考えられる。このように，自分では解決できない状況などにおいて，感情予測のインパクトバイアスが否定的な機能を果たすことも示された。

　感情の種類を特定して，その予測が自己制御に果たす役割を検討した研究もある。Patrick et al. (2009) は，自分の行動コントロールに成功した時の誇り（pride）と，失敗した時の恥（shame）の感情予測を比較した。食行動に関わる実験1では，実験参加者は，おいしそうなチョコレートケーキを前にして，好きなだけ食べてかまわないと教示された。その際に，あまり食べずにいられたらどのくらい誇らしいのか想像する（誇り）群，食べ過ぎたらどのくらい恥ずかしいと思うか想像する（恥）群，あるいは何も想像しない統制群のいずれ

かに割りふられた。10分経過後に調べると，誇り群では平均して1.8口分しかケーキを食べなかったが，恥群では統制群（平均6.6口）と同様に平均6.1口も食べたことが認められた。また，誇り群ではまったく食べなかった実験参加者が40.0％にも及んだ（恥群10.5％，統制群18.8％）。この効果は，誇りの感情を想像することが自己への焦点化につながるのに対して，恥の感情予測は刺激への焦点化につながることに媒介されていたことも実験2で示された。これらの研究者たちは，衝動のコントロールにおいて，感情予測が果たす役割をモデル化している（MacInnis & Patrick, 2006）。

他方，Mallett et al.（2008）は，偏見や差別につながりかねない集団間の相互作用の問題に感情予測研究を応用した。私たちは外集団成員との交流を避ける傾向にあるが，その理由の1つとして，気まずい思いなどの嫌な結末を予想する傾向があげられる。そこで彼女たちは，異なる社会集団の人との交流について，5日間にわたって日記をつけさせる研究1を行った。予測者条件の実験参加者には交流の前にどう感じるかを記述させ，経験者条件の実験参加者には交流後に実際どう感じたのかを記述させた。そして，ネガティブ感情の程度を予測または評価させた。そうしたところ，実験参加者の人種や性別を問わず，予測条件のほうが経験条件よりも，ネガティブ感情を強く感じたことが認められた。この集団間感情の予測エラーは，外集団成員の非類似性に注目することにあると考えられた。そこで，研究2，3では，外集団成員との共通性や類似性に注目する条件を設けて実験を行った結果，その条件ではポジティブな方向に修正されることが示された。

集団間感情の問題は偏見やステレオタイプ研究のなかで注目されているが（Mackie et al., 2000），その予測が集団間行動の先行因となる点についてもっと研究されてもよいだろう。同様に，対人関係研究の領域でも相手の感情の推論の問題について，表情認知などの分野以外でも検討が開始されている（Siemer & Risenzein, 2007）。現在の感情の推論だけでなく，将来の他者の感情予測が検討されてもよいかもしれない（Igou, 2008）。たとえば，私たちは相手が喜ぶと思う物をプレゼントしたいであろう。集団内の感情の問題にも，予測という視点が役立つかもしれない。ある組織で共有されている感情には，必ず他者の感情の推論や予測という側面が含まれる。将来の集団感情についてどん

な予測が成り立つかは，将来の実際の集団感情やその集団の組織行動に影響を及ぼすだろう。もちろん，個人の社会行動の探求にも，感情予測はもっと応用されてもよい。特に，商品購入の意思決定が，予測されたポジティブ感情に導かれるという観点からの研究は有望である。また，達成行動への動機づけとして感情予測やそのバイアスが影響力を持つことも今後は検討が深まるだろう。感情予測を鍵概念として，社会的認知と行動の探求が前進することを期待したい。

文献

Ariely, D. 2008 *Predictably irrational: The hidden forces that shape decisions.* New York: Harper Collin. 熊谷淳子（訳） 2008 予想どおりに不合理―行動経済学が明かす「あなたがそれを選ぶわけ」― 早川書房

Baumeister, R. F., Vohs, K. D., DeWall, C. N., & Zhang, L. 2007 How emotion shapes behavior: Feedback, anticipation, and reflection, rather than direct causation. *Personality and Social Psychology Review*, **11**, 167-203.

Buheler, R., & McFarland, C. 2001 Intensity bias in affective forecasting: The role of temporal focus. *Personality and Social Psychology Bulletin*, **27**, 1480-1493.

Carver, C., Sheier, M., & Weintraub, J. 1989 Assessing coping strategies: A theoretically based approach. *Journal of Personality and Social Psychology*, **56**, 267-283.

Dunn, E. W., & Laham, S. A. 2006 A user's guide to emotional time travel: Progress on key issues in affective forecasting. In J. Forgas (Ed.), *Hearts and minds: Affective influences on social cognition and behavior.* New York: Psychology Press. Pp.177-193.

Dunn, E. W., Wilson, T. D., & Gilbert, D. T. 2003 Location, location, location: The misprediction of satisfaction in housing lotteries. *Personality and Social Psychology Bulletin*, **29**, 1421-1432.

Festinger, L. 1957 *A theory of cognitive dissonance.* Evanston, IL: Row, Peterson. 末永俊郎（監訳） 1965 認知的不協和の理論―社会心理学序説― 誠信書房

Finkenauer, C., Gallucci, M., Van Dijk, W. W., & Pollmann, M. 2007 Investigating the role of time in affective forecasting: Temporal influences on forecasting accuracy. *Personality and Social Psychology Bulletin*, **33**, 1152-1166

Gilbert, D. T. 2006 *Stumbling on happiness.* New York: Alfred A. Knopf. 熊谷淳子（訳） 2007 幸せはちょっと先にある―期待と妄想の心理学― 早川書房

Gilbert, D. T., & Ebert, J. E. J. 2002 Decisions and revisions: The affective forecasting of changeable outcomes. *Journal of Personality and Social Psychology*, **82**, 503-514.

Gilbert, D. T., Gill, M. J., & Wilson, T. D. 2002 The future is now: Temporal correction in affective forecasting. *Organizational Behavior and Human Decision Processes*, **88**, 430-444.

Gilbert, D. T., Pinel, E. C., Wilson, T. D., Blumberg, S. J., & Wheatley, T. 1998 Immune neglect: A source of durability bias in affective forecasting. *Journal of Personality and Social Psychology*, **75**, 617-638.

Gilbert, D. T., & Wilson, T. D. 2007 Prospection: Experiencing the future. *Science*, **317**, 1351-1354.

Gilbert, D. T., & Wilson, T. D. 2009 Why the brain talks to itself: Sources of error in emotional prediction. *Philosophical Transactions of the Royal Society B*, **364**, 1335-1341.

Greitemeyer, T. 2009 The effect of anticipated affect on persistence and performance. *Personality and Social Psychology Bulletin*, **35**, 172-186.

Hoeger, M., Quirk, S. W., Lucas, R. E., & Carr, T. H. 2008 Immune neglect in affective forecasting. *Journal of Research in Personality*, **43**, 91-94.

Hsee, K. C., & Zhang, J. 2004 Distinction bias: Misprediction and mischoice due to joint evaluation. *Journal of Personality and Social Psychology*, **86**, 680-695.

Igou, E. R. 2004 Lay theories in affective forecasting: The progression of affect. *Journal of Experimental Social Psychology*, **40**, 528-534.

Igou, E. R. 2008 "How long will I suffer?" versus "How long will you suffer?" A self-other effect in affective forecasting. *Journal of Personality and Social Psychology*, **95**, 899-917.

Kahneman, D. 1999 Objective happiness. In D. Kahneman, E. Diener & N. Schwarz (Eds.), *Well-being: Foundations of hedonic psychology*. New York: Russell Sage Foundation Press. Pp.3-25.

Kahneman, D., Fredrickson, D. L., Schreiber, C. A., & Redelemeier, D. A. 1993 When more pain is preferred to less: Adding a better end. *Psychological Science*, **4**, 401-405.

Kahneman D., Krueger A. B., Schkade D., Schwarz, N., & Stone, A. A. 2006 Would you be happier if you were richer? A focusing illusion. *Science*, **312**, 1908-1910.

Koo, M., Algoe, S. B., Wilson, T. D., & Gilbert, D. T. 2008 It's a wonderful life: Mentally subtracting positive events improves people's affective states, contrary to their affective forecasts. *Journal of Personality and Social Psychology*, **95**, 1217-1224.

Liberman, N., & Trope, Y. 1998 The role of feasibility and desirability considerations in near and distant future decisions: A test of temporal construal theory. *Journal of Personality and Social Psychology*, **75**, 5-18.

Liberman, N., Trope, Y., & Stephan, E. 2007 Psychological distance. In E. T. Higgins & A. W. Kruglanski (Eds.), *Social psychology: A handbook of basic principles*. New York: Guilford Press. Pp.353-381.

Loomes, G., & Sugden, R. 1982 Regret theory: An alternative of rational choice under uncertainty. *Economic Journal*, **92**, 805-824.

MacInnis, D. J., & Patrick, V. M. 2006 Spotlight on affect: Affect and affective forecasting in impulse control. *Journal of Consumer Psychology*, **16**, 224-231.

Mackie, D. M., Devos, T., & Smith, E. R. 2000 Intergroup emotions: Explaining offensive action tendencies in an intergroup context. *Journal of Personality and Social Psychology*, **79**, 602-616.

Mallett, R. K., Wilson, T. D., & Gilbert, D. T. 2008 Expect the unexpected: Failure to anticipate similarities when predicting the quality of an intergroup interaction. *Journal of Personality and Social Psychology*, **94**, 265-277.

Mellers, B.A., Schwartz, A., & Ritov, I. 1999 Emotion-based choice. *Journal of Experimental Psychology: General*, **128**, 332-345.

Mitchell, T. R., Thompson, L., Peterson, E., & Cronk, R. 1997 Temporal adjustments in the evaluation of events: The "rosy view". *Journal of Experimental Social Psychology*, **33**, 421-448.

Morewedge, C. K., Gilbert, D. T., & Wilson, T. D. 2005 The least likely of times: How remembering the past biases forecasts of the future. *Psychological Science*, **16**, 626-630.

Nickerson, R. 1999 How we know-and sometimes misjudge-what others know: Imputing one's own knowledge to others. *Psychological Bulletin*, **125**, 737-759.

Ohishi, S. 2002 Experiencing and remembering of well-being. A cross-cultural analysis. *Personality and Social Psychology Bulletin*, **28**, 1398-1406.

大石繁宏 2009 幸せを科学する—心理学からわかったこと— 新曜社

Patrick, V. M., Chun, H. H., & Macinnis, D. J. 2009 Affective forecasting and self-control: Why anticipating pride wins over anticipating shame in a self-regulation context. *Journal of Consumer Psychology*, **19**, 537-545.

Pennebaker, J. W.　1997　*Opening up: The healing power of expressing emotions.* New York: Guilford.　余語真夫（監訳）　2000　オープニングアップ―秘密の告白と心身の健康―　北大路書房

Schacter, D. L., Adis, D. R., & Buckner, R. L.　2007　Remembering the past to imagine the future: The prospective brain. *Nature Reviews Neuroscience*, **8**, 657-661.

Schkade, D., & Kahneman, D.　1998　Does living in California make people happy? A focusing illusion in judgments of life satisfaction. *Psychological Science*, **9**, 340-346.

島井哲志　2006　ポジティブ心理学―21世紀の心理学の可能性―　ナカニシヤ出版

Siemer, M., & Risenzein, R.　2007　The process of emotion inference. *Emotion*, **7**, 1 -20.

Taylor, S. E., & Brown, J. D.　1988　Illusion and well-being: A social- psychological perspective on mental health. *Psychological Bulletin*, **103**, 193-210.

Taylor, S. E., & Fiske, S. T.　1978　Salience, attention and attribution: Top of the head phenomena. In L. Berkowitz（Ed.）, *Advances in experimental social psychology.* Vol.11. San Diego: Academic Press. Pp. 249-288.

友野典男　2006　行動経済学―経済は「感情」で動いている―　光文社

Trope, Y., & Liberman, N.　2003　Temporal construal. *Psychological Review*, **110**, 403-421.

Van Boven, L., & Loewenstein, G.　2003　Social projection of transient drive states. *Personality and Social Psychology Bulletin*, **29**, 1159-1168.

Wilson, T. D., Centerbar, D. B., Kermer, D. A., & Gilbert, D. T.　2005　The pleasures of uncertainty: Prolonging positive moods in ways people do not anticipate. *Journal of Personality and Social Psychology*, **88**, 5 -21.

Wilson, T. D., & Gilbert, D. T.　2003　Affective forecasting. In M. P. Zanna (Ed.), *Advances in experimental social psychology.* Vol. 35. San Diego: Academic Press. Pp.345-411.

Wilson, T. D., & Gilbert, D. T.　2005　Affective forecasting: Knowing what to want. *Current Direction in Psychological Science,* **14**, 131-134.

Wilson, T. D., & Gilbert, D. T.　2008　Explaining away: A model of affective adaptation. *Perspectives on Psychological Science*, **5**, 370-386.

Wilson, T. D., Wheatley, T. P., Meyers, J. M., Gilbert, D. T., & Axsom, D.　2000　Focalism: A Source of durability bias in affective forecasting. *Journal of Personality and Social Psychology*, **78**, 821-836.

Wirtz, D., Kruger, J., Scollon, C.N., & Diener, E.　2003　What to do on spring break? The role of predicted, on-line, and remembered experience in future choice. *Psychological Science*, **14**, 520-524.

Woodzicka, J. A., & LaFrance, M.　2001　Real versus imagined gender harassment. *Journal of Social Issues*, **57**, 15-30.

第**2**部

展開と実践

第7章

他者の心的状態の推論のメカニズム

工藤恵理子

1節　はじめに

　私たちは日常生活のなかでしばしば他の人が何を考えているのか，どう思っているのかを推論する。目の前の相手の心のなかを推論するだけではなく，「もし，こういう状態になったら，あの人はどう思うだろうか……」というように，実際には起こっていない事態を想定し，そこで他者がどのように感じたり，考えたりするかを推論することもある。他者が実際にどう思い，考えているかを直接たずねることはせず，このような推論に基づき自分がどう行動するかを決定することも少なくない。

　では，こういった推論は正確なのだろうか。もちろん正確なこともあるだろうが，これまでの研究は，私たちの行う他者の心的状態についての推論は誤っていることが多いことを明らかにしてきた。誤りがちになる理由の1つは，私たちには直接他者の心的状態を知る能力や手段がないため，近似的に推論することにあると考えられる。以下で見ていくように，私たちが他者の心的状態を推論する時に頼りにする主要な近似値は，自分が経験した心的状態，あるいは想像である。もちろん，自分の心的状態をそのまま他者にあてはめるわけではないが，それを手がかりに推論することになる。この時，用いられる自分の心的状態が他者の心的状態に近いのであれば問題はないが，そうでないことも多い。そのために，私たちの他者の心的状態の推論と実際のそれとの間に乖離が生じ，その結果，その推論に基づいて行動した場合，他者は私たちが想像していることと異なる反応を示すことになる。

第7章　他者の心的状態の推論のメカニズム

　日常のコミュニケーションに見られる親密さの表現や，場の雰囲気を盛り上げることを意図した悪意のない「からかい」において，上記の点を検討したKruger et al. (2006) では，からかい手による推測が受け手の理解と大きくずれることが示されている（図7－1）。からかい手に悪意がない時，そのことは本人には自明である。これをもとに相手に自分の言動がどう理解されるかを推測すると，自分の意図を他者もわかると思ってしまう。悪気がなく相手をからかう発言をしたことは発話者には自明であっても，受け手にとってはそうではなく，からかいを言葉通りに否定的な意味に解釈してしまいやすい。

　ここで示されているように発話者と受け手の間の理解にギャップが存在することは，両者の役割はしばしば入れ替わることを考慮すると非常に興味深い。私たちは，自分がからかわれた時に相手の悪意のなさのサインを受け取れず，悪意の存在を推測してしまうが，自分がからかい手になった時に，その経験は生かされないようなのである。このことは，他のメタ認知バイアスについてもあてはまり，私たちは，他者の認知バイアスには気づいても，自分の認知バイアスには気づきにくい（Pronin et al., 2004）。

　本章では，他者の心的状態を推論する過程について，想定されているメカニ

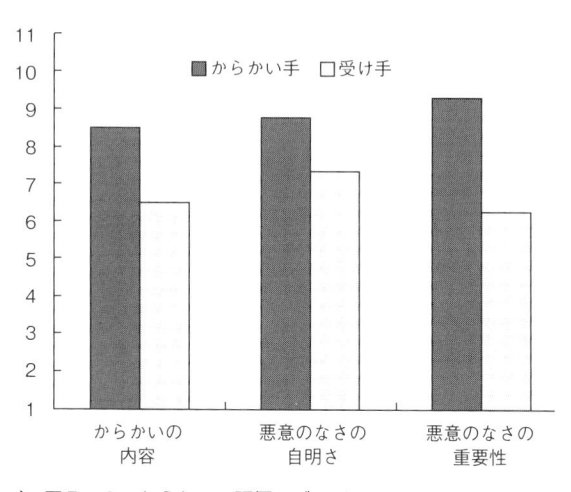

▶ 図7－1　からかいの評価のズレ（Kruger et al., 2006より）

高得点ほど，からかいの内容はポジティブであり，悪意のない（好意に基づく）ことは自明で，悪意がないことが重要だと評価されたことを意味する。得点範囲は1～11。

ズムを紹介し，なぜ，バイアスが生じやすいかを見ていくが，特に，自分自身の心的状態を主要な情報として用いる場合に焦点を当てる。次に，他者の心的状態の推論の特殊なケースとして，自分が他者にどう見られるか，とらえられるかの推論を取り上げ，そこで示されるバイアスを検討する。さらに自分自身を他者の心的状態の推論に利用しない，あるいは，自分の状態を他者にあてはめない場合について検討し，最後に他者の心的状態の推論をより正確に行おうとした場合について論じる。

ここで断っておきたいのは，本章で扱うのは，他者の内面についての推論ではあるが，安定的な性格，能力，態度などの属性を推論する過程ではないということである。ここでは，その時どきに変化する他者の心的状態（その時の判断，考え，感情など）の推論を限定的に扱う。

2節　自分の心的状態の利用

1. 自分の心的状態の利用

ピアジェ（Piaget, J.）の三山問題に端的に示されるように，幼い子どもは他者の心的状態が自分のそれと異なることを理解できず，他者の心的状態を推論する時に，自分の心的状態をそのまま投影してしまう。もちろん，大人になれば，私たちは他者の感じることや考えは自分のそれとは異なっていることを知っている。しかし，それでも私たちは他者の心的状態を推論する時，自分の心的状態を参照してしまいがちである。つまり，他者の心的状態について考えようとする時に，まず，自分だったらと考えることが多いのである。

たとえば Davis et al.（2004）は，実験参加者にビデオに登場する人物の心境を想像するよう教示したうえでビデオを視聴させた。そして，ビデオ視聴直後に空欄に代名詞を補って文章を完成させる課題をさせたところ，第1人称の代名詞を挿入して文章を完成する比率が高くなっていた。これは，ビデオ視聴後に実験参加者の自己が活性化していたことを意味しており，他者の心的状態を想像する時，実は私たちは自分だったらどうか，ということを考えてしまっていることが示唆される。

また，近年非常に盛んになってきている機能的磁気共鳴画像法（fMRI）を用いた研究においても，興味深い知見が得られている。Ames et al.（2008）は，実験参加者に未知の他者の写真を見せ，自分がその人ならどうするかを想像させ，その後に，その人物の写真を見ながら，その人の行動や好みを推測する課題を行わせた。すると，自分がその人ならどうするかを想像していない場合に比べて，他者について判断しているにもかかわらず，通常は自己参照判断に用いられる部位が賦活していた。つまり，自分だったらと想像すると，他者について考えているのに，自分について考える時に使用される脳の部位が用いられていることが示唆されるのである。

では，なぜ自分の心的状態を手がかりとして利用するのだろうか。

2．自分の心的状態を利用するのはなぜか

私たちは，自分はものごとをありのままにとらえており，自分の見方や考えは客観的で，偏っていないと思いがちである。この傾向をナイーブ・リアリズム（naive realism）と呼ぶ（たとえば，Ross & Ward, 1996）。このような考えの基底には，自分はものごとを偏って見ないようにしているという主観的な感覚があると考えられる。私たちが示す認知バイアスは，主観的に意識することが困難なため，自分には偏ってものごとをとらえようとする意図がない（あるいはむしろそれを避けようとしている）という主観的経験に基づき，自分の判断や推論は客観的であるとみなすこととなる（Pronin, 2008）。自分の見方や感じ方に偏りがない以上，他者の見方や感じ方も同様であると推測することは，推測者本人にとっては，妥当な推測だとみなされるため，自分の心的状態（見方や感じ方）を他者の心的状態の推論に利用するものと考えられる。

つまり，自分の心的状態が常に他者に投影されるわけではなく，投影しないことが適切だと判断できる状況では，心的状態の投影は抑制される。たとえば，心的状態の推測とは少し異なるが，自分と同じ選択をしている人の割合を過大視する傾向であるフォルス・コンセンサス効果（false consensus effect）の研究では，判断が内的な理由である主観的な基準でなされると考えやすい題材（たとえば，体操競技を観戦するか陸上競技を観戦するか）では，フォルス・コンセンサス効果は小さくなるが，判断が外的な理由でなされると考えやすい

題材（たとえば，IBM社とエクソン社のどちらの株を買うか）においてはフォルス・コンセンサス効果が大きくなることが示されている（Gilovich et al., 1983）。つまり，主観的な選択であれば（人によって好みが異なると考えられるので），自分と同じ選択をする人が多いという推測は抑制される。このように，私たちは自分の心的状態を他者に投影することが妥当だとみなす時に投影していると考えられる（しかし，だからといって正しい推論がなされるとは限らない）。

3．自分の心的状態の利用と係留と調整

　他者の心的状態を推論するために自分の心的状態を利用する推論過程は，推論の初期値を後から調整していくという，「係留」と「調整」の過程だと想定されている場合が多い。これは，Tversky & Khaneman（1974）の係留と調整ヒューリスティックの拡張であり，Gilbert（2002）は，「私たちの社会的推論の過程はこの係留と調整で説明できる場合が多い」と指摘している。

　他者の心的状態を推論する際に自分自身の心的状態が利用される場合は，まず自分の心的状態が係留点となり，その後，「他者は自分とは異なる」という信念に基づき，係留点から推測をずらしていくと考えられる。この後半の過程が調整過程である。係留と調整による推論では，最初の係留点の設定には認知資源はほとんど必要ないが，調整の過程には認知資源が必要なため，その調整過程は不十分になりやすいことが指摘されている（Epley & Gilovich, 2004, 2006；Gilbert, 2002）。

　この過程に基づいて考えれば，他者の心的状態を推論する際に係留点が極端になることと，調整が不足することによって，他者の心的状態に過剰に自分自身の心的状態を投影することになり，誤りが大きくなると考えられる。

（1）係留点の影響

　他者の心的状態の推論において，自分の心的状態を係留点とし，その後で他者と自分の違いを考慮して推論の調整を行う場合，自分の心的状態の感覚が強められている時は，調整が不十分になりやすいと考えられる。たとえば，実験参加者にたわいもない嘘をつかせ，どのくらいの人が自分の嘘を見破ることができるかを推測させる実験において，自分の内面に注意を向ける傾向の私的自

己意識が強い人は,そうでない人に比べて,自分の嘘が見破られる程度をより過大視していた(Gilovich et al., 1998)。つまり,自分が嘘をついたことによって生じている心的状態(の変化)に注目しやすい人は,そうでない人に比べて,自分の心情や生理的喚起の状態が他者にわかると推測していたのである。

(2) 不十分な調整

　調整過程は,相対的に認知資源が必要な過程であるため,調整は不十分に終わることが多いと考えられる。認知資源が必要とされることは,判断を急がせた場合に自分の心的状態をそのまま他者に投影してしまいがちになることからわかる。Epley et al. (2004) は,曖昧な留守番電話メッセージの解釈を題材にこの問題を検討している。彼らは,実験参加者に留守番電話メッセージの背景となる情報を与えたうえで,背景情報を知らない聞き手がその曖昧なメッセージを正しく解釈できるかどうかを推測させた。曖昧なメッセージとは,例えば,本当にほめているとも,皮肉とも取れるもので,背景情報(本当に高く評価している/本当はまったく評価していない)を知っていれば,正しく判断できるが,そうでなければどちらにも解釈可能なように表現されていた。この実験において,背景情報のない聞き手の解釈の推測をする際に判断を急がされた参加者の推測は,より自分が持つ背景情報の影響を強く受けていた。すなわち,自分の持つ背景情報の方向に受け手がメッセージを解釈すると推測する割合が,判断を急がされない参加者に比べて大きくなった。つまり,時間的に余裕がない時,背景情報を知らない受け手は,それを知っている自分とは異なった解釈をするはずだという方向に,推論を調整することができなかったのである。

　さらに Epley et al. (2004) は,調整過程が不十分になりやすいことを示すために,他者の心的状態を推測する際に幅を持って推測させた場合とピンポイントで推測させた場合を比較している。実験参加者は,電子メールが書かれた背景情報(肯定的または否定的)を知らされたうえで,額面通りに肯定的とも,皮肉とも取ることのできる電子メールを読み,そのメッセージを背景情報を知らない人が読んだ時に,何パーセントの人が額面通りに受け取るかを推測した。表7-1に示されたように,ピンポイントの推定は,肯定的背景情報を持つ時は推定幅の高いほうの端に,否定的背景情報を持つ時は,逆に推定幅の低いほうの端になっており,ピンポイントな推測は,推測の幅のなかで,背景情報を

▶ 表7-1　ピンポイントの推定と推定の幅の関係（Epley et al., 2004）

条件	ピンポイント推定	推定幅
否定的背景情報あり	60.77a	59.26a～73.16b
肯定的背景情報あり	78.11a	64.10b～78.32a

数値は何％の人がメッセージを額面通り（肯定的）に受け取ると推測したかを表す。
同一行で同じアルファベット小文字が振られた数値間には有意差がない。

持っている自分と同じ判断をする人を多く推測するほうの端の値とほぼ同じになっていた。このことは，実際に他者の心的状態を推論しようとする時に，調整過程のはたらきは，必要だと思われる最低限のところまでしかはたらいていないことを示唆しており，調整過程は不十分にしかはたらかない場合が多いと考えられる。

（3）自分自身の心的状態の推論の不正確さ

現在の自分がおかれた状況とは異なる状況におかれた他者の心的状態を推論する時も，私たちは自分の心的状態を利用しやすい。この場合，私たちはまず，自分がその状況におかれたらどう感じるか（あるいは考えるか）を想像し，それをもとに他者の心的状態を推論すると考えられている（Van Boven & Lowenstein, 2003）。つまりこの場合，まず自分の心的状態を推論し，それをもとに他者の心的状態を推論するという二重の推論が行われるのだが，実は，自分の心的状態の推論自体が正しくできないという問題がある。

ある状況における自分の感情状態を推論する過程は，感情予測の研究で取り上げられてきたが，それらの研究は，私たちが自分の感情状態を正しく予測できないことを示してきた（たとえば，Gilbert, 2006；Wilson & Gilbert, 2003；詳しくは第5章を参照）。たとえば，私たちには肯定的出来事であれ，否定的出来事であれ，その出来事によって生じる感情状態を極端に推測する傾向がある（この傾向をインパクトバイアスと呼ぶ）。たとえば，重要な選挙において自分が支持している候補者が当選（または落選）した時の自分の気分を推測すると，実際よりもうれしい（または残念）と感じると推測する（Wilson, Meyers & Gilbert, 2003）。このように自分自身の感情状態の予測もバイアスがかかっているのだとすれば，それに基づく他者の感情状態の推論にもバイアスがかか

ることは避けられないだろう。

　このような場合，他者の心的状態の推論において，自分自身の心的状態を利用して推論することは，推論の正確さの観点からはあまり役立っていないにもかかわらず，私たちがそれを用い続けるのは奇妙に感じられるかもしれない。しかし，そうなるには理由があると考えられる。1つは推測が不正確であったことを知る機会が少ないことである。推測が不正確であったことを他者から知らされる機会が少ないことが考えられるし（Gilovich, 1991），自分自身で自分の推論が不正確であることに気づくこともまた，きわめて困難であると考えられる。そしてもう1つは，不正確とはいっても，それ以上に精度が高く，効率のよい推論の手段を私たちは持っていないということが考えられるだろう。

3節　他者の心的状態の推論の特別なケース ――行為者によるメタ推論

　相互作用の相手の心的状態を推論する場合，しばしば私たちは自分が相手にどう思われているのかを推論することになる。自分が取った言動が相手にどうとらえられるかを推論する場合，自分自身にとって自分がどう感じられるかということは，最も入手しやすく，そして無視することが難しい情報である。そのため，自分自身が主観的に経験する自分のイメージが推論過程の係留点となりやすい。これが原因となり，さまざまな推論のバイアスが生じることが示されてきている。ここではそれらのバイアスを見ていく。

1．スポットライト効果

　自分が人前で失敗をした時，まわりの人がみな自分に注目しているように感じることはないだろうか。これは，スポットライト効果（spotlight effect）と呼ばれる現象で，自分では失敗したことに注意が集中するため，その主観的経験が強烈なものとなり，他者の注目も引くはずだと推測することによって生じると説明されている（Gilovich et al., 2000）。失敗以外にもさまざまな側面でこの効果は認められている。たとえば，集団での相互評定を用いた研究では，自分の髪型がうまく決まっていない日は，他の人にもそれが気づかれると推測

してしまうが，実際には周囲の人はそれほど気づいていない，というように自分の変化に他者が気づく程度が過大視されることが示されている（Gilovich et al., 2002）。他にも自分の不在に他者が気づく程度を過大視する（Savitsky et al., 2003）など，自分が他者に気づかれる程度を過大視することが示されている。これらはみな，自分自身に注意が過度に向けられると，そこから離れて他者に自分がどう見えるのかを推測することが困難であることを示す例である。

2．透明性の錯覚

　自分の感情，思考，意図などは，明示的に表現しない限り，他者にはわからないものである。もちろん私たちはそのことをよくわかっているが，実際には，自分の内的な状態を十分に外に表していないにもかかわらず，それが他者に理解可能であると推測する傾向がある。言い換えれば，本当は他者には見えない自分の内的な状態が他者に透けて見えると推測する傾向のことで，これを「透明性の錯覚（illusion of transparency）」と呼ぶ。たとえば，Gilovich et al.（1998）では，実験者に守るように指示された決まりを守らない人（実際には，この人物は実験参加者のふりをしている実験協力者であった）のことを実験参加者たちが（はっきりと口に出しては言わないが）心配するという状態がつくり出された。この時，実験参加者はそれぞれにまわりの人には，「自分が心配していることがわかる」と推測した。ところが，（口には出さないが）同じことを心配している周囲の人を見ても，彼らは心配していないと推測していたのである。つまり，実験参加者たちはお互いに，まわりの人の心配に気づかないにもかかわらず，まわりの人には自分が心配しているということがわかるはずだと推測したのである。

　他にも自分の嘘がばれると思う（Gilovich et al., 1998），緊張していることがわかると思う（遠藤，2007），（はっきり言葉で示さなくても）自分の意図が伝わると思う（Vorauer & Claude, 1998）など，私たちには，明示的に表現しない自分の内的状態が他者にわかる程度を過大視する傾向があり，実際には十分に他者に自分の内的状態を伝えていないにもかかわらず，伝わっているはずだと推測する方向のバイアスがかかりやすい。

　特に現実場面で，この錯覚が引き起こす問題を扱った研究に Kruger et al.

(2005)の伝達手段の違いと錯覚の関係を検討したものがある。現代社会では電子メールによるコミュニケーションが頻繁に行われているが、電話によるコミュニケーションに比べ、音声情報を含まないため情報量が低下する。皮肉とも本心で褒めているとも解釈できる曖昧なメッセージの理解を題材にした一連の実験において、メッセージの送り手は、電子メールでも電話と同様にメッセージの意図（皮肉かそうでないか）が相手に正しく伝わると予測していた。それに対して、メッセージを受け取った側は、電子メールの場合、電話に比べて、メッセージの意図を正確に推測することができなかった。つまり、電子メールでは、十分に送り手の意図が伝わらないにもかかわらず、送り手は自分には意図が自明なため、電子メールのメッセージから十分に意図が伝わると推測してしまうと考えられる。

3．自分だけが知っていること

　幼い子どもは誤信念課題を通過できないことに示されるように、子どもにとっては、自分が知っていることを他者が知らないという現実を理解することは難しく、他者も自分が知っていることを知っていると推論してしまいやすい。大人になれば、この傾向は改善されはするが、完全になくなることはない。2節の3．の不十分な調整のところで紹介したEpley et al.（2004）の留守番電話メッセージの解釈の研究に見られるように、自分だけがある情報を知っていて、他者はその情報を知らない場合、自分が知っていることを無視して、情報を知らない他者の心的状態を推論することは大人にとっても困難なことである。

　自分自身が他者にどう見られているかを推測する際にも知識の問題は関わってくる。なぜなら、私たちは自分自身については過去の知識を多く持っているが、他者はそれについて知らない場合が多く、知識量に差があるからである。たとえば、事前に練習したうえで本番でようやくうまくできた時、自分自身にはその練習の過程が自明であるので、本番での遂行はそのまま能力の高さを示すものとはとらえられない。しかし、練習の過程を知らず、本番の遂行を初めて見る他者は、遂行そのものに着目して行為者の能力を推測するため高い能力が推測されやすくなるだろう。行為者本人も他者が練習の過程を知らないことは理解しているが、自分自身の経験についての知識を無視して、他者にどう見

られているかを推測することは難しい。

　Chambers et al.（2008）では，テンポが速くて歌詞をまちがわずに歌うことが難しい歌を約30秒間歌う課題を用いて，行為者と観察者の（行為者についての）知識量の違いの問題が検討されている。この実験では，参加者は同じ歌を2回歌ったのだが，1回は歌詞を見ずに，もう1回は歌詞を見て歌った（順番はカウンターバランスされていた）。そして2回目は録音され，他者によって評価された。参加者は，自分の録音を聴いた人たちが，どの程度良い評価をするかを推測した。歌詞を見て歌ったほうを録音された参加者の推測は，歌詞を見ないほうを録音された参加者の推測よりも好評価を予測していた。歌詞を見て歌った後に歌詞を見ないで歌った場合は，1回目と比較して自分がへたに感じられるが，逆の順番の場合には2回目のほうがうまく歌えていると感じられるため，聴き手にもそうとらえられると推測していたのである。しかし，聴き手の評価は歌い手が歌詞を見たかどうかで異なってはいなかった。

　「自分が知っていることを他者は知らない」ということを十分に理解していてもなお，調整過程を十分にはたらかせ，他者には自分がどう見えるのか，あるいは，自分が示している情報がどう理解されるのかを推測することは容易ではない。このように考えると，知識を伝達しようとする時，知識をすでに持っている者が持たない者にわかりやすく伝えることがいかに困難なことであるか理解できるだろう。

4．状況要因の軽視の予測

　人の行動はその人の安定的な属性（性格や能力や態度）をそのまま表しているとは限らない。たとえば，ある人がだれかを厳しく怒ったからといって，その人が怒りっぽい人とは限らない。相手を教育するために，怒らなければならない理由があったかもしれないのである。このような場合，教育のために怒らなくてはならないというのは，行為者（怒った人）がおかれていた状況の要因である。一般にこのような場合，行為者を見ている人（観察者）は，状況要因を軽視し，行為者が取った行動に対応した内的な属性を行為者が有していることがその行動の原因であると推論しがちである。つまり，怒ったのだから怒りっぽい人だと推論しがちであり，この傾向は対応バイアスと呼ばれ，頑健な

バイアスの1つとして知られている（たとえば，Gilbert & Malone, 1995；Jones & Harris, 1967）。

　では，自分が行為者の時，観察者に自分はどのようにとらえられると推測するだろうか。たとえば，この例であれば，自分は仕方なく怒ったのであるということを観察者は理解してくれないと推測するのだろうか，それとも，自分にとっては，怒ることはやむを得なかったという状況要因は自明なので，観察者もそれを考慮すると推測するのだろうか。

　このことを検討した一連の研究が見いだしたことは，行為者は観察者が状況要因を軽視すると予測し，この予測は実際よりも極端になる，つまり，観察者はある程度は状況要因を考慮するが，行為者は実際よりも考慮してもらえないだろうと予測するということである（Epley et al., 2002；Savitsky et al., 2001；Van Boven et al., 2003）。つまり，行為者は観察者が行動のみから自分の内面を判断すると推測しがちなのである。たとえば，だれにも解けないような難しい問題をまちがえても，知的能力が低いと見られることはあまりない。しかし，行為者は，自分が問題をまちがえたことに自分の注意や思考を焦点化してしまい，問題の難しさを観察者が考慮することを見過ごしがちになる。Epley et al.（2002）は，難しい問題を出されて悪い成績を取った行為者は，観察者に自分の知的能力がどう評価されるかを推測したが，問題の難しさを知っている観察者にも問題の難しさを知らずに成績のみを知っている観察者にも同じように知的能力が低いと評価されると推測していた。つまり，問題の難しさを知っている観察者にも，その点は考慮されないと推測していたのである。もちろん実際には，問題の難しさを知っている観察者は，そのことを考慮し，行為者の知的能力を低く評価しなかった。

　このように他者が自分のことを評価する時に，自分のおかれている状況要因を軽視すると予測する傾向には文化差があり，東洋文化では見られないという主張もあるが（Van Boven et al., 2003），日本人実験参加者においても他者が状況要因を軽視すると予測することを示す結果もあり（たとえば，Kudo et al., 2003），この問題についてはさらなる検討が必要だろう。

5．メタステレオタイプ

　ステレオタイプとはある集団に属する人々が共通して持っていると考えられている特徴をさし，他者を理解する際にステレオタイプが利用されやすいことが知られている。しかし，ステレオタイプは自分についてのメタ認知にも利用される。自分がステレオタイプが付与されている集団の一員である場合，他集団に属する人からそのステレオタイプをあてはめて見られるだろうと推測するかもしれない。この時，他者が自分にあてはめるであろうと予測するステレオタイプがメタステレオタイプである。たとえば，自分は女性だから，「男性上司に仕事ができないだろうと思われるだろう」と推測する女性がいたとすると，"女性は仕事ができない"がメタステレオタイプということができる。

　自分がステレオタイプを付与された集団の一員であるという意識がある場合，自分のことをステレオタイプをあてはめて見る可能性のある他者と接するだけでメタステレオタイプが活性化する（Vorauer et al., 2000）。そして，人種偏見の強い人は，その他者がステレオタイプ的に自分を評価すると推測するが，実際には他者はその予測ほどステレオタイプ的に評価しない（Vorauer & Kumhyr, 2001；Vorauer et al., 1998）。この現象を生起させる推論の過程としては，推論の起点の係留点にメタステレオタイプがおかれ，その後実際に自分がそのメタステレオタイプにどれだけ合致しているか（いないか）という主観的感覚や知識を用いて推論を調整することが考えられている。

4節　他者の心的状態の推論に用いられる（自分の心的状態以外の）道具

　1節で述べたように，他者の心的状態を推論する際に自分の心的状態を手がかりとして用いるのは，それが妥当だと感じられているからである。とすれば，自分の心的状態を利用することが妥当ではないと考えられる場合は，別の手がかりが用いられることになる。ここでは，自分の心的状態以外の手がかりについて見ていく。

1. 他者についてのステレオタイプ知識

　自分の心的状態を手がかりとするのは妥当ではないと考えられるケースの1つは，推測の対象である他者が，自分とは共通点がない人物の時である。自分と推測の対象となる他者が似ていないと認識される場合，その他者が属しているカテゴリー成員に対する情報，すなわちステレオタイプ知識が用いられやすいことになる。

　このことを検討したAmes（2004）では，実験参加者は推測の対象となるターゲット人物について，MBAコースの院生，社会福祉コースの院生，あるいは図書館学コースの院生であるという情報（それぞれのコースの院生に対してステレオタイプが存在する）を与えられた。その後，参加者はいくつかの質問に回答し，その回答がターゲット人物の同じ質問に対する回答と同じ（あるいは同じ答えがない）と知らされた。回答が同じ場合は自分とターゲットの類似性を高くとらえ，回答が異なる場合は類似性を低くとらえると考えられる。そのうえで参加者は，ターゲット人物が他の人とパズルを解いている様子を映した映像を30秒間見て，その時のターゲットの心的状態を推論した。すると，自分とターゲットが類似しているとされた場合には，ステレオタイプに基づく推論は弱く，自分の心的状態を投影する傾向が強かった。しかし，ターゲットと自分が似ていない場合には，逆の傾向が認められた。

　Ames（2004）はさらに，ターゲットと自分が類似していない場合は，ターゲットが属するグループの人々の傾向（ステレオタイプ）を参照してターゲットの心的状態について推測することを示した。彼は，連続して行う判断に用いられる推論過程の重なりが大きい場合，後から行う判断に要する時間が短くなることを利用した，課題促進パラダイムを用いた実験を行った。その結果，自分とは似ていないターゲットの心的状態の回答（推論）に要する時間は，その直前に自分の心的状態を回答するよりも，ターゲットの属するグループの人々一般の心的状態について回答した場合に短くなった（反応が促進した）。しかし自分と類似しているターゲットの場合は，自分の心的状態について判断した後にターゲットの心的状態について回答すると，回答の速度が促進された。つまり，この実験の結果は，自分と似たターゲットの場合は，自分の心的状態を参照してターゲットの心的状態を推論し，自分と似ていないターゲットの場合

は，ステレオタイプ知識を参照してターゲットの心的状態を推論していると考えるとうまく説明がつくのである。このように，ターゲットと自分が似ていない場合は，自分ではなくステレオタイプ知識が利用されやすくなる。

2．自己利益追求的人間観

他者の心的状態の推論を歪める要因の1つに，人は自己利益を追求する存在であるという前提があると考えられる。共同作業をしている相手がその貢献度をどのようにとらえているかを推測させると，相手は成功に対する貢献度を過大視し，失敗に対する責任を過小視するという推測がなされやすい。このような自己奉仕的帰属バイアスは一般的に存在するのだが，相手に対しては，実際よりも，より自己奉仕的であると推論されやすい。このような推論傾向はナイーブ・シニシズム（naive cynicism）と呼ばれ，人が自己利益追求的にものごとを理解するという前提に立って，他者の心的状態を推論していると考えられている。一方で自分自身の推論は自己利益追求的に歪んでいない（少なくとも他者ほどには）と感じている。

Kruger & Gilovich（1999）では，実験参加者は戦争を模したテレビ・ゲームを2人1組で協同して行った。その後，参加者はゲームのなかでうまくできた事柄と，できなかった事柄について，自分と相手それぞれがどの程度貢献したか，あるいは責任があるかを2人の貢献度（または責任）全体が100となるようにして回答した。この時，相手がどう回答するかもあわせて推測して回答した。図7－2に示された通り，2人の自分自身の回答（つまり，自分の貢献度）を合計すると，うまくいった事柄についての回答はほぼ100となり，うまくいかなかった事柄については100を上回った。つまり成功については自己奉仕的な帰属傾向が認められず，失敗については自己奉仕的な帰属とは反対に，自分の責任を過大評価していた。しかし，相手の回答を推測した回答では，うまくいった事柄については，2人の推測の合計は100を大きく上回り，うまくいかなかった事柄については，2人の推測の合計は100を大きく下回った。つまり，相手は成功についても失敗についても自己奉仕的な帰属をすると予測していたのである。このように，特に利害が関わる場面においては，自分自身の心的状態を他者に投影するのではなく，他者は自分とは異なり，自己利益追求

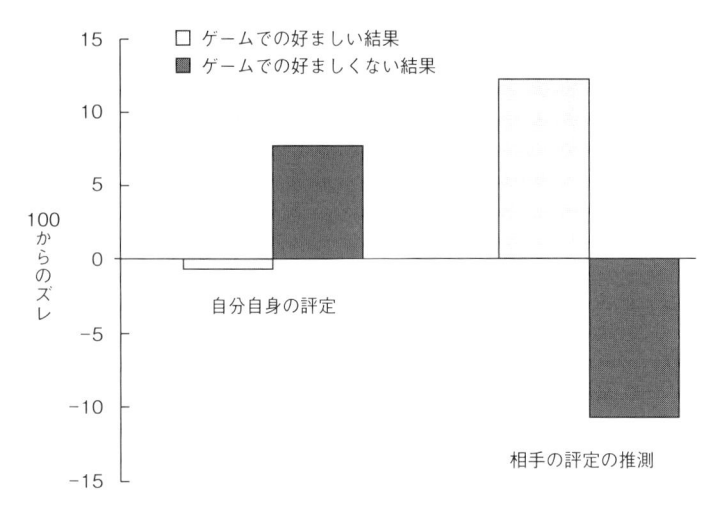

▶ 図7-2　共同作業の貢献度／責任評定におけるナイーブ・シニシズム
（Kruger & Gilovich, 1999より）

実験参加者は，自分と相手との貢献度および責任が合わせて100になるように評定している。図中の値は，2者の本人の評定の合計と互いの相手の評定の推測の合計を算出し，それぞれから100を減算した値。つまり，この値が100より大きい場合は貢献度（または責任）を過大視し，100より小さい場合は過小視していることになる。

の動機の影響を強く受けるという仮定をあてはめて推論しやすい。これは，人間全体に対するステレオタイプ知識のあてはめの例とも考えることができるだろう。自分と他者が同じことを経験している状況では，状況の理解も類似している可能性が高いことを考えると，自分の心的状態を投影せずに，一般的前提に立って推論することで推論が誤ることは，皮肉なことだといえる。

3．個人の情報

推測の対象がよく知った他者である場合，個人的な情報をよく知っていることになるし，相手も自分のことをよく知っていることになる。では，よく知った関係では情報が豊富にあるため，より正確な推測ができるだろうか。会話をしている時に，相手が何を考えているのか，どう感じているのかを推測する課題（実際には目の前の会話相手ではなく，会話をしているところのビデオを見て推測する課題）を用いてこの点を検討した研究（Thomas & Fletcher, 2003）

においては，見知らぬ他者や友人どうしよりも，恋人どうしのほうが相手の心的状態をより正しく推測できていた。また，知り合いである期間が長いほうが，相手の心的状態をより正確に推測できていた。しかし，この研究においては，恋人どうしでも推測の正確性は50％にとどまっていたし，前述のナイーブ・シニシズムは夫婦の間でも生じる（Kruger & Gilovich, 1999）ので，親密さは正確さに寄与するものの，親密な関係であれば，正確な推測ができるというものでもないようである。

一方，自分が他者にどう見られるかという推測を扱った研究の領域では，透明性の推測の研究において，未知の他者とよく知った友人のどちらに対してより大きな錯覚が生じるかが検討されている。そして，これらの研究は，友人とのほうが透明性の錯覚が大きくなることを示している（たとえば，工藤，2007；武田・沼崎，2007）。これは，個人情報を利用できるよく知った他者が相手であっても，相手の心的状態について適切な推論が行われるわけではなく，むしろ調整量が減り，自分の心的状態をそのままあてはめやすいことによると考えられている。

5節 他者の心的状態の推論における自己の主観的経験の特別視・例外視

2節では，他者の心的状態の推論において，自分の心的状態を利用する過程について説明したが，ここでは，自分の心的状態や主観的経験を他者にそのまま投影しない場合について論じる。基本的には，「自分と他者とが違う」という前提を持つ時，他者に自分の心的状態を投影することは抑制されるのだが，それはどのような場合なのだろうか。

1．ナイーブ・シニシズムとバイアス・ブラインド・スポット

先に述べた，自己利益追求的人間観に基づく推論の結果生じるナイーブ・シニシズムは，自分自身には適用されない。これは，自分は自己利益追求動機に基づく自己奉仕的帰属や推論を行っていないという主観的感覚に基づいて判断しているためと考えられている。つまり，自分に関してはそのような動機は検

知されないので、そうした動機ははたらいておらず、客観的な帰属や推論をしていると思ってしまう。しかし、実際には、その推論は自己奉仕的方向に歪んでいる。つまり、他者については、表出された言動から自己奉仕的な帰属や推論がはたらいていると推測するが、自分については、自分の主観、すなわち自分自身が動機に影響されて判断したかどうかという自分の感覚に基づき自己奉仕的動機の有無を判断しがちなのである。そしてこの動機の影響は基本的に自分では検知できないため、他者には自己奉仕的動機がはたらいているが、自分にははたらいていないと考えることになる（Pronin, 2008；Pronin et al., 2004；Pronin & Kugler, 2007）。このように自分の推論は他者に比べてバイアスがかかっていないと考える傾向をバイアス・ブラインド・スポット（bias blind spot）と呼ぶ。

このように私たちは、自己奉仕的動機のはたらきは自分には弱く他者には強いという前提を持ちやすく、自己奉仕的な動機が判断に介在すると想定されるような状況では特に、自分の心的状態を他者に投影することは抑制されると考えられる。

2．立ち直りの予測における心理的免疫システムに関する知識の非対称性

自分自身の感情の予測において、インパクトバイアスが生じやすく、経験する感情の強度を過剰に予測することは先に述べたが、インパクトバイアスは、強度だけでなく、持続性の予測においても生じる（たとえば、Gilbert et al., 1998）。私たちは自分が経験すると想像するポジティブ（あるいはネガティブ）な感情が、実際よりも持続すると予想しがちなのである。このバイアスを生じさせる要因として、焦点化と免疫無視の2つのメカニズムが想定されている。焦点化とは、感情を生起させるもととなった出来事以外に経験することになるであろう、さまざまなポジティブ、ネガティブ感情を生起させる出来事の生起とその影響を考慮できないことである。そのために自分の感情が当該の出来事以外のことで変動することを予測できず、当該の出来事によって生じた感情の持続性を過大視することになる。免疫無視とは、ネガティブ感情が生起した場合に、その感情の回復をめざして動員される、さまざまな認知メカニズムのはたらきを看過する傾向のことである。たとえば、大失恋をした後に、「運

命の相手は別にいるから，その人に出会うために今回はうまくいかなかった」というような思考をすることで，失恋の悲しみを低減するかもしれない。しかし，ネガティブな出来事によって生じる自分の感情反応を予測する時，私たちはこの心理的免疫システムのはたらきを十分に予測することができず，ネガティブな感情が実際よりも持続すると予測してしまう。

　ネガティブな出来事によって生起するネガティブ感情に対する持続性バイアスは，他者が経験する感情について予測する場合に，より強まることも示されている。Igou（2008）は，上記の免疫無視は，実際には心理的免疫システムのはたらきの軽視であり，私たちは自分がネガティブな出来事を経験した時に，それを軽減した経験はある程度認識しており，ネガティブな出来事の経験の後の感情を予測する場合にもそのことは考慮されると主張している。しかし，他者がそういったネガティブ感情を軽減するような活動をしているということを知る機会がないため，他者について予測する時に，心理的免疫システムのはたらきはほとんど無視されることになると主張し，これを「免疫システムに関する知識の非対称性（Assymmetric Immune Knowledge: AIK）仮説」と名づけた。Igou（2008）は AIK 仮説を確かめるために予期しないネガティブな出来事に遭遇した時に，それによって生起したネガティブ感情がどの程度持続すると思うか，場面想定法によって検討した。その結果，自分よりも他者のほうがネガティブ感情が持続すると予測され，その傾向は他者が知り合いであっても同様であった。さらには，持続性の予測は，採用するであろう対処方略についての知識量に媒介されていた。つまり AIK 仮説の通り，他者については免疫システムのはたらきがあることを知らないことが，他者に対する持続性バイアスをより大きくしていることが示された。

3．自分の経験の特別視

　自分の経験したことは，個人的な経験であり，だれかと直接分かちあうことはできない。だとすれば，自分の主観的経験である感情体験は自分個人の特別な体験だと感じることで，他者の感情状態の推測には用いられない可能性が考えられるのではないだろうか。たとえば，自分の感情体験が自分の予測と異なるものであった時，その感情体験は特別なものだと感じられ，同じ状況にいる

他者の感情は，自分とは異なると予測しやすくなるのではないだろうか。

先に述べたように，感情予測におけるバイアスには持続性の過大視と強度の過大視の2つがある。言い換えれば，実際に出来事を経験した場合に私たちが経験する感情は，予想ほど強烈ではないし，持続もしないということである。では，ネガティブな出来事を経験し，そうした感情経験をした場合，同様の出来事を経験した他者のネガティブ感情を推測する時に，自分の経験（ネガティブ感情はそれほど強くなく，持続しない）を投影するのだろうか。

桑山・工藤（2008）は，知的能力を査定するテストを装った課題を用いてこのことを検討した。この実験では，実験参加者は非常に悪い成績（D判定）か少し悪い成績（B判定）をフィードバックされた（このフィードバックは実際の成績とは無関係にランダムになされた）。そして，フィードバックの5分後にその時の感情を回答し，さらに，同じ状況における他者がどのような感情であるかを想像して回答した。さらにこの実験では，実際にはフィードバックを与えられず，フィードバックを与えられた状況を想像して回答する予測者条件が設定されていた。この条件では，参加者はD判定またはB判定を受け取ったところを想像し，フィードバックの5分後の自分の感情を予測した。また，同じ状況の他者の感情についても予測して回答した。図7－3に示した通

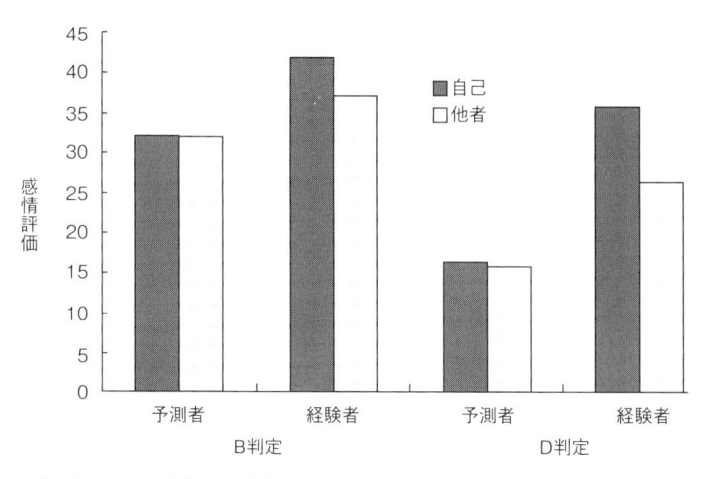

▶ 図7－3　自分および他者の感情評価と予測（桑山・工藤，2008より）
数値が高いほどポジティブな感情を表す。

り，5分後の感情について予測者は経験者よりもネガティブな方向に予測をしており，持続性バイアスが生じていた。それに加えて，予測者は自分と他者の感情を同じように予測していたのに対し，経験者は，自分よりも他者にネガティブな感情がより持続すると回答していた。つまり，ネガティブ感情がある程度低減しているにもかかわらず，他者は自分よりもネガティブ感情が持続すると，自分とは異なるように予測していたのである。

後悔感情を用いて，感情経験の強度のインパクトバイアスについて検討した研究（工藤，2009）においても，後悔感情のインパクトバイアスが強まる場合（つまり，実際には予想されるほど後悔感情を経験しない場合），実験参加者は自分の感情経験を同様の状況にある他者の感情の推測にそのままあてはめず，他者は自分よりも強い後悔感情を経験すると推測していた。つまり，自分の経験を利用するのではなく，一般的な予測に基づいて他者の感情状態を推測したと考えられる。

このように，他者のネガティブ感情の予測においては，自分自身の経験は必ずしもそのまま投影されない。特に，上記の研究結果からは，自分の経験が一般的予測と異なる場合においてそうである可能性が考えられる。なぜそのような場合に自分の感情経験を他者に投影しないのか現在のところ明確な回答は得られていないが，自分の経験（思ったほどネガティブな感情が強くなく持続しない）は，特殊な経験であるとみなすために他者にそのまま投影しない可能性が考えられる。

直接このことを検討している研究はないが，その可能性を示唆する研究がある。Van Boven et al. (2005) では，実験参加者は，いくらもらえたら大教室の大勢の受講生の前で1分間音楽にあわせて踊ってもよいかたずねられた。この時承諾すれば，本当に踊らなくてはならない「現実条件」と，仮にそのようにたずねられた場合を想像して回答する可能性のある「仮想条件」があった。さらにそれぞれの条件では，他者が同じ質問にどう回答するかを推測して回答した。全体として，推測された他者の回答金額は自分のそれより低かったのだが，その差は，仮想的に回答している場合よりも実際に踊る可能性がある場合に顕著になっていた。仮想条件で自分が本当に踊る可能性がまったくない場合，自分自身については約20ドル，他者については約10ドルと回答していた。とこ

ろが，実際に踊る可能性がある「現実条件」の場合，自分自身については約50ドルと回答していたにもかかわらず，他者の回答予測は約20ドルとなっていたのである。実験参加者は，自分が踊るのはとても嫌だと感じたと思われるが，他者はそれほどでもないと推測していたと考えられる。そして，この「とても嫌だ」という強烈な主観的経験は，自分独自の感情であるととらえられたため，それをそのまま他者にあてはめなかったと解釈することが可能だと思われる。

6節　正確さをめざした場合の帰結

　言うまでもなく，私たちは他者の心的状態を推論をする場合は，正確に推論したいと考える。では，正確さをめざすことで望むような推論が可能なのだろうか。また，その結果，どのようなことが生じるのだろうか。

1．正確さをめざす

　自分の主観的経験を係留点とし，それを他者に投影し，その後，他者と自分は異なるという知識に基づいて調整を行うという過程に基づいて考えると，正確に推測しようという動機があれば，より慎重に調整が行われることになるため，より正確な推論ができるようになると考えられる。調整には認知資源が必要なため調整過程は不十分である場合が多くなりやすいが，正確な推論に対する動機が十分に強ければ，調整過程が不十分なまま推論過程が終結する可能性は下がるからである。実際，Epley et al.（2004）の研究では，正確な推論を動機づけるよう，インセンティブを与えた場合，より正確な推論が行われ，自分が知っている情報の影響は小さくなった。このように，自分の知っている情報を知らない他者の心的状態に関する推論は，正確さをめざすことで，精度が高まることがある。

2．焦点化からの脱出

　繰り返し述べてきたように，他者の心的状態を推論する際に，私たちは自分の心的状態に注意を向けてしまいがちである。注意を向けるだけでなく，注意

を焦点化してしまい，他のことに注意が向けられなくなってしまう。つまり，他者が気づいていること，あるいはその反対に他者には見えないということに注意を向けられず，それらのことを考慮することができなくなってしまう。そのため推論された他者の心的状態は，過剰に自分の心的状態に近いものになってしまいがちである。特に，自分が他者にどう見られるかを推論する場合にこのことがあてはまる。

このように見ると自分の状態だけでなく，意識して周囲に目を向けるようにすることで，他者の心的状態の推論に自分自身の主観的経験が与える影響を相対的に小さくすることができると考えられる。あるいは，他者の立場から見えるものに気づきやすくなるかもしれない。よって，注意を周囲に向けることで，他者の心的状態の推論における自己中心的なバイアスは低減する可能性が考えられる。この点を検討した Savitsky et al.（2001）は，難しい問題ができずに悪い点を取った実験参加者に，自分が他者からどう評価されるかを推測させる時に，評価者はどのようなことに注目するかを考えさせ，それをリストアップさせ，自分に対する焦点化を低減させることを試みた。すると，このような作業をした参加者による推測は，その作業をしないで推測した参加者に比べて，評価者による実際の評価に近くなっていた。しかしながら，このような作業をしても，評価者の実際の評価を正しく推測できたわけではなく，過剰に否定的評価を予測する傾向は残った。

3．対立する他者の視点に立つ

「他の人の立場に立って考える」ということは，他者の心的状態を理解するうえで直截的だが日常的には推奨される方法である。しかし，私たちにはこのことを直接達成する手段がない。他者の立場に立ってみるということは実際には不可能である。そのため，脱焦点化の例で見られたように，ある程度の効果が期待できる場合もあるが，他者の立場に立つことが，否定的な副作用を生むこともある。そこで，ここでは，他者の立場に立つことの否定的効果を取り上げる。

たとえば，死刑制度の存続について異なる立場に立つ人々が相手の意見を理解しようとして，互いの立場に立って考えようとする場合，相手の意見の正当

性を支持するような証拠を探そうとするかもしれない。しかし，このような試みは，Lord et al. (1979) の古典的研究が示すように，残念ながら失敗に終わる可能性が高い。なぜなら，私たちには得られた情報が自分の信念が正しいことを支持しているととらえやすい傾向である確証バイアスがあるため，自分とは逆の意見が妥当であることを支持する証拠を探すことは，困難な作業となる。つまり，相手の意見を支持する証拠を探した結果，結局自分と対立する立場の意見の根拠は薄弱で，自分の意見こそが正しいと確信を深めることになるかもしれないのである。このように考えると，他者の立場に立って推論しようとする作業は，必ずしも他者の心的状態の推論を正確な方向へ導くとはいえず，むしろ逆にバイアスを大きくする可能性がある。

　その他にも他者の立場に立つことによる否定的効果の例がある。Epley et al. (2006) は，限られた資源を分配しなくてはならない状況で，どれだけの取り分を主張するかという問題でそのことを検討している。この研究において利益の対立する相手と資源を分配する時に，自分の取り分を決定する前に，相手の立場に立って考えるよう指示すると，自分の立場から考えさせる場合と比較し，参加者が公平だと判断する自分の取り分は減少した（つまり，相手のことを考慮した）。しかし，その後で，実際に資源を取らせると，相手の立場に立って考えたほうが，多くの資源を自分のために取ることが示された。つまり，相手の立場で考えることが，余計に自己利益追求的な行動を生じさせたのである。これは，ナイーブ・シニシズムのところで説明したように，相手が自己利益追求的であるという想定で相手のことを考えた結果，それに対抗するために自分も自己利益追求的な行動をとってしまうためと考えられる。この傾向を Epley et al. (2006) は反動的自己中心性（reactive egotism）と呼んでいる。このような副作用があることを考えると，他者の立場に立って考えることは，少なくとも利害が対立する場合，あるいは限られた資源を分けあう場合には望ましくないことになる。

　そこで Epley (2008) は，他者の視点に立つのではなく，第三者の視点に立って，自分を見ることを推奨している。第三者の視点に立って自分を見ることで，より客観的に，あるいは抽象的に自分をとらえることが可能になる。他者は自分自身よりも自分について知っている情報が少ない。そのため抽象的に

自分をとらえることで,結果的に他者と似たように自分をとらえることができる可能性が考えられると指摘している。

　他者の心的状態を正確に推論するということは,本章で見てきたようにかなり難しいことである。もちろん,泣いている子どもを見て悲しい気持ちを想像したり,スポーツ選手が勝利した瞬間の表情を見て喜びを推測するというように,簡単に他者の心的状態が推測できることもある。しかしながら,たとえば,感情の強度について正確に推測できるかという点でこういった推測を検討すれば,その推測にはズレがあるかもしれない。このようなズレは問題にならない場合もあるが,他者とのコミュニケーションにおいて大きな問題となる場合もあり,他者の心的状態の推測の過程の解明は,理論的関心からだけでなく,現実問題への応用という側面からも今後の研究の進展が待たれるテーマである。

文　献

Ames, D. R.　2004　Inside the mind reader's tool kit: Projection and stereotyping in mental state inference. *Journal of Personality and Social Psychology*, **87**, 340-353.

Ames, D. R., Jenkins, A. C., Banaji, M. R., & Mitchell, J. P.　2008　Taking another person's perspective increases self-referential neural processing. *Psychological Science*, **19**, 642-644.

Chambers, J. R., Epley, N., Savitsky, K., & Windschitl, P. D.　2008　Knowing too much: Using private knowledge to predict how one is viewed by others. *Psychological Science*, **19**, 542-548.

Davis, M. H., Soderlund, T., Cole, J., Gadol, E., Kute, M., Myers, M., & Weihing, J.　2004　Cognitions associated with attempts to empathize: How do we imagine the perspective of another? *Personality and Social Psycholgy Bulletin*, **30**, 1625-1635.

遠藤由美　2007　自己紹介場面での緊張と透明性錯覚　実験社会心理学研究, **46**, 53-62.

Epley, N.　2008　Mind reading. *Social and Personality Psychology Compass*, **2**, 1455-1474.

Epley, N., Caruso, E. M., & Bazerman, M. H.　2006　When perspective taking increases taking: Reactive egoism in social interaction. *Journal of Personality and Social Psychology*, **91**, 872-889.

Epley, N., & Gilovich, T.　2004　Are adjustments insufficient? *Personality and Social Psychology Bulletin*, **30**, 447-460

Epley, N., & Gilovich, T.　2006　The anchoring-and-adjustment heuristic: Why the adjustments are insufficient. *Psychological Science*, **17**, 311-318.

Epley, N., Keysar, B., VanBoven, L., & Gilovich, T.　2004　Perspctive taking as egocentric ancoring and adjustment. *Journal of Personality and Social Psychology*, **87**, 327-339.

Epley, N., Savitsky, K., & Gilovich, T.　2002　Empathy neglect: Reconciling the spotlight effect and the correspondence bias. *Journal of Personality and Social Psychology*, **83**, 300-312.

Gilbert, D. T.　2002　Inferential correction. In T. Gilovich, D. Griffin & D. Kahneman (Eds.), *Heuristics and biases: The psychology of intuitive judgment*. New York: Cambridge University Press. Pp.167-184.

Gilbert, D. T.　2006　*Stumbling on happiness*. New York: Alfred A. Knopf.

Gilbert, D. T., & Malone, P. S. 1995 The correspondence bias. *Psychological Bulletin*, **117**, 21-38.
Gilbert, D. T., Morewedge, C. K., Risen, J. L., & Wilson, T. D. 2004 Looking forward to looking backward: The misprediction of regret. *Psychological Science*, **15**（5）, 346-350.
Gilbert, D. T., Pinel, E. C., Wilson, T. D., Blumberg, S. J., & Wheatley, T. 1998 Immune neglect: A source of durability bias in affective forecasting. *Journal of Personality and Social Psychology*, **75**, 617-638.
Gilovich, T. 1991 *How we know what isn't so: The fallibility of human reason in everyday life*. New York: Free Press.
Gilovich, T., Jennings, D. L., & Jennings, S. 1983 Causal focus and estimates of consensus: An examination of the false-consensus effect. *Journal of Personality and Social Psychology*, **45**, 550-559.
Gilovich, T., Kruger, J., & Medvec, V. H. 2002 The spotlight effect revisited: Overestimating the manifest variability of our actions and appearance. *Journal of Experimental Social Psychology*, **38**, 93-99.
Gilovich, T., Medvec, V. H., & Savitsky, K. 2000 The spotlight effect in social judgment: An egocentric bias in estimates of the salience of one's own actions and appearance. *Journal of Personality and Social Psychology*, **78**, 211-222.
Gilovich, T., Savitsky, K., & Medvec, V. H. 1998 The illusion of transparency: Biased assessments of others' ability to read one's emotional states. *Journal of Personality and Social Psychology*, **75**, 332-346.
Igou, E. R. 2008 'How long will I suffer?' versus 'How long will you suffer?' A self-other effect in affective forecasting. *Journal of Personality and Social Psychology*, **95**, 899-917.
Jones, E. E., & Harris, V. A. 1967 The attribution of attitudes. *Journal of Experimental Social Psychology*, **3**, 1-24.
Kruger, J., Epley, N., Parker, J., & Ng, Z. 2005 Egocentrism over e-mail: Can we communicate as well as we think? *Journal of Personality and Social Psychology*, **89**, 925-936.
Kruger, J., & Gilovich, T. 1999 'Naive cynicism' in everyday theories of responsibility assessment: On biased assumptions of bias. *Journal of Personality and Social Psychology*, **76**, 743-753.
Kruger, J., Gordon, C. L., & Kuban, J. 2006 Intentions in teasing: When 'Just kidding' just isn't good enough. *Journal of Personality and Social Psychology*, **90**, 412-425.
工藤恵理子 2007 親密な関係におけるメタ認知バイアス―透明性の錯覚の生起における社会的規範仮説の検討― 実験社会心理学研究, **46**, 63-77.
工藤恵理子 2009 他者の感情を推測するときの自己中心性―後悔感情の場合― 日本社会心理学会・日本グループ・ダイナミックス学会合同大会発表論文集, 358-359.
Kudo, E., Pelham, B. W., & Shimizu, M. 2003 A second look at meta-perception: Culture and the overestimation of the correspondence bias. Poster presented at the 4 th annul meeting of the Society for Personality and Social Psychology, Los Angeles, U.S.A.
桑山恵真・工藤恵理子 2008 ネガティブな出来事の経験と感情予測 日本社会心理学会第50回大会発表論文集, 2-3.
Lord, C. G., Ross, L., & Lepper, M. R. 1979 Biased assimilation and attitude polarization: The effects of prior theories on subsequently considered evidence. *Journal of Personality and Social Psychology*, **37**, 2098-2109.
Pronin, E. 2008 How we see ourselves and how we see others. *Science*, **320**, 1177-1180.
Pronin, E., Gilovich, T., & Ross, L. 2004 Objectivity in the eye of the beholder: Divergent perceptions of bias in self versus others. *Psychological Review*, **111**, 781-799.
Pronin, E., & Kugler, M. B. 2007 Valuing thoughts, ignoring behavior: The introspection illusion as a source of the bias blind spot. *Journal of Experimental Social Psychology*, **43**, 565-578.
Ross, L., & Ward, A. 1996 Naive realism in everyday life: Implications for social conflict and misunderstanding. In E. S. Reed, E. Turiel & T. Brown（Eds.）, *Values and knowledge*. Hillsdale, NJ: Lawrence

Erlbaum Associates. Pp.103-135.

Savitsky, K., Epley, N., & Gilovich, T. 2001 Do others judge us as harshly as we think? Overestimating the impact of our failures, shortcomings, and mishaps. *Journal of Personality and Social Psychology*, **81**, 44-56.

Savitsky, K., Gilovich, T., Berger, G., & Medvec, V. H. 2003 Is our absence as conspicuous as we think? Overestimating the salience and impact of one's absence from a group. *Journal of Experimental Social Psychology*, **39**, 386-392.

武田美亜・沼崎　誠　2007　相手との親密さが内的経験の積極的伝達場面における2種類の透明性の錯覚に及ぼす効果　社会心理学研究, **23**, 57-70

Thomas, G., & Fletcher, G. J. O. 2003 Mind-reading accuracy in intimate relationships: Assessing the roles of the relationship, the target, and the judge. *Journal of Personality and Social Psychology*, **85**, 1079-1094.

Tversky, A., & Kahneman, D. 1974 Judgment under uncertainty: Heuristics and biases. *Science*, **185**, 1124-1131.

Van Boven, L., & Lowenstein, G. 2003 Social projection of transient drive states. *Personality and Social Psychology Bulletin*, **29**, 1159-1168.

Van Boven, L., Lowenstein, G., & Dunning, D. 2005 The illusion of courage in social predictions: Underestimating the impact of fear of embarrassment on other people. *Organizational Behavior and Human Decision Processes*, **96**, 130-141.

Van Boven, L., White, K., Kamada, A., & Gilovich, T. 2003 Intuitions about situational correction in self and others. *Journal of Personality and Social Psychology*, **85**, 249-258.

Vorauer, J. D., & Claude, S.-D. 1998 Perceived versus actual transparency of goals in negotiation. *Personality and Social Psychology Bulletin*, **24**, 371-385.

Vorauer, J. D., Hunter, A. J., Main, K. J., & Roy, S. A. 2000 Meta-stereotype activation: Evidence from indirect measures for specific evaluative concerns experienced by members of dominant groups in intergroup interaction. *Journal of Personality and Social Psychology*, **78**, 690-707.

Vorauer, J., & Kumhyr, S. M. 2001 Is this about you or me? Self-versus other-directed judgments and feelings in response to intergroup interaction. *Personality and Social Psychology Bulletin*, **27**, 706-719.

Vorauer, J. D., Main, K. J., & O'Connell, G. B. 1998 How do individuals expect to be viewed by members of lower status groups? Content and implications of meta-stereotypes. *Journal of Personality and Social Psychology*, **75**, 917-937.

Wilson, T. D., & Gilbert, D. T. 2003 Affective forecasting. In M. Zanna (Ed.), *Advances in experimental social psychology*. Vol. 35. New York: Elsevier. Pp.345-411.

Wilson, T. D., Meyers, J., & Gilbert, D. T. 2003 'How happy was I, anyway?' A retrospective impact bias. *Social Cognition*, **21** (6), 421-446.

第8章
認知と感情のダイナミズム

北村英哉

1節　はじめに

　従来，思考過程などの認知過程と感情過程は切り離された別物であることが当然視されてきた。しかし，近年，認知過程と感情過程は深く関わっており，そもそもプロセスとして切り離すことができる別過程ではないと論じる研究者もいる（Duncan & Barrett, 2007）。感情はかつて非合理の象徴のように扱われてきたが，近年は，感情というメカニズムが人間に備わっていることの意味が見直され，人間が生きていくうえで非常に有用な合理性を感情システムが担っていることが示されてきた（Frijda, 1988；戸田，1992　2007）。感情システムを認知システムと対立するものとみなす考え方は徐々に変化し，認知・感情システムは総体として，人の適応を実現させるようにはたらいているものと考えられる。

　本章では，近年発展の著しい，このような認知・感情システムのダイナミズムをまず適応の観点から述べ，さらに注意との関連，記憶・知識を含めたネットワーク・モデル，Damasio のモデルの概説と，感情を1つの情報とみなす考え方を紹介する。さらに感情が認知に及ぼす影響として，気分一致記憶効果，感情と情報処理方略を取り上げ，次に，認知が感情に影響する過程として認知的評価モデルにふれる。そして，最後に，現代の社会生活への応用として，電子コミュニケーションにおける感情伝達を顔文字，絵文字の利用を題材にして述べる。

2節　認知・感情システムと適応

　振り返れば認知研究のメインストリームでは，感情価の低い単語刺激や，感情価が問題にならないような知覚刺激を用いて，認知過程の一般法則が探究されてきた。刺激としての統制を重んじることによって，必然的に感情的なばらつきのない，だれにも一義的な意味を有する刺激が利用されてきたのである。そして，日常私たちが出会う外界の刺激には感情価があるということを補足的に付け加えて，後から微調整を行うことで問題を解決しようとする姿勢が見られた。

　しかし，考えてみれば，世の中の多くの刺激は感情価に満ちている。刺激に含まれている感情的要素を別立てで考えることがそもそも正しいことなのか一考を要するだろう。私たちの認知システムを進化的なパースペクティブでとらえれば，それは単に「外界を理解するため」だけのシステムではない。何のために外界を理解するのかといえば，それは生き延びていくためであり，これを「適応」と言い換えれば，外界への適応のために認知システムは存在するのであろう。近年，「知覚は行動のためにある」という議論もなされている（Koch, 2004）。

　危険に恐怖を感じ，好ましい刺激に喜びや楽しさを感じて接近し，生存に有毒なものは嫌悪感によって回避する。そのような生体システムによって，私たちの命は守られている。すなわち，外界にあるものを認知・理解するということは，「自分にとってそれらの刺激がどのような意味を有するのか」という理解が成立してはじめて有意味な認知たり得るのだろう。Koch（2004）は，質感（クオリア）の議論のなかで，質感を意味システムや反応系との広い連合関係のなかで生じる現象であるととらえている。そもそも「意味」を感じる私たちのシステム自体が遺伝的にプログラミングされた反応系列と，経験によって学習された反応とが合わさって，主観的に浮かび上がってくる意識内の意味を生成しているのだと考えられる。そして，生得的に仕組まれた反応系列のなかに，通常私たちが「感情」と呼ぶ反応システムが重要な要素として含まれている。

このように認知・感情システムをとらえれば，意識的な処理以前に，おぼろげな形象からその刺激が私たちにとって有害で避けるべきものとして恐怖感を与えるものかについてのきわめて素早い反応を引き起こすように生体が準備されていることは非常に合理的なことである。このように感情システムは詳細な認知的処理や意識的処理よりも速く生体の反応体制を形成するのに役立っている。それほどに緊急でなくても，あらゆる外界刺激が自分にとって，「良いものか悪いものか」を感じさせるポジティブ／ネガティブの評価システムがきわめて自動的に早く惹起するのは生体の適応に資するためである（第2章を参照）。

3節 感情と認知
——感情の認知への影響

1．感情と注意

　感情価が生体の適応に関わる初期判断の出力であるととらえれば，感情価の判断が生体にとって非常に重要な認識的な要素であることは疑いない。私たちの認知システムは，円滑に感情価の認識をなしとげるように仕組まれている。それは認知システムにとって不可欠の構成要素といえるだろう。

　近年では，ますます感情的な意味がいかに認知を誘導する役割を果たしているかが確認されるようになってきた。感情価の高い刺激は注意を引きつける性質を持つ。人が目標達成をするために価値があると思われる対象にはポジティブな感情を抱き，注意を振り向ける（Aarts et al., 2001）。また，生存を危うくする危険な刺激についても自動的に注意を振り向ける（LeDoux, 1996）。このように外界から入力される膨大な刺激のうち，いずれに焦点を合わせるか，あるいは，積極的にいかなる刺激に向かって接近・探索していくかについての行動の基準を提供しているのが感情的な要素である。

　警戒の観点からいえば，危険な信号をいち早く捕捉しなければならない。このような事情は，危険を認識する識閾が低い不安傾向者によって確認できる。感情ストループ課題によって脅威刺激を呈示すると，反応時間が抑制される（反応にかかる時間が長くなる）効果は，高不安者のほうが低不安者よりも高

い（鵜木, 1999）。このような注意バイアスはドット・プローブ課題によっても確認され，高不安者は脅威刺激に対して注意が引きつけられて，その捕捉からの解放が遅れるという報告もなされている（守谷・丹野, 2007）。高不安者においては，脅威刺激への注意が過剰化したものと考えると，これらの事実からは健常者にとっても，元来ある状況下で不安を喚起するような脅威刺激を適切に検出することが認知システムの重要な任務の1つであることが示唆される。

2．感情ネットワーク・モデル

感情と認知が密接に結びついていることをモデルで示したものの1つがBower（1981, 1991）による感情ネットワーク・モデルであった。彼は，記憶のネットワーク・モデルにおいて，感情も1つのノードであるととらえて，意味ネットワークのなかに感情的要素を取り入れたモデル化を行った（図8－1）。しかし，このモデルでは認知的要素と感情的要素は別個のノードとして表現され，認知的要素が感情的なノードと連合することによってはじめて感情価を表象できる仕組みになっている。実際には，ありとあらゆる刺激には感情価が含まれていて，感情と独立した認知的要素という概念を考えることのほうが困難である。

記憶の研究では感情価の高い刺激のほうが記憶に優れているという（Reisberg & Heuer, 2004）。海馬と扁桃体は緊密に連関しており，感情的要素が記

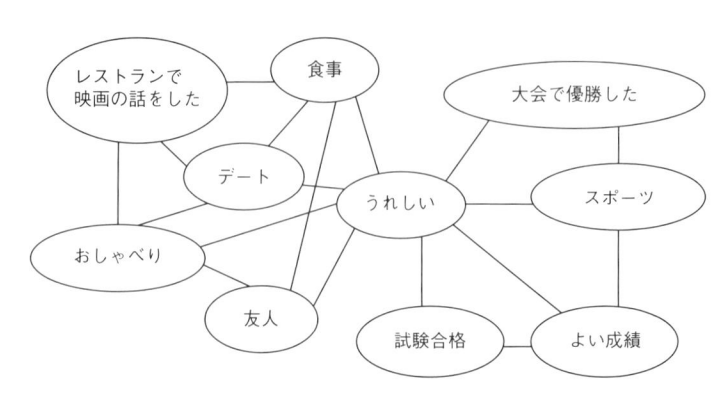

▶ 図8－1　意味記憶とエピソード記憶をともに用いたネットワーク

憶を増強するにあたって関与している可能性を示唆している。

　感情ネットワーク・モデルでは，意味ネットワーク・モデルなどと同様に，関連する事項がリンクでつながり，1つのノードの活性化はリンクの結合された他のノードへと活性化し拡散していく。そのため，ある感情を経験すると，その感情に関係した事象は活性化し，新たな情報を符号化していく基盤としてはたらく。そのため，ポジティブな気分を感じている時には，ポジティブな出来事がネットワークの活性化に基づいて豊富な情報処理を施されることになり，後の記憶に優れることになる。これが気分一致記憶効果である。気分一致記憶効果は，ネガティブ気分においては一貫した結果が得られにくく，ポジティブ気分において頑健であるというポジティブ・ネガティブ・非対称（PNA）現象が知られている（川瀬，1996；池上，1998；Isen, 1987；谷口，2002）。

3．感情と認知のモデル

　初期の認知研究では判断や決定は感情抜きの合理的な計算によってもたらされると考えられていた。しかし，Damasio（1994）は，主として認知システムと感情システムをつなぐのに重要な役割を果たしていると考えられる前頭前野腹内側部を中心とした脳部位に損傷を受けた人は，日常のちょっとした選択・決断行為にも深刻な不適応が生じることを説明している。判断の基盤には，しばしば感情的情報が必要であり，ポジティブに感じる判断を選ぶというヒューリスティックが日常生活では有効に作用しているのである（Schwarz, 1990；北村，2003）。このように，判断の基盤として感情が用いられることを感情情報説と呼ぶ（Schwarz, 1990）。

　私たちは感情的情報をじょうずに利用するエキスパートであり，そのような情報処理モデルを考えると，感情と認知を切り離すのではなく，感情を一種の情報としてとらえて同じ枠組みのなかで感情的処理を理解していく道筋が構想できるだろう（Eder et al., 2007）。言わば「感情の認知的側面」への注目が高まったわけである。

　実際，近年の感情研究では，感情プライミングや評価の検出，感情の認知に果たす役割の検討など，従来の認知心理学的な実験手法を感情要素にあてはめた研究が非常に多くなされてきている。このように扱われる感情自体がその構

成要素として実際に認知と異なる性質を持つのかどうかさえ問われるようになってきたわけである（Eder et al., 2007を参照）。

　また，Damasio（1999，2003）は意識が構成される基盤としても情動を重視している。生体が環境に対して自動的に反応し，その身体的・内臓的変化について脳に情報が送られる。この身体から脳への信号をソマティック・マーカーと呼ぶ。図8－2で身体からの情報の流れを一番右側の上向き矢印で表した。一方，脳から身体各部への統御的影響は，図8－2の下向き矢印の流れに沿って，扁桃体や視床下部から自律神経系に信号が流れて，内臓，筋骨格システムに影響する。このような身体的な総体的感覚が私たちの背景感情を形成しているという。

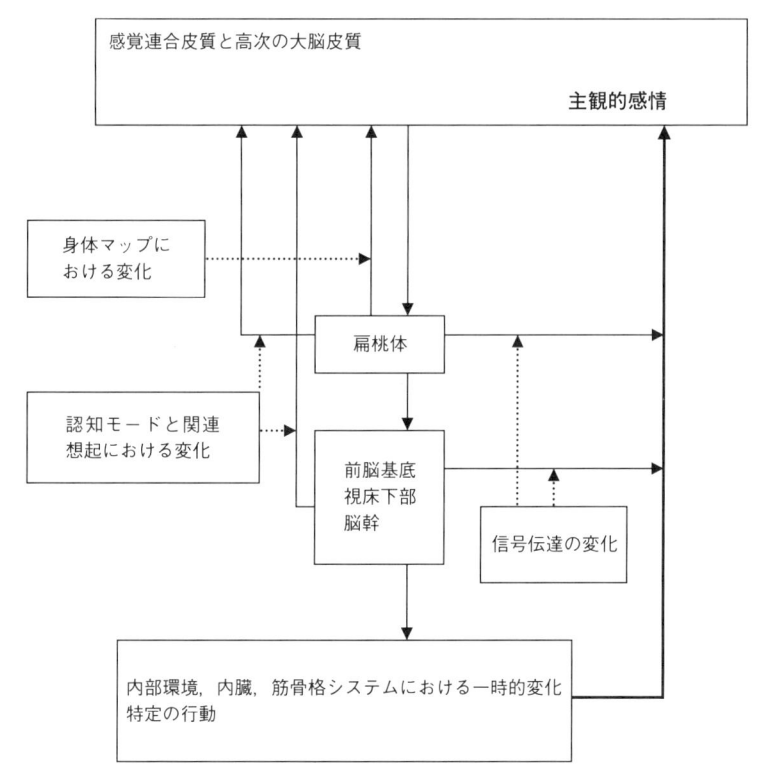

▶ 図8－2　身体的変化の情報を脳にくみ上げるフィードバック・ルート（Damasio, 2003より）

意識の起源に感情が濃厚に関わっているとすれば，感情と認知の融合を考えることこそ人間の認知システムの真の理解に近づくことかもしれない。Humphrey（2006）は，盲視の現象についても「感情を伴わない視覚」であると表現し，視覚情報処理器官として私たちが情報を処理できていても，それに伴う感情が得られなければ「見えない」，つまり意識経験として「見えた気がしない」ということが起こってしまうのである（Duncan & Barrett, 2007）。感情的要素が刺激の実在感に影響することは，カプグラ症候群（親しい人がよく似た何者かに入れ替わっていると信じてしまう症状）の患者は，親族がだれか別のエイリアンに入れ替わったものとして感じるということから示される（Bauer & Demery, 2003；Damasio et al., 2000）。健常時には反応として自然に湧き上がってきた独特の親近感——その感情が得られない「よく似た」人物は，「本物の」人物と感じられなくなってしまうのである。私たちが重要な外界の刺激をそれとして同一視するプロセスは，刺激に含まれる感情的要素，私たちを心身的に反応させる認知－感情複合体があってはじめて成立する認知なのだということをこのような事例は教えてくれる。

さりとて，認知と感情を概念的な区別なく扱って研究することは至難である。認知と感情それぞれを支える基盤がその実体としては区別しがたいものであったとしても，機能的な観点から思考と感情の区別をおくことは可能である。感情は適応に向けた素早い反応，判断をうながし，生理的な喚起などの身体的変化と強く結びつく。もっとも現在では，認知過程がいかに身体過程と強く結びついているかを検討する研究も起こっているが（Glenberg, 1999），相対的に計算過程と結びついた思考過程を人の機能として想定することは可能であろう。

研究的な戦略として，いったん認知機能と感情機能を切り離して，おのおのを実験的に操作あるいは測定可能な要素とすれば，その相互作用を検討することができる。一例として，感情を操作的に喚起した際に，どのような情報処理方略が用いられるかを検討した研究に目を向けてみよう。

4．感情と情報処理方略

感情が生体の適応と不可避的に結びついているならば，ネガティブ気分は何か外界に不都合な問題的要素が生じていることの警告シグナルとして機能して

いると考えられる（Frijda, 1988；Schwarz, 1990；戸田，1992/2007）。

　北村（2002, 2003）は，刺激探索においてポジティブ気分時よりもネガティブ気分時のほうが遂行が優れていること，また，誤りの補正，調整などの統制された処理（controlled processing）の駆動をネガティブ気分が促進していることを示した。ポジティブ気分はその一方で，環境が安全であるために思い切った処理や冒険的発想を可能にする心的基盤を与える。そのために創造的課題においては，ネガティブ時や統制条件よりも遂行に優れる（Isen, 1987；Isen et al., 1987；沼崎ら，1993）。また，Isen らは，ポジティブ気分時に連想が独自的であったり，カテゴリー化が柔軟であることを示している（Isen & Daubman, 1984；Isen et al., 1985）。ネガティブ時には注意を集中させるような収斂的思考が，ポジティブ時には拡散的な思考が促進されると考えられる。また，包括的（global）視点と局所的（local）視点を対照させて，ポジティブ気分時に包括的視点がとられやすいとの主張がなされたが（Gasper, 2004；Gasper & Clore, 2002），その後，ポジティブ気分と知覚的柔軟性の関係を指摘する研究も見られるようになっている（Baumann & Kuhl, 2005；Tan et al., 2009）。

　たとえば，Tan et al.（2009）の実験では，図8－3に見られるような刺激を用意し，図形として，円，三角形，四角形，ダイア形の4種を，全体としての形か，構成要素として用いた。ただし，全体と構成要素は同じ図形が使われないように設定した。実験参加者は，円が見られるかどうかなどの判定を行い，図8－3のaの図形では局所的観点から円が見つかり，bの図形では包括的（全体的）観点から円が見いだされることになる。cの図形では，いずれの観点からも円は存在しない。このように求める判断に対して，局所的な観点から発見されるケースを25％，包括的な観点から発見されるケースを25％，検出す

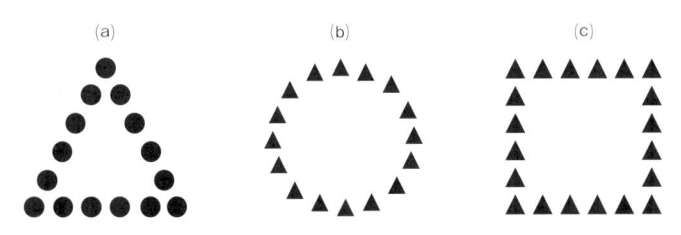

▶ 図8－3　局所的－包括的処理の刺激例

る図形が見つからない場合を50％とする刺激構成を行った。これらの図形が画面に呈示される直前に感情プライミングとして，ポジティブ，ネガティブ，ニュートラルのいずれかのプライムが400ミリ秒呈示された。

　ニュートラル・プライム呈示後の局所的検出，包括的検出のスピードから，局所的検出をしやすい局所的焦点を持つ実験参加者と，包括的検出のほうが速い包括的焦点を持つ実験参加者を分けた。そのうえで図形の検出スピードを分析した結果，とりわけポジティブ・プライミング時に，包括的焦点を持つ実験参加者も局所的検出を素早く行い，局所的焦点を持つ実験参加者も包括的検出を迅速に行うことができるというように柔軟性に優れることが示されたのである。

　このような感情のはたらきは，原因が異なるものであっても比較的独立した自己の気分状態が認知的な処理に作用することを示し，自分の感情が適応に資する１つの情報としてはたらいていることを示すものである。

　感情の意味の読み取りは，適応を支える基盤となっているので，生体のおかれている状況と対応関係がある。通常，危険や問題の検知信号としてはたらいている役割を鑑みると，上記のようなポジティブ時には自動的処理ないしは拡散的処理という対応が，ネガティブ時には統制的処理ないしは収斂的処理という対応が現れることが適切である。その一方，状況いかんによっては多様な読み取りが可能であり，Martin et al. (1993) は，楽しい限り課題を続けていくという状況を与えられた場合と，もう十分行ったところで課題を終了してくださいという教示を与える実験を行ってこれを検討した。その結果，図８－４に示したように，十分 (enough) 条件では，ポジティブ気分群のほうが満足を感じやすいので，より早く作業（印象形成の文章を読むなど）を終了し，楽しみ (enjoy) 条件では，ポジティブ気分群のほうが長く楽しさが保たれるために，ネガティブ気分群でより早く課題を終了することが示された。実験参加者の抱く気分状態のはたらきが，気分の情報としての用い方いかんによって，逆になり得ることがわかったのである。

　このように，自分自身の感情的な情報は，認知的な課題遂行の調整を行うはたらきも持っており，図８－５に示すようなインタラクションを有するものと考えられる（北村，2008b）。すなわち，課題を行っていて，いつそれを完了させるかという１つのストップ・ルールとして，「うまくやれた」という満足

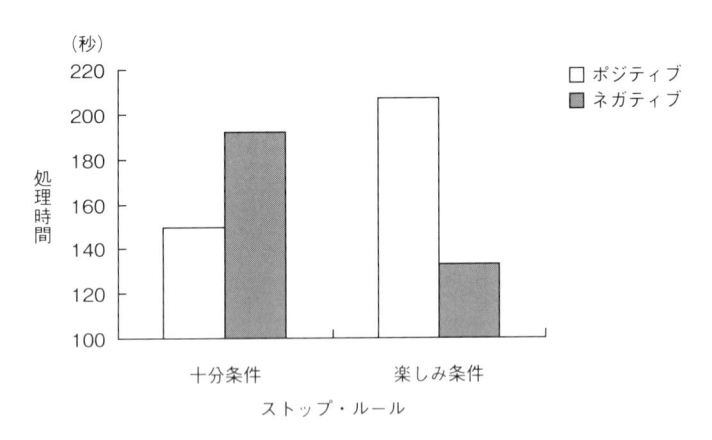

▶ 図8-4　ストップ・ルールによる認知的処理の違い（Martin et al., 1993より）

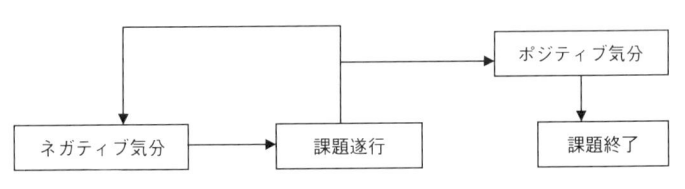

▶ 図8-5　ストップ・ルールとしての感情（北村，2008bより）

感が指標となっている。満足感が得られないネガティブな気分状態では，まだまだということから課題遂行を継続する。気分がネガティブからポジティブに変化する時が，課題を終了する手がかりとしてはたらくわけである。したがって感情傾向は円滑に仕事を遂行していくために重要な機能を持つ。Damasio (1994) は，書類をゆっくり読み続けていくことによってその日の仕事がまったく終わらないという問題を起こしている症例をあげている。不安や焦燥は決して不要な感情ではなく，健全に機能する際には，終わらせるべき仕事がいまだ完了していないことを生体に告げ，仕事へ向かうことを促進させる動機づけの機能を果たしている。そして，よい仕事をしたいという動機づけは，周囲からの評価懸念や自尊心などの感情に支えられ，仕事への取りかかりや継続をコントロールしているのである。もちろん，従来から行動主義的な文脈によっても強調されている報酬への接近のため，目標に向かうポジティブな感情が動機づけを高めるはたらきをすることも重要である。

4節　認知的感情理論

　前節ではおもに，感情状態が認知に与える影響を取り上げた。それでは，認知が感情に果たす役割とはいかなるものがあるだろうか。感情は素早く引き起こされるが，認知の影響によっても変動する。認知的な感情理論では，それぞれの異なる感情の生起の前提条件として，さまざまな次元での認知的な評価が問題になることを強調した。

　感情が状況を検知する役割を果たしているとすれば，感情は状況の違いによって敏感に変動し，有用な１つひとつの環境情報を伝達しているはずである。しかし，改めて考えると，生体にとって重要なのは，絶対的な環境情報というよりも自己との関係性であろう。つまり，自分にとってどういう意味を持つような状況が現在生じているかがわかることが最も適切な情報となる。これは，状況についての「認知」が重要であるということに他ならない。

　たとえば，ある困難な事態が生じた場合，それが自分にとって対処可能な事態なのか，対処不可能な事態なのかによって感情は変動する。認知的評価次元に関する理論は，当初から進化的な観点を有していたわけではないが，事態の認知的評価こそが感情反応の決定に重要であることを強調してきた。評価次元を描いたRoseman（1984）に基づく表8−1を参照すると，自分にとってポジティブな事態が生じているかネガティブな事態が生じているかがまず重要である。さらに，それが，望んでいた結果であるか，回避しようとしていた結果であるかによって感情反応は異なる。望んでいた結果が生じることは喜びであり，望んでいた結果が生じないのは落胆，望んでいない結果が生じるのは不安で，望んでいない結果が生じないのは安心となる。

　ネガティブな脅威であっても，対処可能と思えば，それに立ち向かう怒りや攻撃心が涌いてくるかもしれないし，対処不可能という認知が成立していれば，それは恐怖として感じられ，回避，逃走的な行動を引き起こすだろう。

　自分にとって失敗事態などネガティブな出来事が生じた場合に，制御不能な失敗は抑鬱感を増強するが，それが他者による責任だと認知されれば，その他者に対する怒りや憤り，反感が生じる。その事態が自分によって招かれたもの

▶ 表8-1 状況認知の次元と感情の関係 (Roseman, 1984；北村, 2008a より)

		ポジティブ感情 動機に一致		ネガティブ感情 動機に不一致		
		賞がある	罰がない	賞がない	罰がある	
状況が原因	未知	驚き				力が弱い
	不確実	希望		恐怖		
	確実	喜び	安心	悲しみ	苦悩, 嫌悪	
	不確実	希望		欲求不満		強い
	確実	喜び	安心			
他者が原因	不確実 確実	好意		反感		弱い
	不確実 確実			怒り		強い
自己が原因	不確実 確実	誇り		恥, 罪悪感		弱い
	不確実 確実			後悔		強い

だと認知していれば，後悔や罪悪感，恥感情が生じるのである。

このように，事象そのものではなく，その事態と自己との関連性によっていかに事態が認知されるかが，感情反応の決定には重要である。表8-2は，Ellsworth & Sherer (2003) によるその一部の感情についての認知的評価のあり方を示したものである（唐沢，1996も参照）。

ヘビを恐れるといった例のように，単純な個体に対して自動的に感情が惹起されることもあるが，人間は複雑な生活を営んでいる。同一の刺激に直面しても，状況的文脈としてその意味するところが異なれば，反応は異なるし，それは感情の生起についても同様である。たとえば，表8-3のように，冷蔵庫が空であることを知った場合に，料理を作ろうと考えていた状況であれば，それは困ったこととしてネガティブな情動を惹起するが，引っ越し前で冷蔵庫を片

▶ 表8−2　異なる情動の評価プロフィール（Ellsworth & Sherer, 2003, p.583より）

評価基準	楽しみ／幸せ	怒り	恐れ	悲しみ
新奇性	高	高	高	低
内発的快	高	open	低	open
目標の重要性				
・結果の確かさ	高	非常に高	高	非常に高
促進性	促進	妨害	妨害	妨害
緊急性	低	高	非常に高	低
対処可能性				
・主体／責任	自己・他者	他者	他者・自然	open
・統制	高	高	open	非常に低
・力	高	高	非常に低	非常に低
・適応	高	高	低	中
基準との整合／正当性	高	低	open	open

▶ 表8−3　認知的評価によって出来事に対する感情反応は引き起こされる
（Smith & Mackie, 1995, p.139より）

	おなかがすいて，冷蔵庫を開けたら空だった。					
状況	ルームメートが買い物するはずだったのに，していない。	あなたが買い物をするはずだったのに忘れていた。	食費がなくなってしまった。給料日は翌週。	だれかがケーキを片づけてくれた。あなたが食べていたかもしれない。	やっと食べ物がなくなった。冷蔵庫を掃除できる。	
	↓	↓	↓	↓	↓	
評価	他者の統制可能な行為によって引き起こされたネガティブ事象。	自己の統制可能な行為によって引き起こされたネガティブ事象。	統制不可能な要因によって引き起こされたネガティブ事象。	起きる可能性のあったネガティブ事象が起こらなかった。	ポジティブな事象が起きた。	
	↓	↓	↓	↓	↓	
情動	怒り	罪悪感	悲しみ	安心	喜び	
	↓	↓	↓	↓	↓	
行為傾向	他者への攻撃	消え入りたい	ひきこもる	リラックス	楽しい	

づけようとしている状況であれば，それはポジティブな喜びをもたらすものとなる（Smith & Mackie, 1995）。このような状況を分類することによってさまざまな情動が生じる条件を知ることは役立つだろう。

5節　感情とコミュニケーション

　外界の刺激が生体にとってどのような意味を持っているかを認知することが重要な適応の基盤だとすれば，それは人間どうしのコミュニケーション場面においても感情的要素が重要なやりとりになることは疑いない。言語理解や発話理解においては，他者の意図の読み取りや言葉の社会的機能といったいわゆる日常的に「ニュアンス」といわれる要素の理解が肝要である。同じ言語刺激であっても，食事に向かう時に店の近くで「開いているよ」と言うのと，ドアを閉めずに開けっ放しにしている人に注意するのとでは，ポジティブ／ネガティブという点では逆であるし，その後の行動のうながしといった機能においてもまったく異なる（第11章も参照）。

　リアルタイムの会話であれば，誤解はすぐに修正可能な場合もあり，不明ならば確認することも容易である。しかし，遠隔的なコミュニケーションである電子メールや携帯メールなどでは，誤解が生じやすくなる。それを補うのがニュアンス情報であり，たとえば，「顔文字」はそのような機能を担っている。

　戸梶（1997）は使われている顔文字を転倒型（笑みを表す :-)　など）と正立型に分類したうえで，さらに表情による分類を行った。ここでは正立型について表8-4に示す。戸梶はインフォーマルな文脈においては，顔文字使用が親しみやすさなどの好印象を喚起するが，フォーマルな文脈においてはまじめさ，礼儀正しさなどの点において顔文字の付与がマイナスの印象効果をもたらすことを示した。

　さらに，山口・城（2000）は，大きく以下の7つの区分を示している。

①おもしろい，微笑み　(^_^)　　②喜び，声援 (^o^)/
③冷や汗，あせり　f(^_^;　　　④泣き，悲哀　(T_T)

▶ 表 8-4　正立型顔文字の分類 (戸梶, 1997より)

タイプ1	恐縮	笑った目＋冷や汗	^^;　(^^;)
タイプ1強調型			(^^;;)(^-^;;;)
タイプ2	醒めた・呆れた感じ	無表情な目＋冷や汗	(--;(--;)
タイプ3	皮肉	無表情な目＋開いた口	(~o~)
タイプ4	嫌悪	無表情な目＋閉じた口	(-_-)
タイプ5a	悲しみ	落ちる涙	(;_;)
タイプ5b	悲しみ	流れる涙	(T_T)
タイプ5c	悲しみ	堅く閉じた目	>_<
タイプ6	感動	流れる涙＋上を向いた顔	(T^T)
タイプ7a	謝罪／依頼	手を付いたお辞儀	(_0_)
タイプ7b	謝罪／感謝	うつ伏した顔	(_ _)
タイプ7c	謝罪／感謝／依頼	手を付いてうつ伏した顔	m(_ _)m
タイプ8	笑い・喜び・共感	笑った目	(^ ^)(^_^)(^o^)/
タイプ9	控えめな自慢・自信	笑った目＋ウィンクした目＋冷や汗	(^_-;
タイプ10	疑問・疑惑	疑問符の目	(?_?)
タイプ11	驚き・驚愕	大きくなった目	(@_@)(*_*;)
タイプ12	怒り	無表情な目＋青筋	(--#
タイプ13	安堵	笑った目＋冷や汗＋吐息を吐く小さな口	(^.^;)
タイプ14	羞恥心／憧憬／酔い	笑った目＋赤らめた頬	*^_^*f^^;;
タイプ15	照れ臭さ・はにかみ	笑った目＋舌を出した口	(^Q^)
タイプ16	失言	笑った目＋結んだ口	(^x^;
タイプ17	自己主張／喜び	笑った目＋突き上げた手	(^_^)/
タイプ18	別れの挨拶	笑った目＋ハンカチを振る手／挙げられた手	(^_^)/~
タイプ19	記憶・筆記	下を向いた目＋筆記具を持った手	φ(.._)
タイプ20	眠気	閉じた目＋寝息をたてる小さな口	(-.-)
タイプ21	疲労	疲れ目＋汗	(+_+;
タイプ22	相槌	頷きを示す目の上下動	(°°)(。。)(°°)(。。)
タイプ23	駄洒落のフォロー	笑った目＋H	^H^H^H

⑤怒り，不快　（—_—メ）　　⑥礼，謝罪，要請　m(_ _)m
⑦驚き，びっくり　（@_@）

　山口・城（2000）によれば，電子コミュニティによる使用頻度の違いを検討した結果，微笑み系と冷や汗系が出現の大部分を占めていて，メンバー間の親密性が薄いコミュニティにおいては，冷や汗系の顔文字の使用頻度が高かったという。

　荒川ら（荒川・鈴木, 2004；荒川ら, 2006a）は，さまざまな種類の顔文字

を文章に付与することが受け手にどのような感情効果を与えるかについて実験的検討を行い，文脈によってより適合的な顔文字選択のあることを確認している。また，受け手の感情状態という文脈もどのような顔文字を用いるのかについての枠を与え，顔文字の使用にあたっては，社会的に規定される要素があることを示している（荒川ら，2006b）。また，顔文字を付与したメールに対してどのような印象を抱くかは，世代差の問題というよりも，ふだん顔文字を用いるような集団・文化に属しているかどうかが重要な要因であり，ふだんからそのようなメールを受け取る頻度の高い人では，そうでない人に比べて顔文字つきメールの印象はよいことが示されている（荒川ら，2005，2006）。

竹原・佐藤（2003）は，くだけた文体と丁寧な文体のメッセージに顔文字を付与した条件と付与しない条件とで，与える印象の比較を行ったところ，くだけた文体では顔文字があったほうがより友好的，外向的な印象を与え，丁寧な文体では顔文字がないほうが誠実さ，真実さがより高いような印象が得られることを示した。

顔文字研究の延長線上に，顔の表情を表す絵文字（pictogram）を検討した研究が見られる。顔の表情を表す絵文字を付与した場合とそうでない場合を検討した実験によって，とりわけ謝罪場面においては，絵文字が付与されている場合のほうが，誠実性の評価において低く見られ，非社会的な印象を与えることが示されている（竹原・栗林，2006；竹原ら，2006）。

顔文字を「付与する」という見方は，その他のメッセージのなかの文字部分＝認知，顔文字の部分＝感情といった，認知と感情を分離する視点が反映されたものと考えられるが，文字の代わりに絵文字を混入させる現在の携帯コミュニケーションでは，いっそう記号としての言葉と感情的要素を融合させたものととらえられる。

また，機能として感情を明確に伝達するというよりも，文字と一体となった装飾的要素もある。中村（2001）は携帯メールで利用される絵文字の機能として，①感情を豊かに表現する，②相手の気持ちを和ませ無用な衝突を避ける，③単なる修飾，の3つをあげている。

北村・佐藤（2009）は，表8－5のように，絵文字が用いられた携帯メールについて，丁寧な文体とくだけた文体での2条件を検討した結果，くだけた文

▶ 表 8 − 5　絵文字利用の文例（北村・佐藤，2009 より）

> おはよー！
> 集合は 3 時に駅前で決定です♦間違えないでくださいね♪
> 無理そうならまたメールしてください✉
>
> ヤッホー●久しぶり〜！
> ケータイ📱変えました〜
> 新しいアドレスの登録お願いします

体で絵文字が用いられていない場合に，誠実さや丁寧さが欠ける印象を持たれることを女子大学生の実験参加者で見いだし，友人間の携帯メールのやりとりでは絵文字を用いることがむしろ標準的な規範になっていることが示唆された。

　このように電子コミュニケーションの仕方は技術の進歩とともに日々新たに変化しており，今後道具や技術の利用における感情的な要素についても注意を払い，研究を進めていくことが有意義であると考えられる。

6 節　おわりに

　感情現象はすでにとらえどころのない非科学的なものではなくなってきた。脳神経過程や神経伝達物質などの研究も盛んであり，感情の進行過程には一段と科学の光が当てられるようになってきた（Davidson et al., 2003；Harmon-Jones & Winkielman, 2007；Lane & Nadel, 2000；Panksepp, 2004）。それに伴い科学的な認知過程の研究の土俵のなかに感情過程を統合する動きも進展してきており，とりわけ評価・判断が重要な研究分野である社会的認知研究においては，第 2 章で取り上げているように，認知研究が得意としてきたプライミング効果やストループ効果などといったさまざまな研究技法を用いて感情と認知の複合現象が検討されている。

　本章で説明を行ったように，感情を 1 つの「情報」としてとらえて研究を行っていくパラダイムもあり，今後，感情と認知の融接現象は，いっそう注目を浴びる研究のフロンティアとなっていくことだろう（海保，1997）。この分

野は，従来の認知心理学，感情心理学，社会心理学，臨床心理学，生理心理学，神経心理学の融合地点でもあり，ますます多くの研究者の参入が望まれるものである。

================================ 文　献 ================================

Aarts, H., Dijksterhuis, A., & De Vries, P.　2001　On the psychology of drinking: Being thirsty and perceptually ready. *British Journal of Psychology*, **92**, 631-642.

荒川　歩・中谷嘉男・サトウタツヤ　2005　友人の顔文字の使用頻度が顔文字の印象に与える影響—普段は顔文字を使用していない友人から初めて顔文字つきのメールを受け取った場合—　日本顔学会誌, **5**, 41-48.

荒川　歩・中谷嘉男・サトウタツヤ　2006　友人からのメールに顔文字が付与される頻度が顔文字から受信者が受ける印象に与える影響　社会言語科学, **8**, 18-25.

荒川　歩・鈴木直人　2004　謝罪文に付与された顔文字が受け手の感情に与える効果　対人社会心理学研究, **4**, 135-140.

荒川　歩・竹原卓真・鈴木直人　2006a　顔文字付きメールが受信者の感情緩和に及ぼす影響　感情心理学研究, **13**, 22-29.

荒川　歩・竹原卓真・鈴木直人　2006b　受信者が感じている感情が送信者の顔文字使用に与える影響　感情心理学研究, **13**, 49-55.

Bauer, R. M., & Demery, J.　2003　Agnosia. In K. M. Heilman & E. Valenstein（Eds.）, *Clinical neuropsychology*. 4th ed. New York: Oxford University Press. Pp.236-295.

Baumann, N., & Kuhl, J.　2005　Positive affect and flexibility: Overcoming the precedence of global over local processing of visual information. *Motivation and Emotion*, **29**, 123-134.

Bower, G. H.　1981　Mood and memory. *American Psychologist*, **36**, 129-148.

Bower, G. H.　1991　Mood congruity of social judgments. In J. P. Forgas（Ed.）, *Emotion and social judgments*. New York: Pergamon. Pp.31-53.

Damasio, A. R.　1994　*Descartes' error: Emotion, reason, and the human brain*. New York: Grosset/Putnam. 田中三彦（訳）2000　生存する脳—心と脳と身体の神秘—　講談社

Damasio, A. R.　1999　*The feeling of what happens: Body and emotion in the making of consciousness*. New York: Hartcourt. 田中三彦（訳）2003　無意識の脳，自己意識の脳—身体と情動と感情の神秘—　講談社

Damasio, A. R.　2003　*Looking for Spinoza: Joy, sorrow, and the feeling brain*. New York: Hartcourt. 田中三彦（訳）2005　感じる脳：情動と感情の脳科学—よみがえるスピノザ—　ダイヤモンド社

Damasio, A. R., Tranel, D., & Rizzo, M.　2000　Disorders of complex visual processing. In M. M. Mesulam（Ed.）, *Principles of behavioral and cognitive neurology*. 2nd ed. New York: Oxford University Press. Pp. 332-372.

Davidson, R. J., Sherer, K. R., & Goldsmith, H. H.（Eds.）2003　*Handbook of affective sciences*. New York: Oxford University Press.

Duncan, S., & Barrett, L. F.　2007　Affect is a form of cognition: A neurobiological analysis. *Cognition and Emotion*, **21**, 1184-1211.

Eder, A. B., Hommel, B., & De Hower, J.　2007　How distinctive is affective processing? On the implications of using cognitive paradigms to study affect and cognition. *Cognition and Emotion*, **21**, 1137-1154.

Ellsworth, P. C., & Sherer, K. R.　2003　Appraisal processes in emotion. In R. J. Davidson, K. R. Sherer &

H. H. Goldsmith (Eds.), *Handbook of affective sciences*. New York: Oxford University Press. Pp.572-595.
Frijda, N. H.　1988　The laws of emotion. *American Psychologist*, **43**, 349-358.
Gasper, K.　2004　Do you see what I see? Affect and visual information processing. *Cognition and Emotion*, **18**, 405-421.
Gasper, K., & Clore, G. L.　2002　Attending to the big picture: Mood and global versus local processing of visual information. *Psychological Science*, **13**, 34-40.
Glenberg, A.　1999　Why mental models must be embodied. In G. Rickheit & C. Habel (Eds.), *Mental models in discourse processing and reasoning*. Amsterdam: North-Holland/Elsevier Science. Pp.77-90.
Harmon-Jones, E., & Winkielman, P. (Eds.)　2007　*Social neuroscience*. New York: Guilford Press.
Humphrey, N.　2006　*Seeing red: A study in consciousness*. Cambridge: Harvard University Press.
池上知子　1998　社会的認知と感情　山本眞理子・外山みどり（編）　社会的認知　誠信書房　Pp.77-101.
Isen, A. M.　1987　Positive affect, cognitive processes, and social behavior. In L. Berkowitz (Ed.), *Advances in experimental social psychology*. Vol.20. New York: Academic Press. Pp.203-253.
Isen, A. M., & Daubman, K. A.　1984　The influence of affect on categorization. *Journal of Personality and Social Psychology*, **47**, 1206-1217.
Isen, A. M., Daubman, K. A., & Nowicki, G. P.　1987　Positive affect facilitates creative problem solving. *Journal of Personality and Social Psychology*, **52**, 1122-1131.
Isen, A. M., Johnson, M. M. S., Mertz, E., & Robinson, G. F.　1985　The influence of positive affect on the unusualness of word associations. *Journal of Personality and Social Psychology*, **48**, 1413-1426.
海保博之（編）　1997　「温かい認知」の心理学―認知と感情の融接現象の不思議―　金子書房
唐沢かおり　1996　認知的感情理論―感情生起に関わる認知的評価次元について―　土田昭司・竹村和久（編）　感情と行動・認知・生理―感情の社会心理学―　誠信書房　Pp.55-78.
川瀬隆千　1996　感情と記憶　土田昭司・竹村和久（編）　感情と行動・認知・生理―感情の社会心理学―　誠信書房　Pp.203-227.
北村英哉　2002　ムード状態が情報処理方略に及ぼす効果―ムードの誤帰属と有名さの誤帰属の2課題を用いた自動的処理と統制的処理の検討―　実験社会心理学研究, **41**, 84-97.
北村英哉　2003　認知と感情　ナカニシヤ出版
北村英哉　2008a　構造構成主義の地平から見た実験研究　西條剛央・京極　真・池田清彦（編著）　構造構成主義研究2　信念対立の克服をどう考えるか　北大路書房　Pp.190-208.
北村英哉　2008b　感情研究の最新理論―社会的認知の観点から―　感情心理学研究, **16**, 156-166.
北村英哉・佐藤重隆　2009　携帯メールへの絵文字付与が女子大学生の印象形成に与える効果　感情心理学研究, **17**, 148-156.
Koch, C.　2004　*The quest for consciousness: A neurobiological approach*. Eaglewood: Roberts. 土谷尚嗣・金井良太（訳）　2006　意識の探求―神経科学からのアプローチ―（上）（下）　岩波書店
Lane, R. D., & Nadel, L. (Eds.)　2000　*Cognitive neuroscience of emotion*. New York: Oxford University Press.
LeDoux, J.　1996　*The emotional brain: The mysterious underpinnings of emotional life*. 松本　元・川村光毅・小幡邦彦・石塚典生・湯浅茂樹（訳）　2003　エモーショナル・ブレイン―情動の脳科学―　東京大学出版会
Martin, L. L., Ward, D. W., Achee, J. W., & Wyer, R. S.　1993　Mood as input: People have to interpret the motivational implications of their moods. *Journal of Personality and Social Psychology*, **64**, 317-326.
守谷　順・丹野義彦　2007　社会的脅威刺激からの注意の解放―社会不安の視点から―　認知心理学研究, **4**, 123-131.
中村　功　2001　携帯メールの人間関係　東京大学社会情報研究所（編）　日本人の情報行動2000

東京大学出版会 Pp.285-303.
沼崎　誠・工藤恵理子・北村英哉　1993　説得情報の統制された処理と自動化された処理とを規定する感情の役割（1）―ムード状態が分析的思考及び創造的思考に及ぼす効果―　日本社会心理学会第34回大会発表論文集, 382-383.
Panksepp, J.（Ed.）　2004　*Affective neuroscience: The foundations of human and animal emotions*. New York: Oxford University Press.
Reisberg, D., & Heuer, F.　2004　Memory for emotional events. In D. Reisberg & P. Hertel（Eds.）, *Memory and emotion*. New York: Oxford University Press. Pp.5-41.
Roseman, I. J.　1984　Cognitive determinants of emotions: A structural theory. In P. Shaver（Ed.）, *Review of Personality and Social Psychology*. Vol.5. Beverly Hills: Sage. Pp.11-36.
Schwarz, N.　1990　Feeling as information: Informational and motivational functions of affective states. In E. T. Higgins & R. M. Sorrentino（Eds.）, *Handbook of motivation and cognition: Foundations of social behavior*. Vol.2. New York: Guilford Press. Pp.527-561.
Smith, E. R., & Mackie, D. M.　1995　*Social Psychology*. New York: Worth.
竹原卓真・栗林克匡　2006　様々なエモティコンを付加した電子メールが受信者の印象形成に及ぼす効果―感謝と謝罪場面の場合―　日本感性工学会研究論文集, **6**, 83-90.
竹原卓真・栗林克匡・水岡郁美・関山　啓　2006　謝罪場面における顔エモティコンの種類と個数が受信者に及ぼす効果　日本顔学会誌, **6**, 41-51.
竹原卓真・佐藤直樹　2003　顔文字の有無によるメッセージの印象の違いについて　日本顔学会誌, **3**, 83-87.
Tan, H. K., Jones, G. V., & Watson, D. G.　2009　Encouraging the perceptual underdog: Positive affective priming of nonpreferred local-global processes. *Emotion*, **9**, 238-247.
谷口高士　2002　感情と認知　井上　毅・佐藤浩一（編著）　日常認知の心理学　北大路書房　Pp.209-224.
戸田正直　1992 2007　感情―人を動かしている適応プログラム―　東京大学出版会
戸梶亜紀彦　1997　コンピュータ上でのコミュニケーションにみられる情緒表現に関する研究―情緒表出記号の使用方法について―　広島県立大学紀要, **8**, 125-139.
鵜木恵子　1999　高不安者の脅威情報に対する処理バイアス―確認強迫の高低による比較―　性格心理学研究, **8**, 43-54.
山口英彦・城　仁士　2000　電子コミュニティにおけるエモティコンの役割　神戸大学発達科学部研究紀要, **8**, 131-145.

第9章
援助場面での社会的認知過程

唐沢かおり

1節　はじめに

　他者を援助する，他者から援助されるということは，対人関係のなかで生活している私たちにとって，基本的な社会的行動の1つである。人が「ひとり」ではなく他者との関係のなかで生きていく意義の1つは，自分だけでは得られないものを他者の助けにより得たり，また他者が必要とするものを自分が与えたりすること，すなわち，お互いに援助しあうことにある。ここでいう「援助」は物質的な側面での援助のみならず，「気持ちのうえで支える」など，情緒的側面での援助も含む。援助とは，それなしには生きていくことが困難であり，さまざまな生活の局面で見られる対人相互作用の基本的過程である。また，援助は，個人間の対人相互作用を超えて，公的な性格を帯びたものともなり得る。社会福祉や途上国に対する援助はその典型であり，多くの場合，政府や公的機関が行うものである。したがって，個々人が直接その行為に携わるわけではないが，個人が所属する国や自治体などの政策遂行を通して，「自分たち」が持つ資源を他者に与えるものであり，それに対する態度が重要な問題となる。
　私たちは，一般に援助を「よい行い」として位置づけている。自分が他者のために何かするということ，すなわち利他的であることは，利己的なあり方に比べると，道徳的に優れ，賞賛に値すると考えられがちである。また，社会のなかには，「困っている人を助けるべきである」というような援助規範が存在し，私たちの行動に影響を与える。したがって，援助に関わる心的過程には，そのような社会規範の認知が関与することになる。しかし一方で，援助がいく

らよい行いだと示されていても，私たちは無条件に他者に与えるわけではない。援助は「みずからの資源を他者のために使う」ことであり，その行為にはコストが伴い，道徳的・教育的観点から援助すべきではないという判断を下すこともあるだろう。したがって，援助の必要性の認知や，援助に値するかどうか，みずからの援助能力の判断といった，状況評価，対人評価や自己評価が，援助の前提条件として重要な役割を果たすことになる。これらの援助に関わる認知に焦点を当てた研究は，援助を促進，または抑制する要因を同定することで，援助にいたる心的過程を解明してきた。

また，援助は，与える側と受ける側の相互作用であり，援助に関わる心的過程の理解には，「与える」側の援助意図のみを問題とするのではなく，援助を受ける側の反応も考慮せねばならない。援助されたことから生じる負債感や，援助を受ける立場にある自分への評価，援助に対して抱く期待と援助者の意図とのギャップなどが議論の対象となる。

本章は，主として社会心理学領域のなかで行われてきた，援助行動や社会的支援，福祉等の公共政策に対する態度，援助を受けることの影響に関する研究に基づいて，援助場面における社会的認知過程に焦点を当てながら知見を紹介する。そのなかで，援助という行動領域に，認知過程に関する知見がどのように適用され，援助行動のメカニズムやそのインパクトに関する議論として展開し得るのかをあわせて考察する。

2節　傍観者効果と援助行動研究

私たちは，時として援助を必要としている人を前にしても，まったく手を差し伸べず傍観してしまうことがある。他者が援助を求めているにもかかわらず，それを行わないのはなぜなのだろうか。援助研究は，ある女性が暴漢に襲われ，だれにも助けられることなく死にいたったという悲惨な事件をきっかけに進展した。有名なキティ・ジェノベーゼ事件である。1964年，ニューヨークの住宅街にある自宅の駐車場で，キティ・ジェノベーゼという若い女性がナイフで暴漢に襲われた。彼女は大声で助けを呼び，暴漢はいったん茂みに逃げ込んだ。

しかし,彼女の叫び声にもかかわらず,だれも助けに現れず,暴漢は再びナイフで暴行を加え,キティは殺害されてしまった。彼女が襲われていたのは30分間にも及び,後の調査では,彼女の最初の悲鳴に気がつき,自宅の窓などから様子をうかがった人は38名にのぼることがわかった。しかし,だれ1人として,助けに行くことも警察に通報することもなく,彼女は殺害されてしまったのである。この事件は,人々に大きな衝撃を与えた。そして,多くの人が悲鳴に気づいていたにもかかわらず,援助しなかったことについて,当時のマスコミは「都会のモラルの低下」を嘆く論調の記事を掲載している。

しかし,この事件をきっかけにLatane & Darley (1970) を中心として展開した一連の援助行動研究はそのような視点を取ってはいない。彼らは,援助がなされなかったことについて,都会での孤独やアパシーなどの「個人の病理的特性」にその理由を求めるのではなく,援助を必要とする緊急事態という状況の持つ特性のなかに,援助にいたる行動を抑制する要因が存在すると考えた。そして,緊急に援助を必要とする場面に直面した人が,援助にいたる,または傍観者となってしまうことの背景にある状況要因をまとめたうえで,そのような状況下での意思決定過程についてのモデルを提出した (Latane & Darley, 1970)。その後,多くの研究がこのテーマについて行われ,援助行動にいたる意思決定に関する認知について論じられている。以下,傍観者となってしまう事態の背景にある意思決定過程を見ながら,その特性を考察しよう。

1. 緊急事態における援助の意思決定過程

援助を意思決定過程とみなすモデルの特徴は,援助を提供するという意思決定にいたるまでに必要とされる援助事態認知の特徴をあげ,それらの継時的な関係をモデル化していることである。援助の意思決定過程モデルの基礎として,その後の援助研究を方向づけたLatane & Darley (1970) のモデルは,緊急事態での援助について,「緊急事態への注意→緊急事態であるという判断→個人的責任の判断→介入する方法の決定」という各過程があり,それらを経てはじめて援助が行われると考えている。また,その後,このモデルをさらに展開させて提出されたモデルの多くは,Latane & Darley (1970) が提案した各過程での判断の特性を,より詳細に記述するという形で議論を展開している。たと

えば，Pilliavin et al. (1982) による「覚醒－コスト－報酬モデル（the arousal-cost-reward model）」は，緊急事態への注意と個人的責任の判断過程に特に焦点を当て，それらの過程に関する議論を精緻化したモデルである。次に，援助方法や援助の意思決定にいたるまでの過程として，多くのモデルが共通項として想定している，①援助要求や援助の必要性の認知に関する過程，②自分が援助する責任があるかどうかの判断に関する過程，③援助した場合のコストと報酬の査定に関する過程，を取り上げ，各過程に関わる認知判断の特性について考える。

2．援助要求や必要性の認知

　援助行動が起こるためには，そもそも，援助が必要とされている事態が発生しているという認知が出発点となる。しかし，援助は必ずしも明確に要請されるわけではなく，「援助が必要だ」と援助者自身がその状況を解釈する必要がある。しかし，先述のキティ・ジェノベーゼ事件で，被害者と加害者の声を「単なる言い争い」と考えて援助しなかった傍観者の存在が報告されていることにも示されるように，援助の必要性に気がつくのは簡単なことではない。

　もちろん，明確な援助要請を伴わない状況でも，その状況内にある手がかりから明確に援助の必要性が示されれば援助提供の可能性が高くなる。しかし，手がかりが曖昧な場合，私たちは，その場にいる傍観者の行動を状況解釈の手がかりとして用いてしまい，そのために援助が抑制されることが論じられている。たとえば，路上で言い争う声が聞こえた時，それが，暴漢に「襲われている」のか「友人どうしがふざけて争っているだけ」なのか，よくわからない状況があったとする。自分自身は援助を必要とする事態が発生したのかもしれないと考えたとしても，その場にいる他者が，何もせずに通り過ぎて行ったとしよう。すると，他者のそのような行動自体が，「援助を必要としない事態である」ことを示す情報として認知されてしまう。そして，このような過程が，そこに関与する人みなに起こった場合はどうだろうか。だれもがその状況を正しく理解できず，自分はどうしたらよいかわからず（したがって，何もしないのだが），他者の行動を判断手がかりとしてしまう。その結果，みながその状況を「援助を必要としない」事態であると解釈してしまうことが起こるのである。

このような現象は，集合的無知（pluralistic ignorance）と呼ばれ，傍観者の存在がかえって援助を妨げるという「傍観者効果」を生む理由の1つとなっている。

ところで，ここで問題になるのが，「他の人は，援助を必要としない事態であると考えている」と判断することが正しいかどうかである。私たちの多くは，たとえば他者の悲鳴や，路上での言い争いに接した時，冷静ではいられず動揺し，不安を感じることだろう。すぐに助けに駆けつけなくても，その「動揺や不安」が伝われば，少なくとも尋常ではない事態であると考えていることが他者に伝わり，援助の必要性をお互いが認識しあうということにならないのだろうか。

しかし，「透明性の錯覚（illusion of transparency）」と呼ばれる判断バイアスに関する研究は，そのような過程の生起が難しいことを示している（第7章を参照）。今一度，例に戻って考えてみよう。路上でだれかが襲われているかのような悲鳴が聞こえたとする。このような時，多くの人は，心のなかで動揺し，何が起こったのかと心配するであろう。そして，あたりを見渡すと，まわりの人たちは，特に動揺や心配をしておらず，平然としている様子に見える。だとするなら，集合的無知の研究が示すように，他者の平然とした様子を手がかりに，緊急事態ではないと判断し，援助を行わないという結果になる。しかし，問題は，ここでの「自分は，動揺・心配を経験し，そのことは他者にはわかるはずだが，他者は動揺や心配をしていない」という判断が，果たして正しいかどうかである。もし，他者の内面を判断する際にバイアスが存在していたらどうなるのだろうか。

一般に，私たちは，他者が自分の内的な状態を読み取る能力を過大評価している。実際には，今，自分が抱いている感情や思考を，他者がうまく読み取っていないにもかかわらず，「読み取られている」と思ってしまうのである。これは透明性の錯覚といわれるが，Gilovich et al. (1998) は，緊急事態においても，この現象が生起することを示している。緊急事態に直面した人は，当然のごとく動揺し心配するし，他者には自分のそのような内面が伝わっていると考える。その一方，他者については，それほど動揺したり心配したりしているとは判断しないのである。このように他者が，自分が推測しているほどには，自

分の内的状態を理解していない，つまり，内的な動揺や不安の程度を他者が過小評価しているとどうなるだろうか。緊急事態に直面して，自分の動揺や不安が周囲の人たちには伝わっているはずなのに，彼らの心のなかは平然としていると思えば，これは特に騒ぐ必要のない場面なのだと判断して，自分も「平然とふるまおう」と，その場から通り過ぎてしまうことになるだろう。そして，その結果として，だれも援助に向かわないという事態がさらに促進されてしまう。すなわち，集合的無知による傍観者効果が発生するメカニズムが，この透明性の錯覚により，さらに強固なものとなるのである。

3．援助責任の引き受け：責任の分散

　1人でいる時に緊急に援助が必要な他者を目の前にした時，私たちはどう考えるだろうか。援助できるのは自分しかおらず，自分が行動しなければ大変なことになってしまうと思えば，助けに向かうだろう。では，1人ではなく，他者とともにいる時はどうだろうか。他のだれかが助けるのではないかと考えてしまうと，自分が行動しなくても大丈夫と思い援助を控えるかもしれない。このように他者が存在すると，緊急事態だと気がついていても，援助が抑制されることを，Darley & Latane（1968）が次のような実験で示している。彼らの実験では，複数の学生が，匿名状態でインターコムを通して議論をしている時に，そのうちの1名が発作を起こして倒れて助けを求めた（これはもちろん，本当に発作を起こしたわけではなく，実験者による操作である）。その際，他者にはその声が聞こえていないと思わされていた実験参加者は，85%が援助に向かったが，他に4名の実験参加者が聞いていると思わされていた実験参加者では，31%しか援助しなかった。しかも，これは，無関心であったり緊急事態に気がつかずに傍観していたわけではない。助けなかった学生も緊急事態が発生したことは理解していたが，それにもかかわらず，他者が存在するがゆえに，自分が助けに行くと決意できなかったのである。Darley & Latane（1968）はこの結果を責任の分散（diffusion of responsibility）という視点から分析している。1人でいる時は，その場での援助責任が自分1人に集中するために助けに行くが，他者とともにいると，責任が分散してしまい，援助が遅れたり抑制されたりするのである。

4．コストと報酬の評価：社会的規範の観点から

　人間の相互作用は「交換関係」で成り立っている。私たちの社会的な相互作用とは，金銭や，物，愛情，サービス，情報などを交換する過程でもある。そして，その交換関係において，私たちは報酬を最大化し，コストを最小化しようと動機づけられている。援助行動も，援助を「与える－与えられる」という交換のなかで，みずからの資源を他者のために用いる行為であり，援助を与える際のコストの評価，また，援助の結果得られる報酬の評価に関する認知が，援助行動を行うかどうかの判断に影響する。援助がみずからの生命の危険を伴うものであるなど，多大な犠牲を必要とするものであれば抑制されるし，援助すれば後に巨額の報酬が得られるとなれば，促進されるだろう。

　しかし，このような明白なコストや報酬の評価以外にも，私たちの援助行動を統制する要因として，報酬とコストの観点から考察すべき要因が存在する。そのなかの1つが，援助に関わる社会的な規範であろう。社会のなかには，援助すべき場面や対象に関するルールが存在し，それを守れば他者からの賞賛やみずから得る満足感という報酬が得られる一方で，守らなければ他者からの批判やみずからの罪悪感などのコストを被ることになる。さまざまな社会的規範のなかでも，特に次の3つが，援助するかどうかの判断を行ううえで重要である。

①社会的責任規範：自分に依存している他者に対しては，その人の幸福感（well-being）を保つように行動する責任がある。したがって，依存している他者を助けるべきである。
②互恵性規範：与えられたら与えるというように，他者との交換関係は互恵的でなくてはならない。したがって，自分を助ける可能性のある人やこれまでに助けてくれた人は助けるべきである。
③社会的正義規範：社会には公平性が保たれなければならず，不当に苦しみを得る人の存在は望ましくない。したがって，そのような人がいれば公平さを回復するために助けるべきである。

　Campbell（1975）は，私たちの社会が発展していく歴史のなかで，社会全体に対する恩恵を与えるような習慣や信念が形成されてきた過程を「社会的進

化」と呼び，社会に望ましい結果をもたらす行動を促進，維持するためのルールが規範として社会のなかに定着し，個人のなかに内面化されてきたと論じている。援助も一般的には社会的に望ましい行動であると考えられており，援助行動を行うべきかどうかについて上記の規範に照らし合わせて判断が行われることになるが，社会的賞賛や制裁，自己賞賛や自己懲罰的感情の喚起により，規範を守ることは報酬として，破ることはコストとして判断に影響を与えるのである。

3節 援助を動機づける認知——原因帰属

　私たちは苦境にある人を見ても，常に「助けなければならない」と思うわけではない。場合によっては，「助けるべきではない」とか「助けるに値しない」という気持ちを持つこともあるだろう。他者が苦境にあることの認知は，援助を引き起こす出発点となるものだが，だからといって，苦境にあること自体が常に援助を動機づけるわけではない。むしろ，同情や援助よりも，怒りや非難を向ける状況も存在する。では，このような援助動機の有無はどのような認知により決まるのだろうか。ここで重要なのは，援助に値するかどうかという「評価的判断」だということができるが，この評価的判断を原因や責任の帰属という観点から分析し，援助を動機づける感情とその前提条件となる認知との関係を，「認知→感情→行動」という枠組みに基づきモデル化してきたのが，帰属理論による援助行動へのアプローチである。Weiner（1995）は，原因や責任帰属が対人感情や行動意図に与える影響を統合的に理解するための枠組みを提示し，そのなかで，援助に関する感情や行動が，苦境の原因や責任の帰属により決まると論じている。

1．苦境の原因や責任帰属と援助

　苦境に陥った人に接すると，私たちは「なぜそのような状況になったのか」といった問いを抱く。このような原因に関する問いに答えることを「原因帰属（causal attribution）」というが，この原因帰属過程が，苦境に陥った人に対す

る私たちの反応を決める重要な要因となる。Weiner（1986）の原因帰属と対人動機に関する理論は，援助場面を含むさまざまな社会的場面で，原因帰属が後続の感情や行動に及ぼす影響について，原因帰属の「次元」の点から整理したものである。原因帰属の次元とは，さまざまな領域で帰属先として用いられる具体的な原因に共通する特性を記述するための次元で，「原因の所在（locus：内的－外的）」「安定性（stability：高－低）」「統制可能性（controllability：高－低）」の3次元が同定されている。たとえば，就職試験に落ちた人が，その原因を「運が悪かったから」と考えたとしよう。運の悪さは，当事者の外にある外的要因であり，安定性が低く，統制も不可能であると一般に認知される原因である。その一方，「女性だから就職試験に落ちた」と考えた場合，「女性だから」という原因は，内的で安定性が高く，統制が不可能な原因ということができよう。

　私たちが，他者に対して経験する感情や行動意図は，他者の行為の原因帰属がこれら3次元上でどのように位置づけられているかによって決まるということがWeinerの理論の基本的な主張である。なかでも統制可能性の次元は，他者の行動に対する対人感情や評価的判断，責任帰属と関わっており，援助行動に関してはこの次元上での位置づけが最も重視される。他者が苦境に陥り援助を必要としている場面において，それが統制可能性の高い原因に帰属されると，怒り，非難，制裁行動につながるのに対して，統制可能性の低い原因に帰属されれば，同情や援助行動が向けられるのである。

　たとえば，友人に授業のノートを貸してほしいと頼まれたとする。ノートが必要となった原因が，「目の病気のために，黒板がよく見えずにノートが取れなかった」という場合と，「海に遊びに行って，授業をさぼったためノートが必要になった」という場合では，私たちの反応が異なる。前者に対しては同情してノートを貸す一方，後者に対しては怒りを感じノートを貸さない可能性が高いだろう。すなわち，目の病気という統制可能性が低い原因で援助が必要な場合は，同情と援助が向けられるが，「さぼる」という統制可能性が高い原因に対しては，怒りを向けると同時に援助を拒否するのである（Weiner, 1980）。また，同様の分析は，この例のような日常場面の相互作用だけではなく，緊急事態での援助意図にも適用できる。たとえば道で急に倒れた人が，杖を持った

老人である場合と，酒瓶を持ち明らかに酔っ払っている人である場合だと，前者のほうが援助されやすい（Pilliavin et al., 1969）。これは，杖を持った老人の場合は病気など統制不可能な原因で倒れたと判断されるのに対して，酒瓶を持っている場合は「飲みすぎ」など当人に統制可能な原因で倒れたと判断されるからである。

2．福祉に対する態度への応用

　Weinerの理論は，日常遭遇しそうな相互作用場面以外にも，社会福祉政策を含む公的な支援策に対する態度という領域にも及んでおり，多くの研究が行われている。この多くの研究は「失業者に対する支援」「途上国への支援」などのように，特定の困窮状態にある人たちに対する態度や，福祉領域を中心とする社会政策に対する賛否の背後にある心的過程を検討するという応用的展開を行ううえで，重要な視点を提供している。これは，原因や責任の帰属が「道徳的判断」を暗黙裡に含んでおり，福祉受給者への態度の基本的な構成要素である「援助を受けるに値するかどうか」という判断と密接に関わっているからである。以下，福祉政策への態度に焦点を当てた研究を取り上げていくが，その前に，原因帰属と責任帰属の両概念の研究での扱われ方について，整理しておきたい。

　社会福祉政策は「公的な資金」を特定の問題を抱えた人たちのために用いることであり，その問題の発生が社会の責任なのか，それともその個人に責任があるのかという問いと直結するがゆえに，援助が必要となった事態に対する責任帰属が態度を決める重要な変数となる。「貧困」「社会的スティグマ」「失業」などに苦しむ人たちに対する援助意図研究では，責任帰属が援助に関する態度に与える影響が検討されており，多くは，個人が行う援助のみならず，公的な援助や，社会福祉政策に対する態度を扱っている。

　責任帰属は，Weinerの理論においては，原因帰属における統制可能性の次元での判断に基づくものとして扱われている。すなわち，努力不足など，統制可能性が高い原因への帰属は，当事者への責任帰属につながると考える。原因と責任はもちろん概念的には区別されるべきものである。しかし，援助の前提となる帰属に焦点を当てて，後続の反応への影響を検討した研究では，当事者

への責任帰属と統制可能性の高い原因帰属が同じ結果をもたらすものとして議論されており，測定レベルでは，むしろ責任帰属を用いている研究が多数存在する。これは，原因帰属と責任帰属の判断過程を順序づけた場合に，責任帰属が後続の判断として，より直接的に感情や態度を規定すると考えられていることにもよる。したがって，以降の議論では，責任帰属にも焦点を当てつつ，必要に応じて両変数に言及していくこととする。

貧困者に対する態度研究でも，原因や責任の帰属が，先に述べたように対人感情や援助意図を規定することが示されている。まず，貧困の原因認知については，具体的にあげられるさまざまな原因が，怠けているなどの「個人的要因」，不況などの「社会的要因」，運の悪さなどの「運命的要因」にまとめられることが明らかになっている（Zucker & Weiner, 1993）。そして，個人的要因は統制可能性が高い原因として当事者に責任が帰属されるのに対して，社会的要因や運命的要因については，統制可能性が低い原因として，当事者への責任帰属がなされない。したがって，貧困の原因を個人的要因に帰属する人ほど，貧困者への社会福祉に対して否定的な態度を示す一方で，社会的要因や運命的要因に帰属する人ほど，同情を感じ，社会福祉による援助に賛成し，それに税金を投入することに肯定的な態度を取ることが示されている（Iyenger, 1989；Kluegel & Smith, 1986）。

3．帰属に影響する個人差要因と福祉政策への態度

（1）政治的態度

原因や責任の帰属は，このように，福祉政策に対する態度を規定する主要な変数である。したがって，どのような人がどのような帰属を行うかが，態度を予測するうえで重要となる。では，帰属のあり方を決める個人差変数としては，これまでどのようなものが検討されてきたのだろうか。社会政策に対する態度は政治的な話題でもあるので，その点から着目されてきた変数の１つとして，保守－革新という政治的態度をあげることができる。ここでの保守とは，体制を変えずに旧来の風習や伝統を重んじて固守しようとする傾向を，また，革新とは，制度・組織・慣習などを変えて新しくしようとする傾向をさす。アメリカでは，保守－革新が，共和党・民主党という２大政党と対応していることか

ら，この態度軸は理解しやすく，一般的に共和党のような保守的政党よりも，民主党のような革新的政党のほうが，社会福祉政策に積極的であるといわれている。このような政治体制を背景として，アメリカを中心とした研究では，政治的態度と社会的支援政策への賛否に対する態度との関係が検討されてきた。研究結果は，このような政党の政策と対応しており，保守的な人は貧困を甘えや怠惰さなど個人的原因に帰属し，当事者の責任を高く評定する一方で，革新的な人は不況や社会制度などの社会的原因に帰属することが示されている（Skitka & Tetlock, 1993；Williams, 1984）。このような原因や責任帰属は，対人態度や援助に対する態度にも影響する。革新的な人と比べて保守的な人は，福祉の援助を受けている人に対して嫌悪を示し，援助に否定的となりがちである。また，平等な援助や必要度に応じた援助よりも，責任の有無に応じた援助資源分配を好むことも示されている（Skitka, 1999；Rasinski, 1987）。

もっとも，このようなアメリカでの知見に対して，日本における調査研究では，政治的態度と福祉政策のような再分配への態度との関連が系統的には検証されていない。蒲島・竹中（1996）は，日本における「保革イデオロギー」と収入格差是正政策への態度との間に，非常に弱い相関しか見いだしていない一方で，最も保守的な有権者に収入格差是正への賛成が多いことも示している。さらに平野（2005）は，この30年間の有権者の意識変化を4つの調査データに基づき検討しているが，そこでも社会福祉充実への賛意と保革自己イメージとが関連しないことが主張されている。したがって，日本では，欧米での研究知見とは異なり，政治的態度が原因や責任の帰属には影響しない可能性も考えられる。この点については今後の検討が必要であろう。

（2）公正世界信念

原因や責任の帰属に影響を与えるもう1つの個人差変数として，公正世界信念（belief in just world）をあげることができる。公正世界信念とは，世の中は公正・正当で，報酬を得るに値する人が報酬を得て，罰を受けるに値する人が罰を受ける仕組みになっているという信念である。私たちは，社会が公正であることを望み，公正が保たれているという感覚を維持したいと動機づけられている（Lerner, 1980）。このような信念を保持することにより，正しく行動することで望ましくない結果を避けることができるという安心感や統制感を得

ることができるのである。また，このような信念は「正しい行動」を動機づけるという点において，社会の道徳的秩序や正義を支える心的基盤としても機能する。

　Lerner & Miller（1978）の研究では，このような公正世界信念が，原因や責任の帰属に影響することが示されている。この信念が強い人は，援助を必要とする他者に対して，「今被っている望ましくない結果は当然の報いかどうか」という点からの評価を行う。そして，公正さの維持という観点から，当然の報いであるなら援助に値しないと判断し，一方，不当な結果の犠牲になっているのであれば援助を受けて苦境を脱することで，社会の公正さが保たれるべきであると判断する。また，それに加えて，社会は公正な場であるため，援助により救済される人は正しい人であるが，救済されない人は正しくないからこそ救済されないという考えも持つ。したがって，公正世界信念の強さは，「救済されるのかどうか」という点を軸にして，援助を必要としている人や援助政策に対する態度に関して，ポジティブ，ネガティブ両方の影響をもたらすことになる。当人に責任がないのに援助を必要としている人の存在は，公正世界信念に対する脅威となるが，もしも援助により解決がもたらされるなら，不公正が是正され公正世界信念は維持できる。したがって，このような場合には援助政策には好意的な態度を示す。しかし，援助を行っても効果が期待できない場合，または本当の問題解決につながらない場合は，援助を行っても，その人は救済されないので，公正世界信念を維持することができない。したがって，むしろ，公正世界信念に対する脅威を低減するために，不幸な結果に苦しむ人は当然の報いとしてそうなるのだと信じ込む傾向につながる。

　貧困や社会的スティグマは単純な援助政策では解決できない場合が多いことを考えると，このような公正世界信念の影響は，苦境にある人にとって厳しい判断につながることが予測できる。実際，公正世界信念における個人差と支援に対する態度との関係を検討した研究では，そのような結果が得られている。公正世界の信念を強く保持している人は，成功者を高く評価する一方で犠牲者を貶めるような態度を取りがちであり，さまざまな差別に反対する程度が低く，貧困者や社会的マイノリティ，病気や障害などの社会的スティグマに苦しむ人に対して否定的な態度を持つことが示されている（Conners & Heaven, 1990；

Furnham & Gunter, 1984)。

4．自助努力と援助

　苦境にある原因や責任の帰属に基づいて援助することの妥当性を判断することは，苦境にある人が「悪いのか・悪くないのか」という道徳的な価値づけを含む判断であり，他者に対する「裁き」でもある（Weiner, 2006）。ここまで論じてきた原因や責任の帰属と援助に関する研究は，苦境の責任が当人になければ，援助を受けてしかるべきだという判断がなされると主張してきたが，それは，原因の統制可能性が低く責任がなければ，「悪くない」人として援助に値するということでもあった。しかし，道徳的な判断であるとするなら，援助することの妥当性は，苦境にある原因や責任の帰属だけではなく，その苦境下でも「望ましい」行動をしているかどうかにも依存するであろう。具体的には，苦境にあること自体に対して当人には責任がなくても，周囲は「自助努力」を期待し，またその期待にこたえるのかどうかということが，援助意図に影響することが考えられる。つまり，苦境に甘んじて苦境の解決に向けた行動を取らなければ，否定的な評価を受けると予測できるのである。

　自助努力は，Brickman et al.（1982）が提出した「解決責任」という概念と関連している。彼らは，責任の概念が，問題発生の責任と，問題解決の責任の両者から構成されるとしたうえで，援助には問題発生の責任帰属だけではなく，解決する責任も関わっていることを指摘した。問題を解決する資源や能力を持つ人は，問題の発生に関わりがなくても，解決のために援助する責任を背負う可能性が発生するのである。この議論は，もともと，問題解決の能力を持ち，社会的役割として援助を期待される人たちが提供する援助を含めた，責任と援助の関係をモデル化しようと試みたものであった。たとえば，医者が病人に対して行う援助のように，解決能力を持ち，またそれを発揮する役割を期待される人は，そのための努力を期待される。また，問題の発生に責任があっても解決能力がない人は，他者からの援助を受けることが許容されるのである。しかし，この議論は社会的役割上の責任に限定されるものではない。苦境にある人も，たとえ苦境の発生に責任がなくても，対処行動を取ることができ，それが一定の成果を上げる可能性があるならば，「解決の責任」，すなわち，「自分の

努力で問題を解決する」という自助努力が要求されると考えられる。

　自助努力の問題は，福祉に関する社会政策への態度を考察するうえで，重要な論点となるが，自助努力を要求する程度はどのような要因によって決まるのだろうか。また，自助努力の要求が，援助資源を持つ人の援助意図にどう影響するのだろうか。この点について，Schmitt et al. (2001) が展開している相対的特権理論（relative privileges theory）の観点に沿って考えてみよう。彼らによると，公正世界信念研究（Lerner & Miller, 1978）が示すように，人は公正な世界が望ましいと考え公正さを維持するよう動機づけられている。したがって，苦境にあり支援を必要とする人の存在が，社会の不公平さのためということになれば，「恵まれた立場にいる」と自己認知している人たちは，罪悪感を抱き，その罪悪感を低減するために援助責任を引き受ける。しかしその一方，自分が「恵まれた立場にいる」ことが「正当でそれに値する」と考えるなら，苦境にある人たちへの援助責任は引き受けず，むしろ非難などのネガティブな反応となる。このことは，健康な人のがん患者に対する反応（Maes, 1998），旧西ドイツ国民の旧東ドイツ国民に対する反応（Maes & Schmitt, 1999）などで実証されている。つまり，援助意図や支援政策への賛否を規定する要因として，社会の不公平さの認知とみずからが得ているものに対する正当性の認知が重要な役割を果たすことが示唆されるのである。唐沢（2003）は，仮想世界ゲームというシミュレーションゲームを用いた研究で，社会が不公平であると認知しているほど，苦境にある人たちに対して自助努力を要求せず，恵まれた立場にある自分が援助責任を負うと考える一方，自分の恵まれた立場が，正当な理由に基づくと考えるほど，苦境にある人に対して自助努力を要求し，援助責任を引き受けないことを明らかにしている。

　また，ここで重要なのは，何を私たちが恵まれた立場にいることの「正当な」理由と考えるのかという問題であろう。「値すること（deservingness）」の研究や達成の原因帰属研究は，内的で統制可能な原因，とりわけ努力による成功は正当と認知される一方，外的な原因による成功は正当ではないと認知されることを示唆している。Feather は高地位者への態度を検討する研究を行っているが，そこでは，努力やスキルによって地位を得た人は他者から賞賛と好意を向けられるのに対して，ひいきや運により地位を得た人は，地位の正当性

に疑問が持たれ，高地位に値しないと判断されることが示されている（Feather, 1993a, 1993b；Feather et al., 1991）。また，Weinerらによる原因帰属と成功者・失敗者への反応を分析した研究では，成功が努力に帰属されると高い評価が得られ報酬を受けるに値するとみなされるのに対して，失敗が努力不足に帰属されると非難が向けられることが明らかになっている（Weiner et al., 1982；Weiner & Kukla, 1970）。したがって，努力は望ましい結果を得る正当な理由の典型である一方，運のよさのような外的で統制可能性の低い要因は正当ではないと考えられる。実際，先に述べた唐沢（2003）は，みずからの恵まれた立場を努力で得たと考えている人は，苦境にある人に対しても自助努力を求めがちとなることを示している。

4節　援助を受ける側の心的過程と援助をめぐる相互作用

　ここまでは，援助を行う側の心的過程に焦点を当てて，援助意図を決める認知過程を論じてきた。しかし，援助は，行う側と受ける側があって成立する相互作用であり，援助を受ける側が援助場面でどのような反応を示すのか，またそれが援助をめぐる相互作用にどう影響するのかを考えることが必要である。
　援助を受ける側の気持ちから言えば，一般的には，「助けてもらうのは，よいことであり，うれしいこと」という理解があるだろう。確かに，私たちは助けられれば感謝するし，助けられることでさまざまな生活上の困難を克服し，みずからの社会に対する適応を高めている。しかし，その一方で，他者からの援助を「余計なお世話」と感じることもあるだろうし，援助を必要とする状態になった自分を嘆いたりすることもある。また，援助を受けてしかるべきと思っている時に，適切な援助が得られなければ，周囲の他者に対してネガティブな感情を持つことにもなるだろう。このように，援助をめぐる相互作用は，必ずしも受け手の側に望ましい結果をもたらすわけではなく，研究もその点に焦点を当てているものが多い。以下に，受け手の側に生じる認知が及ぼすネガティブな影響や，それをめぐる心的過程について考えていく。

1. 援助を受けることのネガティブな影響

(1) 心理的負債

　私たちは，自分のために他者が何かをしてくれると，感謝と同時に「申し訳ない」と思う。何らかの形で援助者に返報しなければならないという義務感を経験することもあるだろう。私たちの社会関係のなかには「返報性」の規範が存在するため，他者から好意を受けたら，それに対して返報しなければならないと考えてしまう。これは，好意には好意で報いることであり，返報性規範が「助けあう」よき社会の基盤となっているともいえよう。しかしその反面，この規範が存在するがゆえに，一方的に援助を受けることは，心理的負債感（Greenberg, 1980）のように受け手のなかにネガティブな感情を生じさせるし，力関係のバランスの崩壊につながることもある。心理的負債感を背負った状態は，援助される側にとっては不快なため，それをなるべく経験しないように，また低減するように動機づけられる。したがって，何らかの形で返報ができると考えている時には援助を求めるが，返報の機会がないと認知すると心理的負債が予期され援助要請が起こりにくいこと，また返報の機会がないと，援助に憤りを感じて援助者を誹謗する可能性がこれまでの研究で明らかになっている（Fisher et al., 1982；Greenberg & Shapiro, 1971）。また，この心理的負債感は，社会福祉のような公的な支援場面でも問題となる。Briar（1966）が行った社会福祉受給者を対象とした調査によると，受給者の多くがソーシャルワーカーの深夜の突然の訪問を断ることができないとか，結婚カウンセリングを求められれば受けざるを得ないと答えている。このように公的な援助でも，それを受けていることで，被援助者にとっては，ありがたく思えない援助者の行為や要請を拒否しにくくなっているということは，暗黙裡に，援助を起点とした支配－被支配構造が福祉の現場に持ち込まれる可能性を示唆している。

(2) 自尊感情への影響

　援助を受けることは自尊感情にも影響する。供与された援助が，他者の自分に対する純粋な思いやりからだと思えば，それは他者に対する自分の高い価値を示すことになり自尊感情は上がるだろう。しかし，援助を受けるという行為が，自分の無能さや失敗，依存という点から解釈されるなら，援助を受けることは自尊感情の脅威となる（Fisher et al., 1982）。私たちは，援助を受ける際，

自分がなぜ援助を必要とするのか，その原因を考える。帰属理論によると，自分の援助の必要性を運の悪さや社会システムなど，外的な要因や統制不可能な要因に帰属すれば自尊感情は傷つかないが，自分の能力不足など，内的な要因に帰属すると自尊感情の低下につながる（Weiner, 1985）。また，自分の問題を状況に帰属できる時には，内的な欠点に帰属する時よりも援助を求めることから（Fisher et al., 1982），援助の要請においては，自尊感情を守りたいという動機が関与していることが示唆される。すなわち，自尊感情が傷つかない状況のほうが，そうでない時よりも援助要請しやすいのである。

　一方，要請者自身が行う原因帰属とは別に，他者も援助の原因帰属を行うが，それが自尊感情に与える影響はどのように考えればよいのだろうか。他者が援助を受けたことの原因を「受け手の無能さ」に帰属しがちであることは，子どもにおいても示されている。Graham & Baker（1990）は，課題を解いている最中に教師からヒントをもらった小学生のビデオを，5歳から12歳の子どもに見せて能力を評定させたところ，ヒントをもらった小学生はヒントをもらわなかった小学生よりも能力が低いと評定されることを示した。援助を受けること自体が，能力の低さを示す情報となるのである。私たちは，他者が自分に対してどのように考えるかについて無関心ではいられず，このような推論を他者が行う可能性を意識すれば，自尊感情を維持するために必要な援助も拒否してしまうことになるだろう。実際，社会福祉の現場では，必要な支援の受給をためらう人の存在が常に問題となるが，実証研究からも，受給のためらいの背景には，援助を受けることに伴う屈辱や当惑への恐れが存在することが論じられている（Williamson, 1974）。

　このように，自尊感情がそこなわれる可能性は，援助のネガティブな影響の最も顕著なものの1つと考えられるが，援助が自尊感情に対して与える影響を統合的に論じたものとしては，Fisher et al.（1982）の自尊感情脅威モデルがある。このモデルは，援助が自尊感情の脅威にもなれば自尊感情を高める効果もあるとし，その影響を決める要因について論じたものである。個人差要因としては，被援助者の自尊感情や達成動機が指摘されており，これらが高い人ほど，援助を脅威と受けとめる傾向が強いことが論じられている。また，援助者の特性としては，援助者の資源の多さ，社会的地位や身体的魅力の高さが脅威

となることが示されているが、これは援助者との社会的比較を被援助者が行い、「援助される劣った自分」を認識してしまうからである。加えて、社会的比較を促進するという観点からは、援助者と被援助者の類似性の高さも自尊感情への脅威をもたらすことになるのである。

2. 援助供与と援助への期待

　援助供与は、援助を与える側と受け手の相互作用でもあり、与える側と受ける側の認知、感情、行動のやりとりがそこには見られる。したがって、援助場面における与え手と受け手の認知や、感情とそれをめぐる相互作用のダイナミックスを考える必要がある。この問題について、援助供与を決める重要な変数の1つである原因や責任の帰属を軸に考えてみよう。これまで述べてきたように、苦境が統制不可能な原因に帰属されたり、受け手が被っている苦境に対して責任がないと判断すれば、援助者は怒りよりも同情や共感を持って援助する意図を高める。それと同様に、援助の受け手が周囲に援助を期待する程度に関しても、原因や責任の帰属に影響されると考えられる。すなわち、みずからが苦境にあることを、統制可能性の低い原因に帰属したり、自分に責任がないと考えるなら、そうでない時に比べて、他者から同情を得るとともに援助を受けてしかるべきと考え、援助を期待する気持ちが強くなるであろう。そして、ここで問題となるのは、苦境の帰属という点において、援助者と受け手とでそのとらえ方にどのような違いがあるのか、また、そのことが相互作用にどのような含意を与えるのかということである。

　Karasawa (1995) は、ネガティブ感情の表出を題材にこの問題を検討している。私たちは、望ましくない出来事が起こると、落ち込んだり怒ったりなどのネガティブな感情を経験する。そして、このような感情を表出することは、他者にとっては、自分が苦境にあり援助が必要であるということを示唆するシグナルともなる。また、そうであるがゆえに、私たちは親しい人が落ち込んでいたり怒っていたりしたら、何かよくないことがあったのではないかといぶかり、慰めたり愚痴を聞いたりしようとする。しかし、このような支援的な態度が常に出てくるとは限らず、ネガティブな感情表出に接した際の対人態度は、その感情表出の原因帰属に影響される。支援的な態度は、感情表出の原因が

「その人に起こったよくない出来事」という状況要因に帰属されているからこそ出てくるものであるが，そうではなく，「もともと落ち込みやすい人だから，怒りっぽい人だから」という個人の特性要因に原因帰属がなされた場合は，同情する気持ちがわき起こらず，慰めるなどの支援的な行動が抑制される。状況要因は一般に当事者に統制不可能な原因であるとみなされ，責任の帰属が抑制されるのに対して，特性要因は統制可能とみなされがちで，当事者の責任であると判断されるのである。

では，感情表出者に接した人の帰属と対人態度との関係がこのようなものであるとして，感情を表出した人自身についてはどうであろうか。Karasawa (1995) は，表出者についても同様の関係が成立することを示している。すなわち，自分のネガティブ感情表出の原因を，自分に起こったよくない出来事に帰属している場合は，他者からの支援的な態度を期待するのに対して，自分の内的な特性に帰属するとそのような期待が抑制される。また，さらに重要なことは，観察者と表出者の間で，感情表出の原因帰属に差があり，それがネガティブな相互作用を促進する可能性が示唆されている点である。ネガティブ感情の表出者と観察者の間には，感情表出の原因帰属に関して「行為者－観察者バイアス」が存在する。すなわち，表出者は自分のネガティブ感情表出を苦境という「状況」に帰属しがちなのに対して，観察者は表出者がもともと落ち込みやすかったり怒りっぽかったりするからだという「内的特性」に帰属しがちなのである。

このような帰属の差異は，援助の供与が，表出者の期待通りには行われないという結果につながる。すなわち，苦境にありネガティブ感情を表出している人は，その原因を苦境に帰属し，周囲からの援助を期待する。しかし，ネガティブ感情の表出者の周囲にいる人は，表出の原因を表出者の内的特性に帰属するため援助意図が抑制される。このような援助期待と援助意図の差異が，実際の相互作用のなかで「期待した援助が得られない」という結果をもたらしてしまえば，その次に予測されるのは，援助が得られないことに対して，表出者が，失望や怒りなど，さらにネガティブな感情を経験するという事態である。もしもここでのネガティブ感情が周囲に伝われば，この表出者は，「やはり怒りっぽい人だ」などというように受けとめられ，当初の「内的な特性への原因

帰属」がさらに確証されてしまうことになる。このようにして，当初の原因帰属の差異が，ネガティブな相互作用の拡大をもたらすという結果になるのである。

もちろん，このような悲観的な相互作用展開が必ず起こるわけではない。たとえば，Karasawa（2003）が示すように，お互いに好意を抱いている関係では，ネガティブ感情の表出に対する，表出者と周囲との原因帰属の差が小さく，ネガティブな相互作用展開も抑制される。したがって，ここで留意すべきことは，援助という本来ポジティブな相互作用が，むしろ，ネガティブな方向に向かうポテンシャルを持ったものになるという点であり，その際の認知過程の特徴を考えることで，援助が私たちの相互作用において果たす役割を，複合的な視点で理解する必要があることだろう。

5節　おわりに

人はなぜ，他者を助けるのだろうか。援助という行為は，財産や時間，労力など，自分の資源を他者のために用いることであるがゆえに，この問いは，哲学や文学，そして心理学など，「人の心性」に興味を持つ領域にとって重要である。本章でこれまで紹介してきた援助研究は，援助行動や支援的態度の背景にある諸要因の関係を明らかにすることを通して，この問いに答えようとしてきたが，暗黙に示されていることは，他者のために資源を用いているとはいえ，何らかの形で「自分の利益」になるから援助するという説明の構図である。たとえば，規範に従うという理由は，従った際の社会的な賞賛が報酬となる一方，反した時の罰を避けたいという動機が関与する。責任がなく苦しんでいる人を援助するということは，援助者の公正感や道徳的な正義感を維持し，それを満足させることにつながる。また，気分が援助に及ぼす影響の研究では，私たちが単に「よい気分となる」ために援助することも示されている。すでによい気分でいる時は，それを維持するために援助するし（Isen & Simmonds, 1978），悪い気分の時は，そこから抜け出すために援助するのである（Cialdini et al., 1987）。明示的な報酬や援助により特定の動機を満たすという「利得」がない

場面でも，援助することは一般的によい気分をもたらすものであり，援助によりよい気分という自己利益を得るのなら，いくら主観的には利他的な気持ちで援助していたとしても，そこには「利己的」な側面が潜んでいるということになる。

　では，援助は真に利他的になり得ないのだろうか。上述のような援助の「利己性」を強調する議論に対して，Batson は苦境にある他者への共感が生じた時に，利己的な動機を満たすためではなく，他者の幸福（welfare）を達成するという真に利他的な動機から援助が起こり得るという議論を展開している。共感は，苦境にある人の視点に立って考えるという教示で操作されることが多いが，研究結果はこのような操作の導入により援助意図が高められることを示している（Batson, 1998；Batson et al., 2007）。確かに，援助後に自分にもたらされる望ましい結果をまったく意識せずに，他者の苦しみに共感することから援助が行われることを「利他的」と呼ぶことができそうにも思われる。しかし，このような結果が純粋に利他的な動機に基づくものかどうかについては，議論が分かれるところだろう。共感することは自分にとっても苦痛を引き起こすので，それを改善するために援助をするとか（Schaller & Cialdini, 1988），本人は意識していないものの，潜在的に「よいムードになる」ためや「援助する自分に満足する」ために援助するといった，利己的な欲求によると言われれば，否定するのは困難である。Batson はこのような議論に対して，共感に基づく援助が，「援助することの喜び」や「苦痛からの解放」などの自己利益をもたらしたとしても，それは意図しなかったことであり，援助という行為の究極の目標ではないという点で利他的といえると論じている。

　このような議論は，私たちの行動の背後にある動機について，潜在的なものまで含めた場合に，何が真の動機かを正確に同定することが不可能であるがゆえに，決着を見ることが難しい。そもそも，人は，自分の行動の理由を自分で必ずしも正確に把握してはいない。他者を援助した時，その人のためにと考えていたとしても，その他者が苦境から解放されることにより暗黙のうちに「満足」や「喜び」を得るなら，それは自分の「利益」のための行為であり「利己的」だと言えなくもないが，それが真の目的かどうか判断する客観的な基準を定めることは困難である。このように考えると，利他的な動機が存在するかど

うかという議論でどのような立場を取るのかという問題は，言葉の定義や人間観の持ち方しだいということもできるだろう。何を「真の利他性」と考えることができるのか，人がどのように利他的，もしくは利己的な存在であると主張できるのかは，各研究が得たデータのみではなく，援助行動の研究者が人をどのように「描き出したいのか」に依存する。そして，このような決着が困難な問題が存在するにもかかわらず，私たちは，多くの犠牲を払っても他者を援助する人が存在し得ることを知っており，実際の援助場面では，援助者が真に利他的か，隠された利己的な動機があるためかというよりも，援助により苦しみから解放される人が存在すること，また，援助が促進されることで，そのような「よい結果」が社会に起こることを重視することも事実である。

したがって，援助研究は，常に現実の社会における援助の促進に関係した「応用的課題」と切り離すことができない。援助が一般的には社会的に望ましい行動であり，促進されるべきものと考えられていることから，「どのようにしたら，援助行動を促進できるのか，支援的態度を醸成できるのか」という現実社会での問いが重視されるのである。そして，研究成果に基づき，その問いに答えることが援助行動研究者の使命の1つでもある。そのためには，現実の場面を，特定の理論や変数のはたらきの観点からのみ分析しているだけでは対応が困難であろう。援助に関わる認知要因は多様である。ある場面において，複数の要因が関与しているのは当然であり，それらの関係を解きほぐしながら，現実場面での要請に応えていく必要があるだろう。応用的課題に向かうためには，各要因のはたらきについての基礎的な研究知見を十分に理解していることが要求されるのはもちろん，その場面を構成する諸現象のなかに，それらの要因がどのように埋め込まれているのかを分析することも求められるのである。1つの認知要因のはたらきについて知見を提供することが，さほど困難でないとしても，それらが複数存在する時に，行動や態度を規定する心的過程をどのように構成していくかは，多くの応用研究の課題であるが，援助研究もその例外ではない。

また，研究を進めるうえで注意する必要があるのは，援助は促進されるべきだという考え方の妥当性である。援助が常に望ましい結果をもたらすわけではないことを本章では述べたが，望ましい，望ましくないという判断を何に依拠

して行うのかは，それほど簡単に決められることではないだろう。このような問題は，社会心理学研究のみから結論が導出できるものではなく，たとえば倫理学的，教育学的な視点など，他領域の研究の成果と協同して考えるべきかもしれない。したがって，援助・被援助という場面は，社会心理学者にとって，基礎的な心的過程におけるメカニズムを明らかにするという課題と，それを実社会につなげるために要求される作業，他分野との協同の可能性というさまざまな展開を持つ興味深い研究領域ということができるだろう。

=================== 文　献 ===================

Batson, C. D.　1998　Altruism and prosocial behavior. In D. T. Gilbert, S. T. Fiske & G. Lindzey（Eds.）, *Handbook of social psychology*. Vol.2. Boston, MA: McGraw-Hill. Pp.282-316.

Batson, C. D., Ahmad, N., Powell, A. A., & Stock, E. L.　2007　Prosocial motivation. In J. Y. Shah & W. L. Gardner（Eds.）, *Handbook of motivation science*. New York: Guilford Press. Pp.125-149.

Briar, S　1966　Welfare from below: Recipients' view of the public welfare system. *California Law Review*, **54**, 370-385.

Brickman, P., Rabinowitz, V. C., Karuza, J., Coates, D., Cohn, E., & Kidder, L.　1982　Model of helping and coping. *American Psychologist*, **37**, 368-384.

Campbell, D. T.　1975　On the conflicts between biological and social evolution and between psychology and moral tradition. *American Psychologist*, **30**, 1103-1126.

Cialdini, R. B., Schaller, M., Houlihan, D., Arps, K., Fultz, J., & Beaman, A.　1987　Empathy-based helping: Is it selflessly or selfishly motivated? *Journal of Personality and Social Psychology*, **52**, 749-758.

Conners, J., & Heaven, P. C.　1990　Beliefs in a just world and attitudes towards AIDS. *Journal of Social Psychology*, **130**, 559-560.

Darley, J. M., & Latane, B　1968　Bystander intervention in emergencies: Diffusion of responsibility. *Journal of Personality and Social Psychology*, **8**, 377-383.

Feather, N. T.　1993a　The rise and fall of political leaders: Attributions, deservingness, personality, and affect. *Australian Journal of Psychology*, **45**, 61-68.

Feather, N. T.　1993b　Authoritarianism and attitudes toward high achievers. *Journal of Personality and Social Psychology*, **65**, 152-164.

Feather, N. T., Volkmer, R. E., & Mckee, I. R.　1991　Attitudes towards high achievers in public life: Attributions, deservingness, personality, and affect. *Australian Journal of Psychology*, **43**, 85-91.

Fisher, J. D., Nadler, A., & Whitcher-Alagna, S.　1982　Recipient reactions to aid. *Psychological Bulletin*, **91**, 33-54.

Furnham, A., & Gunter, B.　1984　Just world beliefs and attitudes towards the poor. *British Journal of Social Psychology*, **23**, 265-269.

Gilovich, T., Savitsky, K., & Medvec, V. H.　1998　The illusion of transparency: Biased assessments of others' ability to read one's emotional states. *Journal of Personality and Social Psychology*, **75**, 332-346.

Graham, S., & Baker, G.　1990　The downside of help: An attributional-developmental analysis of helping behavior as a low ability cue. *Journal of Educational Psychology*, **82**, 7-14.

Greenberg, M. S.　1980　A theory of indebtedness. In K.Gergen, M. S. Greenberg & R. Wills（Eds.）, *Social exchange: Advances in theory and research.* New York: Plenum Press. Pp.3-26.

Greenberg, M. S., & Sapiro, S. P. 1971 Indebtedness: An adverse aspect of asking for and receiving help. *Sociometry*, **34**, 290-301.

平野　浩　2005　日本における政策争点に関する有権者意識とその変容　小林良彰（編）　日本における有権者意識の動態　慶應義塾大学出版会　Pp.61-80.

Isen, A. M., & Simmonds, S. F. 1978 The effect of feeling good on a helping task that is incompatible with good mood. *Social Psychology Quarterly*, **41**, 346-349.

Iyenger, S. 1989 How citizens think about national issues: A matter of responsibility. *American Journal of Political Science*, **33**, 878-900.

蒲島郁夫・竹中佳彦　1996　現代日本人のイデオロギー　東京大学出版会

Karasawa, K. 1995 An attributional analysis of reactions to negative emotions. *Personality and Social Psychology Bulletin*, **21**, 456-467.

Karasawa, K. 2003 Interpersonal reactions toward depression and anger. *Cognition and Emotion*, **17**, 123-138.

唐沢かおり　2003　有利な立場の人が不利な立場の人に努力を求めるとき・援助するとき―不公平さ認知と原因帰属の役割について―　社会心理学研究, **18**, 119-126.

Kluegel, J. R., & Smith, E. R. 1986 *Beliefs about inequality: Americans' views of what is and what ought to be.* New York: Aldine De Gruyter.

Latane, B., & Darley, J. M. 1970 *The unresponsive bystander: Why doesn't he help?* New York: Appleton-Century-Crofts.

Lerner, M. J. 1980 *The belief in a just world: A fundamental delusion.* New York: Plenum Press.

Lerner, M. L., & Miller, D. T. 1978 Just world research and the attribution process: Looking back and ahead. *Psychological Bulletin*, **85**, 1030-1051.

Maes, J. 1998 Immanent justice and ultimate justice: Two ways of believing in justice. In L. Montada & M. J. Lerner (Eds.), *Responses to victimizations and belief in a just world.* New York: Plenum Press. Pp. 9-40.

Maes, J., & Schmitt, M. 1999 More on ultimate and immanent justice: Results form the research project "Justice as a Problem within Reunified Germany". *Social Justice Research*, **12**, 65-78.

Pilliavin, J. A., Dovidio, J. F., Gaertner, S. L., & Clark, R. D. Ⅲ. 1982 Responsive bystanders: The process of intervention. In V. J. Derlega & J. Grzelak (Eds.), *Cooperation and helping behavior: Theories and research.* New York: Academic Press. Pp.281-304.

Pilliavin, J. M., Rodin, J., & Pilliavin, J. A. 1969 Good Samaritanism: An underground phenomenon? *Journal of Personality and Social Psychology*, **13**, 289-299.

Rasinski, K. A. 1987 What's fair is fair - or is it? Value differences underlying public views about social justice. *Journal of Personality and Social Psychology*, **53**, 201-211.

Schaller, M., & Cialdini, R. B. 1988 The economics of empathetic helping: Support for a mood management motive. *Journal of Experimental Social Psychology*, **24**, 163-181.

Schmitt, M., Reichle, B., & Maes, J. 2001 Responsibility and reactions to the disadvantaged. In A. E. Auhagen & H. Bierhohh (Eds.), *Responsibility: The many faces of a social phenomenon.* London: Routlege. Pp.167-178.

Skitka, L. J. 1999 Ideological and attributional boundaries on public compassion: Reactions to individuals and communities affected by a natural disaster. *Personality and Social Psychology Bulletin*, **25**, 793-808.

Skitka, L. J., & Tetlock, P. E. 1993 Providing public assistance: Cognitive and motivational processes underlying liberal and conservative policy preferences. *Journal of Personality and Social Psychology*, **65**, 1205-1223.

Weiner, B. 1980 A cognitive (attribution)-emotion-action model of motivated behavior: An analysis of judgments of help-giving. *Journal of Personality and Social Psychology*, **39**, 186-200.

Weiner, B. 1985 An attributional theory of achievement-related emotion and motivation. *Psychological Review*, **29**, 548-573.

Weiner, B. 1986 *An attributional theory of motivation and emotion*. New York: Springer-Verlug.

Weiner, B. 1995 *Judgments of responsibility: A foundation for a theory of social conduct*. New York: Guilford Press.

Weiner, B. 2006 *Social motivation, justice, and the moral emotions: An attributional approach*. New Jersey: Lawrence Erlbaum.

Weiner, B., Graham, S., & Chandler, C. C. 1982 Pity, anger and guilt: An attributional analysis. *Personality and Social Psychology Bulletin*, **8**, 226-232.

Weiner, B., & Kukla, A. 1970 An attributional analysis of achievement motivation. *Journal of Personality and Social Psychology*, **15**, 1-20.

Williams, J. B. 1984 Left-right ideological differences in blaming victims. *Political Psychology*, **5**, 573-581.

Williamson, J. B. 1974 The stigma of public dependency: A comparison of alternative forms of public aid to the poor. *Social Problems*, **22**, 213-238.

Zucker, G. S., & Weiner, B. 1993 Conservatism and perceptions of poverty: An attributional analysis. *Journal of Applied Social Psychology*, **23**, 925-943.

第10章

関係性と適応

遠藤由美

1節　はじめに

「関係性と適応」という本章の題目のもとでは，関係性・適応の概念の正確な定義をまず呈示し，そのうえで両者の関係についての議論を展開するべきであろう。しかし，適応は多義的多次元的であり，自然淘汰が生み出す適応，生物学的低脆弱性，順応から曖昧な心理的適応にいたるまでまったく茫漠不明瞭であり，すべてを包含するような厳密な定義は困難である。幸いなことに適応をゆるやかなある方向としてとらえる時，一応のコンセンサスが成り立つものと思われる。人の関係性のあり方と適応との関係を探るのが本章の目的である。

2節　社会的動物としての人間

1．社会的動物と集団所属

人の関係性の根源的あり方を探るために，はるか昔にまで歴史をさかのぼろう。社会的動物としての私たちの遠い祖先は，他の個体とともに群れ生活を営むことによって外敵から身を守り，食糧や配偶者獲得機会をより確実にし，養護を得た。厳しい狩猟採集の時代にあって，限られた乏しい資源を少しでも確実に掌中に収めるためには，自分の福祉に配慮してくれる他者を周囲に持ち，良好な関係を維持しておくことが有利であった。つまり，集団に所属し社会的絆（social bond）を保つことによって，人は多くの恩恵を得ていたと考えられ

る（たとえば，Buss, 1990）。集団からの排斥や他者からの拒絶は，個人としてそれらの恩恵の喪失と自己の遺伝子系統の終焉を意味した。他者との好意的関係に対する基本的内発的欲求，すなわち所属欲求（the need to belong）を持つことは適応に有利にはたらいたと考えられる（Baumeister & Leary, 1995；Smith et al., 1999）。

　集団が集団として成立し成員に恩恵を提供する機能を十全に果たすためには，成員間の協力と利他行動を不可欠とする。集団において，成員が血縁関係の有無を超えて他者と協力し互恵的利他行動を取ることで，たとえば食糧確保困難時でも生き延びる確率が飛躍的に高まる。しかし集団においては，協力しないのに受益者になろうとするフリーライダー問題が発生しやすい。これを容認すれば長期的には非協力者が増加し，特に集団規模が大きくなるにしたがい非協力者の存在は全体の非協力行動の増加を招く（Boyd & Richerson, 1988）。そこで集団は協力度の低い者には罰を与えるが，社会的排斥はなかでも効果的な策であった（Ouwerkerk et al., 2005）。非協力者を排斥することによって公益をそこなわずにすむだけでなく，成員から協力への動機づけを引き出し，結果として集団凝集性，安全，繁殖機会などを向上させることができたと考えられる。非協力あるいはそれが予想される個体を識別し，分け前から排除する装置としての社会的排斥は，チンパンジーをはじめ他の霊長類でも確認されている（Goodall, 1986；Lancaster, 1986）。

　一方で集団所属が個人に生存上の有利さをもたらし，もう一方で集団にとっては排斥が必要装置である時，人はいかに所属を安心できる水準で確保できるだろうか。集団は権力，影響力，地位などの点で大別して，中心的成員と周辺的成員から構成され，前者は集団規範逸脱者や非協力者を判定し，だれに所属を認め，だれに認めないかを決定することができる。周辺的成員は排斥される危険性が高く（Hogg, 2005；Pickett & Brewer, 2005），集団の中心に近い位置を占めるほうが所属確保上安全である。資源を分け与えた相手から返報を受ける直接的互恵だけでなく，協力・援助提供に対して高い人物評価・評判を受け取る間接的互恵をも発達させた人間は，他者との友好的関係の形成・維持を基軸に，排斥される危険性の低減をはかり，みずからの適応の価値を高めようとしたと考えられる（Cacioppo & Patrick, 2008）。

2．所属地位と適応

現代においては，生存が自然・社会環境によって制約される程度は狩猟・採集時代とは激変している。しかし，やはり集団所属の確保と社会的絆の保持は適応という恩恵をもたらすようである。幸福の研究は，所得などの諸要因のなかで社会的関係による説明力が最も大きいことを見いだし（Myers, 1993），社会的ネットワーク構造，社会関係資本，ソーシャル・サポート，社会的相互作用の質・量に関する研究はいずれも，社会的関係が心身の健康やウェルビーイング（well-being）を予測することを示した（たとえば，Brissette et al., 2000; Cohen et al., 2000; Kiecolt-Glaser & Newton, 2001; Putnam, 2000）。たとえば，恋愛・結婚において2者の結びつきが深いほど幸福やウェルビーイングが高く，また関与の深まりがウェルビーイングの向上を縦断的にもたらし（Dush & Amato, 2005），健康上のリスク・罹患率や死亡率の低下と結びついている（Gordon & Rosenthal, 1995; House et al., 1988）。ただ，結婚による心身の健康促進効果については異論があることも申し添えておく（たとえば，Aldwin et al., 2003）。

他方，所属欲求が阻害された状態，すなわち拒絶（rejection），排斥（ostracism），排除（exclusion），孤立（isolation），孤独（loneliness）や長期的対人葛藤に関する研究は，一様に身体的健康や幸福・ウェルビーイングに対して著しい負の効果を報告している（Cacioppo et al., 2002）。これらの知見は，現代においても他者との結びつきが直接・間接に適応上の恩恵をもたらし，安全な関係性確保の失敗が健康やウェルビーイング上の種々の問題と結びつき，適応障害を引き起こしやすいことを示唆している。

3．所属脅威を感知するシステム

個人にとって排斥されることが適応への脅威であるなら，人はそれにどのように対処しているだろうか。排斥された時の心情を表すのに「傷心」(hurt feeling)「折れた心」(broken heart)「痛手」(damaged) などの表現が用いられる。これらは身体的損傷を表す表現と重なり合い，その傾向は複数の言語で広く確認されているが（MacDonald & Leary, 2005），それは単なる比喩にとどまらないようである。身体的苦痛による不快感覚をつくり出し，障害に注意を

配分し脅威刺激の迅速な回避に向けた動機づけを高める部位として，大脳の背側前部帯状回（dACC）がある（Price, 2000）。Eisenberger et al.（2003）は参加者のfMRI（機能的磁気共鳴画像法）による脳内血流量を調べ，排斥を経験する時この前部帯状回の活性化水準が高まることを突き止めた。排斥されると身体的苦痛が生じるわけではないが（MacDonald & Leary, 2005），排斥されるという経験は身体損傷と同じく不快でつらい苦痛として主観的に受け止められ，ともに同じ脳部位を活性化させるのである。

近年提言された社会的苦痛理論（social pain theory）は，社会的分離（social disconnection）から生じる重大な損害を回避するために，人には身体的苦痛と心理的苦痛をともに即座に感受する神経システムが備わり，警報装置としての機能を果たしているという仮説を掲げている（Eisenberger & Lieberman, 2004；MacDonald & Leary, 2005）。人間は社会的動物として他者依存性を特徴としているが，所属への脅威に即座に反応する神経システムが備わっており，迅速な対応を促進することによって依存をより確実なものにする性質が私たちのDNAにすでに書き込まれていることになる（Brewer, 2005）。

3節　関係性認知
——こころのなかの他者像・関係像

1．マインド・リーディングとしての「拒絶」

一般に，受容や拒絶は比較的自明で明瞭な輪郭を持ったものとみなされている。たとえば，「あなたと一緒にいたくない」という発言は，事実としての「拒絶」を表している表現であるという具合である。しかし，ある言動がその人の受容・拒絶を表しているかどうかは必ずしも一義的に決まるわけではない。相手への攻撃的行動とみなされることのある「からかい」は，発話者と受け手という役割や社会的スキルなどによって，その理解が大きく分かれることが知られている。からかいの発話者は相手に対する好意・親密表現である冗談としての発話と考え，他方受け手は悪意を含んだ拒絶として受け止める傾向がある（Endo, 2007；Kowalski, 2004；Kruger et al., 2006）。他者に対する社会的に望ましくない感情や行為は，社会的規範によって表出抑制が求められることが多

く，顕現的行為としては何も起きてはいないが，しかし受け手はそこに拒絶・排斥を読み取るという状況も起こり得るだろう。人にとって拒絶・排斥が負の効用をもたらすものであるなら，それを見逃すこと（ミス）は重大であり，受け手の側では警戒・用心する態度，すなわち検出基準の引き下げが生起し，拒絶排斥を過敏に感じ取るフォールス・アラームが発生しやすくなると考えられる。他方，拒絶する側にはそのような警戒は必要ないため，拒絶する側と受ける側では拒絶の認知にズレが生じやすくなり得る。ここでは，拒絶に関して受け手のパースペクティブを取り，「受容されている」「拒絶された」というとらえが成立する事象を取り上げることにする。

　心理学的諸現象において示されているように，認知は客観的事実とは必ずしも対応しない。特に複雑で曖昧な対人認知は，究極には言葉や表情などの手がかりを通して他者の心を読むマインド・リーディング（mind reading）活動の産物である。受け手の観点から受容や拒絶をとらえようとする時，「受容」「拒絶・排斥」という認知も，自分や当該の関係が相手の心のなかでどのようにとらえられているかを読み取る活動の結果として現れてくるといえる。

2．関係性評価

　関係を結び維持しようとする人間にとって重要なのは，相手の関係性評価である。関係性評価（relational evaluation）とは，ある人がパートナーとの関係を重要で価値があり，親密だと考える程度のことをいう（Leary, 2001）。関係性評価が高く親密で相手との関係は非常に重要だという認知を一方の極とし，その関係を積極的に否定的にとらえ解消を願う関係性低評価を他方の極とする連続体上において，関係性評価はさまざまな値を取り得る。しかし，相手が抱いている関係性評価は，多くの場合直接には把握できない。「知覚された相手の関係性評価」（以下，「関係性評価」），すなわち相手はこの関係を，あるいは相手にとってのパートナーである私を，「このようなものとして思っているだろう」との推測は，当人の被受容感や被疎外感，あるいは「受容された」「排斥された」という認知と関わっている。受容・排斥という言葉は二分法的に響くが，それを構成する「関係性評価」は連続体上で変化し実際にはさまざまな水準を取り得る。

3．「関係性評価」の初期値と関連要因

　自尊感情，社会的不安（social anxiety），拒絶感受性（rejection sensitivity），愛着スタイル，信頼，これらはある時点での対人相互作用に先行して，自分の対人関係に恒常的にどの程度満足しているか，「関係性評価」をどの程度のものとして考えるか，いわば「関係性評価」の初期値と関連している点において共通している。たとえば，高特性自尊感情者は自分は基本的に他者から受容されるに値する人物だと考え，高い「関係性評価」をデフォルトとして想定する。反対に低自尊感情者は他者から受容されることへの安心感が基本的に低い。「関係性評価」の初期値が低いと，拒絶・排斥を警戒し，関連情報を予防的に検知し，微弱な兆候や曖昧な手がかりに反応する傾向が顕著になる（Leary, 2001；Nezlek et al., 1997；Murray et al., 2002）。

　「関係性評価」に関わる要因として，先に述べた個人差の他にもいくつか考えられ，受け手の願望はその１つである。相手との関係願望が高い時には，実際の所属・交流水準が仮に高くても「関係性評価」が低いと受け止め，拒絶を感じることがある（Leary, 2001）。知人からの定型的挨拶はごく自然に受け止められるだろうが，恋愛相手からの同様の挨拶は「よそよそしい冷淡な態度」と解釈されるかもしれない。他方，これとは一貫しない結果もある。ゲームにおいて内集団からボールを回してもらえない条件では，外集団や混合集団から同様の仕打ちを受ける場合に比べて，自分のボール受け取り回数を実際以上に多く見積もり，それは排斥されなかった他のメンバーのそれに匹敵するほどであった（Williams et al., 2000）。歪曲には状況的制約や限界があるだろうが，願望に由来する動機づけられた認知（motivated cognition）バイアスが生起し，「拒絶」認知の成立閾が変わることがあることを示している。２番目に，関係性評価の変化がある。たとえ「関係性評価」が肯定的であっても以前に比べてその水準が低下したと受け止めるならば，拒絶や疎外感を感じるかもしれない（Leary, 2005）。これは，プロスペクト理論（Kahneman & Tversky, 1979）による「基準となる状態からの損失は利得よりもインパクトが大きい」ことと関連する。かつてあったはずのものが減少したと感じる恋愛・結婚の倦怠期は，これに相当するだろう。ある研究は（Buckley et al., 2004），関係性評価のより高い位置から低下する条件と安定的低水準条件を比較検討しているが，前者

のほうが否定的評価量は少ないにもかかわらず，それへの反応は後者よりも否定的であることを見いだしている。

4節 関係性の脅威・阻害
——関係の糸が結べない時

1．社会的孤立・排斥への反応

　前述したように，所属欲求の充足や他者からの肯定的なはたらきかけは心身の健康やウェルビーイングによい効果を，逆に所属脅威・欲求阻害はそれらをそこなう種々の問題をもたらす。近年，特に後者の問題への関心が高まり多くの研究がなされるようになった。その背景には，米国をはじめとする世界各地で，コロンバイン高校やバージニア工科大学での銃撃事件のような不可解で不条理な暴力事件がおきており，社会的絆を十分に形成・維持できない状態にある社会的孤立（social isolation）と関わりがあるのではないかと考えられている，という状況がある（Leary et al., 2003）。わが国でも，2008年の秋葉原無差別殺傷事件をはじめ，社会的孤立との関係が論議される暴力事件がいくつか起きている。

2．研究パラダイムと用語

　所属欲求の阻害・排斥がどのような心理的反応をもたらすかについてこれまで多くの研究がなされてきたが，その研究手法はさまざまである。ここでは主要な研究パラダイム3つをごく簡単に紹介しておこう。第1は，相互交流において関係性評価が低いため他者から"選ばれない"状況を操作によって作り出し，その効果を検討する方法であり（たとえば，Leary et al., 2001；Nezlek et al., 1997），「拒絶（rejection）」という語を使用することが多い。第2は，性格テストなどの結果に基づいて，将来の社会的孤立予測を偽フィードバックとして与える方法によって（たとえば，Baumeister et al., 2002），「排除（exclusion）」を操作する。第3は，日本語でいう"無視"に近い経験を参加者に与えるサイバーボール（コンピュータ画面上で一種のキャッチボールがなされ，実験参加者がそこに参加できる程度が操作される）と名づけられたゲームとそ

の類似手法である。これはWilliams (2001) が考案したもので，古代ギリシアで行われた陶片追放（オストラシズム）にちなんで「排斥（ostracism）」と呼ばれている。なおこの他，過去に拒絶・排除された時の経験の想起，あるいは拒絶・排除されることの想像を求めるという手法が考えられるだろう。しかし，記憶想起や場面想定法では記憶の再構成の影響が考えられ，生起する感情の強さや質が実際の経験時とは異なる可能性も予想される（Baumeister et al., 2007を参照）。

このような操作法の違いが結果の不一致をもたらす可能性は考えられるが，現時点ではパラダイムと概念の違いに焦点を当てた研究はほとんどない。むしろ所属欲求阻害に焦点を当てていることにおいて本質的な差異はないとみなされ（Leary, 2001, 2005），代替可能な等価な概念・用語（Williams, 2007）として扱い，実際1つの論著の中でも混用されている（たとえば，DeWall et al., 2008；Gruter & Masters, 1986）。本稿においても，これらの用語を重なりが大きい概念として，基本的には代替可能なものとして扱うことにする。

3．拒絶・排斥への反応

(1) 初期反応としての否定的感情

拒絶・排斥あるいは受容脅威を暗示する出来事に対する反応はまだ全容が解明されていない。しかしこれまでの研究結果を見ると，排斥時点ないし直後の即時反応と，遅れて生じる，より高次の反応との2段階に分けることができる。拒絶・排斥への初期反応は，否定的感情と自尊感情の低下である（Richman & Leary, 2009）。排斥されることによって，悲しみや孤独，怒りなどの否定的感情が生じる（Buckley et al., 2004；Leary et al., 2001；Zadro et al., 2005）。感情語彙として拒絶や裏切り，誤解などと同類として分類される傷心は（Storm & Storm, 1987），拒絶・排斥に随伴して必ず生起することが特徴である。この結びつきは堅固であり，――非人道的の集団によって排斥される場合（Gonsalkorale & Williams, 2006），コンピュータによってプログラムされた排斥であることを告知される場合（Zadro et al., 2004），排斥されることが金銭的利得をもたらす場合（van Beest & Williams, 2006）――いずれも排斥として正面から受け止めるに値しないことを知っているような場合でも排斥経験が割り引か

れることなく，否定的感情が生起した。

　人が所属危機を感知する警報装置を身体的に備えていることはすでに述べた。不都合な状況にいることを自己に情報として伝達する否定的感情（Schwarz & Clore, 1988），社会的受容水準のインディケータとしての自尊感情（Leary, 2001），これらの理論も拒絶・排斥の感受が否定的感情や自尊感情低下を即時反応として生起させ，危機状況に対する警報装置としての機能というものを示唆する方向で一致している。事実，150以上の実験結果のメタ分析は，拒絶・排斥が即時的反応として否定的感情を生起させることについて一貫した効果を見いだしている（Blackhart et al., 2007）。

　このような初期反応の後に続いて生起する反応としては，しかし，さまざまなものがこれまでに報告されている。それらは関係促進反応，反社会的反応，回避・無感覚反応，の3つに大別できる（Richman & Leary, 2009）。

（2）関係促進反応

　一般に，欲求は満たされないとその対象に対する渇望がいっそう強化される（Geen, 1995）。所属欲求が阻害された場合も，対人関係形成・保全への動機づけや受容水準を向上させるような関係促進反応が生起する。受容され所属欲求が当面満たされている人に比べて，拒絶された人は他者の音声の調子や顔の表情に敏感になり，微妙な違いを検出することができ（Bernstein et al., 2008；Pickett et al., 2004），対人交流に関する情報を選択的に処理し高い記憶成績を示した（Gardner et al., 2000）。確かに，つくり笑顔と真の笑顔をより正確に弁別できれば，関係を結ぶにふさわしい受容的な人を選びだすのに役立つだろう。Pickett & Gardner（2005）は，自分の所属状況に満足できず所属欲求が充足されない時，その状況に対処するため社会的結合の手がかりをつかもうとし，社会的情報の選択的処理システムすなわち社会的モニタリング・システム（social monitoring system）が活性化する，と考えている。

　排斥経験は関係促進に向けた認知状態を準備するだけでなく，行動にも影響する。排斥された人はその後，協同作業課題で努力し（Williams & Sommer, 1997），協力する（Ouwerkerk et al., 2005）といった向社会的行動を示し，他者の意見に同調する傾向が高かった（Williams et al., 2000）。また，排斥された後の新たな他者との相互作用状況では，相手の行動しぐさの模倣が増え，特

に相手が外集団よりも内集団に属する人物の時に顕著であった。関係他者との間に絆を感じた時，相手の行動を自動的に模倣することがあるが，この模倣は相手からの好意や信頼を引き出す効果がある（Chartrand & Bargh, 1999；Maddux et al., 2008）。それゆえ，新規他者の行動模倣傾向は排斥された人が示す良好関係形成への無意識の試みなのではないかと解釈されている（Laskin et al., 2008）。ただ，排斥後出会った新規他者を肯定的に評価し関係を結ぼうとする姿勢は，否定的評価懸念が低く基本的に受容されると思っている人だけで見られた（Maner et al., 2007）。だれもが一様に関係促進反応を示すとは限らず，新たな関係形成に対してオープンなのは，相手からの受容を安心して予測できる人に限られるかもしれない。

（3）反社会的反応

関係促進反応を報告する研究がある一方，逆に，排斥経験・所属失敗が将来の関係形成を危うくするような反社会的反応をもたらすという報告も多々なされている。排斥された人は排斥行為をした当の相手に嫌悪感情を抱き，否定的評価を与え（Twenge et al., 2001），一緒に協同作業することを好まず（Geller et al., 1974；Pepitone & Wilpizeski, 1960），攻撃性を強めた（Buckley et al., 2004；Kirkpatrick et al., 2002；Warburton et al., 2006）。特に拒絶感受性の強い人はその傾向が強い（Ayduk et al., 2008）。また，敵意・攻撃が向かう先は一般化され，排斥に直接関わりのない無実の第三者に対しても向けられた（Twenge et al., 2001；Twenge & Campbell, 2003；Catanese & Tice, 2005）。学校襲撃事件のような無差別殺人（Leary et al., 2003），養育者から拒絶された子どもたちの暴力（Patterson et al., 1992）などの実生活での事例は，拒絶・排斥経験が生み出す暴力・攻撃性が第三者にも容易に向けられる可能性を示唆している。

反社会的反応は，関係他者を遠ざけ結果的にそのことがさらなる敵意的反応を誘発する傾向がある。攻撃性が関係破壊的で本来求めているはずの所属・受容促進とは逆方向にはたらくことを考える時，長期的な利益に反するにもかかわらず，所属失敗がなぜさらなる破壊に結びつく反応をもたらすのかは大きな疑問である。今のところこれらに対する十分な説明はなされていない（Leary et al., 2006）。

（4）回避・無感覚反応

　拒絶・排斥経験がもたらすもう1つの反応は，ある種の心的機能を低下させ，他者とのつながりに対して扉を閉ざし，関係性から離脱するような方向性を示す。前述したように排斥経験は初期反応として苦痛として感知され，否定的な感情を生起させるというのがこれまでの通説である。しかし，いくつかの研究は受容群と排斥群の間に感情や気分の違いを見いだしていない（Twenge & Campbell, 2003；Twenge et al., 2002；Zadro et al., 2004）。ラットなどの動物実験では孤立に対する身体反応として苦痛感受性の低下が認められているが（Schwandt, 1993），人間においても身体的苦痛の閾値上昇と感情システムの正常な機能の低下が報告されている（DeWall & Baumeister, 2006）。つまり，排斥は感情的苦痛と身体的苦痛双方の感覚鈍麻を引き起こし，その結果一見排斥を甘受しているかのような反応を示す。

　社会的脳仮説によれば，ヒトの大きな脳は他者との関係調整のための思考に適している（Dunbar, 1996）。それゆえ，排斥に遭遇した時にはその力が発揮され，秀逸な知性と卓抜した自己制御が示されると期待されるが，Baumeister率いる研究グループは知的思考・自己制御の低下こそが排斥に特有の反応であると考えている。排斥された人は刹那主義的行動やリスクの高い選択肢を選択するなどの判断の誤りを示し，フラストレーション耐性を低下させ，注意配分適正化や高次認知課題に失敗し，人生を無意味だと考え，感情や認知などの心的諸機能を低下させて外界との関わりを停止し，あたかもうちに閉じこもるかのようだ，と彼らは論じている（Baumeister et al., 2005；Twenge et al., 2002；Twenge & Campbell, 2003；Baumeister et al., 2008）。

　一般に孤独な人や対人関係に不安を抱く人は他者との交流を求めながら，実際の交流においては応答性が低く回避的であることが知られている（Anderson & Martin, 1995；Dodge et al., 1987）。排斥された人はその後，当の排斥行為者との交流場面で，その人物に対して物理的に距離をおき顔を見ないように背を向け，他者との関わりに対して閉鎖的であった（Waldrip & Campbell, 2007）。

（5）反応を予測する要因

　ここまで述べてきたように，排斥は多様な反応を生起させ複雑な様相を示し

ている。排斥というのは1つの単純な事実ではなく，受け手の心のなかに主観的に現れる現象であるとすれば，そこに関わる要因から整理を試みることができる（Richman & Leary, 2009；宮崎，2008も参照）。赤穂浪士の大石内蔵助は討ち入り前に妻を離縁したが，連座が及ばぬようにとの配慮からの離縁は，不実からくる離縁とは異なる反応を受け手から引き出すだろう。

以下に，排斥経験後の反応を予測するうえで，考えられるいくつかの要因をあげる。

①不当性認知：多くの場合，拒絶・排斥は受け手にとって不当だと感じられるだろうが，時には不当だとは思わないケースがあり得る。たとえば「先着順で満席のため」，あるいは「クジで1人条件に当たったため」，といった単独で作業するという実験操作では，処遇として排斥・孤立であっても低い「関係性評価」と結びつけられることはなく，反社会的反応などは生じない（Leary et al., 1995）。しかし，不当とみなされるような理由で排斥された時は，怒りを感じ反社会的反応を示す（Lind & Tyler, 1988）。人種や性別などを理由に排斥がなされた時代に，厳しい集団間対立や憎悪感情が生まれたのはその例とみなしうる。

②関係修復期待：当該の関係が修復可能だと考える場合には，向社会的反応が主要なものとなるだろう。恐らく既存の関係修復のほうが，未知な部分が多い新たな関係形成よりもコストが低く，安心感がより保証されやすいからである。

③関係性価値：拒絶・排斥された者が当該の関係に対しておく価値が高い場合には，関係修復を試みる。一般に親密関係は関係性価値が高いため，自分を拒絶・排斥した当の相手に対してその好意を引き出すような向社会的行動を取ると考えられる。

④他の関係確保の可能性：別の良好な関係を確保できると考える時，拒絶・排斥が発生するような非良好関係を修復しようと動機づけられる可能性は低いだろう。その他，排斥経験の恒常性や広汎性，これまで投入したコストやこれから生じると予想するコスト（孤独など）も反応の方向性や強さに影響すると考えられる。

5節　実在人物以外との関係

　人は他者との関係を構築・維持しそれが安全で心地よいものであるよう望むが，必ずしも常に実現できるわけではない。排斥に限らず死別，長期入院，単身赴任などさまざまな原因で，満足できる水準の交流が確保できない状況に追い込まれることはままある。他者との十分によい関係が持てない時，人はただネガティブな帰結を甘んじて受け入れるだけなのだろうか。これまでの研究は，所属が確保できない時や他者との絆に満足が得られない時，周囲の手近に利用できる対象との間に仮想的関係をつくり出し，所属欲求を充足させようとする傾向があることを指摘している（たとえば，Gardner et al., 2005）。

　人間以外の対象との関係については，大学生を対象とした次のような実験がある（Epley et al., 2008）。参加者はそれぞれ孤立，恐怖，中立経験を喚起するようなビデオを視聴する3群に割り当てられ，その後ペットについて，①社会的関係促進に関連する特性（例：思いやりがある），②無関連特性（例：創造的な），そして③行動特性（例：活動的）の次元で評定した。さらに，曖昧な線画に対する顔の感知も測定された。その結果，ペットについて無関連語や行動特性次元の評定では3群間で違いが認められなかったが，関係促進特性の評価では孤独群は他の2群より高く，ペットは「思いやりがある」「話が通じる」などとより強く考えていることが明らかになった。これは，雲や樹木などの事物に直接的に生命を感じ取るアニミズム傾向とは区別される。曖昧図形の中に顔を読み取る傾向は，孤立群のほうが恐怖群よりも低かったからである。社会的関係からの孤立は恐怖体験などの他のネガティブな経験とは異質であり，心を通わせる結びつきを得たいという欲求を時にはシンボルに向け，関係性を何とか模索し満たそうとする強い動機づけを生むことが示唆される。

　孤独はペット以外の対象との結びつきも促進する。他者と一緒にいる時より単独で祈りを捧げる時（Adler, 2005），また対人関係の希薄な人（Granqvist & Hagekull, 2000）や愛する人を亡くした人（McIntosh et al., 1993）は神への帰依を深め，内気な人や不安愛着スタイルを持つ人はテレビ登場人物に対して一方的に絆を感じる傾向が高い（Cole & Leets, 1999；Finn & Gorr, 2001）。さ

らに，もはや現世に存在しない対象にも絆を感じ続け，それがウェルビーイングの支えとなっている場合もある。形見の保持によって物故者との関係を心理的に持続させる傾向があること（池内，2006），また北米と日本という異なる文化においてその様式は異なるものの，どちらも物故者との間に絆を感じそこに重要な意味を与えている点で共通性が見られる（Klass, 2001）。

　慢性的孤独とまではいかなくても，相手が多忙でつきあってもらえなかったなどの理由で，日常生活でふと孤独や寂しさを感じることがある。このような時，人は社会的空腹すなわち他者との交流欠乏を"気軽に"満たそうとして，たとえば家族の集合写真や友人との旅行の写真など，象徴的に社会的絆を思い起こさせるようなものを利用することがある。Gardner et al. (2005) はこのような行動を社会的間食（social snacking）と名づけた。職場に飾る家族写真は，働く人のウェルビーイングを高め生産性の向上にも役立っている（Wells, 2000）。社会的間食は多くの人に見られる行為であるが，孤独な人や他者との交流に乏しい人では特に多い（Jonason et al., 2008）。また，排斥され無垢な第三者への攻撃性を高める時でも，実験者との短時間の友好的交流，過去の良好な関係や家族の想起などによって社会的絆の確認の機会が与えられると攻撃性は低下した（Twenge et al., 2007）。自分は他者とつながっているという絆のささやかな確認が思考や行動傾向を変える力を持つという事実は，逆に所属への欲求がそれほど根源的で強いことを示唆している。ただし，社会的間食が重篤な所属欲求阻害にどの程度まで効果的かはまだ明らかにされていない。

6 節　親密二者関係のダイナミズム

1．良好な関係

　排斥に関する研究知見は良好で親密な関係の必要性を再認識させるが，はたして良好な関係はどのように成立しているだろうか。互いを結びつけていたはずの絆がほどける契機はどのようなものだろうか。ここでは一般に親密で良好な関係と見なされている恋愛・結婚を取り上げ，親密二者関係のダイナミズムを検討する。

恋愛関係の初期は相手を理想化する傾向があるものの，長期的には理想化することなくたとえ苦い現実であってもありのまま受けとめることが適応的だ，とする説がある（たとえば，Brehm, 1988；Swann et al., 1992）。これに対して，関係相手を理想化することがよい結果をもたらすと主張したのがMurray et al. である。彼女らは，恋愛・結婚カップルにおいて相手から理想化されて見られている時，幸せと関係性満足が高い傾向にあることを見いだした（Murray et al., 1996）。同様の指摘はDrigotas et al.（1999）によってもなされている。また遠藤（1997；Endo et al., 2000）も自分が相手に与える以上に相手から受ける「関係性評価」が高い時，自分たちの関係は他の人たちの（同種の）関係よりもよいと評価する関係性高揚（relationship-enhancement）が見られると報告している。これらの研究は，相手からの「関係性評価」が高いと受け止め愛情に疑念を抱かず，安心感（feeling secure）をもって相手に向かい関係に没入・関与する場合に関係性満足が高まり，親密で良好な関係が成立することを示唆している。

共に過ごす時間が長く好意や努力などの資源投入量も多い親密な関係，特に特定の1人だけと向き合う恋愛や結婚は，相手からの愛や高い「関係性評価」を受け取り関係性満足や幸福感をもたらす場となり得るが，皮肉なことに拒絶される危険性とその心理的コストが高い場でもある（Murray et al., 2006）。それは単に現実のパートナーは自分の理想となかなか合致するものではないというだけでなく，当事者間のダイナミックな過程が関わる相互作用の結果として関係破局へと向かうことが起こり得るという意味でもある。

2．親密関係におけるリスク制御システム

Murray et al.（2006）はこれまでの研究を統合し，親密関係におけるリスク制御システムというモデルを提言した（図10－1）。これは親密関係の維持・促進欲求と排斥・拒絶の回避という自己防衛欲求との間で，どのようにバランスを図り関係を構成していくかを感情・認知・行動制御システムの点から統合的にとらえようとしたものである。

このモデルはまず，個々の状況を超えた恒常的な「関係性評価」（①）を起点とする。そこに，ある出来事（②），特に否定的と映る事（例：話かけてい

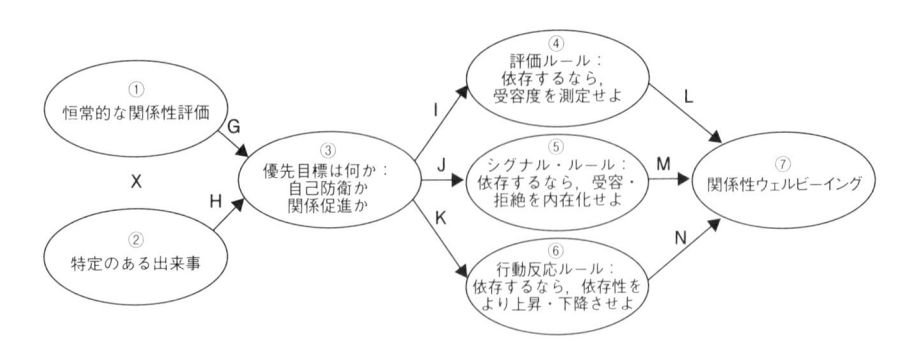

▶ 図10−1　親密関係におけるリスク制御システム（Murray et al., 2006より）

るのに，相手は反応しない）が生起すると，①に懸念を感じていた場合には依存することに不安が生じ，傷つきを回避したいという自己防衛目標と関係促進目標の間で葛藤が発生する（③）。次に，現下の特定の出来事に関して，もし常態的「関係性評価」が高く受容期待が安定的に高ければ，拒絶・排斥によって心理的に負傷する可能性は低いと判断され，親密性を増大させる方向での反応を生起させる（④）。逆に恒常的受容期待が低ければ，今回のケースも低い受容を表している出来事だと理解し，パートナーとの関係性価値を低めその関係から距離をおく方向で，傷つくことを回避しようとする自己防衛反応が生起する。

　パートナーによる受容・排斥の蓋然性査定は，自分が相手の愛にふさわしい人間かという，みずからの価値としてそれを内在化する過程（⑤）に結びつく。自分はパートナーから排斥の対象となっているという否定的評価が繰り返されると，愛着安心感や自尊感情がおびやかされ（Murray et al., 1996），不安を感じて個人的苦痛を経験する（Gotlib & Hammen, 1992）。そして，受容されない危険性が持続的にあるこのような状況では，相手との結合を制御し依存性を低減することによって排斥危険と将来的苦痛を最小化しようとする思考や行動に向かうことになる（⑥）。もし相手が自分を評価してくれず関係への関与が低いなら，この関係から距離を取り，場合によって解消することは，実のない関係に傾倒し続けるルートを断ち切る効果があるという意味において適応的な

対応であろう（MacDonald & Leary, 2005）。そして，最後に関係性に関するウェルビーイング（⑦）として，満足や幸福感を決定することになる。良好な関係は，たとえばサポート量など関係を構成する人物の特徴から検討される傾向にあるが（Karney & Bradbury, 1995），このモデルから示唆されるように，ダイナミズムを無視することはできない。

　予言の自己成就（Rosenthal & Jacobson, 1968）や行動確証（behavioral confirmation, Snyder & Swann, 1978）などの仮説検証過程についての研究と同様に，リスク制御モデルは排斥・拒絶されるのではないかという当初の不安が相互作用を通じて現実化する過程を示唆している。たとえば，相手からの愛に確信が持てず相手の不実を疑う人は，パートナーの帰宅が遅いこと（残業かもしれない）をその証拠とみなして嫉妬し，相手への評価を低下させ（最低の人だ），自分の関与を低下させ，その関係から距離をおき（こんな結婚は続けられない），そのような態度・行動がその受け手である相手のなかに否定的感情・言動を生起させ，それがひるがえって自分のなかに否定的な確信をもたらし（やっぱりそうだ）という具合に，自分の恐れていた事態の予期が相互作用を通じて実現化することが考えられる。結局のところ，親密関係を危うくし弱体化をもたらすのは相手の不完全さや弱さよりも，排斥・拒絶されるのではという自分の不安に端を発する一連の思考・行動である可能性があり，これまでの研究結果はこれを裏づけている（Downey & Feldman, 1996；Downey et al., 1998；Murray et al., 2000；2002；2003）。カップルの実生活の研究は，拒絶不安の高い人は二者間葛藤状況でパートナーに対して拒絶的言動を多くとり，これがその後の相手の拒絶的反応を引き出していたと報告している（Downey et al., 1998；Dutton, 1988）。

　Murray et al.（2005）は，恋愛・結婚において理想化した「すばらしい」相手と自分との懸隔が強い自己不全感をもたらし，自分はパートナーからの愛に値しないとみなす思いが受容安心感を低下させると考えた。そして，パートナーの欠点に注目させ相手を自己と同レベルに「引き下ろす」操作を加えたところ，低自尊感情群の安心感が上昇したと述べている。自分をパートナーに釣り合う人間とみなすことによって生まれる「関係性評価」に関する安心が，親密関係において重要なのかもしれない。

7節　まとめと将来の課題

　社会的絆の形成・維持すなわち他者とつながり，人的ネットワークの網目のなかに自己の位置を確保することは，社会的動物としての人間にとって根源的在り方である。これまでの研究は，社会的絆が種々の側面で構成されるウェルビーイングに対して効用をもたらし，その欠如・崩壊は多くの問題を惹起することを明らかにした。また，人は〈受容−排斥〉次元，特に排斥を即座に検出するシステムを備え過敏ともいえる強い否定的な初期反応を示すが，その後の反応は状況・文化や個人差などの諸要因が絡む「排斥」認知によってその方向が異なることが明らかにされた。たとえば，ある人と関係がうまく結べないと感じた場合，他者からの受容に不安感を持たない人は別の機会をとらえて新たな関係形成を志向し向社会的行動を取るのに対して，他者受容への不安感が高い人ではそうした曖昧な状況をも自分への否定と受け止め，相互作用パートナーを否定的に評価し攻撃性を高めたりすることも起き得る。また，ある1つの関係において受容または排斥どちらか一方だけが特徴的に見られるというよりは，当事者間のダイナミズムのなかでニュアンスを伴った受容や拒絶・排斥がつくり出されていく。親密関係は予言の自己成就的相互作用過程を経て，相互に高関係性評価を交換しあう場であるとともに，関係不安から排斥・拒絶が生じ，そして傷つけあう場にもなり得るのである。このような知見は，適応を求める限り他者との良好な関係を構築・維持することの重要性とその困難さを示している。ただ，これまでの研究知見は必ずしも一貫しているわけではなく，矛盾するように見える結果も少なくない。さらなる検討がこのなぞを解き明かすものと期待される。

　最後に今後の課題について，紙幅の制約上いくつかにしぼって考えてみたい。第1の課題は長期的な排斥の影響を検討することである。Williams（2007）は排斥への反応を時間軸に沿って，①同時的に生起する反射段階，②情動認知・自己制御レベルの短期的反省段階，そして③長期間反復される排斥を諦観・甘受し沈殿させる段階の3つに分類している。これまでの研究は主として反射段階と短期的反省段階の反応に集中しており，長期間排斥を受け続けることの影

響に目を向けた研究はほとんどない。数少ない研究は抑うつ的傾向が長期的排斥や孤独と関わりがあり，自分を「他者にとってのお荷物」とみなしがちで，低い「関係性評価」を甘受して学習性無力感にとらわれ，他者との交流を避けてひきこもり孤立を強めることを示唆している（Allen & Badcock, 2003；Cacioppo & Hawkley, 2005）。しかしながら，このような傾向は学校銃撃事件などの無差別殺人が長期間排斥を受けた者によって引き起こされる場合が多い（Leary et al., 2003；Williams, 2007）ことと矛盾するように見える。長期的排斥は短期間なものとは異なった，より重篤な反応を引き起こすと考えられ，社会的要請の点からも解明が強く求められる。

　社会的孤立・排斥研究は先に述べたように，向社会的反応から反社会的反応にいたるまでの多様な影響の仕方を見いだしている。このような違いを十分に説明し統合する理論的枠組みはまだ提言されていないことが第 2 点目である。その原因は単純ではないだろうが，1 つには概念および研究パラダイムと関連している可能性が考えられる。孤立・排斥状態の概念は前述したようにまだ十分整理されておらず，それに対応して研究パラダイムも多様である。孤立状態の質的違いに着目した数少ない研究の 1 つは（Molden et al., 2009），積極的・直接的な排除（否定的評価を直接伝達する）と消極的・非直接的な排除（無視する）を比較し，どちらも苦痛として体験される点では違いがないが，生起する感情タイプや動機づけ方向が異なることを見いだした。彼らは一定の制約をつけたうえで，パラダイムの違いと過去の研究結果との対応関係を考察で論じている。

　他方，実験室の研究法だけでなく，現実における排斥にもさまざまなタイプがある。たとえば，サイバーボールに象徴的に示されるような示差的で明確な排斥がある一方，他者との比較において相対的に「関係評価」が低いと知覚される排斥，排斥か否かがひとえに受け手の解釈に依存するような曖昧な状況，あるいは行為者と受け手の間に大きなズレが生じるような（例：親密表現を意図した行為者発言が排斥として受け止められる）排斥などがある。これまでの排斥研究の多くは，「排斥された」という認知成立時点以降の反応を扱っており，それに関しては一定の成果が積み重ねられつつある。今後は，人と人との間に漂うモヤモヤした霧のようななかから懸念や疑惑や誤解が生じ，相互作用

を通して「排斥された」との確信へと変化していくダイナミックな過程をも含め，全体を見通す枠組みを構築することが求められる。

　第3には，現実のそして想像上の世界で安定的で安全な社会的絆をとにかく確保しさえすれば適応が成立するだろうか，という問題がある。社会的絆に関する研究は，少なくとも心理学の研究領域では，一部の例外（たとえば，Richman & Leary, 2009）を除いて，基本的に個人レベルの対人関係に焦点を当てている。おそらく，「絆」という語が相手と「つながっている」という個人内の主観的感覚と，それに基づいた相互作用を通してその存在を実体化できるようなものであること，それを基盤としない限り関係性そのものの同定が困難だということが関連しているかもしれない。そこで，この領域の研究の多くは友人，恋愛，夫婦，親子など基本的に二者ないし少数の閉じた関係に注目し，あるいは実験室実験において二者関係を操作し，そこでの関係認知や行動を定量化するという方法を常套パラダイムとしている。

　しかし，このような個人主義的アプローチだけで関係性と適応を論じることは，ある関係性と別の異なる関係性との関係を視野の外におき，社会に対する適応とある良好な対人関係とが時には両立しないということを見落とす危険性を招く。斎藤（1998）は，著書『社会的ひきこもり』のなかで，個人，家族，社会の3つのシステムが接点を持ちコミュニケーション回路を持ちながら機能している姿が「健常」だという仮説を提唱している（図10-2）。これはひきこもりだけでなく，社会的関係一般の特徴をよくとらえており，現実の社会では，さまざまな広さと機能を持った人間関係がある個人の周囲に幾重にも重なっていることを考えた時，この指摘は極めて重要である。ある家族が地域やより大きな社会との接点を持たずそこで閉じてしまっているとすれば，家庭の構成員としての個人は家庭内にとどまっている限り良好で安心できる家族関係を結んでいるとしても，家庭の外に一歩踏み出した時，そこは家庭内の小さな世界とあまりにも多くのものが違いすぎ，「適応的」ではいられなくなることは十分考えられる。現代のようにさまざまな次元における多様性の高まりが見られる社会において，小規模の閉じた関係を想定しそのなかでの良好さだけに焦点化して適応との関わりを論じるのではなく，社会のなかに幾重にも広がる多層的重層的関係間の相互影響性をも視野に入れることが求められるだろう。

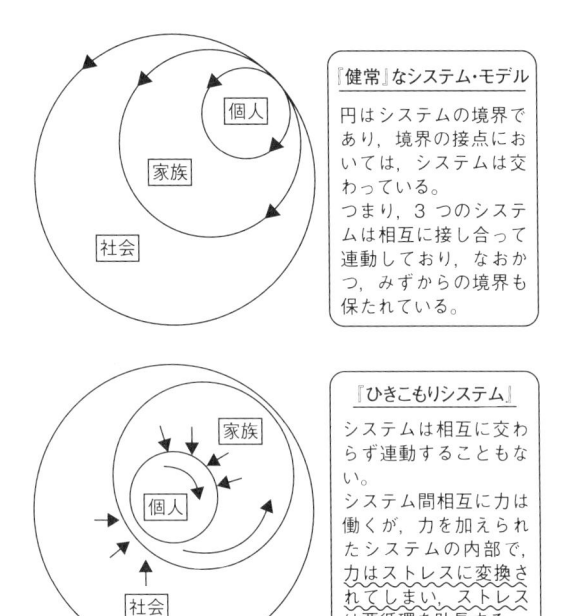

▶ 図10-2　社会関係システム図（斎藤，1998，p.101）

　最後に，排斥される者の適応と排斥する側の適応の双方を視野にいれた検討の必要性があげられる。排斥は被排斥者にとっては所属欲求阻害であるが，集団にとってはフリーライダー問題を解決する有効な方策の1つであり，排斥が集団の中心的構成員の適応を促進するという考え方があることをすでに述べた。個人の適応と集団（および構成員）の適応の関係がどのようなものであるか，あるいはどのような社会システムがその同時的充足を可能にするか，鳥瞰図的視点によって考えることが必要であろう。なお近年，浦（2009）は心理学と社会学的問題を結びつけようとする観点から「排斥と受容」および犯罪などを論じている。また，社会学や社会福祉学などの近接領域で，社会的格差の拡大，孤独死，ホームレスなどの社会問題を「社会的排除」という観点でとらえなおそうとする動きが見られる（たとえば，岩田，2008）。個人としての適応と社会的マクロ的適応との調和のあり方，そして感情の持つ社会的機能を解明しようとする研究に新たな地平を開くため，研究領域を超えた交流が期待される。

文　献

Adler, J.　2005　In search of the spiritual. *Newsweek*, **146**, 46-64.
Aldwin, C. M., Gilmer, D. F., & Birren, J. E.　2003　*Health, illness, and optimal aging: biological and psychosocial perspectives.* Thousand Oaks: Sage.
Allen, N. B., & Badcock, P.　2003　The social risk hypothesis of depressed mood: Evolutionary, psychosocial, and neurobiological perspectives. *Psychological Bulletin*, **129**, 887-913.
Anderson, C. M., & Martin, M. M.　1995　The effects of communication motives, interaction involvement, and loneliness on satisfaction. *Small Group Research*, **26**, 118-137.
Ayduk, O., Gyurak, A., & Luerssen, A.　2008　Individual differences in the rejection-aggression link in the hot sauce paradigm: The case of rejection sensitivity. *Journal of Experimental Social Psychology*, **44**, 775-782.
Baumeister, R. F., Brewer, L. E., Tice, D. M., & Twenge, J. M.　2007　Thwarting the need to belong: Understanding the interpersonal and inner effects of social exclusion. *Social and Personality Psychology Compass*, **1**, 506-520.
Baumeister, R. F., DeWall, C. N., Ciarocco, N. J., & Twenge, J. M.　2005　Social exclusion impairs self-regulation. *Journal of Personality and Social Psychology*, **88**, 589-604.
Baumeister, R. F., DeWall, C. N., Mead, N. L., & Vohs, K .D.　2008　Social rejection can reduce pain and increase spending: Further evidence that money, pain, and belongingness are interrelated. *Psychological Inquiry*, **19**, 145-147.
Baumeister, R. F., & Leary, M.　1995　The need to belong: Desire for interpersonal attachments as a fundamental human motivation. *Psychological Bulletin*, **117**, 497-529.
Baumeister, R. F., Twenge, J. M., & Nuss, C. K.　2002　Effects of social exclusion on cognitive processes: Anticipated aloneness reduces intelligent thought. *Journal of Personality and Social Psychology*, **83**, 817-827.
Bernstein, M. J., Young, S. G., Brown, C. M., Sacco, D. F., & Claypol, H. M.　2008　Adaptive responses to social exclusion: Social rejection improves detection of real and fake smiles. *Psychological Science*, **19**, 981-983.
Blackhart, G. C., Knowles, M. L., & Bieda, K.　2007　A meta-analytic review of affective reactions and self-esteem in response to social rejection: Support for the belongingness and sociometer theories. Poster presented at the 8th annual meeting of the Society for Personality and Social Psychology, Memphis, TN.
Boyd, R., & Richerson, P. J.　1988　The evolution of reciprocity in sizable groups. *Journal of Theoretical Biology*, **132**, 337-356.
Brehm, S. S.　1988　*Intimate relationships.* New York: McGraw-Hill.
Brewer, M. B.　2005　The psychological impact of social isolation: Discussion and commentary. In K. D. Williams, J. P. Forgas & W. von Hippel（Eds.）, *The social outcast: Ostracism, social exclusion, rejection, and bullying.* New York: Psychology Press. Pp.333-345.
Brissette, I., Cohen, S., & Seeman, T. E.　2000　Measuring social integration and social networks. In S. Cohen, L. G. Underwood & B. H. Gottlieb（Eds.）, *Social support measurement and intervention: A guide for health and social scientists.* New York: Oxford University Press. Pp.53-85.
Buckley, K., Winkel, R., & Leary, M.　2004　Reactions to acceptance and rejection: Effects of level and sequence of relational evaluation. *Journal of Experimental Social Psychology*, **40**, 14-28.
Buss, D. M.　1990　Evolutionary social psychology: Prospects and pitfalls. *Motivation and Emotion*, **14**, 265-286.
Cacioppo, J. T., & Hawkley, L. C.　2005　People thinking about people: The vicious cycle of being a social

outcast in one's own mind. In K. D. Williams, J. P. Forgas & von Hippel, W.(Eds.), *The social outcast: Ostracism, social exclusion, rejection, and bullying.* New York: Psychology Press. Pp.91-108.

Cacioppo, J. T., Hawkley, L. C., Crawford, L. E., Ernst, J. M., Burleson, M. H., Kowalewski, R. B., Malarkey, W. B., Van Cauter, E., & Berntson, G. G. 2002 Loneliness and health: Potential mechanisms. *Psychosomatic Medicine*, **64**, 407-17.

Cacioppo, J. T., & Patrick, W. 2008 *Loneliness: Human nature and the need for social connection.* New York: W. W. Norton & Company.

Catanese, K. R., & Tice, D. M. 2005 The effect of rejection on anti-social behaviors: Social exclusion produces aggressive behaviors. In K. D. Williams, J. P. Forgas & W. von Hippel, (Eds.), *The social outcast: Ostracism, social exclusion, rejection, and bullying.* New York: Psychology Press. Pp.297-306.

Chartrand, T. L., & Bargh, J. A. 1999 The chameleon effect: The perception-behavior link and social interaction. *Journal of Personality and Social Psychology*, **76**, 893-910.

Cohen, S. Underwood, L. G. & Gottlieb, B. H. 2000 *Social support measurement and intervention: A guide for health and social scientists.* New York: Oxford University Press.

Cole, T., & Leets, L. 1999 Attachment styles and intimate television viewing: Insecurely forming relationships in a parasocial way. *Journal of Personality and Social Psychology*, **16**, 495-511.

DeWall, C. N., & Baumeister, R. F. 2006 Alone but feeling no pain: Effects of social exclusion on physical pain tolerance and pain threshold, affective forecasting, and interpersonal empathy. *Journal of Personality and Social Psychology*, **91**, 1-15.

DeWall, C. N., Baumeister, R. F., & Vohs, K. 2008 Satiate with belongingness? Effects of acceptance, rejection, and task framing on self-regulatory performance. *Journal of Personality and Social Psychology*, **95**, 1367-1382.

Dodge, C. S., Heimberg, R. G., Nyman, D., & O'Brien, G. T. 1987 Daily heterosocial interactions of high and low socially anxious college students: A diary study. *Behavior Therapy*, **18**, 90-96.

Downey, G., & Feldman, S. I. 1996 Implications of rejection sensitivity for intimate relationships. *Journal of Personality and Social Psychology*, **70**, 1327-1343.

Downey, G., Freitas, A. L., Michaelis, B., & Khouri, H. 1998 The self-fulfilling prophecy in close relationships: Rejection sensitivity and rejection by romantic partners. *Journal of Personality and Social Psychology*, **75**, 545-560.

Drigotas, S. M., Rusbult, C. E., Wieselquist, J., & Whitton, S. W. 1999 Close partner as sculptor of the ideal self: Behavioral affirmation and the Michelangelo phenomenon. *Journal of Personality and Social Psychology*, **77**, 293-323.

Dunbar, R. 1996 *Grooming, gossip, and the evolution of language.* Cambridge MA: Harvard University Press. 松浦俊輔・服部清美(訳) 1998 ことばの起源―猿の毛づくろい、人のゴシップ― 青土社

Dush, C. M., & Amato, P. R. 2005 Consequences of relationship status and quality for subjective well-being. *Journal of Social and Personal Relationships*, **22**, 607-627.

Dutton, D. G. 1988 *The domestic assault of women: Psychological and criminal justice perspectives.* Boston: Allyn & Bacon.

Eisenberger, N. I., & Lieberman, M. D. 2004 Why rejection hurts: A common neural alarm system for physical and social pain. *Trends in Cognitive Science*, **8**, 294-300.

Eisenberger, N. I., Lieberman, M. D., & Williams, K. D. 2003 Does rejection hurt? An fMRI study of social exclusion, *Science*, **302**, 290-292.

遠藤由美 1997 親密な関係性における高揚と相対的自己卑下 心理学研究, **68**, 387-395.

Endo, Y. 2007 Divisions in subjective construction of teasing incidents: Role and social skill level in the teasing function. *Japanese Psychological Research*, **49**, 111-120.

Endo, Y., Heine, S., & Lehman, D. 2000 Culture and positive illusions in close relationships: How my relationships are better than yours. *Personality and Social Psychology Bulletin*, **26**, 1571-1586.

Epley, N., Akalis, S., Waytz, A., & Cacioppo, J. T. 2008 Creating social connection through inferential reproduction: Loneliness and perceived agency in gadgets, gods, and greyhounds. *Psychological Science*, **19**, 114-120.

Finn, S., & Gorr, M. B. 2001 Social isolation and social support as correlates of television viewing motivation. *Communication Research*, **15**, 135-158.

Gardner, W. L., Pickett, C. L., & Brewer, M. B. 2000 Social exclusion and selective memory: How the need to belong influences memory for social events. *Personality and Social Psychology Bulletin*, **26**, 486-496.

Gardner, W. L., Picket, C. L., & Knowles, M. 2005 Social snacking and shielding: Using social symbols, selves, and surrogates in the service of belong needs. In K. D. Williams, J. P. Forgas & W. von Hippel (Eds.), *The social outcast: Ostracism, social exclusion, rejection, and bullying*. New York: Psychology Press. Pp.227-242.

Geen, R. G. 1995 *Human motivation: A social psychological approach*. Belmont, CA: Thompson Brooks/Cole Publishing.

Geller, D. M., Goodstein, L., Silver, M., & Sternberg, W. C. 1974 On being ignored: The effects of violation of implicit rules of social interaction. *Sociometry*, **37**, 541-546.

Goodall, J. 1986 Social rejection, exclusion, and shunning among the Gombe chimpanzees. *Ethnology and Sociobiology*, **7**, 227-235.

Gonsalkorale, K., & Williams, K. D. 2006 The KKK won't let me play: Ostracism even by a despised outgroup hurts. *Journal of European Social Psychology*, **37**, 1176-1186.

Gordon, H. S., & Rosenthal, G. E. 1995 Impact of marital status on outcomes in hospitalized patients. *Archives of Internal Medicine*, **155**, 2465-2471.

Gotlib, I. H., & Hammen, C. L. 1992 *Psychological aspects of depression: Toward a cognitive-interpersonal integration*. Chichester: Wiley.

Granqvist, P., & Hagekull, B. 2000 Religiosity, adult attachment, and why "singles" are more religious. *International Journal for the Psychology of Religion*, **10**, 111-123.

Gruter, M., & Masters, R. D. 1986 Ostracism as a social and biological phenomenon: An introduction. *Ethology and Sociobiology*, **7**, 149-158.

Hogg, M. 2005 All animals are equal but some animals are more equal than others: Social identity and marginal membership. In K. D. Williams, J. P. Forgas & W. von Hippel (Eds.), *The social outcast: Ostracism, social exclusion, rejection, and bullying*. New York: Psychology Press. Pp.243-261.

House, J. S., Landis, K. R., & Umberson, D. 1988 Social relationships and health. *Science*, **241**, 540-545.

池内裕美 2006 喪失対象との継続的関係―形見の心的機能の検討を通して― 関西大学社会学部紀要, **37**（2）, 53-68.

岩田正美 2008 社会的排除―参加の欠如・不確かな帰属― 有斐閣

Jonason, P. K., Webster, G. D., & Linsey, A. E. 2008 Solutions to the problem of diminished social interaction. *Evolutionary Psychology*, **6**, 637-651.

Kahneman, D., & Tversky, A. 1979 Prospect theory: An analysis of decisions under risk. *Econometrica*, **47**, 313-327.

Karney, B. R., & Bradbury, T. N. 1995 The longitudinal course of marital quality and stability: A review of theory, methods, and research. *Psychological Bulletin*, **118**, 3-34.

Kiecolt-Glaser, J. K., & Newton, T. L. 2001 Marriage and health: His and hers. *Psychological Bulletin*,

127, 472-503.

Kirkpatrick, L. A., Waugh, C. E., Valencia, A., & Webster, G. D. 2002 The functional domain specificity of self-esteem and the differential prediction of aggression. *Journal of Personality and Social Psychology*, **82**, 756-767.

Klass, D. 2001 Continuing bonds in the resolution of grief in Japan and North America. *American Behavioral Scientist*, **44**, 742-763.

Kowalski, R. M. 2004 Proneness to, perceptions of, and responses to teasing: The influence of both intrapersonal and interpersonal factors. *European Journal of Personality*, **18**, 331-349.

Kruger, J., Gordon, C. L., & Kuban, J. 2006 Intentions in teasing: When "just kidding" isn't good enough. *Journal of Personality and Social Psychology*, **90**, 412-425.

Laskin, J. L., Chartrand, T. L., & Arkin, R. M. 2008 I am too just like you: Nonconscious mimicry as an automatic behavioral response to social exclusion. *Psychological Science*, **19**, 816-822.

Lancaster, J. B. 1986 Primate social behavior and ostracism. *Ethnology and Sociobiology*, **7**, 215-225.

Leary, M. R. 2001 *Interpersonal rejection*. New York: Oxford University Press.

Leary, M. R. 2005 Varieties of interpersonal rejection. In K. D. Williams, J. P. Forgas & W. von Hippel (Eds.), *The social outcast: Ostracism, social exclusion, rejection, and bullying*. New York: Psychology Press. Pp.35-52.

Leary, M. R., Cottrell, C.A., & Phillips, M. 2001 Deconfounding the effects of dominance and social acceptance on self-esteem. *Journal of Personality and Social Psychology*, **81**, 898-909.

Leary, M. R., Kowalski, R. M., Smith, L., & Phillips, S. 2003 Teasing, rejection, and violence: Case studies of the school shootings. *Aggressive Behavior*, **29**, 202-214.

Leary, M. R., Tambor, E., Terdel, S., & Downs, D. 1995 Self-esteem as an interpersonal monitor: The sociometer hypothesis. *Journal of Personality and Social Psychology*, **68**, 518-530.

Leary, M. R., Twenge, J. M., & Quinlivan, D. 2006 Interpersonal rejection as a determinant of anger and aggression. *Personality and Social Psychology Review*, **10**, 111-132.

Lind, E. A., & Tyler, T. R. 1988 *The social psychology of procedural justice*. New York: Plenum Press.

MacDonald, G., Kingsbury, R., & Shaw, S. 2005 Adding insult to injury: Social pain theory and response to social exclusion. In K. D. Williams, J. P. Forgas & W. von Hippel (Eds.), *The social outcast: Ostracism, social exclusion, rejection, and bullying*. New York: Psychology Press. Pp.77-90.

MacDonald, G., & Leary, M. R. 2005 Why does social exclusion hurt? The relationship between social and physical pain. *Psychological Bulletin*, **131**, 202-223.

Maddux, W. W., Mullen, E., & Galinsky, A. D. 2008 Chameleons bake bigger pies and take bigger pieces: Strategic behavioral mimicry facilitates negotiation outcomes. *Journal of Experimental Social Psychology*, **44**, 461-468.

Maner, J. K., DeWall, C. N., Baumeister, R. F., & Schaller, M. 2007 Does social exclusion motivate interpersonal reconnection? Resolving the "porcupine problem." *Journal of Personality and Social Psychology*, **92**, 42-55.

McIntosh, D. N., Silver, R. C., & Wortman, C. B. 1993 Religion's role in adjustment to a negative life event: Coping with the loss of a child. *Journal of Personality and Social Psychology*, **65**, 812-821.

宮崎弦太 2008 社会的拒絶への反応性―反応の特質とその規定要因― 人文研究 大阪市立大学大学院文学研究科紀要, **59**, 51-71.

Molden, D. C., Lucas, G. M., Dean, K., & Gardner, W. L. 2009 Motivations of prevention or promotion following social exclusion: Being rejected versus being ignored. *Journal of Personality and Social Psychology*, **96**, 415-431.

Murray, S. L., Bellavia, G., Rose, P., & Griffin, D. W. 2003 Calibrating the sociometer: The relational contingencies of self-esteem. *Journal of Personality and Social Psychology*, **85**, 126-147.

Murray, S. L., Holmes, J. G., & Collins, N. L. 2006 Optimizing assurance: The risk regulation system in relationships. *Psychological Bulletin*, **132**, 641-666.

Murray, S. L., Holmes, J. G., & Griffin, D. W. 1996 The benefits of positive illusions: Idealization and the construction of satisfaction in close relationships. *Journal of Personality and Social Psychology Bulletin*, **70**, 79-98.

Murray, S. L., Holmes, J. G., & Griffin, D. W. 2000 Self-esteem and the quest for felt security: How perceived regard regulates attachment processes. *Journal of Personality and Social Psychology*, **78**, 474-498.

Murray, S. L., Rose, P., Bellavia, G., Holmes, J. G., & Kusche, A. 2002 When rejection stings: How self-esteem constrains relationship-enhancement processes. *Journal of Personality and Social Psychology*, **83**, 556-573.

Murray, S. L., Rose, P., Holmes, J. G., Podchaski, E., Derrick, J., Bellavia, G., & Griffin, D. 2005 Putting the partner within reach: A dyadic perspective on felt security in close relationships. *Journal of Personality and Social Psychology*, **88**, 327-347.

Myers, D. G. 1993 *Pursuit of happiness*. New York: Avon.

Nezlek, J. B., Kowalski, R. M., Leary, M. R., Blevins, T., & Holgate, S. 1997 Personality moderators of reactions to interpersonal rejection: Depression and trait self-esteem. *Personality and Social Psychology Bulletin*, **23**, 1235-1244.

Ouwerkerk, J. W., Kerr, N. L., Gallucci, M., & Van Lange, P. A. M. 2005 Avoiding the social death penalty: Ostracism and cooperation in social dilemmas. In K. D. Williams, J. P. Forgas & W. von Hippel (Eds.), *The social outcast: Ostracism, social exclusion, rejection, and bullying*. New York: Psychology Press. Pp.321-332.

Patterson, G. R., Reid, J. R., & Dishion, T. J. 1992 *Antisocial boys*. Engeune, OR: Castalia.

Pepitone, A., & Wilpizeski, C. 1960 Some consequences of experimental rejection. *Journal of Abnormal and Social Psychology*, **60**, 359-364.

Pickett, C. L., & Brewer, M. B. 2005 The role of exclusion in maintaining in group inclusion. In D. Abrams, M. A. Hogg & J. M. Marques (Eds.), *The social psychology of inclusion and exclusion*. New York: Psychology Press. Pp.89-111.

Pickett, C. L., & Gardner, W. L. 2005 The social monitoring system: Enhanced sensitivity to social cues as an adaptive response to social exclusion. In K. D. Williams, J. P. Forgas & W. von Hippel (Eds.), *The social outcast: Ostracism, social exclusion, rejection, and bullying*. New York: Psychology Press. Pp.213-226.

Pickett, C. L., Gardner, W. L., & Knowles, M. 2004 Getting a cue: The need to belong and enhanced sensitivity to social cues. *Personality and Social Psychology Bulletin*, **30**, 1095-1107.

Price, D. D. 2000 Psychological and neural mechanisms of the affective dimension of pain. *Science*, **288**, 1769-1772.

Putnam, R. 2000 *Bowling alone: The collapse and revival of american community*. New York: Simon & Schuster. 柴内康文（訳）2006 孤独なボウリング―米国コミュニティの崩壊と再生― 柏書房

Richman, L. S., & Leary, M. R. 2009 Reactions to discrimination, stigmatization, ostracism, and other forms of interpersonal rejection: A multimotive model. *Psychological Review*, **116**, 365-383.

Rosenthal, R., & Jacobson, L. 1968 *Pygmalion in the Classroom*. New York: Holt.

斎藤 環 1998 社会的ひきこもり―終わらない思春期― PHP研究所

Schwandt, L. M. 1993 Individual versus group housing affects on conception independently of housing status during development. *Bulletin of Psychonomic Society*, **31**, 525-528.

Schwarz, N., & Clore, G. L. 1988 How do I feel about it ?: Informative functions of affective states. In K.

Fiedler & J. Forgas (Eds.), *Affect, cognition, and social behavior*. Toronto: Hofgrefe International. Pp.44-62.

Smith, E. R., Murphy, K., & Coasts, S.　1999　Attachment to groups: Theory and measurement. *Journal of Personality and Social Psychology*, **77**, 94-110.

Snyder, M., & Swann, W. B., Jr.　1978　Behavioral confirmation in social interaction: From social perception to social reality. *Journal of Experimental Social Psychology*, **14**, 148-162.

Storm, C., & Storm, T.　1987　A taxonomic study of the vocabulary of emotion. *Journal of Personality and Social Psychology*, **53**, 805-816.

Swann, W. B., Hixon, J. G., & De La Ronde, C.　1992　Embracing the bitter "truth": Negative self-concepts and marital commitment. *Psychological Science*, **3**, 118-121.

Twenge, J. M., Baumeister, R. F., Tice, D. M., & Stucke, T. S.　2001　If you can't join them, beat them: Effects of social exclusion on aggressive behavior. *Journal of Personality and Social Psychology*, **79**, 748-762.

Twenge, J. M., & Campbell, W. K.　2003　"Isn't it fun to get the respect that we're going to deserve?" Narcissism, social rejection, and aggression. *Personality and Social Psychology Bulletin*, **29**, 261-272.

Twenge, J. M., Catanese, K. R., & Baumeister, R. F.　2002　Social exclusion causes self-defeating behavior. *Journal of Personality and Social Psychology*, **83**, 606-615.

Twenge, J. M., Zhang, L., Catanese, K. R., Dolan-Pascoe, B., Lyche, L. F., & Baumeister, R. F.　2007　Replenishing connectedness: Reminders of social activity reduce aggression after social exclusion. *British Journal of Social Psychology*, **46**, 205-224.

浦　光博　2009　排斥と受容の行動科学―社会と心が作り出す孤立―　セレクション社会心理学　サイエンス社

van Beest, I., & Williams, K. D.　2006　When inclusion costs and ostracism pays, ostracism still hurts. *Journal of Personality and Social Psychology*, **91**, 918-928.

Waldrip, A., & Campbell, L.　2007　Why do I feel so bad after being excluded? The meditational effects of threatened needs on social exclusion. Unpublished paper.

Warburton, W. A., Williams, K. D., & Cairns, D. R.　2006　When ostracism leads to aggression: The moderating effects of control deprivation. *Journal of Experimental Social Psychology*, **42**, 213-220.

Wells, M.　2000　Office clutter or meaningful personal display: The role of office personalization in employee and organizational well-being. *Journal of Environmental Psychology*, **20**, 239-255.

Williams, K. D.　2001　*Ostracism: The power of silence.* New York: Guilford Press.

Williams, K. D.　2007　Ostracism. *Annual Review of Psychology*, **58**, 425-452.

Williams, K. D., Cheung, C. K. T., & Choi, W.　2000　Cyberostracism: Effects of being ignored over the Internet. *Journal of Personality and Social Psychology*, **79**, 748-762.

Williams, K. D., & Sommer, K. L.　1997　Social ostracism by one's coworkers: Does rejection lead to loafing or compensation? *Personality and Social Psychology Bulletin*, **23**, 693-706.

Zadro, L., Williams, K. D., & Richardson, R.　2004　How low can you go? Ostracism by a computer lowers belonging, control, self-esteem, and meaningful existence. *Journal of Experimental Social Psychology*, **40**, 560-567.

Zadro, L., Williams, K. D., & Richardson, R.　2005　Riding the 'O' train: Comparing the effects of ostracism and verbal dispute on targets and sources. *Group Process and Intergroup Relations*, **8**, 125-143.

第2部 展開と実践

第11章

認知の社会的共有とコミュニケーション

唐沢 穣

1節 はじめに

　社会的認知の研究は，典型的には「人々」を対象とした情報の処理と，理解の形成を問題とする。自己概念に関する研究に見られるように，認知者自身に関する認知も確かに重要なテーマではあるが，多くの研究は，認知者を取り巻く個々の人々，あるいは集団，そして，その人々に関連するさまざまな社会的事象に関する，理解と適応の過程におもな関心を寄せている。

　では，人々に関する認知の特徴とは何であろうか。それは，認知の対象であるはずの他者もまた，自身と同じように認識と理解を行っていることを，相互に理解しているという点にある。つまり，認知の主体と客体が，同時に役割を交換しあっている関係にあるといえる。しかも，このようなメタ認知は，二者間の関係だけにとどまらない。複数の人間が，さらに別の対象（人であれ物であれ）について認識を共有するという事態は，日常ごく頻繁に起こっており，そうした状況に適応することが，私たちの環境に関する理解をより複雑で精緻なものにしている。これらを考えあわせると，「他者の心的状態」を考慮に入れた認知と，それに対応した調節過程，そして共有された意味の創出といった諸側面が，社会的な領域における認知ならではの特徴だといえる（Higgins & Pittman, 2008；Malle & Hodges, 2005；本書の第7章も参照）。

　認知の共有において，コミュニケーションが重要な役割を果たすことは説明不要であろう。特に，言語的コミュニケーションは，意味と理解の伝達にとって欠かすことのできない要素である(Sperber & Wilson, 1995；Tomasello, 2003)。

言語を介したコミュニケーションが成立する原理を理解することは，共有的な認知の成立過程を考えるための理論的手がかりとなる（Karasawa & Suga, 2008）。

知識の共有が，広い範囲に伝搬することによって，あるいは世代を超えて再生産されることによって，認識のネットワークが形成されると，それは「文化」と呼ばれるものになる。言語やコミュニケーションの様式が文化によって規定され，同時に文化の特質を規定する役割を果たしていることは，直感的にも容易に理解できることであろう。

以下の議論ではまず，コミュニケーションを介した社会的認知の共有過程に関する最近の研究の要点について述べる。次に，言語と認知に関する社会心理学的な研究の主な成果について考察する。最後に，文化心理学的な観点から社会的認知の共有性について論考を試みる。

2節　社会的認知の共有過程

1. 共有的リアリティー

人が感覚や知覚を経験する時，その源泉が自己の側にあるのではなく，自己から分離可能な対象の側にあることを，知ることができるのはなぜだろうか。それは，自身が意識しているのと同じ心的経験が，他者のなかにも起こっていることを知ることによって成立する。たとえば今，自分の目の前にある対象が「見えている」という自覚が，脳内のどこかから発せられた信号によるのではなく，まぎれもなく自分の「見る」という行為から，そして見ている対象から来ているという確信を得るための手っ取り早い方法は，周囲の人にも同様に「見えている」かどうかを確認することだろう。このように，対象の存在に関する現実感（リアリティー）は，その対象と対峙し，それについて心的経験をしている自身のなかに形成されるにもかかわらず，実は多くの場合，他者の経験に関する知識を通して成立する。物理的事物の存在に関する客観性ですら，このような他者との経験の共有によって成り立つのであるから，社会的な事象に関する選択と意思決定，信念や価値観の是非，人の持つ能力に関する判断と

いった，客観化が比較的難しい事柄については，なおさら他者の心的経験が情報的価値を持つ。人が社会的認識を獲得する過程において，他者の存在が重要な役割を果たすことは，Festinger（1954）やHeider（1958）などによる古典的論考においてもすでに指摘されていたが，これを実証的に明らかにしようとする試みが，近年になって多くの成果を上げている（Echterhoff et al., 2009; Smith & Semin, 2004など）。

自身の認識について客観性が自覚されるにいたる過程の詳細な検討を行ったのが，Hardin & Higgins（1996）による「共有的リアリティー」の議論である。彼らは，①人が他者と認知を共有しようとする過程，②実際に共有性を確立する過程，③共有の効果として現れる認知や行動，の諸側面について論考している。これに沿って，以下で詳しく考えることにする。

まず①の認知共有への志向性は，典型的には，言語コミュニケーションにおける伝達内容の変容に反映される。すなわち，コミュニケーションの送り手は，自身の持つ認知表象を，ただ正確にコード化して伝達しようとするだけでなく，受け手の知識や態度等を考慮に入れながら，伝達の内容を変容させる「受け手へのチューニング」(audience tuning)と呼ばれる現象である。たとえばFussell & Krauss（1989）の実験では，実験参加者に多数の曖昧図形の特徴を記述するよう求めた。これを後で読んだ他者が，どの図形をさすのかがわかるように記述するよう教示した条件では，図形の細部にまで言及した丁寧な描写がなされていた。これに対して，自分自身のための覚え書きという目的で記述した条件では，はるかに短く特徴だけを述べたり，「クモのような形」といった意味づけをしたものが多かった。つまり，情報の送り手と受け手との間で共有が期待される共通基盤の程度に応じた情報の伝達が行われたのである。

さらに上述の②，すなわち共有性の確立については，Fussell & Krauss（1989）の実験結果が，受け手へのチューニングが送り手の勝手な思い込みによるのではなく，現に受け手の理解を助けることを示している。上述の2つの実験条件から得られた記述を，新たに集めた実験参加者に呈示して，どの図形をさすものかを推測してもらったところ，自分のための覚え書きとして書かれたものを読む場合よりも，他者に説明するつもりで記述したものを読んだ場合のほうが，図形の同定がより正確に行われた。つまり，送り手が受け手の心的

状態を考慮することの結果として, 共有的なリアリティーが, 実際に確立されることが示されたといえる。

受け手へのチューニングの現象を, 社会的な情報, つまり人物の属性情報について例証したのが, Higgins & Rholes (1978) である。実験参加者は, ある刺激人物の特性に関する情報を受け手 (実は実験協力者) に伝えるという, 送り手の役割を与えられた。受け手に与えられた名目上の課題は, 送り手からの情報をもとに, だれに関する話題であるかを推測することであると告げられた (受け手と刺激人物は「同じ集団」に所属する仲間どうしであるという状況設定になっていた)。送り手には, 刺激人物の人物像が知らされるが, そこには望ましい特性と望ましくない特性とが同数ずつ, そしてどちらともいえる両義的情報が含まれていた。この時, 事前の調査により, 受け手が刺激人物を好んでいることがわかっていると知らされた条件では, 望ましい特性の情報がより多く伝達され, 両義的情報は望ましい方向へ歪めて伝えられた。また, 受け手が刺激人物を嫌っていると知らされた条件では, 逆方向への伝達変容が見られた。つまりここでも, 受け手の態度に応じたチューニングが起こったのである。

2. 共有的認知の再帰性

前項で③として指摘した, 共有の結果については, 以下のような実証的事実がある。Higgins & Rholes (1978) の研究では, 受け手へのチューニングの内容が, 送り手自身が刺激人物に対して持つ認知表象にも影響を与えることを明らかにしている。すなわち, 伝達の後に, 今度は送り手が刺激人物についてどのような態度を持っているかが測定され, さらにもとの刺激情報に関する記憶再生も求められた。すると, 態度も記憶も, 自身が伝達した内容の方向へと偏っていたのである。つまり, 最初は受け手の態度を考慮したつもりで, 刺激人物の望ましい, あるいは望ましくない属性を選択的に伝達したのであるが, その結果, 送り手自身の態度や記憶までもが再帰的に影響を受けたのである。しかも, 態度や記憶の偏りは, 伝達直後よりも, 約2週間後のほうが, かえって明確であった (遅延操作は実験参加者間要因として操作された)。情報伝達が認知表象に影響を与えるという, これら一連の現象は, 「SIB (Saying Is Believing) 効果」と呼ばれる。

SIB効果は，態度や記憶表象が，刺激情報を個人が処理することのみによって形成されるのではなく，他者とのリアリティーの共有によって再構成されることを意味している。この点に関する実証的根拠は，図11-1に示したようなパス構造分析を行ったいくつかの研究に見ることができる。その結果は，刺激情報の内容が態度評定や記憶再生に与える直接的な効果よりも，伝達内容に媒介された間接効果のほうが大きいことを，一貫して示している（Higgins, 1992）。また，他者に伝達するつもりで記述を用意しただけで，実際には伝えずに終わった実験条件を設けると，後の態度評定や記憶においてSIB効果が表れないことも，すでにHiggins & Rholes（1978）の実験で示されている。つまり，SIB効果は単なる自己説得過程の結果ではなく，実際に他者に伝達したという事実が決定的な役割を果たすと考えられるのである。確かに，受け手と情報が共有されていないと送り手が知らされた場合や（Higgins et al., 1982），送り手が伝達に失敗したと告げられた条件（Echterhoff et al., 2005）では，SIB効果が減少することが明らかになっている。逆に，たった1人の受け手に対してチューニングを行った場合よりも，3人の受け手に対して行った場合のほうが，SIB効果が増大したという結果もある（Hausmann et al., 2008）。これらの結果から，情報が共有されたという主観的意識が，SIB効果の基礎になっていることがわかる。また，共有性を確証する情報が重要な役割を果たすという

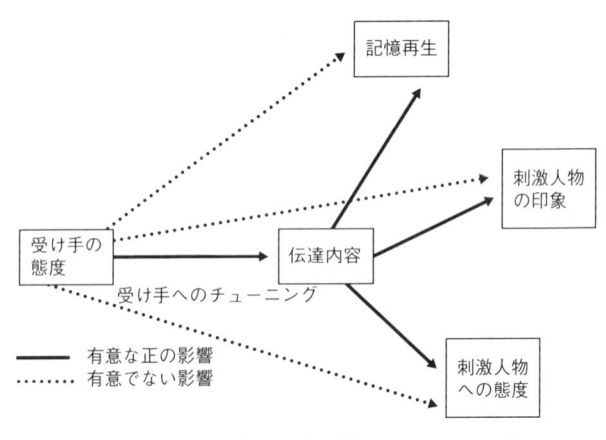

▶ 図11-1　SIB効果の典型例（Higgins, 1992より）

事実は，SIB効果が，個人レベルの認知過程に関する概念だけで説明できる現象ではないことを示している。なぜなら，偏った内容の伝達メッセージを生成したことが，単純に伝達者自身の記憶や判断を歪めたというだけなら，上述したような共有性を確証する諸要因が，SIB効果の大きさを左右することはないはずだからである。SIBという現象の説明として，個人のレベルではなく，共有性という対人間レベルの概念をあえて動員することが必要となる理由はここにある。

3．共有と動機づけ

最近の研究では，共有的リアリティーの形成を支える動機的過程についても考察が進められている（Higgins & Pittman, 2008）。なかでも，関係的動機（relational motives）と認識的動機（epistemic motives）の重要性を指摘した，Echterhoff et al. (2009) の議論は重要である。関係的動機とは，コミュニケーションを通じて他者と良好な関係を築きたいという要求に基づくものである。他者からの隔離や拒絶は人間に根本的な不安を与えるし（たとえば，Baumeister & Leary, 1995），逆に，不安状況下におかれた人間は他者との親和を求めることも知られている（たとえば，Schachter, 1959）。さらに最近では，こうした親和的要求によって媒介された他者との調節過程が，本人には自覚できない自動的なレベルで起こっていることを示す証拠もある（Sinclair et al., 2005）。

他方，認識的動機とは，自己と外界に関する正確な理解を形成することを通して，環境に適応しようとする志向性をさす。より多くの他者と一致した理解が得られることは，その理解が客観的な真実性により近いという確信度を高める。その際，自己と類似した属性を持つ他者，共通の知識基盤を持つ他者ほど，情報源として高い信頼がおかれることが知られている（Festinger, 1954；Goethals & Darley, 1977）。言い換えると，信頼のおける他者と理解を共有することにより，自己の持つ信念に関する主観的妥当性は向上すると考えられる。

Echterhoff et al. (2008) は，受け手へのチューニングとSIB効果を規定すると考えられる，さまざまな動機を操作した実験を行っている。確かに，受け手に対応して伝達内容を調節するという行為には，他者と理解を共有したいという認識的動機も関与しているであろうが，他にも複数の動機づけが作用して

いる可能性がある。それは単純なコミュニケーションのルールとして，相手に丁寧さを示そうとしている（ポライトネス）のかもしれないし（Brown & Levinson, 1987），相手を喜ばせようとした迎合的態度の表れかもしれない。その他にも，社会的望ましさに基づくさまざまな種類の誘因が考えられるであろう。Echterhoff et al.（2008）は，こうした異なる種類のコミュニケーション目標を実験場面に導入して，その効果を比較した。すると，受け手へのチューニングを引き起こすという点だけを見れば，情報共有の目標などよりも，むしろ大きな効果をもたらす他の動機が存在することが明らかになった。しかしさらに重要なのは，受け手へのチューニングを経てSIB効果にまでいたる過程を引き起こしたのは，情報共有の目標以外になかったという事実である。つまり，伝達内容に影響を及ぼす動機には，同時に作用しているさまざまなものがあるのかもしれないが，伝達者自身の態度や記憶にまで再帰的な影響をもたらすのは，情報を共有して真実を知りたいという動機づけ，つまり認識的動機だと考えられるのである。

3 節　集団表象の共有

1．共有性情報の影響

　本書の第12章や，他章でもたびたび取り上げられているように，集団とそれを構成する人々の属性に関するステレオタイプ的な認知が，多くの社会的認知研究者の関心をひきつけてきた。これらの研究が示すように，ステレオタイプには，個人レベルの情報処理過程の結果として形成されるという面がある。しかしそれだけではなく，特定のターゲット集団について，多くの人々が共通した内容のステレオタイプを保持しているという特徴もある。ステレオタイプの共有的性質は，性別や人種や学歴に関する偏見や，日本で人気のある「血液型占い」などの例を見れば明らかであろう（Kashima et al., 2008；Stangor & Schaller, 1996）。

　人は，ある対象集団について常に同程度のステレオタイプ的な判断を行っているのではなく，情報を共有したい，あるいは共有しているはずだと信じてい

る他者の考えを知らされることによって影響を受ける。たとえばHaslam et al. (1996)の実験では，内集団の成員が，特定の対象集団について自分と類似したステレオタイプ的信念を持っていると知らされると，さらにステレオタイプ的な判断を下すようになるという結果が得られた。内集団の他者に対しては自己との同一視が強いため，共通の考えを持っていることを知ると自分の信念に対する確信度がさらに高くなったのだと考えられる。一方，同じステレオタイプ的な信念でも，同一視の起こりにくい外集団の成員がこれを共有していることを知らされると，むしろそこから遠ざかるように，ステレオタイプ的でない判断を示すようになった。

他者とのステレオタイプ共有に関する情報は，潜在的な認知過程や，本人が気づかないうちに行っている行動に影響することも知られている。Sechrist & Stangor (2001)は，白人大学生の実験参加者を，黒人に対する偏見の強い人たちと，そうでない人たちとに事前調査で識別したうえで，以下の実験を行った。まず実験参加者には，同じ大学の学生の大多数（合意性高条件）またはごく少数（合意性低条件）が，偏見尺度に対して自分と似た回答をしていたと知らされた。この後実験参加者が，たまたま居合わせたように装った黒人の実験協力者から，どれくらい離れて着席するかを観察した（実験1）。すると，もともと偏見が強かった人は，合意性低条件よりも高条件で遠い位置に，逆に偏見の弱かった人は合意性高条件でむしろ近くに着席していた。

Sechrist & Stangor (2001)はさらに，ステレオタイプ連想語に対するアクセス可能性が他者の合意情報によって左右されることを，次のようなプライミング実験によって示している（実験2）。実験参加者はまず，実験1と同様の方法を用いて，黒人ステレオタイプに関する合意性高条件と低条件とにランダムに振り分けられる。その後，語彙判断課題が与えられ，ターゲット刺激として，黒人ステレオタイプと強く連合していることがあらかじめ確かめられた特性語（「運動神経がよい」「貧しい」など）と，そうでない語，そして無意味な文字列のいずれかがランダムに呈示された。また，ターゲットに先行するプライム刺激として，"black" "chair"または無意味な文字列のいずれかが呈示された。すると，合意性高条件に限り，"black"プライムの後に続く黒人ステレオタイプ語に対する反応時間が，他のターゲットの場合よりも短かった。合

意性低条件では，プライム語，ターゲット語のいずれの種類も反応時間に影響を示さなかった。ここで特に注目されるのは，黒人に対する自身の印象がどのような内容であれ，それが他の人々の持つ印象と一致する（または一致しない）という「事実」を知らされるだけで，黒人に対する認知表象のステレオタイプ的な部分へのアクセス可能性が，全般に高まることを示した点である。ここでも，前節で見た「共有的リアリティー」が，人種ステレオタイプに深く関与している可能性が示唆される。

2．コミュニケーションによる共有過程

　ステレオタイプが広く共有される過程において，重要な役割を担っていると考えられるのは，マス・メディアや対人的コミュニケーションを通じて行われる情報の伝達である。たとえば，ニュース報道などのマスコミ情報には，人種や性別に関する偏見がかなりの程度含まれていることが，実証的研究によって明らかにされている（Dixon & Linz, 2000 ; Mullen et al., 2007 ; Ruscher, 2001 ; van Dijk, 1987など）。

　コミュニケーションを通してステレオタイプが集合レベルで維持されていく様子を，社会心理学的な実験によって吟味したものとしては，Kashimaらによる連鎖再生法（serial reproduction）を用いた一連の研究がある。その典型的なパラダイムは，ステレオタイプに一致する情報と不一致な情報を一定の割合で実験参加者に呈示し，これを伝言ゲームのように，再生しながら次つぎと伝達していくよう求めるというものである。Kashima（2000）は，5名の実験参加者からなる連鎖を通じて伝達を求め，各実験参加者によって再生された内容を分析した。すると，最初のほうの実験参加者は，ステレオタイプ一致情報よりも不一致情報のほうをむしろ多く再生していたことがわかった。予期に反する事例は，理由づけなどの必要性のために，かえって精緻な認知処理を要求するためであると解釈される（Srull & Wyer, 1989）。しかしさらに重要なことに，連鎖の後半ではステレオタイプ不一致情報は減衰していき，最後の5人目では，結局のところ一致情報のほうが再生内容全体に占める割合が高くなっていた。

　同様の実験パラダイムを用いたLyons & Kashima（2003）は，架空の集団

に関する情報伝達でも，連鎖再生が繰り返されることによって，植えつけられたステレオタイプに一致する情報のほうが残存しやすくなることを示した。またその効果は，前節の「受け手へのチューニング」でも見たように，受け手の持つ知識を考慮に入れることによって影響を受けることや，知覚のうえだけでなく，実際に伝達者の間で情報が共有されているかどうかによって左右されることが明らかにされた。さらに，Clark & Kashima（2007）は，ステレオタイプ一致情報を伝達することが，伝達者間の心理的な結束を強めることを報告しており，ステレオタイプの共有が対人関係の維持に関与していることを示している。

　ステレオタイプに関連した情報が，どのようにコミュニケーションに用いられるかについては，連鎖再生法のような一方向的な伝達の状況だけでなく，二者間の会話という双方向的な情報交換の場面でも研究が進められている。Ruscher et al.（1996，実験1）は，2人1組で実験に参加した大学生に，ある個人が示した行動情報を多数呈示した。そのなかには，この刺激人物が属する社会的カテゴリー（たとえば「アルコール中毒患者」）に対するステレオタイプに一致したものと不一致なものが含まれていた。その後，2人がこの人物について行った会話の内容を分析したところ，発言の数においても時間においても，会話のなかでより多くの部分を占めていたのは，ステレオタイプ不一致情報ではなく一致情報のほうであった。

　しかし別の実験の結果によると，刺激人物について正確な情報処理を行うことが求められている状況や，2人の会話者が合意を形成することが必要な状況では，むしろステレオタイプ不一致情報に多くの時間が割かれることもある（Ruscher et al., 1996，実験2；Ruscher & Duval, 1998）。さらに Karasawa et al.（2007）は，刺激人物が2人の会話者にとって内集団成員である場合と外集団である場合とを比較した。すると，外集団成員に関する会話では，不一致情報の出現頻度のほうが高かった。これは，一般に外集団に対するステレオタイプのほうが，内集団に対するそれよりも強いと考えられるため，矛盾点について精緻な情報処理をする必要が高まり，会話で多くの労力が割かれたのだと解釈できる。それ以外にも，個人の記憶について調べた研究では，外集団成員の示した反ステレオタイプ的行動が，ステレオタイプ的行動よりも自由再生され

やすいことが示されている (Bardach & Park, 1996など)。Karasawa et al. (2007) は，これと同様の情報処理過程が，会話する二者間という関係においても起こり得ることを明らかにしたといえる。以上に述べたようにステレオタイプ研究は，個人内の情報処理過程を中心とした研究から，より共有的なレベルの過程へと関心を広げている。

4節　社会的認知と言語表現

1. 言語的抽象度と推論過程

社会的認知の研究では，ターゲット人物の「行動」に関する記述を刺激文として呈示し，これについてどのような情報処理が行われるかを分析することによって，その人物が持つ「傾性 (disposition)」に関する認知表象が形成・運用される過程を調べるという方法が，しばしば用いられる。ごく少数の例をあげるだけでも，自発的特性推論 (Uleman et al., 1996)，原因帰属と対応推論 (Gilbert & Malone, 1995)，さらには多数の行為者が所属する，集団や社会的カテゴリーに関するステレオタイプ的認知についての研究 (Hamilton & Sherman, 1996) など，この実験パラダイムを用いた研究は枚挙にいとまがない。

さて，行動を記述した言語表現には，実は行為者の持つ傾性についての推論が含意されていることを指摘したのが，Semin & Fiedler (1988, 1992) による「言語カテゴリー・モデル (Linguistic Category Model: LCM)」である。Seminらは，行動記述に用いられる述部が，行為者の傾性について一般化された推論を許す程度を「言語的抽象度」と呼び，これをもとに記述表現を分類することを試みた。その分類とは，表11-1に示したように，最も言語的抽象度の高いものから順に，「形容詞」(Adjective: ADJ)，「状態動詞」(State Verb: SV)，「解釈行為動詞」(Interpretive Action Verb: IAV)，「記述行為動詞」(Descriptive Action Verb: DAV) という4つのカテゴリーからなる。例として，ある人が他の人に向かって「大声で言った」(DAV) と聞いた場合と，「怒鳴った」(IAV) あるいは，相手に「腹を立てた」(SV) と聞いた場合を考えよう。後にあげた場合ほど，時や状況を越えて一般化することのできる，行為者の性

▶ 表11-1　言語カテゴリー・モデル（Semin & Fiedler, 1992より）

抽象度	言語カテゴリー	例	特徴
高	形容詞 （Adjective）	正直 親切 やさしい	人物の傾性を抽象的に表現する。客観的対象や文脈に言及する必要はない。特定の行動に拘束されず、きわめて評価的である。
やや高	状態動詞 （State Verb）	尊敬する 嫌う 好む	特定の事象から抽象的に理解される持続的状態をさす。状況ではなく社会的対象をさし、しばしば心理的状態に言及する。文脈に依存せず、解釈や評価を含む。
やや低	解釈行為動詞 （Interpretive Action Verb）	欺く まねる 助ける	特定の文脈や状況に言及しながら単一の行動事象をさすが、単なる記述ではなく解釈を含む。明確な物理的特性を持つ行動とは限らない。通常、評価的内包を持つ。
低	記述行為動詞 （Descriptive Action Verb）	呼ぶ 会う 蹴る	客観的に観察可能で明確な分節点（はじめとおわり）を持つ行動的事象をさす。文脈なしでは行為の本質が理解できない。通常、評価的内包は持たない。

格特性が推測されるのではないだろうか。まして、「短気だ」（ADJ）といった特性語を用いた表現をされれば、なおさら強く傾性に関する推論がはたらきやすいだろう。Semin & Fiedler（1988）は、これらの異なる言語カテゴリーから選んだ多数の述語を呈示して、各記述に対する認知の内容を調べている。その結果は、言語的抽象度が高いほど、長期にわたる行為者の傾性が推論されやすくなり、反証事例の持つ影響力は低く知覚されること、逆に抽象度の低い記述は状況についての情報を多く与えると判断されることなどを示し、LCMの基本的仮定に実証的根拠を与えるものであった。

　言語的抽象度は、人物の傾性推論に関係するだけでなく、それが言語的相互作用のなかで運用されることにより、社会的事象の原因に関する推論にも影響することが知られている。具体的には、動詞のなかでも比較的抽象度の低い行為動詞による記述は、行為の客体に原因があると推論されやすいのに対し、状

態動詞は行為主体への原因帰属を誘発しやすいのである。Semin & De Poot (1997) は,「～した時の状況を思い浮かべて詳しく書いてください」という形式の「Q & A パラダイム」と呼ばれる手法を用いた実験を行っている。そこでは,「助けた」「避けた」などの行為動詞（主として IAV）と,「好んだ」「恐れた」などの状態動詞（SV）が呈示された。回答を内容分析したところ,前者の場合には客体,後者の場合には主体に焦点をおいた記述が多く見られた。しかもこの傾向は,もとの質問文を知らない第三者から見ても判断できる違いであったにもかかわらず,回答者自身はそのような言語表現をしていることを自覚していなかったことが明らかになった。この結果は,質疑応答や尋問の場面で,質問に用いる述語の抽象度を変化させることにより,回答者自身ですら自覚できない方向性を持った推論と,コミュニケーション行動を誘発する可能性があることを示している。ごくささいな言語の使い分けが,社会的なリアリティーの構築過程に明確な影響をもたらすことを例証した,重要な研究結果である。

2．言語期待バイアス

　他者や自己,あるいは所属する集団といった社会的対象に関する認知は,ほとんどの場合,何らかの既存の知識や期待に基づいて行われる。たとえば,目の前にいる人物の性格や能力について判断しなければならない時,相手の性別や年齢,身体的特徴,さらには職業や経歴といった社会的属性にいたるまで,さまざまなカテゴリー情報が,程度の差こそあれ判断に影響を及ぼすであろう。こうした,既有の知識体系,典型的には「スキーマ」として概念化される知識構造と,個別情報の処理過程との関係が,社会的認知研究の多くの領域で重要な問題として取り上げられてきた。前節で議論したステレオタイプも,社会的スキーマの代表的な例である。

　既存の知識に一致する情報や矛盾する情報が処理される過程を,言語表象の分析という観点から吟味した研究も,多くの成果を上げている。そこで主要な枠組みとして用いられてきたのが,上述した LCM である。具体的には「言語期待バイアス（linguistic expectancy bias）」と呼ばれる現象が注目を集めてきた。これは,既存の知識や期待に一致する行動は,言語的抽象度の高い述語

で表現されることが多いのに対し，期待を裏切る行動は，より抽象度の低い記述をされやすいというものである。たとえば，外向的な性格で評判の人物が宴会の席で示した行動は，「はしゃいでいた」（SV）であるとか「あの人は（やっぱり）明るい」「楽しい」（ADJ）ということになるのに，内向的だと思われていた人が示した同じ行動は「騒いでいた」（IAV）「（大きな声で）歌っていた」（DAV）といった表現をされがちなのである（Maass et al., 1995）。また，集団間の文脈では，言語期待バイアスが特徴的な現れ方をすることも知られている。一般に，自己の所属する内集団に対しては望ましい属性が，他の外集団に対しては望ましくない属性が期待されやすい（Tajfel & Turner, 1986）。そこで，同じ望ましい行為であっても，内集団成員の場合には抽象度の高い述語で，外集団成員の場合には抽象度の低い述語で記述されやすくなる。一方，望ましくない行為についてはこれと反対の方向が見られる。こうした効果は「言語集団間バイアス（linguistic intergroup bias）」と呼ばれる（Maass et al, 1989；Maass, 1999）。

　言語期待バイアスであれ，その特殊形態といえる言語集団間バイアスであれ，ともに言語使用がスキーマ的期待を維持する過程に関与していると解釈される。すなわち，スキーマに一致する行動を，傾性を推測させる言語で表現することによって，ターゲットに対する従前の期待を確証し，維持することが可能になるのに対し，スキーマに矛盾する行動には文脈依存性の高い言語表現を用いることによって，その場限りの記述にとどめ，他の状況への一般化を防ぐことができるのである。実際，言語期待バイアスを伴った言語表現が行われると，その結果として行為者の傾性に関する判断が促進されやすい（Wigboldus et al., 2000）。また，ターゲット人物について好意的な情報を伝えようとするか，あるいは非好意的な情報を伝えようとするかといった話者の目標も，言語期待バイアスに反映される（Douglas & Sutton, 2003）。さらに，用いられた言語の抽象度を手がかりに，聞き手も話者の意図や評価を推測することができる（Douglas & Sutton, 2006）。これらの実証的事実は，言語期待バイアスの持つ語用論的意義を示している。

　LCMは，主に西欧言語圏における言語使用と認知的表象との関係を体系化してきたが，同様の枠組みは日本語にも適用可能である。日本語には，「彼は

気が長い」のような二重構造の主述関係を持つ属性表現や,形容動詞およびそれと機能的に同等とみなすことのできる「名詞＋だ」といった語法,あるいは「〜ている」文と呼ばれる状態表現などの特殊な表現が,数多く見られる。しかし,菅・唐沢 (2006) によると,日本語に特徴的なこれらの言語表現についても,一定の基準を設けることによって,Semin & Fiedler (1988) と同様のLCMのなかに位置づけることができる。さらに菅・唐沢 (2006) は,この言語指標を適用することによって,西欧言語圏で観察されてきた言語期待バイアスの現象が日本語使用者においても観察されることを実証した。また,Karasawa & Suga (2008) は,情報の受け手としてより多数の他者を想定した場合のほうが,言語期待バイアスが強くなる可能性を示唆する結果を得ている。言語的抽象度の持つ語用論的価値についてさらに実証的検討を加えることが,今後の研究にとっての課題である。

5節　認知と言語の文化的基盤

1．人物表象と文化

近年の社会的認知研究では,文化心理学的な観点からの考察も,欠かすことのできないテーマになりつつある。人物の属性推論,原因帰属過程,動機づけと感情,自己概念,さらには集団間の認知などさまざまな分野で,人間の認知活動の基盤として作用する文化のはたらき,あるいは認知と文化の相互規定性に関する議論などが,多くの研究アイデアを生み出してきた。文化を,ある集団や共同体の成員に共有された「意味のネットワーク」として位置づける文化心理学の観点から見ると,言語の役割に着目することの重要性は明白であろう。環境に関する認識と理解,適応にとって有用な手続き的知識,さらには価値観や信念といった文化的思考の内容が,空間的にも時間的にも広い範囲にわたって伝搬され,さらには再生産されていく過程において,言語は有力な道具となるからである。

社会的認知と文化との相互関連性に関する近年の研究において,大きな影響力を持つ枠組みの1つが,Nisbett et al. (2001) による「分析的認知 (analytic cognition)」と「包括的認知 (holistic cognition)」に関する理論モデルである。分析的認知とは，観察される現象を細分化された要素の性質によって理解しようとする傾向をいう。これは，文脈や状況から独立した本質的要素の理解，そこからの一般化を許す抽象的法則性やカテゴリー的知識の運用，全体よりも個別の対象物に向けられる注意，といった認知的傾向によって特徴づけられ，おもに西欧型の文化，特に北米文化圏で典型的に見られるとされる。これと対照的に包括的認知は，個々の要素の性質よりも，相互の関連性や全体的な「場」の持つ影響力によって現象を理解しようとする傾向をさす。文脈や状況全体への注意，具体的で経験的な知識の重視，表面的には矛盾するように見える現象も統一的に理解しようとする思考様式などによって特徴づけられ，東アジアをはじめ「東洋」と呼ばれる文化圏で優勢な認知様式であるとされる。

　このような認知様式の文化的特徴は，使用される言語の性質にも表れる。特に，本章でも議論してきた人物の属性に関する表象に関して，文化的な特徴との関連が明確に見られる。Maass et al. (2006) は，イタリア人と日本人の実験参加者に「○○さんは……」で始まる多数の文章を完成することを求め，その述部に用いられる品詞を分析した結果，イタリア語では形容詞，日本語では動詞が多く用いられることを示した（Maass et al., 2006，研究1，2）。それは個人，集団のいずれに関する記述でも同様だった。さらに，形容詞と動詞が同数ずつ用いられた人物の記述文を呈示して，後でこれについての記憶を自由再生によって確かめると，記憶の変容が起こった場合において，興味深い言語・文化的差異が見られた（研究3）。イタリア人の実験参加者は，動詞で記述された刺激文を形容詞で再生する誤りのほうが，形容詞による記述を動詞文で再生する場合よりも多かったのに比べ，日本人の実験参加者では逆に，形容詞で与えられた刺激文でも動詞で再生する場合のほうが多かったのである。また，「攻撃する」「攻撃的な」のように語幹部分を共有する動詞と形容詞の組み合わせで，日本とイタリアの両言語に見いだされるものをリストアップすることにより，さらに剰余変数を統制した実験も行っている（研究4）。このリストから選んだ動詞と形容詞が同数ずつ含まれる刺激を構成して呈示し，後に再認課題を行った。この場合も，イタリア人では動詞刺激を形容詞で誤再認する割合のほうが，形容詞刺激の動詞による誤再認よりも高かったのに比べ，日本

では逆方向の結果が得られた。

　自由記述に用いられる品詞の相違については Kashima et al. (2006) も，オーストラリアの英語話者と韓国の大学生を対象とした実験で，上述の Maass et al. (2006) と同じ傾向を示す結果を報告している。また，言語発達に関する比較文化データも，これらと一貫した傾向を示している。すなわち，西欧言語圏では一般に，事物の安定した性質を表す名詞のほうが，状況によって変化する動詞よりも早期に習得される傾向があるが，韓国語話者（Gopnik & Choi, 1995）や中国語話者（Tardif et al., 1999）の発達においては，動詞の習得が名詞と同時期，もしくはより早期に行われることを示している。これらの知見を要約すると，自発的な言語使用と記憶のいずれにおいても，西欧言語圏における人物属性の表象では，状況を超えて長期にわたって存続すると考えられる特性に言及する形容詞に対するアクセス可能性が高いのに比べ，東アジア言語圏では，文脈依存性が高いはずの動詞が人物属性の表象に用いられやすい。そして，それぞれが分析的・包括的認知の特徴と対応している。

2．言語相対性仮説

　言語と認知の関係について，さらに踏み込んだ仮定をしたのが，「言語相対性仮説」である（Whorf, 1957）。最も極端な意味での言語相対性仮説とは，人間の認知様式が言語によって規定されるという考え方である。今日では，言語が社会的認知の全般を決定づけるとまで主張する研究者は少ないが，その一方で，特定の言語に特徴的な性質が，特定の領域での認知様式に強い影響を与えることを示す知見も蓄積されてきている（Boroditsky, 2003；Chiu et al., 2007; Karasawa & Maass, 2008）。

　その1つが，人物の属性に関する表象の形成過程に関する議論である。人の性格特性を表す語彙は，言語間で共通したものも多い反面，ある言語では単純に1語で多くの性質を効率よく表現できるにもかかわらず，これを直訳できる特性語が他の言語では見当たらないといった場合がある。Hoffman et al. (1986) は，これを巧みに利用した実験を行っている。彼らは，中国語と英語のそれぞれにおいて，特異的に多くの内包を表現できる特性語を選び出した。中国語の1例は「世故（shin gu）」という語で，これは「人生経験が豊富」

「家族思い」「社会的スキルに優れる」などの意味をあわせ持つという。英語では"liberal"が,「社会問題や政治については進歩的」「多様性に対して寛容」「人道主義的」などの内包を持つが,中国語への直訳は難しいことが確かめられている。Hoffmanらは,これらの特性語から類推される人物像を記述したものを,すべての特性について中国語または英語で用意して呈示した。ただし実験条件として,カナダの中国系バイリンガル学生に,中国語で実験を行う場合と,英語で実験を行う場合,そして英語話者の実験参加者に英語で実験を実施する場合の,3群を設けた。すると,各言語において特異な特性語が存在する場合には,これがスキーマとしてはたらいたため,再認課題におけるフォールス・アラーム率が上昇した。たとえば英語で"liberal"を思わせる人物の特性語を数多く読むと,実際には呈示されなかった「人道主義的」を読んだかのように内包の豊富な語彙に対する理解力が,推論に基づく誤再認を引き起こしたのである。また,英語条件に割り振られたバイリンガル話者の結果は,ちょうど中間に位置するものだった。しかも,刺激人物に対する印象評定や,自由再生の内容分析など他の指標における結果も,各条件の記憶バイアスと一貫した方向での偏りを見せた。これらの実験結果は,特定の言語が持つ内包の程度が,人物特性に関するスキーマの運用を左右する場合があることを示している。

　これまでに述べた,文化と言語,そして認知の関係を調べた研究は,いずれも言語圏あるいは国といった社会的カテゴリーを,一種の独立変数のように位置づけて,認知や行動の様式における差異を比較するという方法を取っている。いわゆる「文化」を独立変数として扱うこの種のアプローチの持つ致命的欠点は,これと交絡する可能性のある無数の剰余変数を統制できないところにある。これに対し近年では,「文化」そのものを,国や言語で区切ることのできる固定的なものとはみなさず,むしろ認知や感情といった心理的過程と相互規定的な関係を持つ動的な意味のシステムとして理解しようとする試みが盛んになってきている（たとえば,Markus & Hamedani, 2007）。先に述べたHoffman et al.（1986）の研究のように,バイリンガルなど文化的多様性を備えた人々に対して,特定の言語と連合した文化的特徴を一時的に活性化させるような手続きを施すことによって,顕在化する認知特性を調べようとする試みは,特に多く

の成果を上げている。こうした「言語プライミング」を用いた研究の結果は，たとえば中国語の使用が集団主義的な傾向や包括的認知をうながすのに対し，英語の使用は個人主義的な傾向や分析的認知を促進することを示している（たとえば，Stapel & Semin, 2007；Trafimow et al., 1997；Oyserman & Lee, 2008 も参照）。言語使用が，動的な過程としての文化的心理特性を活性化するという発想は，言語と認知の関係についての考察だけでなく，文化心理学の領域全体にとっても重要な意味を持っている。

6節 おわりに

　認知心理学の発展によって，個々の人間が示す情報処理過程に関する精緻な理解が可能になると同時に，他者と知識や理解を共有しながらさまざまな認知的課題をこなすという，人間のもう1つの側面に注意を払うことの必要性が説かれて久しい（たとえば，Resnick et al., 1991）。それは，対人関係や集団行動に大きな関心を寄せる社会心理学の研究者には，なおさらあてはまる問題意識である（Nye & Brower, 1996；Thompson et al., 1999）。確かに，個人を説明のレベルおよび分析のレベルとして設定する傾向の強い心理学においては，「共有」といった抽象度の高いレベルでの分析に関する懐疑も持たれやすいため，実証的にアプローチすることに困難が伴う場合も多い。しかし本章で見てきたように，従来の心理学の枠組みでは，個人に関わる認知の問題とされてきた事柄であっても，共有的な側面に注目することによって，社会的認知の本質に迫る研究を拓いていくことも必要である。

　共有的認知の問題を解くための有用な手がかりは，言語コミュニケーションの成立過程に見いだすことができる。言語が，符号化と伝達，そして符号の解読という各段階における正確さや，文法規則だけに規定されているわけではないことは，語用論の議論と実証的知見からも明らかである。情報伝達の送り手は，受け手の持つ知識や態度を把握し，これを念頭に置いたうえで，いわば先回りした伝達を行う。そもそも，「送り手」と「受け手」は頻繁にその役割を交代しあうのであるから，こうした二分法的観点からコミュニケーションをと

らえようとすること自体が近視眼的ともいえる。そして伝達においては，送り手と受け手の間に存在する，あるいは新たに形成される，共通の基盤が両者の間に前提されている（Clark, 1996；Sperber & Wilson, 1995）。そこには当然，社会的文脈のなかでの両者の位置づけ（地位，役割，認知されるカテゴリーなど）が影響を与える。こうした，言語コミュニケーションの原理をもとに，社会心理学的な問題をとらえ直そうという試みは，まだ端緒についたばかりである（たとえば，Holtgraves, 2002；岡本，2006）。社会的認知の研究においても，このような観点に立つ研究の寄与するところは大きいはずである（Hilton, 1990；Karasawa & Suga, 2008）。

　社会的表象の伝達と共有について本章では，個人の属性や集団ステレオタイプを題材とした研究を中心に考えた。この他にも，社会的事象の原因に関する推論が，他者との共有を通じて行われる場合についても，研究が行われるようになっている（Hilton, 2007；菅ら，2009）。事件や事故をはじめ，人々の注意を引く事象が起こると，その原因に関する憶測やうわさが広まったり，それがさらに人々の具体的行動を引き起こす場合があることは，古くから指摘されている（Allport & Postman, 1947）。さらにそれが，「行動的確証」あるいは「予言の自己成就」といった現象にいたる場合には，認識の共有が行動を伴ってさらに強められていることになる（Snyder & Stukas, 1999）。いずれも，マクロなレベルでの「認知」について，解明しなければならない問題が数多く残されていることを示す実例といえる。

　言語のはたらきを介した認識の共有について考える時，文化の役割を抜きにして議論することも不可能に近い。共有された認識と意味の体系は，広く伝搬し再生産されるのが，人間の社会においては必定である。それは，人の側に注目するにせよ，情報の側をエージェントとみなすにせよ，一種の適応過程と見ることができる（Schaller & Conway, 2001）。今後は，文化心理学や進化社会心理学といった領域においても，言語とコミュニケーションの過程に着目することの重要性は，さらに強く認識されるようになるであろう。

文 献

Allport, G. W., & Postman, L. 1947 *The psychology of rumor.* Oxford: Henry Holt. 南 博（訳） 1952 2008 デマの心理学 岩波書店

Bardach, L., & Park, B. 1996 The effects of in-group/out-group status on memory for consistent and inconsistent behavior of an individual. *Personality and Social Psychology Bulletin*, **22**, 169-178.

Baumeister, R. F., & Leary, M. R. 1995 The need to belong: Desire for interpersonal attachments as a fundamental human motivation. *Psychological Bulletin*, **117**, 497-529.

Boroditsky, L. 2003 Linguistic relativity. In L. Nadel (Ed.), *Encyclopedia of cognitive science*. London: MacMillan Press. Pp.917-921.

Brown, P., & Levinson, S. C. 1987 *Politeness: Some universals in language usage.* Cambridge, UK: Cambridge University Press.

Chiu, C-y., Leung, A. K-y., & Kwan, L. 2007 Language, cognition, and culture: Beyond the Whorfian hypothesis. In S. Kitayama & D. Cohen (Eds.), *Handbook of cultural psychology.* New York: Guilford Press. Pp.668-688.

Clark, A. E., & Kashima, Y. 2007 Stereotypes help people connect with others in the community: A situated functional analysis of the stereotype consistency bias in communication. *Journal of Personality and Social Psychology*, **93**, 1028-1039.

Clark, H. C. 1996 *Using language.* Cambridge, UK: Cambridge University Press.

Dixon, T. L., & Linz, D. 2000 Overrepresentation and underrepresentation of African Americans and latinos as lawbreakers on television news. *Journal of Communication*, **50**, 131-154.

Douglas, K. M., & Sutton, R. M. 2003 Effects of communication goals and expectancies on language abstraction. *Journal of Personality and Social Psychology*, **84**, 682-696.

Douglas, K. M., & Sutton, R. M. 2006 When what you say about others says something about you: Language abstraction and inferences about describers' attitudes and goals. *Journal of Experimental Social Psychology*, **42**, 500-508.

Echterhoff, G., Higgins, E. T., & Groll, S. 2005 Audience-tuning effects on memory: The role of shared reality. *Journal of Personality and Social Psychology*, **89**, 257-276.

Echterhoff, G., Higgins, E. T., Kopietz, R., & Groll, S. 2008 How communication goals determine when audience tuning biases memory. *Journal of Experimental Psychology: General*, **137**, 3-21.

Echterhoff, G., Higgins, E. T., & Levine, J. M. 2009 Shared reality: Experiencing commonality with others' inner states about the world. *Perspectives on Psychological Science*, **4**, 496-521.

Festinger, L. 1954 A theory of social comparison processes. *Human Relations*, **7**, 117-140.

Fussell, S. R., & Krauss, R. M. 1989 The effect of intended audience on message production and comprehension: Reference in a common ground framework. *Journal of Experimental Social Psychology*, **25**, 203-219.

Gilbert, D. T., & Malone, P. S. 1995 The correspondence bias. *Psychological Bulletin*, **117**, 21-38.

Goethals, G., & Darley, J. 1977 Social comparison theory: An attributional approach. In J. M. Suls & R. L. Miller (Eds.), *Social comparison processes: Theoretical and empirical perspectives.* Washington DC: Hemisphere. Pp.259-278.

Gopnik, A., & Choi, S. 1995 Names, relational words, and cognitive development in English and Korean-speakers: Nouns are not always learned before verbs. In M. Tomasello & W. Merriman (Eds.), *Beyond names for things: Young children's acquisition of verbs.* Hillsdale, NJ: Lawrence Erlbaum Associates. Pp. 63-80.

Hamilton, D. L., & Sherman, S. J. 1996 Perceiving persons and groups. *Psychological Review*, **103**, 336-

355.

Hardin, C. D., & Higgins, E. T. 1996 Shared reality: How social verification makes the subjective objective. In R. M. Sorrentino & E. T. Higgins (Eds.), *Handbook of motivation and cognition*. Vol. 3. *The interpersonal context*. New York: Guilford Press. Pp.28-84.

Haslam, S. A., Oakes, P. J., McGarty, C., Turner, J. C., Reynolds, K. J., & Eggins, R. A. 1996 Stereotyping and social influence: The mediation of stereotype applicability and sharedness by the views of in-group and out-group members. *British Journal of Social Psychology*, **35**, 369-397.

Hausmann, L. R., Levine, J. M., & Higgins, E. T. 2008 Communication and group perception: Extending the 'saying is believing' effect. *Group Processes and Intergroup Relations*, **11**, 539-554.

Heider, F. 1958 *The psychology of interpersonal relations*. New York: Wiley. 大橋正夫（訳） 1978 対人関係の心理学 誠信書房

Higgins, E. T. 1992 Achieving 'shared reality' in the communication game: A social action that creates meaning. *Journal of Language and Social Psychology*, **11**, 107-125.

Higgins, E. T., McCann, C. D., & Fondacaro, R. 1982 The "communication game": Goal directed encoding and cognitive consequences. *Social Cognition*, **1**, 21-37.

Higgins, E. T., & Pittman, T. S. 2008 Motives of the human animal: Comprehending, managing, and sharing inner states. *Annual Review of Psychology*, **59**, 361-385.

Higgins, E. T., & Rholes, W. S. 1978 "Saying is believing": Effects of message modification on memory and liking for the person described. *Journal of Experimental Social Psychology*, **14**, 363-378.

Hilton, D. J. 1990 Conversational processes and causal explanation. *Psychological Bulletin*, **107**, 65-81.

Hilton, D. J. 2007 Causal explanation: From social perception to knowledge-based attribution. In A. Kruglanski & E. T. Higgins (Eds.), *Social psychology: Handbook of basic principles*. 2nd ed. New York: Guilford Press. Pp.232–253.

Hoffman, C., Lau, I., & Johnson, D. R. 1986 The linguistic relativity of person cognition: An English-Chinese comparison. *Journal of Personality and Social Psychology*, **51**, 1097-1105.

Holtgraves, T. M. 2002 *Language as social action: Social psychology and language use*. Mahwah, NJ: Lawrence Erlbaum Associates.

Karasawa, M., Asai, N., & Tanabe, Y. 2007 Stereotypes as shared beliefs: Effects of group identity on dyadic conversations. *Group Processes and Intergroup Relations*, **10**, 515-532.

Karasawa, M., & Maass, A. 2008 The role of language in the perception of persons and groups. In R. M. Sorrentino & S. Yamaguchi (Eds.), *Handbook of motivation and cognition across cultures*. San Diego, CA: Academic Press. Pp.317-342.

Karasawa, M., & Suga, S. 2008 Retention and transmission of socially shared beliefs: The role of linguistic abstraction in stereotypic communication. In Y. Kashima, K. Fiedler & P. Freytag (Eds.), *Stereotype dynamics: Language-based approaches to the formation, maintenance, and transformation of stereotypes*. New York: Lawrence Erlbaum Associates. Pp.241-262.

Kashima, Y. 2000 Maintaining cultural stereotypes in the serial reproduction of narratives. *Personality and Social Psychology Bulletin*, **26**, 594-604.

Kashima, Y., Fiedler, K., & Freytag P. (Eds.) 2008 *Stereotype dynamics: Language-based approaches to the formation, maintenance, and transformation of stereotypes*. New York: Lawrence Erlbaum Associates.

Kashima, Y., Kashima, E. S., Kim, U., & Gelfand, M. 2006 Describing the social world: How is a person, a group, and a relationship described in the East and West? *Journal of Experimental Social Psychology*, **42**, 388-396.

Lyons, A., & Kashima, Y. 2003 How are stereotypes maintained through communication? The influence of

stereotype sharedness. *Journal of Personality and Social Psychology*, **85**, 989-1005.
Maass, A. 1999 Linguistic intergroup bias: Stereotype perpetuation through language. In M. P. Zanna (Ed.), *Advances in experimental social psychology*. Vol. 31. San Diego, CA: Academic Press. Pp.79-121.
Maass, A., Karasawa, M., Politi, F., & Suga, S. 2006 Do verbs and adjectives play different roles in different cultures? A cross-linguistic analysis of person representation. *Journal of Personality and Social Psychology*, **90**, 734-750.
Maass, A., Milesi, A., Zabbini, S., & Stahlberg, D. 1995 Linguistic intergroup bias: Differential expectancies or in-group protection? *Journal of Personality and Social Psychology*, **68**, 116-126.
Maass, A., Salvi, D., Arcuri, L., & Semin, G. 1989 Language use in intergroup contexts: The linguistic intergroup bias. *Journal of Personality and Social Psychology*, **57**, 981-993.
Malle, B. F., & Hodges, S. D. (Eds.) 2005 *Other minds: How humans bridge the divide between self and others*. New York: Guilford Press.
Markus, H., & Hamedani, M. G. 2007 Sociocultural psychology: The dynamic interdependence among self systems and social systems. In S. Kitayama & D. Cohen (Eds.), *Handbook of cultural psychology*. New York: Guilford Press. Pp.3-39.
Mullen, B., Calogero, R. M., & Leader, T. I. 2007 A social psychological study of ethnonyms: Cognitive representation of the in-group and intergroup hostility. *Journal of Personality and Social Psychology*, **92**, 612-630.
Nisbett, R. E., Peng, K., Choi, I., & Norenzayan, A. 2001. Culture and systems of thought: Holistic versus analytic cognition. *Psychological Review*, **108**, 291-340.
Nye, J. L., & Brower, A. M. 1996 *What's social about social cognition? Research on socially shared cognition in small groups*. Thousand Oakes, CA: Sage.
岡本真一郎 2006 ことばの社会心理学 第3版 ナカニシヤ出版
Oyserman, D., & Lee, S. W. 2008 Does culture influence what and how we think？Effects of priming individualism and collectivism. *Psychological Bulletin*, **134**, 311-342.
Resnick, L. B., Levine, J. M., & Teasley, S. D. (Eds.) 1991 *Perspective on socially shared cognition*. Washington, DC: American Psychological Association.
Ruscher, J. B. 2001 *Prejudiced communication: A social psychological perspective*. New York: Guilford Press.
Ruscher, J. B., & Duval, L. L. 1998 Multiple communicators with unique target information transmit less stereotypical impressions. *Journal of Personality and Social Psychology*, **74**, 329-344.
Ruscher, J. B., Hammer, E. Y., & Hammer, E. D. 1996 Forming shared impressions through conversation: An adaptation of the continuum model. *Personality and Social Psychology Bulletin*, **22**, 705-720.
Schachter, S. 1959 *The psychology of affiliation: Experimental studies of the sources of gregariousness*. Oxford, UK: Stanford University Press.
Schaller, M., & Conway, III, L. G. 2001 From cognition to culture: The origins of stereotypes that really matter. In G. B. Moskowitz (Ed.), *Cognitive social psychology: The Princeton symposium on the legacy and future of social cognition*. Mahwah, NJ: Lawrence Erlbaum Associates. Pp.163-176.
Sechrist, G. B., & Stangor, C. 2001 Perceived consensus influences intergroup behavior and stereotype accessibility. *Journal of Personality and Social Psychology*, **80**, 645-654.
Semin, G. R., & De Poot, C. J. 1997 The question-answer paradigm: You might regret not noticing how a question is worded. *Journal of Personality and Social Psychology*, **73**, 472-480.
Semin, G. R., & Fiedler, K. 1988 The cognitive functions of linguistic categories in describing persons: Social cognition and language. *Journal of Personality and Social Psychology*, **54**, 558-568.
Semin, G. R., & Fiedler, K. 1992 The inferential properties of interpersonal verbs. In G. R. Semin & K.

Fiedler (Eds.), *Language, interaction and social cognition*. London: Sage. Pp.79-101.
Sinclair, S. H., Lowery, B. S., Hardin, C. D., & Colangelo, A. 2005 Social tuning of automatic racial attitudes: The role of affiliative motivation. *Journal of Personality and Social Psychology*, **89**, 583-592.
Smith, E. R., & Semin, G. R. 2004 Socially situated cognition: Cognition in its social context. In M. P. Zanna (Ed.), *Advances in experimental social psychology*. Vol. 36. San Diego, CA: Elsevier Academic Press. Pp.53-117.
Snyder, M., & Stukas, A. A. 1999 Interpersonal processes: The interplay of cognitive, motivational, and behavioral activities in social interaction. *Annual Review of Psychology*, **50**, 273-303.
Sperber, D., & Wilson, D. 1995 *Relevance: Communication and cognition*. 2nd ed. Oxford: Blackwell.
Srull, T. K., & Wyer, R. S., Jr. 1989 Person memory and judgment. *Psychological Review*, **96**, 58-83.
Stangor, C., & Schaller, M. 1996 Stereotypes as individual and collective representations. In C. N. Macrae, C. Stangor & M. Hewstone (Eds.), *Stereotypes and stereotyping*. New York: Guilford Press. Pp.3-37.
Stapel, D. A., & Semin, G. R. 2007 The magic spell of language: Linguistic categories and their perceptual consequences. *Journal of Personality and Social Psychology*, **93**, 23-33.
菅　さやか・唐沢　穣　2006　人物の属性表現にみられる社会的ステレオタイプの影響　社会心理学研究, **22**, 180-188.
菅　さやか・唐沢　穣・服部陽介　2009　情報伝達という目標が社会的事象の原因説明に及ぼす効果　社会心理学研究, **25**, 21-29.
Tajfel, H., & Turner, J. C. 1986 The social identity theory of intergroup behavior. In S. Worchel & W. G. Austin (Eds.), *Psychology of intergroup relations*. 2nd ed. Chicago: Nelson-Hall. Pp.7-24.
Tardif, T., Gelman, S. A., & Xu, F. 1999 Putting the "noun bias" in context: A comparison of English and Mandarin. *Child Development*, **70**, 620-635.
Thompson, L. L., Levine, J. M., & Messick, D. M. (Eds.) 1999 *Shared cognition in organizations: The management of knowledge*. Mahwah, NJ: Lawrence Erlbaum Associates.
Tomasello, M. 2003 The key is social cognition. In D. Gentner & S. Goldin-Meadow (Eds.), *Language in mind: Advances in the study of language and thought*. Cambridge, MA: MIT Press. Pp.47-57.
Trafimow, D., Silverman, E. S., Fan, R. M. T., & Law, J. S. F. 1997 The effects of language and priming on the relative accessibility of the private self and the collective self. *Journal of Cross-Cultural Psychology*, **28**, 107-123.
Uleman, J. S., Newman, L. S., & Moskowitz, G. B. 1996 People as flexible interpreters: Evidence and Issues from spontaneous trait inference. In M. P. Zanna (Ed.), *Advances in experimental social psychology*. Vol. 28. San Diego CA: Academic Press. Pp.211-279.
van Dijk, T. A. 1987 *Communicating racism: Ethnic prejudice in thought and talk*. Newbury Park, CA: Sage.
Whorf, B. L. 1957 *Language, thought, and reality*. Cambridge, MA: MIT Press.
Wigboldus, D. H. J., Semin, G. R., & Spears, R. 2000 How do we communicate stereotypes? Linguistic bases and inferential consequences. *Journal of Personality and Social Psychology*, **78**, 5-18.

第2部　展開と実践

第12章
ステレオタイプと社会システムの維持

沼崎　誠

1節　はじめに

　"キャリア"と呼ばれる高級官僚に対してどのようなイメージを持っているだろうか。多くの人は「有能かもしれないが冷たい」といったイメージを持っているのではないだろうか。それと対比的に「庶民は賢くはないが人間的には温かい」といったイメージを持っていないだろうか。少なくとも，このようなイメージに基づいた発言をしばしば聞くのではないだろうか。多くの人に共有された，ある社会集団に所属する成員と結びつけられた特性に関する信念を，ステレオタイプと呼ぶ。男女に関わるジェンダー・ステレオタイプでは，「女性は感情豊かで温かいが論理性は弱い」「男性は論理的ではあるが攻撃的である」，といったイメージが持たれていることが知られている。高級官僚ステレオタイプやジェンダー・ステレオタイプのように，ステレオタイプには，しばしば，望ましい特性と望ましくない特性の双方が含まれ，相補的で両面価値的になることがある。どうしてこのようなステレオタイプの内容が作られるのだろうか。本章ではステレオタイプの機能，特に，システムの正当化機能に焦点を当てて，ステレオタイプが社会のなかでどのような機能を果たしているのか，そしてステレオタイプの存在と利用が社会システムの維持とどのように関わっているのかを検討していきたい。

　初期のステレオタイプの研究では，特定の集団がどのような内容のステレオタイプを持たれているのかについての研究が中心であった（たとえば，Katz & Braly, 1933）。しかし，1980年代以降では，ステレオタイプの認知的な側面

に焦点が当てられ，ステレオタイプを信じているかいないかにかかわらず，ステレオタイプが表象として存在することが，情報処理にどのような影響を与えるのかといった研究が多くなされてきた（たとえば，Macrae & Bodenhausen, 2000）。しかし，近年では，ステレオタイプと社会システムとの関係に目が向けられるのに伴い，動機的側面にも焦点が当たるようになり，ステレオタイプの内容とその規定因に関しても再注目されるようになってきている。

本章では，2節でステレオタイプの機能に関して整理をする。3節ではステレオタイプの両面価値性（望ましい内容と望ましくない内容の両方を含む）と社会のなかで集団がどのような位置を占めるのかにより，ステレオタイプの内容が決まってくる点に注目をした研究を紹介する。4節では，人には現状を維持・防衛しようとするシステム正当化動機が存在すると主張するシステム正当化理論と，ステレオタイプのシステム正当化機能に焦点を当てた研究を紹介していく。

2節　ステレオタイプの機能

偏見およびステレオタイプ研究の古典である『偏見の心理学（*The nature of prejudice*）』のなかで，Allportはステレオタイプを次のように定義し，機能について述べている（Allport, 1954）。

> ステレオタイプとはカテゴリと結びついた誇張された信念であり，その機能はそのカテゴリと関連した我々の行為を正当化するものである。
> (p.191)
>
> ステレオタイプは集団のカテゴリとしての受容と拒絶を正当化する装置として，知覚及び思考の単純さを維持する選択装置として機能する。
> (p.192)

Allportが指摘しているように，ステレオタイプには，大きく分けて，カテゴリー機能と正当化機能がある（Jost & Hamilton, 2005）。

1．カテゴリー機能

　本書第1章で紹介されているように，既存知識として，あるカテゴリーが表象されていると，それを利用して，外界に関する情報を組織化することができる。人の認知資源の容量には限りがあるため，他の特別な動機づけがない限り，認知的負荷の低い処理が好まれ，そのためカテゴリーが利用される。ステレオタイプは，ある集団や集団成員に関する情報を処理する時に，カテゴリーとしての機能を果たす。この観点から，本書の各章で論じられているステレオタイプに関わる多くの現象——ステレオタイプの自動的活性化，ピースミール処理よりカテゴリー処理の優先，ステレオタイプ一致情報の記憶の向上，外集団同質性効果——が説明できる。

　ステレオタイプがカテゴリーとしての機能を果たしている証拠は数多くあるが，近年の状況依存的なステレオタイプの自動的活性化研究からの証拠をあげておく。Macrae et al. (1997) は，人物の写った写真を単に見たり形態処理を行うだけでは，ステレオタイプが活性化することはなく，写真を見て「人か物か」という意味処理を伴う判断をした場合にのみステレオタイプが活性化することを見いだしている。また，反ステレオタイプ事例をイメージ化させ，ステレオタイプがカテゴリー機能を果たさないことが示唆されると，ステレオタイプの自動的活性化が生じなくなることを示した研究もある（たとえば，Blair et al., 2001）。これらの研究は，人をカテゴリー化する必要があり，そのカテゴリーが有効である状況においてのみ，ステレオタイプが自動的に活性化することを示しており，ステレオタイプがカテゴリー機能を果たしていることがわかる。

2．正当化機能

　Allportが指摘しているように，自分の行動や社会を正当化するために，意識的・無意識的にステレオタイプが利用されることがある。何を正当化するのかを基準として，自我正当化，集団正当化，システム正当化の3つのレベルの機能が指摘されている（Jost & Banaji, 1994）。

(1) 自我正当化機能

　他者に，望ましくないステレオタイプを適用したり，あるいは望ましいステレオタイプを適用することにより，自己価値を高める（自己高揚する）ことが

できる。これがステレオタイプの自我正当化機能と呼ばれるものである。ステレオタイプがこの機能を持つことは，自己への脅威を回避し賞賛を拡大する方向に，ステレオタイプの自動的活性化が促進したり抑制したりすることからわかる (Sinclair & Kunda, 1999；Spencer et al., 1998)。

　たとえば，Sinclair & Kunda (1999, 研究3) は，黒人医師から対人スキルに関して望ましい評価を受けた参加者と望ましくない評価を受けた参加者で，評価を受けなかった参加者に比べて，黒人ステレオタイプ (「無能」というステレオタイプが持たれている) と医師ステレオタイプ (「有能」というステレオタイプが持たれている) がどのように活性化するのかについて検討している。望ましくない評価を受けた参加者は，黒人ステレオタイプの活性化が促進され医師ステレオタイプの活性化が抑制されていた。それに対して，望ましい評価を受けた参加者は，医師ステレオタイプの活性化が促進され黒人ステレオタイプの活性化が抑制されていた。このように，ステレオタイプが状況に応じて活性化し，望ましい評価のフィードバックの価値を高め (有能な人からフィードバックを受けた)，望ましくないフィードバックの価値を低めることにより (無能な人からフィードバックを受けた)，自己の価値を高めていた。このことから，ステレオタイプが自我正当化機能を果たしていることがわかる。

(2) 集団正当化機能

　内集団に望ましいステレオタイプを付与し，外集団に対して望ましくないステレオタイプを付与することにより，外集団と内集団を区別するとともに，内集団の価値を高める (内集団高揚する) ことができ，さらに，内集団の外集団に対する差別的な行動を正当化することができる (Tajfel, 1981)。これがステレオタイプの集団正当化機能と呼ばれるものである。

　Rutland & Brown (2001) はステレオタイプが集団正当化機能を持つことを示す実証研究を行っている。まず，他の内集団成員が内集団びいきを行っているのを知らされたうえで，一部の参加者には内集団びいきをする機会が与えられ，残りの参加者には機会が与えられなかった。内集団びいきの機会が与えられ内集団びいき (外集団に比べ内集団に対してより多くの予算を要求) をした参加者は，内集団びいきの機会が与えられなかった参加者に比べ，内集団に対しては望ましいステレオタイプを，外集団に対しては望ましくないステレオタ

イプを適用しやすくなった。この結果は内集団びいき行動を正当化するためにステレオタイプが使用されることを示したものであり，ステレオタイプが内集団の外集団に対する態度や行動を正当化する機能を果たすことがわかる。

(3) システム正当化機能

自我正当化機能と集団正当化機能に加え，Jost & Banaji（1994）は，ステレオタイプの正当化機能としてシステム正当化機能を提唱した。社会的に地位が低い集団成員でも，地位の高い集団成員と同様に，地位の高い集団に対して望ましいステレオタイプを，自分が含まれる地位の低い社会的集団に対して望ましくないステレオタイプを付与しているという現象が見られる（たとえば，Jost & Burgess, 2000）。これらの現象は，自我正当化機能や集団正当化機能からでは説明できないことから，ステレオタイプにはシステム正当化機能があると提唱されている。

社会システムが正当であるということと，ステレオタイプが偏見や差別を生み出すことは一見すると矛盾しているように思われる。しかし，ステレオタイプの内容により偏見や差別が妥当化されるのならば，社会システムは公正であると考えられるかもしれない。また，本章の最初のところで述べたような相補的な両面価値的なステレオタイプは，システムにおいて高地位を占めている人にも望ましくない特性を付与し，一方，低地位を占めている人にも望ましい特性を付与することになり，世の中はバランスが取れているという認知を生じさせ，このことがシステムの正当性を高める可能性がある。システム正当化機能が提唱されて以来，多くの実証研究が行われるようになった。以下の3節と4節では，ステレオタイプがシステム正当化機能を果たすことを示す実証研究を詳しく紹介してみたい。

3節　社会システムとステレオタイプの内容

1．対人判断の基本次元：温かさと有能さの相補性

人や集団を判断する際に使われる基本次元については議論のあるところだが，少なくとも2つの次元が重要であることは古くから指摘されてきた。たとえば，

Rosenberg et al.（1968）は，性格特性や対人判断の基本構造を検討した結果，social good/bad と intellectual good/bad の2つの次元を見いだしている。また，Peeters（2002）は，性格特性を機能的に分類して，他者に利益を与える特性（other-profitability）と自己に利益を与える特性（self-profitability）とに分類している。この2つの次元に対してさまざまな命名がなされているが，Fiskeと共同研究者は，「温かさ（warmth）」と「有能さ（competence）」の次元として概念化することを提唱しており（たとえば，Cuddy et al., 2008；Fiske et al., 2006），本章でもこの用語を用いる。

この2次元はどのような関係にあるのだろうか。従来の研究においては，Rosenberg et al.（1968）の研究でも見られるように，ハロー効果——1つの次元で望ましい特性を持っていると別の次元でも望ましい特性を持っている——が観察されることが指摘されていた。しかし近年の研究においては相補性が示されることが指摘されるようになってきている。個人の印象を扱ったJudd et al.（2005）の研究3では，実験参加者に有能さを示す行動を多く行う人物と無能さを示す行動を多く行う人物の両方を見せて，温かさに関して評定をさせると，無能な人物は有能な人物に比べて，より温かいと評定されることを見いだしている。また，沼崎（2007）も，冷たい行動をする人物はしない人物に比べて有能であると評定され，無能さを示す行動をする人物はしない人物に比べて温かいと評定されるという結果を報告している。これらの結果は，複数の個人を評定する際には，温かさの次元と有能さの次元が負の関係を持ち，相補的な関係になりやすいことを示している。

この温かさの次元と有能さの次元の相補的な関係は複数の集団の属性を推測する時にも見られる。Judd et al.（2005）の研究1では有能さを示す行動を多く行う集団と無能さを示す行動を多く行う集団を示し，研究2では温かさを示す行動を多く行う集団と冷たさを示す行動を多く行う集団を示し，有能さと温かさについての印象を形成させた。結果は図12-1のように，無能な集団は有能な集団に比べ無能ではあるが温かいと評定され，冷たい集団は温かい集団に比べ冷たくはあるが有能であると評定された。Yzerbyt et al.（2008）は，このような相補的な関係が生じるのは温かさ次元－有能さ次元の関係のみで，温かさと別の次元や有能さと別の次元では，ハロー効果が生じることを示している。

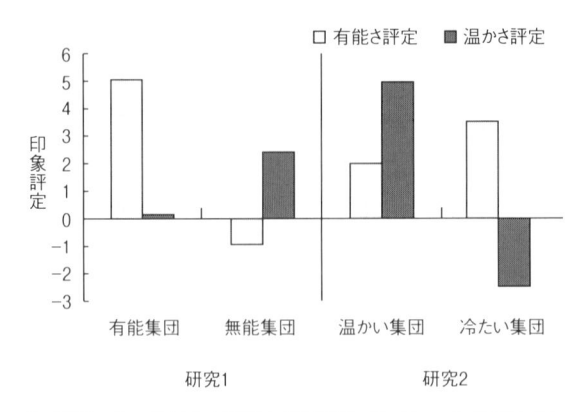

▶ 図12-1　温かさと有能さの相補性（Judd et al., 2005より）

2．社会的地位・社会的関係とステレオタイプの内容

　社会集団の認知において温かさと有能さが相補的になることを，社会的地位と社会的関係によって規定されるステレオタイプの内容と結びつけたのが，ステレオタイプ内容モデル（stereotype content model）である（たとえば，Fiske et al., 2002；Fiske et al., 1999）。

　Fiske et al.（2002）に基づき，このモデルを紹介してみよう（表12-1を参照）。従来注目されていた，すべての次元において望ましくない特性を特定の外集団に付与することは，現代のステレオタイプでは少なく，ステレオタイプが温かさと有能さの次元で両面価値的（一方が望ましければ一方が望ましくない）になりやすいことに，このモデルは注目した。両面価値的ステレオタイプは，社会的地位と競争関係の有無により規定され，さらに，このステレオタイプの内容が集団に向けられる偏見や感情を規定するとしている。温かさの次元は，対象集団の目標が内集団や自己の目標と競争的か非競争的かによって規定される。対象集団の目標が競争的であるとみなされると温かさが低くなり，非競争的であると温かさが高くなる。一方，有能さの次元は，対象集団が集団の持つ目標を効果的に達成する能力を持つかによって規定される。対象集団が高地位でそのような達成ができるとみなされると有能さが高くなり，低地位で達成しづらいとみなされると有能さが低くなる。

　内集団は，有能さと温かさの両方が高いステレオタイプを持たれ，賞賛と

▶ 表12−1　ステレオタイプ内容モデル（Fiske et al., 2002より）

温かさ	有能さ	
	低	高
高	1　家父長的 2　低地位・非競争関係 3　憐れみ・共感 4　老人・障がい者・主婦	1　賞賛的 2　高地位・非競争関係 3　プライド・賞賛 4　内集団
低	1　侮蔑的 2　低地位・競争関係 3　軽蔑・嫌悪・敵意 4　ホームレス・貧民	1　嫉妬的 2　高地位・競争関係 3　嫉妬・ねたみ 4　ユダヤ人・金持ち・キャリア女性

1：ステレオタイプや偏見のタイプ　2：社会的地位・関係　3：感情　4：代表的な対象

いった感情の対象となる。一方，たとえば，ホームレスといった社会的地位も能力も低いとされる集団は，従来の偏見の概念に一致した軽蔑や嫌悪や怒りといった侮蔑的偏見の対象となる。しかし，侮蔑的ステレオタイプや偏見が向けられる対象は現代においては少なく，両面価値的な，温かいが無能であるというステレオタイプや，有能であるが冷たいというステレオタイプを持たれていることが多い。このような両面価値的になるのは，これらのステレオタイプがシステムを正当化する機能を持つためであるとする。

　社会的地位が低く競争相手とならない外集団は，温かいが無能であり，保護の対象となる憐れみや共感といった感情が向けられる家父長的偏見の対象となりやすい。このような集団の例としては老人や障がい者や伝統的性役割に従った女性（たとえば「専業主婦」）があげられる。このようなステレオタイプを持つことにより，その集団が社会的に従属的な地位にいることが正当化される。また，保護の対象とすることにより，その低い地位の社会集団成員に対してもそのような社会的立場を受け入れさせるはたらきをする。

　社会・経済的に成功している外集団は競争相手となり得て脅威となる。このような外集団は有能であるかもしれないが温かさに欠けるとされ，嫉妬や妬みといった感情が向けられる嫉妬的偏見の対象となりやすい。このような集団の例としては，西洋におけるユダヤ人やアジア人，伝統的性役割に従わない女性

(たとえば「キャリア女性」)があげられる。有能さが，実力主義の現状における支配的集団とその外集団の成功を説明するとともに，温かさに欠けることにより，その外集団の成員と親密な関係にならないことが正当化される。

さらに，両面価値的なステレオタイプを持つことは，自分が外集団を一方的な偏見や差別をしておらず，近年の平等主義的価値観に合致することを意味し，自己正当化機能を果たすことにもなる。このように，温かいが無能であるというステレオタイプも有能であるが冷たいというステレオタイプも，現状を正当化し社会的な支配集団が現在の地位を維持することに寄与する。

Fiske et al.（2002，研究1）では，これらのモデルを検証するため，大学生および一般社会人を参加者として，23の集団に対して，有能さ・温かさ・社会的地位・競争関係の度合い，を評定させた。図12-2に代表的なものを取り出して示したように，温かさと有能さの次元で集団が構造的に配置されることを見いだしている，さらに，有能さの評定は社会的地位と正の相関があり，温かさの評定は競争関係の度合いと負の相関があることを見いだしている。

Fiske et al.（2002）のモデルは，基本的に現代のアメリカの社会を記述したモデルといえるが，この社会的地位と温かいが無能であるというステレオタイ

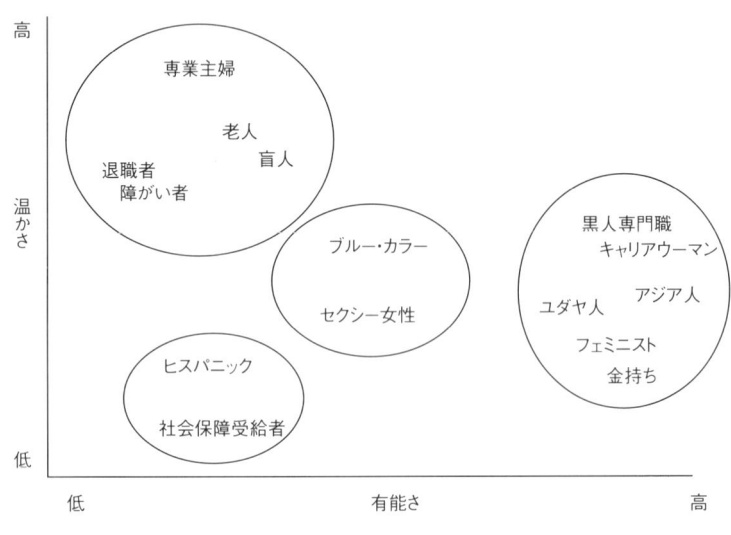

▶ 図12-2　相補的ステレオタイプ（Fiske et al., 2002より）

プと有能であるが冷たいというステレオタイプの関係は，他の地域にも適用できることが示されている。Jost et al.（2005）は，イギリスとイタリアの地域間の社会的地位とステレオタイプ，イスラエルの民族間の社会的地位とステレオタイプの関係を検討している。社会経済的地位の高い地域（イギリス南部・イタリア北部）や民族（アシュケナージ：北欧系ユダヤ人）の人は，社会的地位の低い地域（イギリス北部・イタリア南部）や民族（セファルディ：南欧系のユダヤ人）の人に比べ，有能（知的・生産的）であるが温かさ（正直・幸福度）が低いというステレオタイプを持たれていた。

日本においても，池上（2006）は，大学間に存在する序列を社会集団の地位として，同様の相補性が見られることを示している。自分よりも学力の高い大学の成員は，学力の低い大学の成員に比べ，知性（有能さ）は高いと評定されていたが対人特性（温かさ）は低いと評定され，この傾向は，自分の所属する大学に対する帰属意識の強い参加者で顕著に見られていた。

これまで紹介してきた研究は，相関的なものであるが，実験的に社会的地位を操作しても，温かさと有能さ次元が相補的関係となり，高地位集団には有能であるが冷たく，低地位集団には温かいが無能であるという印象が形成されることが示されている。Conway et al.（1996，研究4）は，架空の部族内の2集団に関して，有能さや温かさについての行動や特性に関しては言及せずに，神話によって地位の格差が生じていることを示す文化人類学的な記述文を読ませ，2つの集団成員の温かさと有能さを評定させた。そうすると，高地位集団は有能ではあるが冷たく，低地位集団は温かくはあるが無能であるという印象を持たれていた（図12－3）。

ここで紹介した研究は，社会的地位により異なった相補的なステレオタイプが持たれやすく，このことが社会システムの正当化に寄与している可能性を示唆している。しかし，社会システムの正当化に寄与しているかどうかを直接的に示しているものではない。4節では，両面価値的ステレオタイプが現状のシステムの正当化に寄与していることを，より直接的に示す研究を紹介しよう。しかし，その前に，ステレオタイプの内容ではなくステレオタイプの信念スタイルに注目した分類についてもふれておきたい。

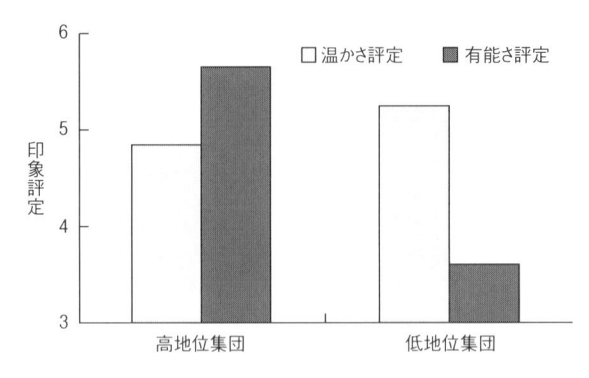

▶ 図12-3　社会的地位と相補性（Conway et al., 1996より）

3．記述的ステレオタイプと規範的ステレオタイプ

　社会システムとステレオタイプが密接に関連していることが注目されるようになり，ステレオタイプの信念スタイル——従来のステレオタイプの記述的側面ばかりでなく，ステレオタイプの規範的側面——にも注意が向けられるようになってきている。記述的ステレオタイプとは，「○○は××である」という信念であるが，規範的ステレオタイプは「○○は××であるべき」という信念である（Burgess & Borgida, 1999）。ある集団の社会システムの中での立場がステレオタイプの内容を決めるのならば，社会システムで特定の立場を占めている集団は，記述的ステレオタイプとほぼ同じ内容で，立場に合致した特性を持っているべきであるという信念（規範的ステレオタイプ）も生じると考えられる。

　この記述的ステレオタイプと規範的ステレオタイプが顕著なのは，ジェンダーに関するステレオタイプである。ここでは，Burgess & Borgida（1999）の整理に基づいて，男性と女性の記述的ステレオタイプと規範的ステレオタイプの違いを検討しておこう。まず，記述的ステレオタイプは，男性や女性を特徴づける属性や役割や行動に関する信念であるのに対して，規範的ステレオタイプでは，男性や女性が従うように期待される属性や役割や行動に関する信念である。機能として，記述的ステレオタイプはおもに日常生活の情報の流れを構造化するカテゴリー機能を果たすのに対し，規範的ステレオタイプは社会にお

ける権力の不平等を維持させるシステム正当化機能を果たすとされる。差別との関係で見ると，記述的ステレオタイプでは，ステレオタイプと一致している（ように見える）人物が，差別待遇を受けやすくなる。一方，規範的ステレオタイプでは，ステレオタイプと不一致な人物が差別待遇を受けやすい。具体的には，一般に女性は「温かいが無能である」という記述的ステレオタイプを持たれているので，このステレオタイプでカテゴリー化されると，保護や賞賛の対象とはなるものの高い地位などに就けないなど慈愛的な偏見や差別を受けやすい。一方，キャリア女性やフェミニストといった女性は，「無能であっても温かくあるべき」という規範的女性ステレオタイプに一致しないので，敵意的偏見の対象となりやすい（Glick & Fiske, 2001a, 2001b）。

記述的・規範的ステレオタイプと偏見や差別とにはこのような関係があるため，記述的ステレオタイプは社会的地位が高い集団成員にも低い集団成員にも持たれているのに対して，規範的ステレオタイプは相対的に社会経済的地位の高い集団の成員に持たれやすいと考えられている。

規範的ステレオタイプの機能がおもにシステム正当化機能にあるのならば，システム正当化動機が高まった時に規範的ステレオタイプが使用されやすいと考えられる。この点については4節の4.で詳しく検討しよう。

4 節　システム正当化

3節の2.では，社会的地位や関係によって付与されるステレオタイプが異なり，これが社会的システムの正当化に寄与している可能性を示唆した。しかし，なぜ社会的地位の低い人でも，現状の不平等を正当化するようなステレオタイプを受け入れてしまうのだろうか。システム正当化理論は「人には現状のシステムを維持・防衛しようとする動機が存在する」ことを提唱し，この疑問に答えている。本節では，システム正当化理論の全体像を簡単に紹介したうえで，この理論に基づいた，現状の社会システムの維持にステレオタイプが利用されていることを直接的に検証した研究を紹介する。4節の2.では，3節で検討した社会的地位や関係によって規定されたステレオタイプに接触すること

によって，社会的地位の低い人でも現状をより肯定的に見るようになることを示した実証研究を紹介する。4節の3.では，現システムへの脅威が社会的地位や関係によって規定されているステレオタイプの活性化や適用を強めることを示した実証研究を紹介する。4節の4.では，システム脅威が規範的ステレオタイプに一致／不一致な人物に対する好意や敵意に影響を与えることを示した実証研究を紹介する。最後に，4節の5.では，この理論や仮説が現在の日本にも適用できることを示した研究を紹介する。

1．システム正当化理論

システム正当化理論は，Jostとその共同研究者によって提唱された理論である（たとえば，Jost & Banaji, 1994；Jost et al., 2008；Kay et al., 2007）。

この理論によれば，人には現状を維持しようとする目標が存在し，あるシステムが確固たるものとなっていると，人はそのシステムの存在と安定を維持しようと動機づけられる（システム正当化動機）。このような現状維持目標を持つ理由として，人が基本的に持つ，一貫性や確実性への認識論的欲求と脅威や苦悩に対処し人生に意味を見いだす存在論的欲求を想定する。今現在において実際に存在していない別のシステムに比べ，現状のシステムは，社会的地位の高い人にも低い人にとっても，なじみがあり，予測可能で，確実であるため，認識論的欲求を満たせる。また，社会的地位の高い人にとって，不当に高い地位を占めていると考えることは罪悪感という苦悩を感じるため脅威となる。この時，現状は正当で意味のあるものであるという認識を持てば，この脅威に対処することができる。一方，社会的地位の低い人は，フラストレーションや怒りといった苦悩を感じやすい。しかし，この時地位の低さが正当なものであると認識できれば，フラストレーションを低減し幸福感を得ることができる。この主張を支持する研究として Jost et al.（2003）は，不平等を正当で必要なものであるという信念を持つほど，収入の多さとは無関係に，幸福感が高いことを報告している。このように社会的地位の高い人も低い人も，経済的にも心理的にも現状に依存しているため，現在のシステムを維持・防衛しようとする目標を持つのである。

このような目標を達成する手段として，この理論では3つの手段を想定して

いる。第1は現状の経済的・政治的システムのイデオロギー支持（保守主義）という手段，第2は社会的高地位集団成員による内集団びいきと低地位集団成員による外集団びいきという手段，第3は，異なった社会集団に対して異なったステレオタイプを適用するという手段である（図12-4）。

　この理論をめぐっては多くの研究が行われているが（Jost et al., 2009を参照），ここでは，第3の手段であるステレオタイプの適用にしぼって研究を紹介する。

　両面価値的なステレオタイプを適用することが，なぜシステム正当化として機能し得るのかを，ここでもう1度整理しておこう。社会的地位が低い集団成員に対して，「温かいが無能」であるというステレオタイプを適用することは，その集団が社会的に従属的な地位にいることを正当化する。そして，このようなステレオタイプを適用して保護の対象にすることは，地位の低い集団にとっても一定の利益になるので，低い社会的立場を受け入れさせるはたらきをする。一方，社会・経済的に成功している成員に対して「有能であるが冷たい」というステレオタイプを適用することは，有能さがその集団の成功を説明するとともに，温かさに欠けるので，そのような集団成員と親密な関係にならないことも正当化する。このように，ステレオタイプの内容により偏見や差別が正当化され，社会システムは公正であると考えやすくなる。また，このような相補的な両面価値的なステレオタイプは，システムにおいて高地位を占めている人に

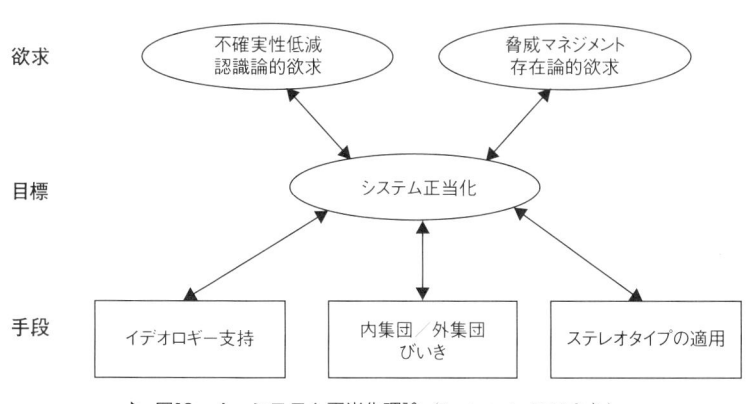

▶ 図12-4　システム正当化理論（Jost et al., 2008より）

望ましくない特性を，一方，低地位を占めている人に望ましい特性を付与することになり，世の中はバランスが取れているという認知を生じさせ，このことが現システムの正当性を高める。

2．ステレオタイプへの接触と現システムの肯定化

　社会集団に対する異なったステレオタイプの適用がシステムの正当化機能を果たしているとするならば，社会的地位と関連した相補的で両面価値的ステレオタイプに接触すると，現状のシステムは望ましいという信念が強まることが予測される。

　Jost & Kay（2005）の研究1では，男性は作動的で女性は共同的であるという相補的なジェンダー・ステレオタイプがシステム正当化機能を果たしていることを検証するために，女性の望ましいステレオタイプである温かさ特性を意識化させると，ジェンダー・システムが正しいという信念が強まるかを検討している。実験参加者は男女大学生で，男女の特性に関する信念を測定するとして，質問紙に含まれた特性がどのくらい男性と女性に当てはまるか10点尺度で回答させた。質問紙に含まれた特性のパターンは，①5つの温かさ特性，②5つの有能さ特性，③両方の特性10個，④統制群（何も回答しない）の4通りで，実験参加者はいずれかの質問紙に回答した。次に，ジェンダー・システムの正当性をたずねる質問に回答させた（項目例：一般に，男女間の関係は公正である）。結果として，男性は女性に比べ，ジェンダー・システムは正当であると評定していたが，温かさに関するステレオタイプに接触した女性参加者は，男性と同程度にジェンダー・システムを正当だとみなすようになった（図12-5）。一方，有能さに関するステレオタイプに接触してもジェンダー・システムの正当性の認知に変化は見られなかった。

　Jost & Kay（2005）の研究2では，このような効果がジェンダー・システムばかりではなく一般的なシステムへの正当性認知（項目例：一般に社会は公正である）でも見られること示している。これらの結果は，通常は現在のジェンダー・ステレオタイプに満足していない女性であっても，女性の望ましいステレオタイプを回答することにより，現在のジェンダー構造を含むシステムを正当なものとして認識するようになることを示している。

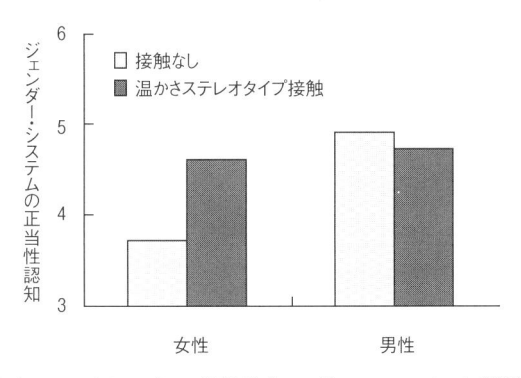

▶ 図12−5　温かさステレオタイプへの接触がジェンダー・システムの正当性認知に及ぼす効果
（Jost & Kay, 2005より）

　Kay & Jost（2003）は，「地位の低い貧しい人は地位の高い金持ちに比べて温かさの次元で望ましい特性を持ち幸せである」という相補的ステレオタイプがシステム正当化機能を果たしていることを検証している。研究1では，参加者に「金持ちだが不幸せな人物」「貧乏だが幸せな人物」「金持ちで幸せな人物」「貧乏で不幸せな人物」のいずれかを見て印象評定を行わせた。研究2では「幸せ−不幸せ」を「正直−不正直」の性格特性に変えて印象評定を行わせた。その後，参加者は一般的なシステム正当性認知を測定する尺度に回答した。結果は図12−6に示したように，金持ちだが不正直で不幸せである人物，もしくは貧しいが正直で幸せである人物，といった両面価値的なステレオタイプに一致する人物に接触した場合，反ステレオタイプ的人物に接触した場合に比べ，現状のシステムを正当であるとみなすようになった。この結果は，このような相補的なステレオタイプが社会的地位の不平等を合理化する機能を持つことを示している。

　ここで紹介した研究は，社会的地位の低い集団にも望ましい特性があり，社会的地位の高い集団には望ましくない特性があることを示す相補的で両面価値的ステレオタイプが，現状を肯定的に認識するようにさせ，現状の不平等を改善しようとする動機づけを低下させる可能性があることを示している。この点については5節で再度検討する。

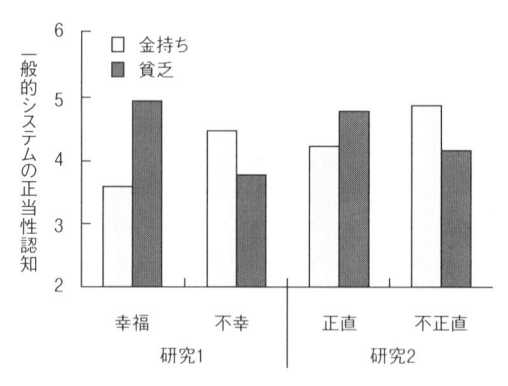

▶ 図12−6　相補的ステレオタイプへの接触が一般的システムの正当性の認知に及ぼす効果
（Kay & Jost, 2003より）

3．現システムへの脅威とステレオタイプの適用

　システム正当化理論が主張するように，人に現状のシステムを維持しようとする動機づけがあるとするならば，現システムが脅威にさらされた場合に，このような動機づけが強まると考えられる。そのため，システム脅威状況では，社会システムによって規定された両面価値的なステレオタイプの適用がより強まることが予測される。

　Kay et al.（2005, 研究1a）は，勢力者と非勢力者ステレオタイプを用いてこの予測を検証している。彼らは，アメリカ人を参加者にして，システム脅威条件ではアメリカ社会・経済・政治システムが危機に瀕しているという記事を読ませ，システム非脅威条件ではアメリカ社会・経済・政治システムは相対的によいものであるという記事を読ませた。その後，勢力者と非勢力者が有能さ関連次元（知的／独立的）と温かさ関連次元（幸福さ）で相対的にどのように異なるかを回答させた。社会的地位が高い勢力者は有能さ次元では高く，温かさ次元では低いと相補的に評定される傾向にあったが，この両面価値的傾向はシステムに脅威が与えられた時に強まっていた（図12−7）。このことは，システムに脅威を受けてシステムを正当化する動機が強まっている時には，社会的地位の高低集団の両面価値的なステレオタイプをより強く表明することにより，現システムの正当性を防衛しようとしたことを示している。

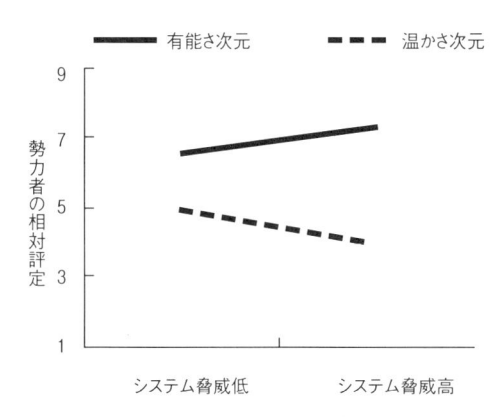

▶ 図12−7　システム脅威下でのステレオタイプ適用（Kay et al., 2005より）
点が高いほど勢力者が持っていると回答（同程度だと5）。

　Jost et al.（2005，研究3）では，ユダヤ社会内での格差のある地位集団を用いて，システム脅威が両面価値的ステレオタイプの表明に及ぼす効果を検討している。3節の2．で紹介したように，社会・経済的に地位の高いアシュケナージ系は，有能であるが冷たいというステレオタイプを持たれているが，社会・経済的に地位の低いセファルディ系は，温かいが無能であるというステレオタイプが持たれている。Kay et al.（2005）とほぼ同様のシステム脅威の操作を行った後では，この相補的な両面価値的ステレオタイプが，アシュケナージ系の参加者でもセファルディ系の参加者でも，より強調されて表明されることを見いだしている。

　ここで紹介した研究は，現システムに脅威があり，システム正当化動機が高まった場合に，社会的地位の相違によって付与された温かさと有能さの次元で相補的な両面価値的ステレオタイプが強化されることを示している。このことは，相補的な両面価値的ステレオタイプが社会的地位の正当化に寄与しているという，ステレオタイプ内容モデルやシステム正当化理論の主張を強く裏づけるものである。

4．システム脅威と規範的ステレオタイプ

　3節の3．で紹介したように，規範的ステレオタイプは記述的ステレオタイ

プに比べ、システム正当化機能をより強く果たすと考えられている。規範的ステレオタイプに一致している人物は社会システムの維持に貢献するため好意を向けられ、不一致である人物は社会システムに対する脅威となるため敵意が向けられる。このようなシステム正当化機能を果たしているとするならば、この傾向は、システムに対する脅威が高い状況で顕著になることが予測される。

Lau et al. (2008) は、カナダ人男子大学生を実験参加者にして、この予測を検証している。カナダの社会・経済・政治状況が悪化しているという記事か、状況は安定し望ましいという記事のいずれかを読んだ後に、実験参加者は複数の女性のプロフィールを見て、恋人にしたいかどうかを回答した。プロフィールには伝統的性役割に一致した女性と不一致な女性が複数含まれていた。システムに対する脅威を受けた男性参加者は、現状のシステム（男女の不平等）を正当化する伝統的性役割規範に一致したステレオタイプ的な女性に対して、好意を向けるようになっていた（図12-8）。このことは、規範的ステレオタイプに一致した人物に対して、ことさら好意を向けることにより、システムに対する脅威に対抗して、現システムを維持しようとしたと考えられる。

人種ステレオタイプを用いて、規範的ステレオタイプがシステム維持の機能を果たすことを示した研究もある（Schimel et al., 1999, 研究3）。Schimel et al. (1999) の研究は、システム正当化理論ではなく存在脅威管理理論（第4章参照）に基づいて行われた研究である。存在脅威管理理論とこの理論に基づい

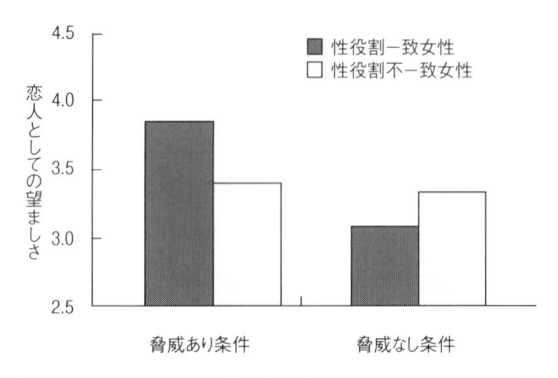

▶ 図12-8　システム脅威と性役割規範一致／不一致女性に対する好意（Lau et al., 2008より）

た膨大な実証研究から，死すべき運命が顕現化すると，文化的世界観を防衛する動機が高まることが示されている（たとえば，Greenberg, Solomon & Arndt, 2008；Greenberg, Solomon & Pyszczynski, 1997）。アメリカで白人大学生を実験参加者にした場合，彼らの文化的世界観の基盤はアメリカの現状であろう。そのため，死すべき運命の顕現化によって防衛する文化的世界観は，結果として現状のシステムになりやすいと考えられる。Schimel et al. (1999) は，アメリカ白人男子大学生を参加者にして，死すべき運命の顕現化を操作して，黒人ステレオタイプに一致した人物（明るいが遊び好き黒人）か一致しない人物（エリート黒人）と接触させ，その人物に対する好意を測定している。システム正当化動機が低い状況ではステレオタイプに一致しないエリート黒人に対してより好意を向けていたが，脅威が与えられた状況では，ステレオタイプに一致した黒人に対する好意が高まっていた。通常では白人の規範に一致した高地位者の特性を持った反ステレオタイプ的黒人を受け入れるが，脅威が与えられると，このような人物を嫌い，白人の高地位を正当化するステレオタイプ的黒人を好むようになることを示しており，人種ステレオタイプにも規範的な側面があることを示唆している。

　ここで紹介した研究は，システムに対して脅威が与えられシステム正当化動機が高まった状態では，規範的ステレオタイプに一致した人物に対して好意を示し，一致しない人物に対して敵意を向けることにより，現システムの正当化を行うことを示している。このことは，規範的ステレオタイプがシステム正当化機能を果たし，システムの維持に重要な役割を果たしているという主張を裏づけている。

5．日本におけるシステム正当化研究

　システム正当化理論は，実力主義で所得格差の大きなアメリカにおいて提唱されている理論であり，日本社会においても適用できる保証はなく，検討が必要であろう。日本におけるシステム正当化とステレオタイプを扱った研究は，2009年現在，多いとはいえないが，いくつかの研究が行われており，日本においてもシステム正当化理論が適用可能であることが示されている。

　システムに脅威が与えられるとシステム正当化動機が強まるかを検討した研

究として，沼崎・石井（2009）は，日本の犯罪状況が悪化しているという文章を読み，システムに対する脅威が与えられた実験参加者は，好転しているという文章を読んだ参加者に比べ，示された情報とは逆に，日本の現状を肯定的に評価するという結果を報告している。この結果は，日本人参加者においてもシステム脅威状況ではシステム正当化動機が高まることを示している。

　池上（2008）は，システム正当化動機と集団正当化動機とを対比させ，内集団への脅威が外集団へのステレオタイプ適用に対してどのような影響を与えるかを検討している。システム正当化動機が強いのならば，地位の高い外集団と地位の低い外集団のステレオタイプが，脅威がない時に比べ，より相補的になると考えられる。一方，集団正当化動機が強いのならば，内集団の価値を高めるため，外集団は脅威がない時に比べ，すべての次元で望ましくないものになると考えられる。実験参加者には，所属大学を含む10大学の名が呈示され，学力水準を評定させた。脅威高条件では，所属校以外の9校のうち8校が所属校よりも学力水準が高く，脅威低条件では1校のみが学力水準が高かった。その後，所属校よりも学力水準が高い上位校と低い下位校のイメージを能力特性（有能さ次元）と社会的特性（温かさ次元）を用いて回答させた。結果として，能力特性では，上位校が下位校に比べて望ましい評定を受けるのに対して，社会的特性では，下位校が上位校に比べて望ましい評定を受けていた。これは，学力水準という地位の高低により，相補的な両面価値的なステレオタイプが持たれていることを示している。さらに，高脅威条件では低脅威条件に比べ，上位校に対しては能力特性も社会的特性も低下させる傾向にあり，下位校に対しては相補性が強まる傾向にあった。つまり，内集団に対して脅威を与えられると，上位外集団に対しては，集団正当化動機から予測されるように，有能さ次元と温かさ次元の両方で望ましくない評定をするようになった。一方，下位外集団に対しては，システム正当化動機からの予測と一致して，有能さ次元では望ましくない評定を，温かさ次元では望ましい評定をするようになることが示されている。

　システム正当化動機と規範的ステレオタイプを扱った研究として，沼崎ら（2009）は，脅威的な外集団が顕現化した時の，男性の伝統的性役割に一致した女性と不一致な女性に対する好意を検討している。自国に対するテロリズム

の脅威が顕現化するとシステム正当化動機が強まることが知られている（Ullrichi & Cohrs, 2007）。そこで，沼崎ら（2009）は，日本にとって軍事的脅威と見られている外集団が顕現化した場合に，システム正当化動機が高まり，Lau et al.（2008）と同様に，規範的ステレオタイプに一致した女性（主婦タイプ女性）に対して好意が，不一致な女性（キャリアタイプ女性）に対して敵意が強まると予測し実験を行った。あらかじめ自尊感情を測定していた日本人男子大学生参加者に，軍事的脅威と認知されている国か認知されていない国のいずれかについて知っていることを書かせ，次に，主婦かキャリア女性を呈示して，この人物の印象を回答させるとともに，恋人としてこのようなタイプの女性とつきあいたいかをたずねた。結果は，Lau et al.（2008）と同様に，日本のシステムに脅威となる外集団が顕現化した場合に，伝統的な性役割規範に一致しない女性に比べて，規範に一致した女性に対して好意を向けるようになっていた（図12-9）。沼崎ら（2009）は，ステレオタイプ化においても興味深い結果を報告している。自尊感情が低い男性は，日本のシステムに脅威となる外集団が顕現化した場合に，キャリア女性に対して「有能であるが冷たい」というステレオタイプを強化するような印象を形成するようになっていた。この結果は，少なくとも自尊感情の低い男性では，伝統的性役割規範に不一致な女性を，より伝統的な女性ステレオタイプとはまったく逆の特性を持つ存在として敵意を向けることにより，現状のシステムを防衛することを示唆している。

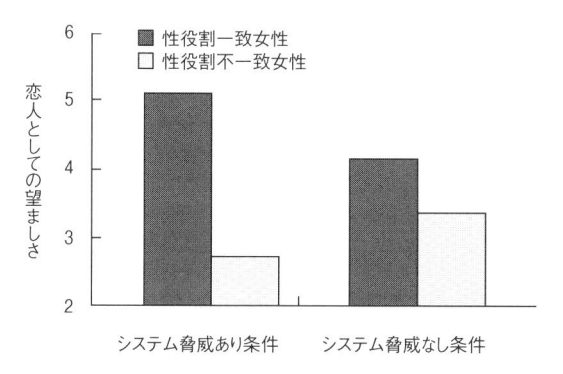

▶ 図12-9　システム脅威と性役割規範一致／不一致女性に対する好意（沼崎ら，2009より）

5節 展望 ――ステレオタイプと社会

　本章では，社会システムとステレオタイプの関係について検討してきた。ステレオタイプは，内的表象として情報処理の際にカテゴリー機能を果たすばかりでなく，社会・文化的機能を果たし，社会システムの維持に関係している。

　ステレオタイプを意識的－無意識的に用いて，現状のシステムを正当であるとみなすように動機づけられていることは，社会変革にも影響を与える。現在の社会的地位に対応するステレオタイプを適用することにより，人は現状のシステムが正当であるとみなすことができる。そして，現状のシステムが正当であるとみなすことは，現状の社会的な不正義を改善しようとする動機づけを低下させる可能性がある。Wakslak et al. (2007) は，社会的経済的地位の高い人を参加者として，システムが正当であることを示唆する「努力をして報われる人たち」の情報か，正当でないということを示唆する「理由なく不幸になった人たち」の情報かを読ませた後で，不平等や不公平に対する義憤を測定する尺度と，社会的に恵まれない人への支援制度に対する態度尺度に回答させた。システムが正当であることを示唆する情報を読んだ参加者は，義憤を感じる度合いが低く，社会的に恵まれない人に対する支援制度に対する態度が好意的ではなくなっていた。この結果は，直接ステレオタイプを扱ったものではないが，社会システムが正当であるとみなすことは，社会の不平等に対する義憤を低下させ，現状の不正義を改善しようとする動機づけを低めることを示している。

　本章のはじめに，キャリアと呼ばれる高級官僚に対するステレオタイプをあげた。2004年以降問題となっている社会保険庁の問題を批判する際に，「キャリア官僚は冷たく人間味がないため年金問題が解決しない」といったステレオタイプがしばしば使われる。その一方で，「キャリア官僚が無能であるため年金問題が解決しない」といったステレオタイプに不一致な批判がなされる場合もある。前者の批判は，社会的地位の高い人の悪い側面を指摘することにより，階層的な社会を一見批判しているように見える。しかし，このような批判は，相補的なステレオタイプに接触させることであり，4節の2.で紹介したように，社会システムが正当であるという認識を強めてしまうかもしれない。一方，

後者の批判は，官僚ステレオタイプによって維持されている現システムに対する脅威となるような批判である。4節の3．で紹介したように，現システムが脅威にさらされた場合には，現状のシステムを維持しようとする動機づけが強まる。その結果，現状のシステムをことさら良いものとして表明するようになるかもしれない（沼崎・石井，2009を参照）。つまり，システム正当化動機を考えると，どちらの批判も現状の階層的社会を肯定し維持することにつながり，批判が本来めざしているはずの社会変革に向かう努力を阻害してしまう可能性がある。

このように，ステレオタイプは社会システムや社会のダイナミックスと複雑に結びついている。この結びつきを理解するためには，社会のなかで多くの人に共有された（共有されていると思われている）信念の動機的機能を認識することが必要である。そして，ステレオタイプが信念表象として持つ認知的な機能と関連させながら，社会のなかでどのような役割を果たしているかについて明らかにしていくことが必要である。

文　献

Allport, G. W.　1954　*The nature of prejudice.* Boston, MA: Addiosn-Wesley.　原谷達夫・野村　昭（訳）1961　偏見の心理学（上・下）　培風館

Blair, I. V., Ma, J. E., & Lenton, A. P.　2001　Imagining stereotypes away: The moderation of implicit stereotypes through mental imagery. *Journal of Personality and Social Psychology*, **81**, 828-841.

Burgess, D., & Borgida, E.　1999　Who women are, who women should be: Descriptive and prescriptive gender stereotyping in sex discrimination. *Psychology, Public, Policy and Low*, **5**, 665-692.

Conway, M., Pizzamiglio, M. T., & Mount, L.　1996　Status, communality, and agency: Implications for stereotypes of gender and other groups. *Journal of Personality and Social Psychology*, **71**, 25-38.

Cuddy, A. J., Fiske, S. T., & Glick, P.　2008　Warmth and competence as universal dimensions of social perception: The stereotype content model and the BIAS Map. In M. P. Zanna（Ed.）, *Advances in experimental social psychology.* Vol. 40. San Diego, CA: Academic Press. Pp.61-149.

Fiske, S. T., Cuddy, A. J., & Glick, P.　2006　Universal dimensions of social cognition: Warmth and competence. *Trends in Cognitive Science*, **11**, 75-83.

Fiske, S. T., Cuddy, A. J., Glick, P., & Xu, J.　2002　A model of（often mixed）stereotype content: Competence and warmth respectively follow from perceived status and competition. *Journal of Personality and Social Psychology*, **82**, 878-902.

Fiske, S. T., Xu, J., Cuddy, A. C., & Glick, P.　1999　（Dis）respecting versus（Dis）liking: Status and interdependence predict ambivalent stereotypes of competence and warmth. *Journal of Social Issues*, **55**, 473-489.

Glick, P., & Fiske, S. T.　2001a　An ambivalent alliance: Hostile and benevolent sexism as complementary

justifications for gender equality. *American Psychologist*, **56**, 109-118.
Glick, P., & Fiske, S. T. 2001b Ambivalent sexism. In M. P. Zanna (Ed.), *Advances in experimental social psychology*. Vol. 33. San Diego, CA: Academic Press. Pp.115-188.
Greenberg, J., Solomon, S., & Arndt, J. 2008 A basic but uniquely human motivation: Terror management. In J. Y. Shah & W. L. Gardner (Eds.), *Handbook of motivation science*. New York: Gilford Press. Pp.114-134.
Greenberg, J., Solomon, S., & Pyszczynski, T. 1997 Terror management theory of self-esteem and cultural worldviews: Empirical assessments and conceptual refinements. In M. P. Zanna (Ed.), *Advances in experimental social psychology*. Vol.29. San Diego, CA: Academic Press. Pp.61-139.
池上知子 2006 対人認知の相補性は何を意味するのか─System Justification との関連─ 日本社会心理学会第47回大会発表論文集, 78-79.
池上知子 2008 内集団地位への脅威と相補的ステレオタイプ効果─システム正当化動機は内集団高揚を凌駕するか─ 日本心理学会第72回大会発表論文集, 105.
Jost, J. T., & Banaji, M. 1994 The role of stereotyping in system-justification and the production of false consciousness. *British Journal of Social Psychology*, **33**, 1-27.
Jost, J. T., & Burgess, D. 2000 Attitudinal ambivalence and the conflict between group and system justification motives in low status group. *Personality and Social Psychology Bulletin*, **26**, 293-305.
Jost, J. T., & Hamilton, D. L. 2005 Stereotypes in our culture. In. J. F. Dovidio, P. Glick & L. A. Rudman (Eds.), *On the nature of prejudice: Fifty years after Allport*. Malden, MA: Blackwell. Pp.208-224.
Jost, J. T., & Kay, A. C. 2005 Exposure to benevolent sexism and complementary gender stereotypes: Consequences for specific and diffuse forms of system justification. *Journal of Personality and Social Psychology*, **88**, 498-509.
Jost, J. T., Kay, A. C., & Thorisdottir, H. (Eds.) 2009 *Social and psychological bases of ideology and system justification*. New York: Oxford University Press.
Jost, J. T., Kivetz, Y., Rubini, M., Guermandi, G. & Mosso, C. 2005 System-justification functions of complementary regional and ethnic stereotypes: Cross-national evidence. *Social Justice Research*, **18**, 305-333.
Jost, J. T., Pelham, B. W., Sheldon, O., & Sullivan, B. N. 2003 Social inequality and the reduction of ideological dissonance on behalf of the system: Evidence of enhanced system justification among the disadvantaged. *European Journal of Social Psychology*, **33**, 13-36.
Jost, J. T., Pietrzak, J., Liviatan, I., Mandisodza, A. N., & Napier, J. L. 2008 System justification as conscious and nonconscious goal pursuit. In J. Y. Shah & W. L. Gardner(Eds.), *Handbook of motivation science*. New York: Gilford Press. Pp.591-605.
Judd, C. M., James-Hawkins, L., Yzerbyt, V., & Kashima, Y. 2005 Fundamental dimensions of social judgment: Understanding the relations between judgments of competence and warmth. *Journal of Personality and Social Psychology*, **89**, 899-913.
Katz, D., & Braly, K. 1933 Racial stereotypes of one hundred college students. *Journal of Abnormal and Social Psychology*, **28**, 280-290.
Kay, A. C., & Jost, J. T. 2003 Complementary justice: Effects of "poor but happy" and "poor but honest" stereotype exemplars on system justification and implicit activation of the justice motive. *Journal of Personality and Social Psychology*, **85**, 823-837.
Kay, A. C., Jost, J. T., Mandisodza, A. N., Sherman, S. J., Petrocelli, J. V., & Johnson, A. L. 2007 Panglossian ideology in the service of system justification: How complementary stereotypes help us to rationalize inequality. In M. P. Zanna (Ed.), *Advances in experimental social psychology*. Vol. 39. San Diego, CA: Academic Press. Pp.305-358.

Kay, A. C., Jost, J. T., & Young, S. 2005 Victim-derogation and victim-enhancement as alternate routes to system-justification. *Psychological Science*, **16**, 240-246.

Lau, G. P., Kay, A. C., & Spencer, S. J. 2008 Loving those who justify inequality: The effects of system threat on attraction to women who embody benevolent sexist ideals. *Psychological Science*, **19**, 20-21.

Macrae, C. N., & Bodenhausen, G. V. 2000 Social cognition: Thinking categorically about others. *Annual Review of Psychology*, **51**, 93-120.

Macrae, C. N., Bodenhausen, G. V., Milne, A. B., Thorn, T. M. J., & Castelli, L. 1997 On the activation of social stereotypes: The moderating role of processing objectives. *Journal of Experimental Social Psychology*, **33**, 471-489.

沼崎 誠 2007 無能な人は温かいか？ 冷たい人は有能か？ 首都大学東京 東京都立大学人文学報, **380**, 65-85.

沼崎 誠・石井国雄 2009 日本の犯罪状況の悪化情報が現システムの正当性認知に及ぼす効果 日本心理学会第73回大会発表論文集, 116.

沼崎 誠・高林久美子・石井国雄・佐々木香織・天野陽一 2009 システムへの脅威となる外集団の顕現化が女性サブ・グループに対する男性の偏見とステレオタイプ化に及ぼす効果 日本社会心理学会第50回・日本グループ・ダイナミックス学会第56回大会合同大会発表論文集, 462-463.

Peeters, G. 2002 From good and bad to can and must: Subjective necessity of acts associated with positively and negatively valued stimuli. *European Journal of Social Psychology*, **32**, 125-136.

Rosenberg, S., Nelson, C., & Vivekananthan, P. S. 1968 Multidimensional approach to the structure of personality impression. *Journal of Personality and Social Psychology*, **9**, 283-294.

Rutland, A., & Brown, R. 2001 Stereotypes as justification for prior intergroup discrimination: Studies of Scottish national stereotyping. *European Journal of Social Psychology*, **31**, 127-141.

Schimel, J., Simon, L., Greenberg, J., Pyszczynski, T., Solomon, S., Waxmonsky, J., & Arndt, J. 1999 Stereotypes and terror management: Evidence that mortality salience enhances stereotypic thinking and preferences. *Journal of Personality and Social Psychology*, **77**, 905-926.

Sinclair, L., & Kunda, Z. 1999 Reactions to a black professional: Motivated inhibition and activation of conflicting stereotypes. *Journal of Personality and Social Psychology*, **77**, 885-904.

Spencer, S., Fein, S., Wolfe, C. T., Fong, C., & Dunn, M. A. 1998 Automatic activation of stereotypes: The role of self-image threat. *Personality and Social Psychology Bulletin*, **24**, 1139-1152.

Tajfel, H. 1981 *Human groups and social cognition*. Cambridge: Cambridge University Press.

Ullrich, J., & Cohrs, J. C. 2007 Terrorism salience increases system justification: Exprimental evidence. *Social Justice Research*, **20**, 117-139.

Wakslak, C. J., Jost, J. T., Tyler, T. R., & Chen, E. S. 2007 Moral outrage mediates the dampening effect of system justification on support for redistributive social policies. *Psychological Science*, **18**, 267-274.

Yzerbyt, V. Y., Kervyn, N., & Judd, C. M. 2008 Compensation versus halo: The unique relations between the fundamental dimensions of social judgment. *Personality and Social Psychology Bulletin*, **34**, 1110-1123.

人名索引

A

Aarts, H.　30
Alicke, M. D.　89
Allport, G. W.　273, 274
Ames, D. R.　151, 161
Anderson, N. H.　11
荒川 歩　189
Aronson, J.　60
Asch, S. E.　11

B

Baker, G.　212
Bargh, J. A.　25, 27
Batson, C. D.　216
Baumeister, R. F.　141, 231
Baumgardner, A. H.　77
Bechara, A.　104
Borgida, E.　282
Bosson, J. K.　79, 80
Bower, G. H.　178
Brewer, M. B.　12, 18
Briar, S.　211
Brickman, P.　208
Brown, R.　275
Buheler, R.　123
Burgess, D.　282

C

Campbell, D. T.　201
Campbell, J. D.　78
Carver, C.　138
Cesario, J.　38
Chambers, J. R.　158
Ciarrochi, J. V.　110
Clark, A. E.　257
Conway, M.　281
Crocker, J.　76, 89

D

Damasio, A. R.　104, 141, 175, 179, 184
Darley, J. M.　197, 200
Darwin, C. R.　iii
Davis, M. H.　150
DeCoster, J.　42
De Poot, C. J.　260
Deutsch, R.　42
Devine, P. G.　26
Dijksterhuis, A.　30, 33, 36, 80
Drigotas, S. M.　235
Dunning, D.　87

E

Ebert, J. E. J.　138
Echterhoff, G.　253, 254
Eisenberger, N. I.　224
Ekman, P.　99
Ellsworth, P. C.　186
遠藤由美　235
Epley, N.　153, 157, 159, 171
Erber, R.　106

F

Feather, N. T.　209
Festinger, L.　250
Fiedler, K.　258, 259, 262
Finkenauer, C.　124
Fisher, J. D.　212
Fiske, S. T.　6, 12, 18, 19, 277, 278, 280
Forgas, J. P.　99, 110
Fussell, S. R.　250

G

Gardner, W. L.　229, 234
Gervey, B.　115
Gilbert, D. T.　121, 124, 125, 129, 136, 138, 152

299

Gilovich, T.　156, 162, 199
Graham, S.　212
Greenberg, J.　82
Greitemeyer, T.　141
Gross, J. J.　107, 109

H

Haidt, J.　101
Hardin, C. D.　250
Haslam, S. A.　255
Heider, F.　250
Higgins, E. T.　26, 250, 251
平野　浩　206
Hixon, J. G.　69
Hoeger, M.　138
Hoffman, C.　264, 265
Hsee, K. C.　128
Humphrey, N.　181

I

Igou, E. R.　130, 166
池上知子　281, 292
Isen, A. M.　114, 182
石井国雄　292

J

James, W.　iii, 70, 75
Jost, J. T.　281, 284, 286, 287, 289
Judd, C. M.　277
城　仁士　188

K

蒲島郁夫　206
Kahneman, D.　42, 126-128
亀田達也　101
唐沢かおり（Karasawa, K.）　209, 213-215
唐沢　穣（Karasawa, M.）　257, 258, 262
Kashima, Y.　264, 256, 257
Kay, A. C.　286-289
Keltner, D.　101
Khaneman, D.　152
北村英哉　115, 182, 190

Klein, S. B.　53, 56
Koch, C.　176
Koo, M.　139
Koole, S. L.　81
Krauss, R. M.　250
Kruger, J.　149, 156, 162
Kruglanski, A. W.　42
工藤恵理子　167
Kunda, Z.　43, 84, 87, 275
桑山恵真　167

L

LaFrance, M.　122
Lange, C.　iii
Larsen, R. J.　107
Latane, B.　197, 200
Lau, G. P.　290, 293
Leary, M. R.　83
LeDoux, J. E.　103
Lerner, M. L.　207
Liberman, N.　135
Lieberman, M. D.　57
Linville, P. W.　63
Loewenstein, G.　129
Loftus, J.　53
Lord, C. G.　171
Lyons, A.　256

M

Maass, A.　263, 264
Macrae, C. N.　274
Mallett, R. K.　143
Martin, L. L.　183
Mauss, I. B.　110
McFarland, C.　123
Mead, G. H.　70
Miller, D. T.　207
Mitchell, T. R.　132
Morewedge, C. K.　126
Morris, J. S.　103
Murray, S. L.　235, 237

N
中村　功　190
Neuberg, S. L.　12, 18
Nisbett, R. E.　262
沼崎　誠　277, 292, 293

O
Ostrom, T. M.　20

P
Park, L. E.　77, 89
Parkinson, B.　107
Patrick, V. M.　142
Peeters, G.　277
Pelham, B. W.　76
Pennebaker, J. W.　139
Petty, R. E.　114
Pickett, C. L.　229
Pilliavin, J. A.　198
Prizmic, Z.　107

R
Read, S. J.　90
Rholes, W. S.　251
Richards, J. M.　109
Roseman, I. J.　185
Rosenberg, S.　277
Ruscher, J. B.　257
Russell, J. A.　99
Rutland, A.　275

S
斎藤　環　240
佐藤直樹　190
佐藤重隆　190
Savitsky, K.　170
Schacter, D. L.　121
Schimel, J.　290, 291
Schkade, D.　126
Schmitt, M.　209
Schwarz, N.　17
Sechrist, G. B.　255

Sedikides, C.　86, 90
Semin, G. R.　258-260, 262
Sherer, K. R.　186
Showers, C.　66
Sinclair, L.　275
Smith, E. R.　42
Solomon, S.　82
Stangor, C.　255
Story, A. L.　91
Strack, F.　42
Strube, M. J.　86, 90
菅　さやか　262
Swann, W. B., Jr.　69, 86, 90, 92

T
竹原卓真　190
竹中佳彦　206
田村　亮　101
Tan, H. K.　182
田中知恵　113, 115
Taylor, S. E.　5, 6, 18, 19
Thompson, E. P.　42
戸田正直　v, 100
戸梶亜紀彦　188
Totterdell, P.　107
Trope, Y.　115, 135
Tversky, A.　152

U
浦　光博　241

V
Van Boven, L.　129, 168

W
Wakslak, C. J.　294
Wegener, D. T.　114
Weiner, B.　202, 210
Williams, K. D.　228, 238
Wilson, T. D.　112, 124, 125, 132, 134, 138, 139
Winkielman, P.　102
Wirtz, D.　133

Wittenbrink, B. 37
Woike, B. 54
Wolfe, C. T. 76
Woodzicka, J. A. 122

Y

山口英彦 188

Yzerbyt, V. Y. 277

Z

Zajonc, R. B. v
Zeelenberg, M. 113
Zemack-Rugar, Y. 111
Zhang, J. 128

事項索引

あ
アージ理論　v, 100
アイオワ・ギャンブル課題　104, 141
温かい認知　18
温かさと有能さの相補性　276
暗黙の性格理論　16

い
意識　39, 44
一貫性を求める存在　6
意図忘却　68
意味的自己知識　50
印象形成　11
インパクトバイアス　124, 131, 154, 165

う
受け手へのチューニング　250, 254, 257

え
AREAモデル　139
SIB効果　251-254
SCENTモデル　86, 90
エピソード的自己知識　50
援助　195

か
解釈水準理論　135
海馬　57, 178
覚醒-コスト-報酬モデル　198
カテゴリー機能　274
喚起　99
関係性高揚　235
関係性評価　225, 235, 237
関係の動機　253
感情価　79, 99, 115, 122, 176
感情管理仮説　110
感情順応　138

感情情報説　179
感情制御　59, 105
感情制御IAT　111
感情知能　117
感情ネットワーク・モデル　178
感情プライミング　27

き
記述的ステレオタイプ　282
機能的磁気共鳴画像法（fMRI）　57, 151, 224
規範的ステレオタイプ　282, 290-293
気分一致記憶効果　179
義務自己　66
既有知識　15, 34
共有的リアリティー　250, 256

く
駆動される行為者　20

け
係留と調整　152
原因帰属　8, 202, 212, 258, 260
言語カテゴリー・モデル（LCM）　258, 259-262
言語期待バイアス　260, 261
言語集団間バイアス　261
言語相対性仮説　264
言語の抽象度　258
言語プライミング　266
顕在的自尊感情　78
現実自己　66

こ
行為者-観察者バイアス　214
公正世界信念　206
合同評価　128
行動模倣　28

303

し

自我正当化機能　274
時間的解釈理論　135
識別（distinction）バイアス　128
自己　5, 49
自己意識感情　99, 123
自己改善動機　85
自己概念の明確さ　78
自己確証動機　85
自己価値の随伴性　76
自己区分化傾向　64
自己高揚動機　85, 87
自己査定動機　85
自己複雑性　62
自己奉仕的帰属バイアス　74, 162
自助努力　208
システム正当化機能　276, 290, 291
システム正当化動機　284
システム正当化理論　283, 284, 288, 291
自尊感情　74, 211, 226, 293
自尊感情IAT　79
自尊感情脅威モデル　212
自動性　23
自動動機理論　29
社会的間食　234
社会的規範　201
社会的苦痛理論　224
社会的認知　iii, 20, 196, 248, 266
社会的排斥　83, 222
集合的無知　199
集団間感情　143
集団正当化機能　275
状態自尊感情　75, 83
焦点化　133-135, 165, 170
焦点化の錯覚　127
情報処理アプローチ　4
所属欲求　83, 222, 227, 233
しろうと理論　130
親密関係におけるリスク制御システム　235
心理的負債感　211
心理的免疫システム　135, 136, 166

す

ステレオタイプ　254
ステレオタイプ内容モデル　278
スポットライト効果　155

せ

政治的態度　205
責任帰属　204
責任の分散　200
セルフ・ディスクレパンシー理論　66
先行焦点型　107
潜在的自尊感情　78
潜在連合テスト　79
戦略的自己高揚　86

そ

相対的特権理論　209
ソシオメータ理論　82
素朴な科学者　7
ソマティック・マーカー　104, 180
存在脅威　290
存在脅威管理理論　82, 290

た

対応バイアス　158

ち

中心特性　11
直接的自己高揚　86

て

適応　iv, 100, 176, 221, 240, 267
手続き的知識　49, 68

と

投影　129, 150
動機づけられた推論　74, 84
動機を持つ戦術家　10, 16
透明性の錯覚　156, 199
特性自尊感情　75

な
ナイーブ・シニシズム　162, 164
ナイーブ・リアリズム　151

に
二過程モデル　iv, 10, 12, 40
認識的動機　253
認知革命　2
認知資源　9, 59, 92, 152, 153, 169
認知的感情理論　185
認知的倹約家　9, 16
認知的再評価　107
認知的不協和　6, 60, 135, 138

ね
ネームレター効果　79

は
バイアス・ブラインド・スポット　165
排斥　228
反映的評価　75
反動的自己中心性　171
反応焦点型　107

ひ
ピークとエンドの規則　128
非意識的感情　102
非意識的思考　37
非現実的楽観主義　88
評価の条件づけ　80
表象の活性化　31

ふ
フォルス・コンセンサス　151
不確実性　139
プロスペクト理論　226
文化心理学　262
文化的世界観　82, 291

分
分散分析（ANOVA）モデル　8
分析的認知　262

へ
平均以上効果　87
扁桃体　103, 109, 178

ほ
包括的認知　263
傍観者効果　199

ま
マインド・リーディング　225

め
命題的知識　49
メタステレオタイプ　160
メタ認知　160, 248

も
目標感染　30
目標プライミング　30

よ
予期感情　113, 140
予期後悔　113
予言の自己成就　237, 267

ら
乱文構成課題　27

り
理想自己　66
両面価値的ステレオタイプ　278, 286

れ
連鎖再生法　256, 257
連続体モデル　12, 40

編者紹介

村田光二（むらた・こうじ）
1954年　東京都に生まれる
1985年　東京大学大学院社会学研究科単位取得満了
現　在　一橋大学大学院社会学研究科教授（社会学修士）
主　著　こころと社会―認知社会心理学への招待―（共著）東京大学出版会　1991年
　　　　複雑さに挑む社会心理学―適応エージェントとしての人間―（共著）有斐閣　2000年
　　　　新版　社会心理学研究入門（共編著）東京大学出版会　2009年

執筆者一覧（執筆順）

森　津太子	放送大学教養学部	第1章
尾崎由佳	東海大学チャレンジセンター	第2章
榊　美知子	University of Southern California	第3章
藤島喜嗣	昭和女子大学大学院生活機構研究科	第4章
田中知恵	明治学院大学心理学部	第5章
村田光二	編者	第6章
工藤恵理子	東京女子大学現代教養学部	第7章
北村英哉	東洋大学社会学部	第8章
唐沢かおり	東京大学大学院人文社会系研究科	第9章
遠藤由美	関西大学社会学部	第10章
唐沢　穣	名古屋大学大学院環境学研究科	第11章
沼崎　誠	首都大学東京大学院人文科学研究科	第12章

現代の認知心理学6　社会と感情

2010年5月20日　初版第1刷印刷	定価はカバーに表示してあります。
2010年5月30日　初版第1刷発行	

　　　　　監修者　日本認知心理学会
　　　　　編　者　村田光二
　　　　　発行所　(株)北大路書房

〒603-8303 京都市北区紫野十二坊町12-8
電　話　(075) 431-0361(代)
ＦＡＸ　(075) 431-9393
振　替　01050-4-2083

ⓒ2010　　　　　　　印刷・製本／亜細亜印刷㈱
検印省略　落丁・乱丁本はお取り替えいたします。

ISBN978-4-7628-2717-4　Printed in Japan